O diário de JACK, o Estripador

SHIRLEY HARRISON

São Paulo
2019

Grupo Editorial
UNIVERSO DOS LIVROS

The Diary of Jack the Ripper: the chilling confessions of James Maybrick
© John Blake Publishing Ltd., 2012
© Shirley Harrison, 2012
By Agreement with Pontas Literary and Film Agency

Copyright © 2012 by Universo dos Livros
Todos os direitos reservados e protegidos pela Lei 9.610 de 19/02/1998.
Nenhuma parte deste livro, sem autorização prévia por escrito da editora, poderá ser reproduzida ou transmitida sejam quais forem os meios empregados: eletrônicos, mecânicos, fotográficos, gravação ou quaisquer outros.

Imagens do livro reproduzidas com permissão de The British Library, John Harrison, Richard Whittington Egan, Tower Hamlets Local History Department, Albert Johnson, The London Hospital e The Public Record Office, em Kew.

Diretor editorial: Luis Matos
Gerente editorial: Marcia Batista
Assistentes editoriais: Letícia Nakamura e Raquel F. Abranches
Tradução: Felipe CF Vieira
Preparação: Marina Constantino
Revisão: Cássia Land, Letícia Vendrame e Leonardo do Carmo
Arte: Camila Kodaira, Karine Barbosa e Valdinei Gomes
Capa: Rebecca Barboza

Dados Internacionais de Catalogação na Publicação (CIP)
Angélica Ilacqua CRB-8/7057

H322d

Harrison, Shirley

O diário de Jack, o Estripador / Shirley Harrison ; tradução de Felipe C. F. Vieira. -- 2. ed. -- São Paulo : Universo dos Livros, 2019.
496 p.

ISBN: 978-85-503-0428-1

Título original: The Diary of Jack the Ripper: the chilling confessions of James Maybrick

1. Jack, o estripador 2. Assassinos em série 3. Maybrick, James, 1833-1889 - Diários 4. Investigação criminal I. Título II. Vieira, Felipe C. F.

19-0622   CDD 364.15232092

Universo dos Livros Editora Ltda.
Rua do Bosque, 1589 – Bloco 2 – Conj. 603/606
CEP 01136-001 – Barra Funda – São Paulo/SP
Telefone/Fax: (11) 3392-3336
www.universodoslivros.com.br
e-mail: editor@universodoslivros.com.br
Siga-nos no Twitter: @univdoslivros

Este livro é dedicado àquelas mulheres muitas vezes esquecidas de Whitechapel que foram violentamente massacradas em 1888, e cujas mortes foram eclipsadas pelo mistério de seu assassino.

Se este Diário for uma falsificação moderna — e tenho certeza de que não é — e se eu fosse o fraudador, eu o consideraria o ápice de minha realização literária.

BRUCE ROBINSON, indicado ao Oscar e roteirista do filme *Os gritos do silêncio*

AGRADECIMENTOS

A oportunidade de trabalhar em um projeto tão extraordinário como este acontece apenas uma vez na vida. Desde aquele dia em 1992 quando o Diário me foi mostrado pela primeira vez, eu tenho buscado a ajuda e a orientação de literalmente centenas de pessoas. Encontramos especialistas e entusiastas amadores em uma surpreendente gama de assuntos, desde letreiros de *pubs* a roubo de cadáveres, além de descendentes de qualquer pessoa conectada aos casos de James Maybrick e Jack, o Estripador. O material continuou a aparecer e foi sendo coletado, pesquisado e checado pela minha colega Sally Evemy, e agora forma a espinha dorsal desta nova e completamente atualizada edição. Existem muitas pessoas para mencionar, mas gostaríamos de agradecer algumas em particular:

Doreen Montgomery, nossa agente, cujo pulso firme esconde sua gentileza. Sem sua visão, este projeto não teria nascido.

Robert Smith, nosso primeiro editor. Seu entusiasmo e suas horas extras ultrapassaram qualquer senso de dever.

Keith Skinner, Paul Begg e Martin Fido, que tão generosamente guiaram nossos primeiros passos inseguros dentro do mundo de Jack, o Estripador.

Richard Nicholas, do escritório de advocacia Roberts, Moore, Nicholas and Jones, de Liverpool, que aconselhou e deu suporte a Albert Johnson em tudo que fosse relacionado ao relógio.

Roger Wilkes, que nos presenteou generosamente com o material sobre Christie, e assim deu início às nossas pesquisas.

O falecido Paul Feldman, cujo entusiasmo nos manteve alerta e nos direcionou para várias pistas úteis.

Naomi Evett, da Biblioteca de Liverpool, cuja paciência sem limites foi imprescindível.

Dr. Nicholas Eastaugh; dr. David Forshaw; Sue Iremonger; Anna Koren; Melvyn Fairclough; o falecido colecionador de arte, Sidney Sabin; Nicholas Campion; John Astrop; Jeremy Beadle; Camille Wolfe e Loretta Lay; o roteirista Bruce Robinson; o examinador de caligrafia forense Lawrence Warner; dr. Glyn Volans, do Hospital Guy; o juiz Richard Hamilton, de Liverpool; Bill Waddell, ex-curador do Museu do Crime da Scotland Yard; o falecido historiador de música, Tony Miall; Richard e Molly Whittington Egan; Paul Dodd; o falecido Brian Maybrick; Gerard Brierley; Berkeley Chappelle Gill; Derek Warman e John Matthews, da Ilha de Wight; a irmã Ursula Maybrick; dr. W. Taylor, do Hospital Fazakerley; a Funerária Seddons, de Southport; Phil Maddox, da Wordplay Public Relations; Kevin Whaye, da casa de leilões Outhwaite and Litherland, de Liverpool; David Fletcher Rogers; Walkleys Clogs; Gordon Wright, da Inn Sign Society; The Special Hospitals Service; Andrew Brown, dos arquivos da Polícia Metropolitana da New Scotland Yard; Colin Inman, do *Financial Times*; Nick Pinto, do Escritório de Registros Públicos; R. H. Leighton and Co., de Southport; Colin Wilson; Donald Rumbelow; a Associação do Algodão de Liverpool; a Biblioteca da Associação Britânica de Medicina; a sra. Gill Wokes, de Hampshire, e a sra. Delphine Cummings, do Canadá (descendentes de Arthur Simenton Wokes); Des McKenna, por sua ajuda com o Museu de Anatomia; a embaixada da Holanda; Peter O'Toole (BEM) e Lee Charles Allen, do Museu do Regimento SAS e Artists's Rifles; os funcionários das bibliotecas e departamentos históricos de toda a Grã-Bretanha. Nos Estados Unidos: Dorothy MacRitchie, da South Kent School, e Peggy Haile, da Biblioteca Pública de Norfolk; Carole Cain, do Mobile Register; o American Heritage Centre, da Universidade de Wyoming, por permitir o uso de trechos da Trevor Christie Collection, e a editora HarperCollins; Brian Pugh, do Conan Doyle Establishment; Stephen Shotnes, da Simons, Muirhead and Burton.

SUMÁRIO

PREFÁCIO 11

INTRODUÇÃO 24
1 Talvez em minha mente atormentada eu deseje que alguém leia isto e entenda 31
2 Minhas mãos estão frias, meu coração, eu acredito ser ainda mais frio 55
3 Uma sombra negra paira sobre a casa; é o mal 72
4 Às vezes sinto uma compulsão irresistível para colocar meus pensamentos no papel 90
5 Amanhã comprarei a melhor faca que o dinheiro pode comprar, nada será bom demais para minhas putas 103
6 Estou ansioso pelo trabalho de amanhã à noite; isso me fará bem, fará muito bem 112
7 Para meu espanto, não posso acreditar que não fui capturado. 124
8 Antes que eu pereça, toda a Inglaterra conhecerá o nome que dei a mim mesmo 134
9 Deus me colocou aqui para matar todas as putas 152
10 Quando eu terminar minhas ações demoníacas, o próprio diabo irá me congratular 170
11 Não sei se ela possui a força para me matar 189
12 Coloco isto agora em um lugar onde possa ser encontrado 204
13 A puta vai sofrer como nunca sofreu antes 217
14 Eu sou Jack. Um relógio é descoberto 233

15 Eles vão sofrer tanto quanto eu.
Vou me certificar disso 243
16 Minha campanha está longe de acabar… 254
17 A dor é insuportável 265
18 Estou cansado de manter as aparências 280
19 O homem que me tornei não é o homem que um dia fui 293
20 Não sou realmente um sujeito esperto? 304
21 Sir Jim não dará nada de graça, nada 332
22 Eu rezo para que aquele que ler isto consiga perdoar-me
em seu coração 350

FAC-SÍMILE E TRANSCRIÇÃO TRADUZIDA DO
DIÁRIO DE JACK, O ESTRIPADOR 355

MAPAS
Os principais locais do diário 482
A Londres de James Maybrick 483
A Liverpool de James Maybrick, 1888 484
Os assassinatos de Whitechapel 486
As cinco vítimas dos assassinatos de Whitechapel 487

FONTES E REFERÊNCIAS BIBLIOGRÁFICAS 493

PREFÁCIO

Professor David Canter, diretor do Instituto de Psicologia Investigativa e Ciência do Comportamento Forense, Universidade de Liverpool, 1997.

Em meu caminho de todas as manhãs para a Universidade de Liverpool, eu passo pela Riversdale Road – uma típica e sonolenta rua dos subúrbios britânicos que se estende desde a elegante e arborizada avenida Aigburth Drive e chega até o cinzento e vasto rio Mersey. O único sinal na entrada da rua é uma placa que proíbe motoristas de entrarem no agradável parque, que é um refúgio para casais apaixonados e um abrigo para corredores e pescadores, agora que o Mersey foi limpo. A Riversdale Road é, portanto, um cenário improvável para a antiga residência do talvez mais conhecido *serial killer* de todos os tempos, Jack, o Estripador. Um assassino que recebeu seu apelido por causa da maneira violenta como mutilava suas vítimas.

Um pouco além do início da Riversdale Road fica uma grande casa vitoriana construída com o gentil e avermelhado arenito característico da opulência da Liverpool do século XIX. Foi ali que James Maybrick viveu no final dos anos 1880, quando os assassinatos de Whitechapel estavam sendo cometidos em Londres. O Diário, supostamente escrito por esse aparentemente insignificante homem de negócios, insinua que ele era o assassino diabólico que tantas pessoas investigaram por muito tempo.

E ainda assim, a mágica "Excursão do mistério" que conduz turistas pelos mundanos e juvenis lugares frequentados por John Lennon, Paul McCartney e outras celebridades de Liverpool não passa nem pelo final da Riversdale Road. O número 7, onde James Maybrick viveu, não atrai um fluxo de visitantes casuais, apesar de a área de Londres onde os crimes foram cometidos há mais de um século ainda receber quase meio milhão de visitantes por ano.

Claramente, para a maioria das pessoas parece bastante improvável que um homem de negócios da era vitoriana, que viveu num ambiente tão agradável e rico, tenha cometido tantos assassinatos doentios a trezentos quilômetros dali. Seria muito mais provável que esse Diário fosse algum tipo de fraude semelhante aos notórios "diários de Hitler".

Tais suspeitas cresceram ainda mais por causa da maneira incrível como se formaram campos opostos tão rapidamente, defendendo ou denegrindo as afirmações de autenticidade do "Diário do Estripador". Em vez de uma pesquisa sistemática e regular que um documento histórico tão importante exigiria, formando lentamente um consenso depois da consideração cuidadosa de todas as opções, o que se tem visto é um festival de alegações e contra-alegações, alimentado por opiniões de todo tipo de "especialista". A única surpresa para mim é que abdução alienígena e Elvis Presley ainda não entraram na discussão!

De fato, antes de conhecer Shirley Harrison, quando me pediram que comentasse o Diário, não era apenas impossível conseguir qualquer informação clara ou detalhada sobre sua origem, ou sobre os testes realizados, mas era realmente inviável entrar em qualquer diálogo sensato sobre as alegações e contra-alegações, de tão veementes que eram seus defensores. Desde aquelas bobagens iniciais, os comentários de astrólogos, grafólogos e um pequeno exército de médiuns, nenhum deles resistente à validação científica, ofuscaram o crescente corpo de informações acadêmicas e objetivas que Shirley Harrison e seus editores juntaram sobre esse curioso documento. Seus estudos cuidadosos exigem que *O Diário de Jack, o Estripador* seja observado com atenção.

Por natureza, os videntes e todos os defensores do sobrenatural expressam suas opiniões com grande confiança. Eles oferecem uma proliferação de pontos de vista para que os ingênuos e incautos possam escolher alguma coisa para usar como suporte de suas crenças. Esses aparentes cristais de sabedoria fazem as cuidadosas e específicas opiniões científicas empalidecerem, se as compararmos. O constante crescimento do severo corpo de informações técnicas reivindica educadamente consideração em meio às vocais alegações de celebridades da mídia e contra-alegações de cínicos profissionais.

Dessa improdutiva troca de polêmicas surge um clã dos convertidos, que emerge sobre as bravatas e os ícones de sua fé. E assim, quando tentei encontrar evidências a favor e contra a autenticidade do "Diário do Estripador", eu me diverti com os prodigiosos relatos de médiuns estrangeiros e de astrólogos que se debruçaram sobre os mapas astrais do sr. e da sra. Maybrick. Eu vi apresentadores de televisão cheirando o caderno vitoriano no qual o Diário foi escrito como se ele fosse uma garrafa de vinho que revelaria suas origens em seu distinto buquê. Testemunhei um médium balançar um pêndulo em cima do documento entoando "Isso foi escrito em 1888... 1889... 1890?" enquanto pessoas aparentemente inteligentes e bem informadas o assistiam sem que nem mesmo um sorriso desmascarasse sua incredulidade. Isso tudo é uma besteira tão grande que até pensei em rejeitar o Diário, apenas mais um componente do mito de Jack, o Estripador, e enxergá-lo como outra dessas fantasias do terceiro milênio baseadas em fato e ficção.

Então, quando paro no semáforo da Riversdale Road, enquanto ouço as bravatas de Billy e Wally na estação de rádio local, penso em como poderia ter sido inventada uma história tão estranha como essa sobre um estripador de Liverpool que mantinha um diário. Que tipo de pessoa, ou mesmo grupo de pessoas, poderia ter criado uma ideia tão improvável? Perfis psicológicos criminais do Estripador existem aos montes, mas como seria o perfil de um fraudador que perpetrou uma mentira tão criativa?

O primeiro pensamento que vem à mente é que o autor do Diário, seja um fraudador ou mentiroso, era um homem incrivelmente sutil. (A maioria dos crimes e fraudes são cometidos por homens, apesar de as fraudes atraírem mais as mulheres. Mesmo assim – ao contrário das aspirações feministas – as mulheres são geralmente secundárias em relação a seus parceiros.) Quando li o Diário pela primeira vez, fiquei espantado com a falta de estrutura do texto. Não é realmente um diário no sentido mais comum – é como um registro de pensamentos e sentimentos, e em partes até mesmo parece um caderno cheio de versos piegas. Não existe exatidão nas datas e o texto serpenteia por digressões, relatos de eventos, planejamentos de ações. Na mesma seção que descreve a mais horrível mutilação pós-morte, existe o estudo para um esquema de rimas. O registro dos crimes e as reações a parentes e conhecidos estão misturados numa coisa só.

Isso é escrita psicológica criativa da mais alta ordem. Tenho certeza de que a maioria das pessoas que decidisse escrever um diário sobre a vida de outra colocaria eventos públicos conhecidos de modo claro, para que o leitor os reconhecesse. De fato, esse autor fraudulento teria que tomar os eventos públicos como ponto de partida e construir o diário ao redor deles. Mas nosso fraudador é muito mais astuto. O Diário mostra os sentimentos do escritor. Ele é dominado pelo registro de suas experiências. As anotações presentes nele são aquelas que seriam de interesse do autor. Não se concentra naquilo que os outros o viram fazer.

Muitos *serial killers* escrevem autobiografias e alguns até mantêm um diário. Esses registros geralmente capturam a veia egocêntrica e narcisista que os impele a esses excessos de depravação tão repugnantes. Há exemplos que imediatamente me ocorrem. O livro de memórias de Fred West é cheio de detalhes triviais da vida cotidiana e permeado de referências casuais às ultrajantes explorações sexuais de seus filhos, azeitadas com melosas declarações de amor. Pee Wee Gaskins descreve com alegria como matou bebês abusando sexualmente deles, insinuando num tom jocoso que seu prazer foi justificativa suficiente. Charles Manson mantém uma discussão maníaca e autocentrada por toda sua extensa correspondência. Infelizmente, existem muitos outros exemplos. E todos estão muito distantes da seriedade pesada daqueles que escrevem sobre Jack, o Estripador. De fato, poucos escritores poderiam capturar o egocentrismo abrangente misturado com a ironia exultante que este Diário possui.

Existe outro teste, muito mais objetivo, que os psicólogos criaram para ajudar a determinar a autenticidade de um relato. Esse método foi batizado com o grandioso título de "Análise de Conteúdo Baseada em Critérios", mas o que ele realmente faz é listar os aspectos de uma narração. Esses aspectos são tomados para revelar a densidade da experiência na qual o relato se baseia e o tipo de detalhe que seria mais provável surgir numa experiência genuína do que numa fantasiosa. É claro que escritores criativos conseguem manipular esses critérios para fazer sua obra parecer verdadeira, mas pessoas menos hábeis podem realmente dar passos em falso. O truque mais esquecido é mostrar um detalhe quase irrelevante, ou um "fato trivial paralelo", que incorpora a narrativa dentro de um contexto em particular, principalmente quando esse detalhe não faz o relato se desenvolver e pode até enfraquecer seu propósito mais óbvio. Um exemplo: quando uma vítima de estupro menciona que depois do ataque ficou preocupada em chegar atrasada ao trabalho. Esse tipo de detalhe pode aparentemente indicar que ela não ficou seriamente traumatizada, mas é o tipo de pensamento que ocorre quando a mente está no piloto automático.

O autor do Diário é particularmente um mestre no que diz respeito a mostrar fatos triviais paralelos, aqueles detalhes irrelevantes que indicam um autor cuja mente não está inteiramente voltada para os eventos que descreve, e que parece escrever apenas para resolver seus próprios sentimentos em vez de contar uma história. Ele pode se gabar de ter enganado a polícia, mas sente a necessidade de registrar o quanto suas mãos estavam frias. Em meio aos horríveis trechos onde descreve como removeu partes dos corpos, ele adiciona um comentário doméstico, imaginando "quanto tempo irá durar?". Esse é o tipo de comentário específico que, por aparentemente se originar das preocupações imediatas do autor, faz o leitor pensar sobre a pessoa que escreve, e não apenas sobre suas ações. Portanto, essa é uma poderosa ferramenta literária se usada efetivamente, mas que facilmente pode se tornar uma autoparódia.

O autor do Diário possui uma maneira particularmente inteligente de manter essas irrelevâncias coerentes com o personagem que está criando. Somos apresentados a um homem que não vê problemas em assassinar e mutilar outras pessoas, mas ao mesmo tempo é psicologicamente vulnerável. Ele se preocupa desesperadamente com seu próprio estado de saúde, e possui determinação em eliminar pensamentos intrusos sobre seus filhos que possam distraí-lo de sua campanha. Depois da mais violenta explosão, ele nota que "as crianças gostaram do Natal". Desses apartes, surge um protagonista surpreendentemente inseguro. Não é nenhum Bruce Willis implacável, ou um Clint Eastwood frio e calculista, mas um homem que sente falta do irmão, que fica impressionado por não ter sido pego, que é dependente de seu "remédio", mas que eventualmente se torna obsessivo com as próprias ações e suas consequências.

Então, nosso perfil literário do autor desse fraudulento Diário, se ele for mesmo falso, já está revelando algumas características distintas. Aqui temos um escritor sutil que está determinado a nos envolver nos pensamentos e sentimentos de Maybrick, mesmo que isso crie ambiguidades nos detalhes de suas ações. Mas ele também é notavelmente hábil na maneira como desenvolve sua ficção. Se não dissessem a você que esse é um texto verdadeiro de um *serial killer* famoso, as páginas iniciais não lhe dariam nenhuma pista. Existem referências indiretas que indicam o envolvimento do autor em atividades nefastas que não podem ser especificadas pelo medo de ser descoberto. Existem palavras emotivas que levantam mais perguntas do que respostas. Principalmente o curioso termo *cafetão*,[1] que demonstra a raiva contra alguém que, apesar de execrada como *puta*, possui um grande significado emocional para o autor.

Os parágrafos iniciais nos conduzem a um intrigante mundo de subterfúgios e tensão emocional com insinuações sexuais suficientes apenas para capturar nossa atenção sem revelar muito do enredo. Nós já estamos envolvidos quando fica claro que o autor possui uma "campanha", como ele mesmo diz, embora não conte explicitamente sobre o que ela é – apesar de o sexo e a violência, duas grandes receitas para ganhar o interesse do público, não estarem muito distantes da superfície. Apenas quando nosso interesse já está elevado é que esse hábil escritor começa a lançar conexões para um mundo que possamos reconhecer.

Existe uma sutileza ainda mais profunda na maneira como o Diário foi elaborado. Inicialmente não fica claro do que se trata, apenas sugere uma possível tentativa de planejar uma certa "campanha" perigosa. De fato, o que temos aparenta ser a segunda metade de

---

[1] No Diário, Maybrick usa o termo *whore master*, em vez de *pimp*, que é a forma mais tradicional para designar o que, em português, chamamos de *cafetão*. (N. T.)

um livro que teve suas primeiras páginas arrancadas. A primeira página nem mesmo começa com uma sentença completa, parece ser o final de uma frase da página anterior: "o que irá acontecer com elas, elas parariam neste instante". É como se fosse a continuação de uma ideia. "Mas eu desejo isso? Minha resposta é não." É preciso que o leitor infira a parte que falta: "Se elas soubessem".

Temos aqui uma pessoa discutindo consigo mesma, e nós a encontramos no meio desse debate. A discussão é sobre se as vítimas gostariam de mudar suas vidas se soubessem as consequências que as escolhas delas teriam. Desse modo, o texto possui uma força dramática no mesmo nível de Hamlet ponderando no palco sobre o propósito da existência, declamando a frase mais famosa de toda a literatura: "Ser ou não ser". Todos os autores sérios tomam um cuidado especial com suas palavras de abertura. Começar dessa maneira um texto tão significativo quanto esse é nada menos do que genial.

É claro que isso poderia ser apenas uma feliz coincidência causada pelos danos sofridos pelo documento com o passar do tempo e pelas páginas arrancadas por mau uso. Mas o livro em si está bem conservado. As páginas não estão gastas, nem com orelhas. Praticamente não existem defeitos no papel. As páginas iniciais foram removidas de modo cuidadoso e determinado. Assim, essa primeira página parece ser exatamente o ponto onde o autor deseja que a leitura se inicie.

O leitor é induzido a pensar nos perigos de relatar as experiências por escrito: "não é sensato continuar a escrever". Mas então encontramos uma frase estranhamente ambígua: "abater uma puta". A frase relaciona-se com os termos de caça, sendo comparável a "os cães abateram uma raposa". Seu real significado é indicado pela sugestão de que o ato de escrever é perigoso. Essa precaução ambígua continua por todo o Diário, mas após a visita a Manchester e o aparente estrangulamento de uma *puta*, os relatos se tornam cada vez mais explícitos e a precaução é eventualmente colocada de lado em favor do prazer de registrar as experiências.

O autor mede muito bem seu ritmo, lentamente envolvendo o leitor com detalhes cada vez mais horríveis, capturando uma atmosfera de raiva que aumenta juntamente com a dor e o prazer. Aquilo que começa com uma referência imprecisa sobre uma "campanha" se torna mais explícito com a menção à compra de uma faca. Tudo, então, fica terrivelmente claro quando ele menciona a dificuldade de cortar fora uma cabeça. Como se não fosse suficiente, o Diário mergulha num desespero raivoso: "Quero cozinhar cozinhar cozinhar", quase uma denúncia incoerente do escritor contra si mesmo e contra o Deus que o criou. Momentos lúcidos de autoquestionamento surgem de vez em quando, e uma crescente censura sugere que talvez ele devesse se entregar ou cometer suicídio, mas o final é muito mais resoluto do que isso. O autor até pede perdão ao leitor. O documento todo mostra-se como uma justificativa para os atos de seu criador. Essas ações foram causadas por culpa dos outros e das forças externas do *amor*, e não por um mal que existe dentro dele. Apenas alguém que estudou cuidadosamente a maneira como *serial killers* enxergam o mundo poderia ser capaz de notar que, no final, eles sempre tentam justificar suas ações com uma ou outra razão. Normalmente, essas justificativas colocam a culpa em algo externo à sua natureza.

    A maioria dos escritores luta por anos para conquistar a habilidade de observar o mundo pelos olhos de outra pessoa. Eles geralmente desistem e conseguem nos dar apenas uma de suas próprias perspectivas. O autor do Diário, porém, captura brilhantemente o prazer juvenil de enganar a polícia e não ser preso por crimes que considera excitantes. Ele também nos mostra o prazer inconsciente de ver seus atos sendo discutidos nos jornais. Esse fraudador realmente nos permite entrar na mente de um personagem "Estripador" e observar a tempestade de emoções e pensamentos que o mantém ativo. Enquanto o Diário se desenvolve, o autor nos dá claramente as razões pelas quais está de fato escrevendo. O que começa como um desejo de planejar e registrar os prazeres ilícitos evolui para uma tentativa de entender seus sentimentos e termina como um testamento de suas ações, que ele quase almeja que sirva para inocentá-lo.

    Esse é um texto de suspense psicológico escrito com maestria, habilmente indicando a razão da existência do Diário ao mesmo tempo que nos conduz pela raiva e pela confusão do autor. Essa atmosfera ainda é temperada com suas tentativas de escrever poemas. Um uso de frivolidade com humor negro acentuando a seriedade mortal do texto que poderia fazer Shakespeare ficar orgulhoso. Polêmica e raiva constantes seriam tediosos e pouco convincentes, mas a mistura de sentimentos e banalidades mantém o leitor hipnotizado como se observasse o movimento sutil de uma cobra.

Além disso, existem suficientes indicações de fatos que permitem conectar suas experiências com eventos conhecidos. E essas indicações históricas não são usadas em demasia. Shirley Harrison e seus conselheiros gastaram uma quantidade considerável de tempo e esforço para decifrar todas as referências a fatos reais. Um fraudador mais convencional teria se certificado de que eventos importantes estivessem claramente presentes. Mas há até mesmo pistas de eventos que não possuem lugar no cânone do Estripador, como o primeiro assassinato em Manchester. Será que o autor, tão meticuloso com todos os outros detalhes, cometeu um erro aqui? Ou será isso uma nuance diabólica que indica fatos que apenas Maybrick saberia e que ninguém pode verificar?

A habilidade artística do fraudador já está demonstrada. Mas e quanto ao personagem que ele criou para nós? Será que isso nos dá mais alguma pista sobre a pessoa que escreveu o Diário? A maioria dos escritores acaba escrevendo sobre si mesmo, não importa o quanto tentem disfarçar. Dessa forma, que tipo de pessoa James Maybrick se revela no texto? Ele é certamente o centro de seu próprio mundo. O Diário foi escrito para seu próprio prazer, mas também por causa da crença arrogante de que suas opiniões inevitavelmente possuem importância pública. Ele mostra enormes mudanças de humor, que vão desde altos deleites até o mais profundo desespero. Ele é um jogador inveterado, que sente verdadeira alegria em correr riscos. Mas sua arrogância é baseada em dúvidas profundas sobre seu próprio valor, principalmente em comparação com seu irmão. Isso parece ser o que realmente proporciona satisfação em enganar os outros.

Mas, apesar de todas essas emoções explosivas e das mudanças de humor, o autor é capaz de se mostrar muito educado e consciente de sua duplicidade, e ainda se gaba disso. Não é incontrolavelmente impulsivo – ele pensa em sua ações com antecedência, apreciando o planejamento e as reminiscências de atos passados tanto quanto a realização do ato em si. Trata-se de um homem que outros reconheceriam como inteligente, mas difícil de se conhecer porque sempre esconde seus sentimentos. Existem alguns autores britânicos famosos que se encaixariam nessa descrição. O que eles ganhariam mantendo-se anônimos por tanto tempo?

Um escritor sutil capaz de passar a sensação de como seria a mente do Estripador, mas que também sabe tecer o texto discretamente e recuar antes de revelar demais, é claramente um mestre de sua arte. Mas o fraudador/escritor teria que ir além de nos convencer com algumas frases cuidadosamente ambíguas. Ele teria que possuir um conhecimento profundo sobre Jack, o Estripador, e suas atividades. É claro que existem muitos livros sobre os assassinatos: estudá-los pode ter providenciado a base teórica para a travessura. Mas, como eu mesmo percebi ao tentar juntar alguns pensamentos para escrever um livro, a gigantesca quantidade de material sobre os assassinatos de Whitechapel é, na verdade, um problema. Existem grandes divergências sobre a maioria dos detalhes, incluindo quem foram as reais vítimas de Jack. Assim, o fraudador/escritor teria que mergulhar profundamente na literatura do Estripador por algum tempo. Também seria necessário possuir um ótimo conhecimento sobre a Inglaterra vitoriana e sobre investigações policiais, a fim de poder distinguir os fatos com os quais os especialistas concordariam, dentre tantos descritos. Uma pessoa com essas características seria conhecida dos estudiosos e poderia realmente ser reconhecida como um deles. Porém, quando pesquisei os diversos livros sobre o assunto, percebi que não existem muitos (talvez não haja nenhum) que possuam as habilidades de escrita que a invenção do Diário aparentemente necessitou.

Dessa maneira, nosso perfil do fraudador já se estreitou para o campo dos escritores talentosos que também são especialistas no caso Estripador. Mas existe mais uma indicação clara da personalidade do fraudador/escritor/especialista.

O livro concentra-se em um cidadão de Liverpool. Jack, o Estripador, é um personagem londrino por excelência. Se ele não é um dos profissionais ou aristocratas que formam nossa imagem da Londres vitoriana, então nós quase podemos enxergá-lo como um clássico londrino a Dick van Dyke. Liverpool pode se gabar por ser o local de origem de muitos avanços metropolitanos do século XIX, desde os Oficiais Médicos de Saúde até grevistas obstinados, mas a cidade não é lembrada particularmente como um local violento, ou o lugar de onde teria se originado a noção moderna de *serial killer*. Seria uma tacada de mestre partir do julgamento de Florence Maybrick pelo assassinato de seu marido e ir trabalhando a ficção retroativamente até inventar que o assassinado era ninguém menos do que Jack, o Estripador.

Talvez minhas próprias origens estejam direcionando minha opinião, mas será que apenas as pessoas de Liverpool estão convencidas da fecundidade e da importância de sua cidade para acreditarem que Jack, o Estripador, poderia ter sido um cidadão local? Mas, como demonstra a quietude da Riversdale Road, essa ideia certamente não capturou a imaginação dos habitantes atuais. Então, seja lá quem deles tenha criado o Diário, ele ou ela certamente estava nadando contra a correnteza do Mersey. O autor não tomou nenhum mito popular de Liverpool e o cobriu com invenções.

Esse fraudador/escritor/especialista de Liverpool era também, é claro, muito conhecedor dos Maybrick e de suas ações. O julgamento de Florence foi muito comentado na imprensa local, então, mais uma vez, uma pesquisa incansável poderia ter providenciado informações suficientes para que o autor pudesse jogar referências a figuras de maior e menor importância na vida de James Maybrick. Uma variedade de nomes estaria disponível no próprio julgamento, mas, de novo, o autor não os usa em demasia. Um exemplo: o acesso de raiva contra um subordinado na discussão contra Lowry é um toque delicioso e outra evidência do controle e da habilidade do escritor. Devo confessar que, se eu fosse inventar um personagem secundário tão interessante quanto Lowry, provavelmente iria desenvolvê-lo mais e não apenas deixá-lo como um zero à esquerda.

O conhecimento de tintas e papéis, do vocabulário vitoriano e de estilos de caligrafia, além de outros aspectos objetivos do Diário que Shirley Harrison examinou meticulosamente, estava, é claro, disponível para o fraudador da mesma maneira que para ela. Leitores de criminologia e livros de ficção reconhecerão a ciência forense que pode ser usada nesse caso. Mas nosso fraudador não é nenhum espertinho de Liverpool que juntou desleixadamente algumas possibilidades. Ele devotou considerável tempo e esforço para criar o Diário do jeito certo. Ele não cometeria o equívoco de deixar a ciência forense obviamente violada.

Nosso perfil do autor então o descreve como um homem (ou mulher) de Liverpool que possui ótimo conhecimento da vida e da época da família Maybrick. Ele também possui um excelente conhecimento da Inglaterra vitoriana e dos assassinatos e investigações sobre Jack, o Estripador. Além disso, ele é capaz de muito plausivelmente capturar e expressar a mistura de pensamentos e sentimentos que o assassino de Whitechapel possa ter tido. Ademais, ele provavelmente era um acadêmico cuidadoso que gosta de correr riscos. Aqueles que o conhecem muito bem reconhecerão um turbilhão de emoções profundamente escondido por uma plácida fachada. Ele possui acesso a escritos vitorianos e vários estilos literários – e sabe como usá-los efetivamente. Mas, acima de tudo, ele não mostra essas habilidades criativas e acadêmicas escrevendo um romance ou roteiro emocionante, e sim produz um documento íntimo e sinuoso, tão diferente de um "diário" que acaba encontrando uma editora quase que por acidente.

É uma pessoa tão fascinada com Jack, o Estripador, que devotou grande parte de sua vida tentando ser o assassino. É uma pessoa que se deleita em recriar os sentimentos do Estripador e se excita com o agito que seu texto causa. É difícil acreditar que esse gênio tímido ainda não tenha se revelado para reclamar sua devida glória. Sua história com certeza receberia tratamento hollywoodiano. Antony Hopkins imploraria por esse papel.

Eu listei brevemente as características do autor do Diário, mas a questão de sua autenticidade ainda permanece. Psicólogos e outros estudiosos ainda não produziram um método infalível para detectar escritos fraudulentos, um método à prova de gênios. Mas o que meus próprios estudos indicam é que todo exame minucioso de qualquer expressão humana a faz parecer suspeita. Preste atenção em um locutor de telejornal e tente detectar se ele realmente acredita naquilo que está dizendo. Você notará pequenos tiques suspeitos, ou então a completa falta de hesitação do âncora irá possivelmente deixá-lo em dúvida. Pelo resultado de vários estudos cuidadosos que realizamos, eu sei que, se você fornecer relatos escritos a pessoas comuns e pedir que determinem se são reais ou falsos, a maioria será considerada falsa, não importa quantos forem verdadeiros. Assim, leia o Diário assumindo que é uma fraude, e você ficará espantado com a maneira que alguns detalhes são colocados, como se quisessem nos convencer de sua legitimidade. Depois, leia-o novamente, desta vez assumindo ser verdadeiro, e você ficará espantado com o que aprenderá sobre os pensamentos e sentimentos de Jack, o Estripador.

Portanto, essas reflexões nos levam a duas amplas possibilidades sobre a autoria do Diário. Uma defende que ele foi escrito por um tímido, mas emocionalmente perturbado, gênio que combinou a arte da literatura com um entendimento brilhante sobre *serial killers*, junto com os fatos históricos conhecidos a respeito de Jack, o Estripador e de James Maybrick. A outra nos mostra uma pessoa bem diferente. Ele sabia como Jack, o Estripador, sentia-se e tinha conhecimento e experiência sobre suas matanças. Ele era totalmente familiarizado com o mundo de James Maybrick. Ele se encaixa perfeitamente no perfil de personalidade revelado no livro, e teve amplo acesso a todos os materiais necessários. Ele também teve uma razão plausível para escrever o Diário. Ele queria desesperadamente que outros soubessem o segredo que o consumia. Ele viveu na casa de número 7 da Riversdale Road no final dos anos 1880.

INTRODUÇÃO

Em setembro de 1993, o jornal *Sunday Times* estampou uma grande manchete com a palavra "FALSO" em suas páginas centrais, atacando um recentemente descoberto diário escrito à mão que continha a seguinte implacável assinatura: "Sinceramente, Jack, o Estripador". Eles não possuíam nenhuma evidência, não realizaram nenhuma investigação e finalizaram seu massacre infundado confessando que o diário deveria ser uma falsificação moderna – ou poderia ser autêntico.

Um mês depois, a primeira edição do meu livro *O Diário de Jack, o Estripador* foi publicada na Grã-Bretanha e em mais outros quinze países. Na narrativa, eu relatei a história completa por trás da minha pesquisa sobre esse extraordinário documento, que veio de Liverpool e havia sido entregue inesperadamente a meu agente literário um ano antes.

Durante esse ano, tinha estabelecido que o Diário parecia ser uma confissão dos assassinatos de Whitechapel, aparentemente escrito por James Maybrick, um conhecido comerciante de algodão do século XIX que viveu em Liverpool. Ele morreu em 1889 envenenado com arsênico, e sua jovem esposa americana, Florence, foi condenada à morte por seu assassinato. Ela não foi executada, mas ficou presa por quinze anos até ser enviada de volta a seu país natal em 1904.

Cientistas, historiadores, especialistas em caligrafia, psicólogos, estudiosos do Estripador, museus e laboratórios pesquisaram o documento e debateram veementemente entre eles e em público. A tinta e o papel foram submetidos a vários testes científicos relevantes.

Então, para aumentar a confusão, um relógio foi descoberto em Liverpool – e, vistos ao microscópio, os arranhões de dentro do revestimento formavam a frase: "J. MAYBRICK. EU SOU JACK". Em torno das bordas havia as iniciais das cinco prostitutas assassinadas em Londres. Os arranhões também foram testados em laboratório por profissionais. E eles eram antigos – foram feitos há dezenas de anos, podendo ser ainda mais velhos.

O único consenso dentre todos os testes é que o Diário *não* é moderno. Isso provocou um dilema: Seria uma falsificação antiga, possivelmente escrita para acusar Maybrick? Ou poderia realmente ser genuíno?

Hoje, depois de dezenove anos e quatro edições do meu livro no Reino Unido, nós temos certeza de que o Diário não pertence ao século XX, mas sua verdadeira origem continua elusiva.

James Maybrick ainda é o suspeito favorito do público, figurando no topo do ranking do site Casebook: Jack the Ripper (www.casebook.org), o vibrante e às vezes infame fórum para detetives do Estripador e historiadores de todo o mundo. A maioria dos correspondentes regulares continua cética sobre o envolvimento de Maybrick, e se divertem ao jogar lenha na fogueira da discussão usando um linguajar inventivo, chegando até a me chamar de "experiente enganadora".

Mas também houve muito debate sensato. Um historiador, o professor William Rubinstein, publicou artigos em várias revistas sérias explicando sua própria conclusão sobre o Diário. Várias matérias apareceram na *The Whitechapel*, uma revista imparcial especializada no material relacionado ao Estripador.

Em 2007, uma nova estrela apareceu em cena: Christopher Jones. Professor de História em Liverpool, ele decidiu encenar o julgamento de James Maybrick como parte dos eventos do "Ano da Cultura em Liverpool". O evento aconteceu em maio no antigo clube de críquete que Maybrick frequentava, em Aigburth, e foi acompanhado por 150 pessoas, algumas das quais vindas especialmente dos Estados Unidos. O lucro foi doado para uma casa de caridade local dirigida por Paul Dodd, que hoje vive na antiga casa de Maybrick, a Battlecrease House, que tem vista para o clube de críquete.

Na cadeira do acusado estava Jeremy Beadle. Jeremy não era apenas uma estrela da televisão, mas também um perspicaz criminologista com uma extraordinária piscina convertida em biblioteca de livros criminais. Hoje sei que ele pessoalmente acreditava na legitimidade do Diário. Mas ele sempre foi escrupulosamente imparcial, e eu mesma não tinha certeza, na época, de qual era sua convicção. Ninguém imaginava que aquela seria uma das últimas aparições públicas de Jeremy. Todos nós sabíamos que ele estava muito doente e ficamos aflitos e emocionados por sua coragem alegre diante de um sofrimento óbvio. Ele faleceu pouco depois.

Representantes da promotoria e da acusação descreveram seus argumentos, e o público foi o júri. Eu falei juntamente com o professor William Rubinstein, o ex-policial e guia turístico de Whitechapel Donald Rumbelow, o historiador de crimes local Vincent Burke e o professor David Canter. Também deram declarações Paul Begg e Keith Skinner, coautores, junto com Martin Fido, do livro *The Jack the Ripper A-Z*.

Provavelmente, a mais surpreendente declaração de todas as testemunhas foi feita por Keith Skinner, o pesquisador profissional que investigou o Diário para Paul Feldman e para mim. Todos nós sabíamos que Keith era um cético cauteloso. Mas quando falou sobre evidências, ele declarou que se tivesse liberdade para revelar a um júri todas as informações e evidências que possuía, não haveria outra escolha a não ser concluir que o Diário veio de Battlecrease.

Christopher Jones começou então a trabalhar em seu próprio livro sobre os Maybrick e criou o site www.jamesmaybrick.org – que em 2009 já tinha recebido 250 mil visitas. Hoje ele já viajou várias vezes para os Estados Unidos e produziu uma investigação extremamente minuciosa sobre a antes elusiva vida de nossa pouco conhecida família da Liverpool do século XIX.

Em 2007 também surgiram notícias sobre um livro intitulado *Hoax*, que estava sendo escrito por Steve Powell, um músico australiano e membro vitalício da Australasian Performing Right Association Australia.

Detalhes preliminares de seu livro vazaram no site do Estripador, e então teve início um feroz debate sobre suas alegações. Ele afirmou ao mundo que aqueles que escrevem sobre o Diário – isto é, eu, minha agente Doreen Montgomery, da Rupert Crew Limited, e todos aqueles que me ajudaram – são apenas "bodes expiatórios". Nós fomos "usados" naquilo que ele descreve como uma complexa falsificação moderna.

Ele alegou que o Diário foi criado em 1970 na Austrália por um ex-morador de Liverpool chamado Steve Park, junto com o falecido diretor de cinema Paul Feldman e uma amiga em comum, uma jovem enfermeira inglesa chamada Anne Graham. Segundo ele, o livro foi levado para a Inglaterra por Paul e Anne. Ela mais tarde se casaria com Michael Barrett – o negociante de sucata que levou o Diário para minha agente em Londres.

Steve alegou que nós tínhamos sido escolhidos, sem suspeitar de nada, para levar a fraude adiante, deixando os fraudadores originais nos bastidores, prontos para receber os dividendos. Se isso fosse verdade, eles deveriam ter ficado realmente desapontados – principalmente porque esperaram quase vinte anos para receber sua recompensa inexistente!

Então eu recebi notícias da editora em questão – a Melbourne Books. O editor, David Tenenbaum, escreveu um e-mail em janeiro de 2009 no qual explicava que eles estavam aparentemente esperando por evidências conclusivas antes de publicar o livro de Steve Powell, e que acreditavam que eu havia sido vítima de uma armação elaborada.

Nesse ponto, Doreen Montgomery decidiu que deveria esclarecer algumas coisas. Aqui vai a parte relevante de sua resposta:

> Acabei de ver o e-mail que você enviou para Shirley, e posso ver que sua avaliação das circunstâncias que levaram à publicação de *O Diário de Jack, o Estripador* está incorreta. Paul Feldman entrou na equação muito mais tarde, e ele apenas soube do Diário por causa da quebra de sigilo de uma das partes contratadas pelo editor para realizar pesquisas. Na época, Paul estava pesquisando por si próprio a possibilidade de realizar um filme sobre o Estripador, e tinha uma pessoa completamente diferente como suspeito. Porém, ele prontamente se agarrou à perspectiva do Diário assim que soube de sua existência, como você pode muito

bem imaginar. E ele fez tudo que pôde para tomar sua propriedade, tentando até adquirir o documento pessoalmente.

Quanto a mim, realizei um leilão dos direitos de publicação, e ninguém poderia saber com antecedência que a editora Smith Gryphon seria a vencedora. Fui eu quem trouxe Shirley para ser a escritora investigativa que iria produzir o texto complementar do Diário. Sim, por um tempo Paul Feldman tentou "aliviar" Shirley deste papel, mas ele não teve sucesso.

Por favor, cuidado com os comentários caluniosos sobre mim e Shirley. Ela foi escritora por toda sua vida profissional, sempre a produzir materiais fiéis a sua missão específica. Nunca, até surgir *O Diário de Jack, o Estripador*, ela foi acusada de mentir, falsificar material ou qualquer outra atividade indigna. E, hoje, não existe qualquer motivo para que ela sofra acusações.

Finalmente, em 2009, com o *Hoax* ainda não publicado, Steve Powell postou uma alegre mensagem no fórum sobre Jack, o Estripador.

Notícias! 29/10/2009
Recebi novas informações que estava esperando do Escritório de Liberdade de Informações sobre os arquivos oficiais relacionados ao Diário. Esses arquivos provam que aquilo que estive afirmando para vocês não é imaginário ou simplesmente inventado. Mostrei o arquivo ao editor da Melbourne Books e agora ele está reconsiderando publicar meu livro para que todos possam ler e entender a fraude que foi cometida por certos indivíduos por pura ganância. Você vai ficar espantado, disso não tenho dúvida, e será meu prazer mostrar a verdade sobre as mentiras que foram tão cuidadosamente colocadas diante de seus olhos por tanto tempo. Então, a trilha continua com novas pistas que irão nos conduzir para nosso destino final

de justiça e verdade. Não apenas para mim e você, mas também para James Maybrick.

Avante, guerreiros!

Steve Powell

Muitos dos que de uma maneira ou de outra estavam envolvidos já faleceram nesses últimos dezenove anos... mas a controvérsia do Diário segue viva.

Em lembrança de:

Brian Maybrick, que trabalhou discretamente junto a nós em sua árvore genealógica.

O gentil e profundamente religioso Albert Johnson, a primeira pessoa que levou o relógio de Maybrick para Londres – talvez o único cuja integridade nunca tenha sido questionada e que gastou uma quantidade considerável do seu próprio dinheiro em testes científicos. O relógio permanece excepcionalmente incontestado em toda a história.

Paul Feldman, que desistiu de fazer um filme sobre o Estripador com um suspeito diferente e perdeu uma fortuna em sua busca apaixonada pela verdade sobre Maybrick.

O empresário americano que voou para a Inglaterra oferecendo muito dinheiro pelo relógio, cujas ofertas foram recusadas.

Nosso mais feroz crítico da internet, Melvin Harris.

Stanley Dangar, o horologista que veio da Espanha também para analisar o relógio.

Com certeza muitas pessoas irão ler *O Diário de Jack, o Estripador* pela primeira vez agora. E elas irão se juntar ao debate e tirar suas próprias conclusões – ou talvez não? – de um jeito ou de outro.

O Diário original está trancado num cofre de banco.

O RELÓGIO

Quando Albert Johnson faleceu, ele deixou o relógio para Daisy, sua netinha, para quem o comprara como um investimento há vinte anos. Ninguém havia ouvido falar de James Maybrick naqueles tempos. O relógio ainda permanece sob o cuidado dos Johnson – não foi vendido, mas a família gostaria de encontrar um comprador que compartilhasse a crença de Albert e que pudesse dar ao objeto um lar digno, talvez aos olhos do público.

―――

Tanto o Diário como o relógio desafiam alguém, em algum lugar, a revelar seus segredos e explicar o verdadeiro significado do enigmático lema da família Maybrick: *Tempus Omnia Revelat* [O Tempo Tudo Revela].

Então, por favor, continue a leitura...

1

Talvez em minha mente atormentada eu deseje que alguém leia isto e entenda

Num final de tarde em maio de 1889, três médicos reuniram-se em Aigburth, um subúrbio de Liverpool, para realizar uma autópsia muito irregular. O corpo de um empresário de meia-idade jazia numa cama, onde falecera, em seu luxuoso quarto forrado de mogno, enquanto sua jovem viúva americana, perturbada e confusa, havia misteriosamente desmaiado no quarto ao lado. Sob o olhar de um superintendente da polícia, dois dos médicos dissecaram e inspecionaram os órgãos internos, enquanto o terceiro tomava notas.

O cérebro, o coração e os pulmões pareciam normais e foram colocados de volta no corpo. O canal alimentar estava um pouco inflamado, havia uma pequena úlcera na laringe e a parte superior da epiglote estava esfolada. O estômago, amarrado nas duas extremidades, o intestino, o baço e partes do fígado foram colocados em jarros e entregues para o oficial de polícia.

Duas semanas depois, os mesmos três médicos foram até o cemitério Anfield, onde o corpo havia sido enterrado. Eles chegaram às onze da noite e, sob o brilho amarelo dos lampiões, ficaram ao lado da recente cova enquanto quatro homens cavavam até o caixão. Sem tirar o corpo do receptáculo, eles removeram o coração, o cérebro, os pulmões, os rins e a língua para uma investigação mais aprofundada. Uma testemunha relatou:

Entre os presentes, poucos foram aqueles que não experimentaram um tremor involuntário quando a palidez e os traços desgastados do cadáver surgiram diante do brilho cintilante de um lampião segurado acima da cova por um dos médicos.

O que todos comentaram foi que, embora já enterrado há uma quinzena, o cadáver estava extraordinariamente preservado. Porém, enquanto o bisturi do dr. Barran prosseguia com seu rápido e habilidoso trabalho, um leve odor de podridão surgia sempre que o vento soprava.

Finalmente, as autoridades concluíram que James Maybrick, de cinquenta anos, um conhecido comerciante de algodão com relações comerciais em Londres, havia sido envenenado. O atestado de óbito emitido no dia 8 de junho antecipou de forma chocante o curso da justiça: alegou – antes mesmo que Florence pudesse ser julgada – que Maybrick havia morrido por "envenenamento administrado por Florence Elizabeth Maybrick. Homicídio premeditado".

Em agosto, após um julgamento espantosamente desorganizado que prendeu a atenção da Grã-Bretanha e dos Estados Unidos, a viúva de 26 anos de idade foi considerada culpada pelo assassinato de Maybrick e condenada à morte. Ela foi a primeira mulher estadunidense a ser julgada numa corte britânica.

Seis meses antes da morte de Maybrick, Thomas Bowyer caminhava por Whitechapel, uma esquálida vizinhança na região de East End, em Londres. Ele estava indo coletar o aluguel atrasado da casa número 13 da Miller's Court, alugada por John MacCarthy para Mary Jane Kelly. Eram cerca de 10h45 do dia 9 de novembro, e alegres multidões marchavam para assistir à passagem da carruagem dourada que, ainda hoje, faz parte das tradicionais celebrações que marcam a posse anual do Lord Mayor de Londres.

Não houve resposta quando Bowyer bateu à porta. Colocando a mão através da janela quebrada, ele puxou a suja cortina improvisada e observou a espelunca que era o patético lar de Mary Kelly. Na cama ensopada de sangue, jazia o que sobrara do corpo de uma garota.

Estava nua, com exceção de uma sumária camisola. Houve uma certa tentativa de separar a cabeça. O estômago havia sido rasgado e completamente aberto. O nariz, os seios e as orelhas foram cortados, e pedaços de pele retirados da face e das coxas foram colocados ao lado do corpo esfolado. Os rins, o fígado e os outros órgãos foram colocados ao redor do cadáver, cujos olhos estavam abertos, completamente aterrorizados no meio de uma face retalhada e sem feições.

Mary Jane Kelly era a mais recente vítima de um criminoso endiabrado que estava massacrando prostitutas desde o fim de agosto. Todas as mortes aconteceram perto do fim de semana e dentro da mesma região sórdida de ruas superpovoadas que formavam, e ainda formam, uma das áreas mais carentes de Londres. As mulheres foram estranguladas, esfaqueadas e mutiladas, em ataques cada vez mais brutais.

Mary Ann "Polly" Nichols, considerada a primeira vítima, era filha de um chaveiro, tinha por volta de quarenta anos e vivia em casas de caridade. Depois apareceram Annie Chapman, 47, Elizabeth Stride, 44, e Catharine Eddowes,[2] 46. E agora havia Mary Kelly, com cerca de 25 anos, a mais jovem de todas.

Por mais cruéis que fossem os crimes, eles poderiam ter caído no esquecimento ou ter sido desprezados como um mal das "desafortunadas", como eram chamadas as prostitutas, se a polícia não tivesse sido provocada por cartas e pistas. Esses indícios aparentemente vinham do assassino que, numa infame e zombeteira carta, deu a si mesmo um apelido que provocou calafrios em toda Londres e além: Jack, o Estripador.

Ninguém em 1889 tinha motivos para conectar a exumação de James Maybrick em um sombrio cemitério de Liverpool com o banho de sangue ocorrido anteriormente num bairro pobre de Londres, a

---

[2] Nas principais fontes sobre o caso, ora o nome aparece como Catharine, ora como Catherine.

mais de quatrocentos quilômetros de distância. Nem a polícia nem os médicos em Liverpool poderiam enxergar a relação entre a macabra autópsia de um respeitável comerciante realizada à meia-noite e a horrível mutilação de uma jovem prostituta de Whitechapel. Essa conexão foi finalmente estabelecida 103 anos depois, em 1992, quando um diário recém-achado expôs a possibilidade de James Maybrick ser Jack, o Estripador.

No dia 9 de março daquele ano, minha agente literária, Doreen Montgomery, diretora da Rupert Crew Limited, uma das mais antigas e respeitadas agências de Londres, recebeu um telefonema de Liverpool. Era alguém chamado "sr. Williams". Ele disse que havia encontrado o diário de Jack, o Estripador e gostaria de levá-lo para ser publicado.

Naturalmente, ela foi cautelosa. Doreen foi minha agente por muitos anos, então sugeriu que eu estivesse presente na reunião; ela gostaria de uma segunda opinião. Na verdade, o "sr. Williams" revelou ser Michael Barrett, um ex-vendedor de sucata que gostava de ser dramático. Ele chegou ao escritório da Rupert Crew usando um terno novo e carregando uma pasta. Dentro, envolvido em papel marrom, estava o livro que teria um efeito cataclísmico em tantas pessoas que tiveram contato com ele, e causaria um alvoroço no até então pacífico mundo dos historiadores do Estripador. Parecia ser um álbum de recortes antigo com a capa em couro. A encadernação e o papel variavam entre média e alta qualidade e estavam bem preservados. A julgar pelas manchas de cola e marcas deixadas na folha de rosto, o livro serviu para a prática comum da era vitoriana de abrigar cartões-postais, fotografias, colagens, autógrafos e outras lembranças. As primeiras 64 páginas haviam sido removidas. As últimas 17 estavam em branco. A referência logo na terceira página ao medo do autor de ser descoberto – "estou começando a acreditar que não é sensato continuar a escrever" – claramente indica que estamos lendo o final da história – não o começo. Por alguma razão, o texto do início foi destruído. Seguiam-se, então, 63 páginas com as mais fantásticas palavras que nós já havíamos lido. O tom variava entre piegas e frenético – muitas frases foram furiosamente riscadas, com manchas e pingos de tinta por toda parte. Nós duas ficamos abaladas com a história que se revelava por uma mão errática, refletindo a violência do assunto:

> Vou levar tudo da próxima vez e <u>comer</u>. Não deixarei <u>nada</u>, nem mesmo a cabeça. Vou cozinhá-la e comê-la com cenouras recém-colhidas.
> [...]
> O sabor do sangue era doce, o prazer foi esmagador.

Próximo do final, o tom fica mais suave:

> Esta noite escrevo sobre amor.
> [...]
> este amor que me desprezou,
> este amor que de fato destrói

Finalmente, encontramos estas palavras:

> Logo, penso que irei me deitar ao lado de minha querida mãe e pai. Irei buscar seu perdão quando nos reunirmos. Eu rezo para que Deus permita ao menos esse privilégio, embora eu saiba muito bem que não mereço. Meus pensamentos irão permanecer intactos, como lembrança para todos de que o amor de fato destrói. [...] Rezo para que aquele que ler isto consiga me perdoar de coração. Lembrem-se todos, seja lá quem você for, que um dia eu fui um homem gentil. Que o bom Deus tenha piedade de minha alma e perdoe-me por tudo que fiz.
> Eu ofereço meu nome para que todos o conheçam, e para que a história mostre o que o amor pode fazer com um homem nascido gentil.
>
> Sinceramente,
> Jack, o Estripador
>
> Datado deste terceiro dia de maio de 1889

Eu não era uma historiadora do Estripador, mas, mesmo após quase quarenta anos como escritora profissional, senti, neste diário de aparência tão banal, a emoção da caça! Seria genuíno? Seria uma falsificação? Ouvi, ainda desconfiada, esperando ansiosamente por pistas, enquanto Michael Barrett falava.

Aqueles que leram a primeira edição de meu livro e suas edições subsequentes perceberam que alguns detalhes das lembranças de Michael mudaram. Fomos acusados de alterar a história para contestar objeções, ou seja, de mentir para combater outra mentira. Muito pelo contrário. A pesquisa é uma coisa orgânica, não estática. Nos cinco anos após meu primeiro encontro com Michael, eu descobri muitas coisas. Novas informações surgiam a cada semana, e por isso eu revisei algumas de minhas interpretações de eventos, não para desviar o curso da história, mas para me aproximar da verdade.

A HISTÓRIA DE MICHAEL BARRETT

Michael nos contou como viveu toda sua vida em Liverpool, com exceção do tempo em que foi marinheiro mercante e trabalhou nas plataformas de petróleo. Ele também foi *barman* e então se tornou negociante de sucata. Em 1976, conheceu Anne Graham no Centro de Cultura Irlandesa da cidade e se apaixonou.

Eles se casaram em questão de semanas. Michael contou como se acidentou há alguns anos e que, impossibilitado de trabalhar desde então, recebia auxílio por invalidez. Anne, por sua vez, foi trabalhar como secretária, e ele ficou em casa tomando conta da filha do casal, Caroline, nascida em 1981:

> Fiz tudo por aquela menina. Fiquei muito ligado a ela. Trabalho doméstico, cozinhar, fiz de tudo, e também cuidava do pequeno jardim em nosso quintal. Era meu orgulho e alegria. A partir de 1989, Caroline começou a frequentar a escola em Kirkdale, e, no caminho para buscá-la, [Michael] parava no *pub* Saddle, onde Tony Devereux e eu nos tornamos bons amigos. Ele tinha 67 anos de idade e eu, 38. Tony fraturou o

quadril perto do Natal de 1990, e eu fiz algumas compras para ele, até contrabandeando uma garrafa de xerez que ele escondeu debaixo da pia.

Em março de 1991, Tony foi para o hospital substituir o quadril, mas durante aquele verão sua saúde se deteriorou. Um dia eu o visitei e ele estava sentado com um pacote de papel marrom em cima da mesa. Ele não queria me dizer o que era. Tudo que disse foi "Leve. Eu quero que seja seu. Faça algo com isto".

Fui para casa e abri o pacote com Caroline. Dentro, havia este livro. Tentei ler, mas era difícil entender a caligrafia, e então, quando li a assinatura no final, eu apenas ri.

"Foi como se eu tivesse recebido uma facada", disse Michael. "Simplesmente não acreditei. Quem iria acreditar numa coisa dessas? Liguei para Tony imediatamente e disse 'Quem você está tentando enganar?'"

No dia seguinte, lembra Caroline, seu pai foi até a casa de Tony e o interrogou sobre as origens do Diário. Por quanto tempo ele o tinha? Tudo que Tony respondia era: "Você está me irritando. Eu dei a você porque sei que é real e sei que você fará algo com isso".

Finalmente, contou Michael, Tony perdeu a paciência quando foi questionado sobre "Quem mais sabe sobre isto?". A resposta: "Absolutamente ninguém que esteja vivo hoje".

Caroline lembra claramente como seu pai continuou a aborrecer Tony ao telefone para mais informações. "Confiei nele", disse Michael. "Ele não queria dinheiro. Ele não teria me enganado. Anne e eu sentamos juntos naquela noite e tentamos analisar o diário. Havia alguns nomes de pessoas e lugares que não significavam nada para mim. Battlecrease, Bunny, Gladys e Michael. Quem eram Lowry e a sra. Hammersmith? Também não sabíamos nada sobre Jack, o Estripador."

Naquele dia, o mundo da família Barrett virou de cabeça para baixo. O Diário, que deveria assegurar sua felicidade, destruiria seu casamento e seria a última gota na já debilitada saúde de Michael. Muito tempo depois, Anne nos contou que, como muitas pessoas em Liverpool, ela sabia do caso Maybrick, mas não de seus detalhes. Michael se tornou obcecado e mergulhou em sua investigação sobre o Estripador. Ele sempre sonhou em ser escritor, chegando a publicar algumas curtas entrevistas com celebridades e criando passatempos para a *Look-In*, uma revista infantil da editora D. C. Thomson. Ele se considerava um jornalista. "Na verdade", Anne admite hoje, "eu geralmente arrumava um pouco seus textos".

Em 1985, Michael havia comprado um processador de texto Amstrad com dinheiro emprestado pelo pai de Anne, Billy Graham, e agora, finalmente, teria uma verdadeira oportunidade para usá-lo. Ele nos contou que fez muitas anotações na biblioteca de Liverpool, que Anne transcreveu mais tarde para o Amstrad. Mas, nesse ponto, Michael ainda não tinha ligado o Diário a James Maybrick. Um dia, ele me contou, quando estava numa livraria de Liverpool, encontrou uma cópia do livro *Murder, Mayhem and Mystery in Liverpool*, de Richard Whittington Egan, um respeitado historiador criminal cuja família viveu na cidade e até acompanhou os Maybrick nas corridas. No livro, havia um artigo intitulado "Motif in Fly Papers" que dizia: "Quando eu primeiro a vi sob o crepúsculo de uma noite de maio, a Battlecrease House parecia igual a qualquer outra relíquia respeitável da metade do período vitoriano...".

Essa era a conexão que Michael precisava. O nome "Battlecrease" também aparecia na segunda página do Diário. Na verdade, a Battlecrease House, no agradável subúrbio de Aigburth, ainda é um nome reconhecido por muitos moradores de Liverpool familiares com a tragédia do malfadado casal. James e Florence Maybrick se mudaram para lá em 1888, seu último e turbulento ano juntos. Seria possível que o Diário em posse de Michael juntasse as histórias do respeitável e amável pai, um comerciante de meia-idade que sofreu secretamente uma vida de abuso de medicamentos, com o mais conhecido mistério de assassinato de todos os tempos?

"De repente percebi que eu poderia ser o homem que finalmente apanharia Jack, o Estripador", ele disse.

Em agosto de 1991, Tony Devereux faleceu no Hospital Walton, e junto com ele, nós assumimos, morreu também a chave para o mistério dos assassinatos de Whitechapel. Em fevereiro de 1992,

Michael sabia que não tinha condições de prosseguir sozinho. Ele não tinha ideia de como verificar o Diário, muito menos de como publicá-lo. Então ligou para a editora Pan Books, pois tinha alguns de seus livros em casa, e perguntou se gostariam de publicar a história. As editoras de Londres não se entusiasmam facilmente, e eles aconselharam Michael a conseguir um agente literário, recomendando Doreen Montgomery.

Nós ouvimos Michael ao mesmo tempo que tentávamos suprimir nossa descrença. Olhando de fora, a origem do Diário era extremamente duvidosa. Um ex-negociante de sucata de Liverpool? Um amigo de *pub* que agora estava morto? Eu sugeri, no calor do momento, que nós deveríamos levar o Diário imediatamente ao Museu Britânico, que fica perto dos escritórios da Rupert Crew, e tentar conseguir uma opinião de seus especialistas. Marcamos instantaneamente uma reunião com Robert Smith, um curador de manuscritos do século XIX. Tudo parecia tão fácil no início!

A entrada principal do Museu Britânico é monumental. Dentro, a escala não é menos gigantesca; o silêncio de 3 milhões de tomos que forram as paredes envolve completamente os visitantes. Michael segurava em meu braço nervosamente enquanto andávamos, carregando o Diário, através do labirinto de corredores que formam as artérias administrativas do edifício. Historiadores de manuscritos olharam as páginas com lupas, debruçando-se sobre as dramáticas palavras de novo e de novo.

"Fascinante", disse Robert Smith. "Extraordinário. Parece autêntico. Mas, é claro, você terá que levá-lo a um examinador de documentos. Nós simplesmente não temos as instalações aqui." Fiquei impressionada com a afirmação.

Por via das dúvidas, fui até a Jarndyce, uma livraria especializada em livros antigos em frente ao museu, onde Brian Lake, o dono da livraria, tirou os olhos de sua primeira edição de Dickens e também ficou entusiasmado. Brian é especialista em literatura do século XIX e reconheceu o potencial valor do Diário. Mas concordou com o conselho de Robert Smith: deveríamos pedir a um cientista forense que estabelecesse uma data precisa para o livro.

No dia 30 de abril de 1992, um acordo de colaboração foi criado para ser assinado por Michael Barrett, sua esposa Anne e eu. Isso nos vinculou para compartilhar responsabilidades, custos e royalties de qualquer livro futuro. Nesse meio-tempo, nós também assinamos acordos de sigilo, obrigando qualquer pessoa com acesso ao Diário a manter segredo. Por causa de sua potencial natureza sensacionalista, nós todos ficamos com medo de que a história pudesse vazar antes que estivéssemos prontos, diminuindo assim o impacto do livro.

Michael Barrett foi para sua casa em Liverpool. Ele retornou com Caroline, sua filha, no dia 3 de junho para presenciar o leilão de dois dias que Doreen Montgomery decidiu realizar para vender os direitos de publicação de um livro sobre o Diário, que eu escreveria. Minha colega, a pesquisadora Sally Evemy, levou Caroline para passear, e depois ela e o pai passaram a noite em minha casa. Anne ainda trabalhava e não pôde se juntar a nós. Entre os participantes do leilão no dia seguinte, 4 de junho, estava outro Robert Smith, diretor da editora Smith Gryphon. Ele havia publicado alguns anos antes o livro *The Ripper Legacy*, de Martin Howells e Keith Skinner, e convidou Keith a acompanhá-lo ao escritório de Doreen.

Robert se debruçou sobre o Diário por horas, falando muito pouco, enquanto Michael dizia que tudo o que ele queria era dinheiro suficiente para comprar uma estufa para seu jardim. O lance que Robert finalmente ofereceu não era muito alto – e compreensivelmente refletia sua precaução. Do ponto de vista de uma editora, o Diário oferecia uma perspectiva perigosa – ninguém havia esquecido o fiasco dos diários de Hitler, publicados no *Sunday Times* em 1982, e provados como falsos em questão de poucas semanas depois. Mas Robert Smith, um empresário sagaz e historiador astuto, pressentiu que o Diário poderia ser genuíno e decidiu seguir sua intuição.

Philip Sugden, historiador e autor do prestigiado livro *The Complete History of Jack the Ripper* (publicado em 1996), expressou seu ponto de vista dizendo que teria sido melhor se o Diário fosse direcionado para o campo acadêmico. Segundo ele, sua entrada no mundo comercial das editoras significava que a pesquisa havia sido direcionada por motivações comerciais, quando historiadores sérios deveriam ter investigado o documento. Eu questiono essa visão. Acadêmicos não estão sempre certos. Afinal de contas, Hugh Trevor-Roper, agora lembrado como Lord Dacre de Glanton, o homem que confirmou a "autenticidade" dos diários de Hitler, era um estudioso muito respeitado. Além disso, com o tempo o Diário também passou a atrair o meio acadêmico. O fato é que este projeto foi dado a mim, e eu duvido que qualquer escritor profissional teria agido de outra forma. A única maneira que eu conhecia para conseguir arcar com os custos de pesquisa que esse Diário necessitava era encontrar uma editora preparada para oferecer um adiantamento suficientemente grande para facilitar uma investigação básica. Poucas pessoas compreendem que é sempre responsabilidade do autor financiar a pesquisa, e naquele momento eu não tinha ideia do tamanho do custo, e muito menos de qual seria a recompensa financeira.

Normalmente, não é habitual para um autor discutir publicamente os termos do contrato de publicação, mas já que este livro envolve circunstâncias excepcionais, e valores absurdos foram cogitados, irei, quando necessário, quebrar essa regra. Recebi a oferta de 15 mil libras (algo equivalente hoje a cerca de 75 mil reais) como adiantamento de royalties – valor a ser dividido igualmente entre mim e Michael, e que deveria ser devolvido caso fosse provado que o Diário era uma falsificação. Com isso, eu soube que teria que pagar por qualquer teste científico e pesquisas adicionais necessárias para cumprir o prazo terrivelmente curto. Eu precisava de uma equipe de ajudantes, incluindo acadêmicos. Inicialmente, busquei a ajuda de Keith Skinner, Paul Begg e Martin Fido (que é ex-reitor universitário), os coautores de *The Jack the Ripper A-Z*, que são muito respeitados por sua integridade e profundo conhecimento do assunto.

É claro que eu tinha esperança de que o Diário fosse legítimo – na verdade, tinha certeza de que era – mas, se encontrasse, em qualquer estágio, alguma prova positiva de que era uma falsificação, eu teria interrompido o trabalho. E qualquer membro da equipe teria feito o mesmo. Tantos anos depois, Keith Skinner e Paul Begg continuam perplexos e sempre disponíveis para ajudar e dar conselhos.

Eles devotaram uma grande quantidade de tempo e interesse ao enigma do Diário por quase nenhuma recompensa.

Por outro lado, assim como a maioria daqueles que decidiram que o Diário é falso, Martin Fido está convencido de que ele foi escrito dois ou três anos antes da chegada de Michael Barrett a Londres.

Por cinco anos nossa equipe mergulhou na história dos Barrett, dos Maybrick e dos assassinatos de Whitechapel. Nós encontramos e trabalhamos com os amigos e familiares de todos aqueles em Liverpool que tinham qualquer conexão com os personagens centrais da trama. Dormimos em suas casas, participamos de reuniões de família, de funerais e de festividades. Ouvimos seus problemas, suportamos o peso de sua raiva. Alguns se divertiram, muitos ajudaram e ficaram ansiosos para revelar a verdade. A maioria ficou aborrecida pela invasão indesejada em sua vida privada e pela publicidade que o Diário trouxe.

Michael Barrett e Caroline voltaram para Londres naquela noite. Michael estava exultante com a nova vida que pensava ter iniciado, povoada por agentes, editoras e acadêmicos. Durante a viagem de trem, ele conversou com o então dono de um jornal gratuito de Liverpool, Phil Maddox.

Phil relembra:

> Eu vi um homem segurando um pacote de papel marrom – ele estava sentado no lado oposto da cabine, indo e voltando do vagão-restaurante para comprar pequenas garrafas de uísque. Então, ele veio até mim – e simplesmente começou a falar. "Aposto que você não sabe o que é isto – é o diário do Jack, o Estripador." Achei que era um maluco. Ele estava agitando as mãos por todos os lados para evitar que eu olhasse. Tentei ver – eu coleciono livros antigos, a maioria fora de catálogo. Então fiquei interessado, mas ele não queria mostrar o maldito diário. Ele ficou provocando.

Mencionou o leilão, mas também que tinha "jurado sigilo". Então ele falou sobre sucata, falou de sua filha fazer parte de uma banda ou ter ganhado algum prêmio da British Legion, então pensei "é assim que vou rastreá-lo depois". Não precisei pressioná-lo ou algo assim.

Comecei meus esforços preliminares para investigar cientificamente as origens do Diário antes que uma editora estivesse envolvida. Eu estava ingenuamente otimista, sem ter noção, nesse ponto, das controvérsias amargas dessa tarefa e das possibilidades de erro dos especialistas!

Não apenas consultaria um perito sobre a história e a composição de tintas, mas também recrutaria a ajuda de um examinador de documentos, de um grafólogo, de um psiquiatra e de um consultor médico. Pensei que o primeiro passo seria estabelecer o mais rápido possível que o Diário pertencera realmente à era vitoriana e que a tinta fora colocada no papel havia mais de cem anos.

Primeiro, levei-o para o dr. David Baxendale da Document Evidence Limited, um ex-examinador forense do Ministério do Interior cujo time em Birmingham possuía excelente reputação. Pedi ao dr. Baxendale primeiro que nos dissesse a idade da tinta e, se possível, quando ela fora aplicada ao papel. Seu relatório preliminar, do dia 1º de julho de 1992, dizia, em resumo, que ele suspeitava do Diário. Então, pedimos um relatório completo de suas razões. O que recebemos, no dia 9 de julho, seria uma bomba caso estivesse correto. O parágrafo que citava a tinta dizia:

> A tinta do Diário prontamente se dissolveu no extratante e apenas uma pequena porção de resíduo preto insolúvel permaneceu no papel. O cromatograma mostrou uma separação apenas parcial: a maior parte da tinta permaneceu na linha de base, mas havia uma tira de componentes coloridos parcialmente dissolvidos

e alguns pontos fluorescentes sem cor. Esse padrão é característico de tintas baseadas em um corante sintético chamado nigrosina, uma mistura complexa de substâncias que tem sido usada em muitas tintas desde os anos 1940. Não havia nada que sugerisse a presença de ferro.

Então, ficamos sabendo por outro respeitado analista científico, o dr. Nicholas Eastaugh, que nos testes realizados com tinta retirada de várias partes do Diário foi, sim, encontrado ferro, e que a afirmação de que a tinta era "muito solúvel" não tinha fundamento. Com a ajuda da Biblioteca de Ciência em Londres, não demorou para verificarmos que a nigrosina foi patenteada em 1867 por Coupier, e já era de uso geral em tintas para escrita em 1870! De fato, existe uma afirmação na obra de referência padrão *Pen, Ink and Evidence*, publicada em 1990 pelo dr. Joe Nickell (que mais tarde foi chamado para testemunhar contra nós). Isso confirmou minha preocupação com a possibilidade de erros no diagnóstico dos especialistas.

> Fluidos de escrita subsequentes que não eram da variedade ferrogálica corrosiva incluem [...] outras tintas coloridas (tornadas possíveis com a descoberta de corante de anilina em 1856), assim como tinta de nigrosina (produzida comercialmente pela primeira vez em 1867).

Uma das principais conclusões que fizeram o dr. Baxendale rejeitar o Diário estava, simplesmente, errada. Nós perdemos a confiança no valor de seu relatório e concordamos, por escrito, que ele não seria usado no livro ou "para quaisquer outros propósitos". Essa restrição hoje foi removida por um acordo mútuo.

O dr. Eastaugh, que então se tornou nosso principal conselheiro científico sobre a tinta, o papel e a encadernação do Diário, é essencialmente um especialista em identificar e datar materiais usados nos Old Masters[3] e manuscritos. Ele trabalhou para o Museu de Londres,

---

[3] *Old Master* é o termo utilizado para fazer referência a uma pintura de um artista europeu que viveu entre os séculos XIII e XVII. (N. T.)

a National Gallery, a Tate Gallery e para a Christie's. Ele disse, logo no início, que documentos tão potencialmente importantes como o Diário são raros.

O dr. Eastaugh examinou o Diário em seu estúdio em Teddington, no sudoeste de Londres. O documento ficou ao lado de distinta companhia. Em sua escrivaninha estava uma pintura do século XVI de Bruegel, o Velho, cuja origem estava tentando determinar. Ele começou estudando a tinta para estabelecer a idade do Diário e, se possível, quando ela fora aplicada no papel. Mais tarde, ele tentou descobrir a idade do próprio papel. O dr. Eastaugh também propôs investigar os vestígios das páginas arrancadas e examinar um pó preto encontrado profundamente enraizado na "canaleta" entre as páginas do Diário.

Os testes mais cruciais foram feitos com uma microssonda de prótons. Essa máquina emprega um "método não destrutivo que excita os átomos numa pequena área da página com um feixe de prótons para detectar, em partes por milhão, quais são os elementos químicos presentes em tintas, papéis, pergaminhos e pigmentos testados", disse o dr. Eastaugh. Minuciosas amostras de tinta, retiradas com muito cuidado do Diário, foram preparadas e colocadas em slides antes de serem levadas para o laboratório. Uma máquina igual foi usada pelo Crocker National Laboratory, na Califórnia, para determinar como a Bíblia de Gutenberg foi impressa e para investigar o Mapa de Vinland, que aparenta ser medieval. De acordo com Geoffrey Armitage, curador de mapas do Museu Britânico, o mapa continua sendo "controverso".

Esses foram os primeiros de muitos testes de laboratório conduzidos nos quatro anos seguintes, não apenas por nós, mas por um grupo determinado a provar que o Diário era falso. Os resultados conflituosos foram desconcertantes. Mas, no estágio inicial de nossa busca, o dr. Eastaugh parecia encorajador: "Os resultados de várias análises feitas até agora da tinta e do papel não levantam qualquer conflito com a data de 1888/1889".

Enquanto minha confiança crescia, minha atenção se voltou para que tipo de homem poderia ter escrito o Diário. Aparentemente havia três possibilidades. Poderia ser uma antiga falsificação feita por alguém que sabia que Maybrick era o Estripador e queria destruí-lo; poderia ser obra de uma falsificação moderna; ou poderia ser legítimo. Numa tentativa de lançar alguma luz sobre a personalidade do escritor por trás do Diário, primeiro fui encontrar o dr. David Forshaw, que era então um consultor especialista em vícios no Hospital Psiquiátrico de Maudsley, em Londres. (Nos tempos de Jack, o Estripador, esse hospital era mais conhecido como o notório "asilo para lunáticos" Bedlam.)

O dr. Forshaw nasceu em Londres e realizou três anos de pesquisa em psiquiatria forense na cidade; ele possui diploma em história da medicina pela Society of Apothecaries e publicou vários artigos sobre psiquiatria e vício. Atualmente ele é consultor no Hospital Broadmoor, onde Peter Sutcliffe, o Estripador de Yorkshire, está cumprindo prisão perpétua.

Eu não lhe pedi que provasse que o Diário pertenceu mesmo a Jack, o Estripador, mas que avaliasse se, em sua visão, o autor realmente cometeu os crimes descritos ou se ele poderia ser um mero falsário cínico ou doente. O dr. Forshaw passou vários meses examinando o Diário e acabou produzindo um relatório de 15 mil palavras (alguns trechos serão apresentados posteriormente neste livro). Suas conclusões ajudaram minha mente a se concentrar ainda mais na importância da personalidade do autor e na psicopatologia do Diário em si. Sobre isso, o dr. Forshaw disse:

> Um exame aprofundado do Diário e de sua origem são componentes essenciais para decidir sobre sua autenticidade. Se tal exame se provar inconclusivo e o conteúdo for a única maneira restante de julgamento, então, nesse caso, pesando as probabilidades por meio de uma perspectiva psiquiátrica, eu diria que o Diário é autêntico.

Desde o início, minha resposta instintiva sobre a psicopatologia do Diário me convenceu de que ele era genuíno. Eu não poderia acreditar que as violentas mudanças de humor, a angústia e o prazer nauseante do canibalismo eram palavras de, como alguns alegaram, um falsário visando a dinheiro, um especialista no Estripador/Maybrick, ou até mesmo um membro da família de Maybrick com desejo de vingança. Eu não acreditava que um homem ou uma mulher qualquer poderia dominar o conhecimento científico necessário para fabricar e envelhecer a tinta, entender as consequências do vício em arsênico revelado pelo Diário e, ao mesmo tempo, acumular todas as informações históricas a fim de fazer a progressão de eventos coincidir com os fatos conhecidos sobre o caso.

Em 1997, cinco anos mais velha e sensata, fui encontrar o professor David Canter, hoje professor de psicologia da Universidade de Liverpool, cujo livro *Criminal Shadows* havia ganhado o prêmio Gold Dagger. Provavelmente o mais conhecido especialista em perfis criminais de *serial killers* da Grã-Bretanha, ele me reconfortou imensamente ao confirmar que minha primeira intuição sobre o vaivém emocional do Diário não era um simples caso de esperança infundada. Na verdade, ele considerou o texto uma valiosa fonte para seus alunos. Ele me contou que:

> Para falsificar o Diário seria necessário um alto grau de sofisticação. Enxergar Maybrick como um vilão adequado já é uma escolha sofisticada. Ele não é o vilão mais óbvio. Eu gosto da trivialidade do Diário; eu gosto da maneira como o final parece quase artificialmente ensaiado e escrito com antecedência – isso expressa um controle na realização de mudanças antes da morte, e isso é psicologicamente correto. É muito improvável que um falsário pudesse criar uma história dessas, que é tão enganosamente banal, mas que revela um entendimento vasto sobre fatos históricos e médicos. O falsário não resistiria e acabaria embelezando a trama, tamanha a quantidade de material disponível. As únicas pessoas que talvez tivessem essa sensibilidade e conhecimento teriam que ser um desses especialistas no Estripador conectados com o projeto.

Após 124 anos desde aquele outono do terror, as evidências sobre os assassinatos de Whitechapel ainda parecem tão confusas quanto sempre foram. Poucos documentos surgiram para que pudéssemos afirmar com confiança exatamente o que aconteceu. As evidências eram contraditórias, poucas pessoas usavam relógio e tinham certeza das horas, as ruas eram escuras e as alegações da imprensa eram compreensivelmente pouco confiáveis. Jack, o Estripador, atacou quando os jornais passavam por uma sede de sensacionalismo. As então novas manchetes de capa ecoaram um pânico histérico nunca visto antes. A melhoria da educação e da tecnologia levaram a uma guerra na circulação dos jornais. Os horríveis crimes do Estripador e suas provocações às autoridades – e a aparente incapacidade de apanhá-lo – viravam manchetes facilmente.

De onde ele veio? O que o impeliu a matar e matar de novo? Por que mutilou suas vítimas? Que tipo de compulsão o fez deixar pistas? Tudo isso parecia ser parte de uma história de horror gótica da era vitoriana, num tempo em que *O médico e o monstro*, de Robert Louis Stevenson, assustava o público no teatro Lyceum em Londres.

Mesmo com a maior caçada humana que a Grã-Bretanha já vira, o assassino nunca foi capturado. O Estripador permaneceu como uma obsessão, gerando revistas baratas, investigações acadêmicas, romances e peças de teatro. Uma completa indústria literária e teatral se baseou em seus horríveis atos. No ano seguinte, estabeleceu-se um mercado de lembranças e livros foram escritos, documentos foram perdidos e misteriosamente reencontrados. Cada nova "descoberta" era acompanhada por uma enxurrada de teorias. Em 1959, o falecido jornalista Daniel Farson recebeu um documento de Lady Aberconway, filha de Sir Melville Macnaghten, que havia se tornado assistente chefe da polícia na Scotland Yard em 1889. Esse documento era uma cópia das notas originais de seu pai, escritas em 1894. Existem duas versões dessas anotações, e uma terceira foi descrita. Na versão vista por Farson, o assistente chefe de polícia nomeia pela primeira vez os três homens que, segundo ele, eram os suspeitos da Scotland Yard em 1888. Eram eles: Montague John Druitt, Kosminski e Michael Ostrog.

MONTAGUE JOHN DRUITT

Druitt, descrito erroneamente como médico, era advogado, mas também se tornou professor na escola Mr. Valentine, em Blackheath, na época dos assassinatos. Depois de ser misteriosamente demitido, ele foi encontrado afogado no rio Tâmisa, em Chiswick, em dezembro de 1888, com os bolsos cheios de pedras. O corpo esteve na água por cerca de um mês. Macnaghten considerou Druitt suspeito principalmente porque seu corpo foi encontrado logo após o assassinato de Kelly, com a teoria de que o estado mental de Druitt havia entrado em colapso pouco antes do suicídio. Macnaghten também alegava acesso a "informações confidenciais" que diziam que a própria família de Druitt suspeitava ser ele o assassino, e que Druitt era "sexualmente insano". Ele ainda acrescentou: "a verdade nunca será conhecida".

Por outro lado, no ano de 1903 o inspetor Abberline, da Polícia Metropolitana, que estava encarregado dos detetives que investigaram os assassinatos de Whitechapel, disse:

> Sei muito bem sobre essa história, mas o que ela nos diz? Simplesmente isto: logo após o último assassinato em Whitechapel, o corpo de um jovem médico foi encontrado no Tâmisa, mas não há absolutamente nada além do fato de que ele foi encontrado naquele momento para ser incriminado.

Mesmo assim, Montague John Druitt continua entre os principais suspeitos.

Kosminski

Sir Robert Anderson (comissário assistente da Polícia Metropolitana na época) não menciona Kosminski, mas, falando sobre o Estripador, diz: "Quando digo que ele era um judeu polonês, estou meramente afirmando um fato definitivamente apurado". Kosminski era um misógino com tendências homicidas que se tornou insano depois de anos se permitindo praticar "vícios solitários". Ele foi mandado para o abrigo Stepney e depois, em 1891, para o Asilo para Lunáticos Colney Hatch, onde, diziam, "ele andava pelas ruas apanhando pedaços de pão da sarjeta". No entanto, nas evidências da polícia contra ele, as datas, os locais e os horários estão listados erroneamente.

Em 1987, surgiram notas a lápis do inspetor-chefe Donald Swanson, que também teve um papel importante na investigação dos crimes de Whitechapel. Eram comentários escritos por volta de 1910 nas margens e guardas de sua cópia pessoal das memórias de Sir Robert Anderson. Publicadas no jornal *Daily Telegraph*, as anotações de Swanson identificavam o suspeito não nomeado de Anderson: Kosminski. De qualquer forma, as anotações continham erros que apenas serviriam para aumentar o debate, e não encerrá-lo.

MICHAEL OSTROG

O outro suspeito da polícia era o bandido e trapaceiro russo Michael Ostrog. Pouco se sabe sobre ele além de sua impressionante ficha criminal e seu habitual comportamento cruel em relação às mulheres. É provável que a suspeita tenha recaído sobre ele principalmente pelo fato de que carregava facas e instrumentos cirúrgicos quando percorria as ruas de Whitechapel. Ele "não era procurado" em outubro de 1888 (pelo menos não pelos crimes de Whitechapel), mas seu paradeiro na época nunca foi estabelecido.

Macnaghten também afirmou com aparente autoridade que o assassino de Whitechapel fez cinco vítimas, e apenas cinco vítimas, contradizendo a crença do público e de muitos colegas policiais de que houve pelo menos mais duas.

Evidentemente, existem vários outros suspeitos.

O DUQUE DE CLARENCE

Nos anos 1970, quando o grande surto de livros sobre o Estripador realmente começou, vários autores criaram um sensacional novo candidato. O público adora um escândalo em torno da Família Real, razão pela qual provavelmente o príncipe Albert Victor, duque de Clarence e neto da rainha Vitória, tornou-se o suspeito mais lembrado.

Essa versão surgiu em novembro de 1970, num artigo do periódico *The Criminologist* escrito pelo dr. Thomas Stowell. Ele baseou seus argumentos nos supostos papéis pessoais de Sir William Gull, médico da rainha, que tratou o príncipe de sífilis e disse que ele morreu de encefalomalacia. (Sir William Gull também figura na lista de suspeitos, junto com o dr. Barnardo e até Lewis Carroll!) Esses papéis nunca foram examinados por especialistas e hoje estão desaparecidos. Porém, sabe-se por meio de diários e periódicos da corte que o príncipe esteve em Yorkshire, na Escócia, e no palácio rural de Sandringham, em Norfolk, na época dos crimes.

Dr. Francis Tumbelty

Em 1993, enquanto eu trabalhava duro explorando as origens do Diário, o policial Stewart Evans e o oficial de imprensa Paul Gainey descobriram uma carta de Littlechild que nomeava um "maluco americano", Francis Tumbelty, como um suspeito da polícia, até então desconhecido. O livro deles, *Jack the Ripper, the First American Serial Killer* foi publicado em 1995. O inspetor John Littlechild, chefe do Special Branch, unidade responsável por questões de segurança nacional no Reino Unido, era um detetive muito respeitado em 1888. Sua carta, escrita 24 anos depois, sugere que as infames mensagens conhecidas como "Dear Boss" (Caro Chefe), que tornaram o nome Jack, o Estripador, conhecido mundialmente, não foram realmente escritas pelo assassino e nomeia os supostos autores.

Curiosamente, a pesquisa sobre a carta de Littlechild acabou apresentando algumas semelhanças interessantes com as informações que eu estava recebendo sobre James Maybrick. Ambas se concentravam bastante em Liverpool e nos Estados Unidos – assim como os inquéritos policiais da época. Mas, no final das contas, do livro de 274 páginas, apenas quarenta tratam da suposta conexão entre Tumbelty e Whitechapel. Ele é um homem fascinante com uma história nebulosa, mas são poucas as evidências concretas contra ele.

Em 1997, as acusações voltaram-se para Jimmy Kelly, o fugitivo do hospital psiquiátrico Broadmoor e amante de Mary Kelly (sem relações reais com a vítima), em um livro de Jim Tully. Terry Saxby, um criador de cavalos, estava juntando evidências em sua casa na Austrália para sustentar sua crença de que Henry Tabram, ex-marido de

Martha Tabram, era o criminoso. Enquanto isso, Andy e Sue Parlour lançaram seu próprio livro, escrito por Kevin O'Donnell, chamado *Jack the Ripper: the Whitechapel Murders*.

Toda a indústria do Estripador e suas revistas, como a *Ripperana* e a *Ripperologist*, desenvolveram-se em torno desse tipo de especulação. Reuniões do clube Cloak and Dagger são organizadas no *pub* City Darts, em Whitechapel; a primeira conferência da Grã-Bretanha foi organizada em Ipswich, no ano de 1996. Os almoços regulares oferecidos por Camille Wolfe, uma especialista criminal internacionalmente reconhecida, são palcos de debates civilizados. Diariamente, grupos de detetives amadores seguem as trilhas de guias profissionais pelas ruelas de Whitechapel, e a The London Dungeon atrai cerca de 2 mil visitantes por dia em sua atração "Jack the Ripper Experience". Não surpreendentemente, existe um forte lobby por parte de vários movimentos feministas que protestam contra a exploração comercial das "desafortunadas" vítimas.

A internet está cheia de teorias e, curiosamente, em janeiro de 1997 uma pesquisa realizada com internautas colocou James Maybrick no topo de uma lista com 29 suspeitos de ser o Estripador.

Como propõe o acadêmico Philip Sugden: "Testemunhas oculares são, na melhor das hipóteses, traiçoeiras". De fato, depois de quinhentas páginas baseadas em um material de origem impecável, o senhor Sugden admite:

> Infelizmente, ao final de meu estudo, dois fatos se tornaram dolorosamente aparentes [...] Primeiro, a polícia não tinha uma visão única sobre o assunto. Diferentes oficiais possuíam diferentes teorias [...] A segunda conclusão é [...] [que] nenhuma de suas teorias parecia baseada em evidências tangíveis que ligassem um suspeito aos crimes [...] A história não pode nos ajudar mais do que isso. Talvez a psicologia possa [...].

Assim, minha mente estava agora concentrada. Eu sabia que tinha uma oportunidade única. Até então, todos tinham tentado solucionar os assassinatos de Whitechapel examinando evidências duvidosas.

Eu tinha um documento, que concordava em alguns aspectos com o que era conhecido e diferia em outros. Isso já não me incomodava mais. Vamos supor que o Diário esteja correto. Vamos supor que a polícia, as testemunhas e os especialistas no Estripador estivessem todos errados!

No dia 29 de julho de 1992, Michael Barrett e eu assinamos um contrato com Robert Smith da editora Smith Gryphon. Agora era oficial! Uma data de publicação foi fixada para outubro de 1993. Era uma perspectiva formidável.

Perto do fim de novembro daquele ano, Paul Feldman apareceu abruptamente em cena. Ele era um diretor de cinema que no momento trabalhava em um documentário baseado na sua crença de que Montague John Druitt era Jack, o Estripador. Assim como eu, ele procurou os conselhos de Paul Begg, Keith Skinner e Martin Fido, que o alertaram, sem quebrar o acordo de sigilo, que ele não deveria seguir em frente até que conhecesse os fatos sobre "um novo e extraordinário documento" que havia surgido. Eles disseram que, naquele estágio, ainda não haviam "achado erros nele". Paul foi se encontrar com Robert Smith, que não revelou quem era o autor do Diário. Mas, aos poucos, e com uma adivinhação inspirada, Paul ligou o nome de James Maybrick ao Diário. Eventualmente, os dois homens se reencontraram e discutiram a cessão de direitos do meu livro para vídeo e cinema. Nesse ponto, Paul ficaria muito feliz caso o Diário desaparecesse, deixando-o livre para voltar às suas pesquisas originais com a teoria sobre Druitt. Então, antes de assinar qualquer contrato, ele decidiu convidar Anna Koren, uma examinadora de documentos reconhecida no mundo todo, que também trabalha para o Ministério da Justiça de Israel, para viajar à Inglaterra e examinar o Diário. Ele não contou a ela sobre seu conteúdo ou importância. Contarei mais tarde a história desse encontro extraordinário, que resultou na conversão imediata de Paul Feldman e, em dezembro de 1992, o fez comprar os direitos de adaptação para vídeo de meu livro, com opção de comprar posteriormente os direitos para o cinema.

A partir desse momento ele se tornou um homem obcecado, trabalhando com sua própria equipe (Keith se juntou a ele como um pesquisador independente em 1993) o dia todo, todos os dias e na maioria das noites. Sua pesquisa era agressiva, exaustiva e, às vezes, eu achava, impiedosa, criando novas tramas dentro de outras tramas com todo tipo de surpresa e revelações. Com um charuto numa mão e um copo de uísque na outra, ele se preocupou com o Diário e com qualquer pessoa relacionada a ele por cinco anos, gastando uma fortuna e esgotando a si mesmo financeira, emocional e fisicamente. Mas, a partir de uma quantidade enorme de informações e fotografias, ele descobriu novas e, muitas vezes, valiosas pistas sobre Maybrick e o Estripador. Paul Feldman contou sua história sobre sua relação especial com o Diário em seu próprio livro, *Jack the Ripper – the Final Chapter*, publicado em setembro de 1997 na Grã-Bretanha.

Enquanto minha própria equipe começava a reconstruir minuciosamente o esqueleto da história, eu fui primeiro em busca de sua alma. Eu quis explorar e entender como era a vida na Londres e na Liverpool vitorianas. No dia 28 de julho de 1992, nós participamos de uma das caminhadas do Estripador ao redor de Whitechapel, com Martin Fido como nosso guia, e depois viajamos, pela primeira vez, até Liverpool, onde tudo havia começado.

2

*Minhas mãos estão frias, meu coração,
eu acredito ser ainda mais frio*

Em Liverpool, encontrei uma cidade onde, em fileiras ordenadas, terraços vitorianos bem cuidados cobrem morros, que por sua vez descem por vários quilômetros de casas populares até alcançar a doca e o rio Mersey. Janelas foram lacradas, lojas e escritórios foram abandonados, e latas de cerveja se espalhavam pela terra devastada. Ainda assim, os *pubs* estavam cheios e barulhentos por trás de suas vidraças ornamentadas e das brilhantes fachadas de azulejo. Liverpool, que já havia sido uma cidade próspera, estava lutando para sobreviver, seu coração despedaçado pela pobreza e pelo desemprego. Os navios que antes serviam o porto mais movimentado da Grã-Bretanha haviam partido há muito tempo.

A cidade está cercada por um manto protetor de belos parques e subúrbios prazerosos. Lá ficam as mansões de ricos negociantes da era vitoriana, como mausoléus orgulhosos que lembram um passado enérgico, e que hoje são ocupadas por estudantes e suas hospedeiras, além de moradores idosos que vivem em asilos. Um desses subúrbios, Aigburth, fica ao sul da cidade, às margens do Mersey.

A Battlecrease House é, assim como era quando os Maybrick moravam lá, uma impressionante mansão construída na época em que carruagens puxadas por cavalos andavam aos solavancos pela estrada de terra. Hoje conhecida apenas como "o número 7 da Riversdale Road", a Battlecrease House é uma casa cor de cogumelo com vinte quartos, bem afastada da estrada. Ela fica do lado oposto ao clube de críquete do qual James Maybrick era um membro entusiasmado. A Riversdale Road se estende desde a Aigburth Road até o Mersey, e a vista sobre a água para as distantes montanhas Welsh não possui distrações.

Maybrick provavelmente sabia dos rumores sobre um assassinato que acontecera naquela casa muitos anos antes. Mesmo assim, ele se mudou com sua jovem esposa americana e seus dois filhos. Em 1889, pouco mais de um ano depois, observadores se aglomeraram na entrada – assim como ainda fazem hoje – apontando com curiosidade para as janelas do quarto do andar superior, onde Maybrick morrera. Alguns levaram, como lembrança, gravetos dos arbustos ao redor do jardim, sem saber que a casa poderia se tornar famosa por outro motivo ainda mais chocante.

James Maybrick nunca antes tinha sido associado ao caso de Jack, o Estripador, e, assim como Michael Barrett, eu me senti impelida a refazer os passos do homem que suspeitava ter confessado aterrorizar Londres e chocar o mundo. Andei pela estreita alameda ao lado do antigo terreno da casa, que leva à pequena estação de Aigburth, onde Maybrick tomava o trem para o centro da cidade.

O cascalho fazia barulho enquanto eu andava pelo caminho até a entrada da casa. Bati na porta que um dia foi dos Maybrick e acabei conversando com Paul Dodd, um professor de escola primária que cresceu na Battlecrease House. Enquanto ele me conduzia pelos ainda esplêndidos cômodos, foi fácil imaginar as fofocas sussurradas pelos criados debaixo das escadarias e evocar a figura imaculada do próprio James Maybrick descendo os degraus com seu cabelo e bigode cor de areia, e a bela Florence, com o sol brilhando em seus cabelos dourados, lendo romances no solário.

A estrutura da casa sofreu durante os anos. Única construção ao longo da estrada que sobreviveu aos bombardeios da Segunda Guerra Mundial, ela foi danificada por uma mina terrestre e, depois, por um tremor de terra em 1984. A queda de uma árvore destruiu o solário. Mesmo assim, pouca imaginação é necessária para despertar o passado.

Além do saguão principal e da sala de jantar, com seus vitrais retratando aves aquáticas, fica o salão de baile, que se abre para o jardim. As lindas molduras ornamentadas do teto ainda estão intactas, assim como a lareira de mármore italiano com suas belas uvas esculpidas e o grande espelho pendurado acima. Subindo as esplêndidas escadarias de carvalho ficavam os quartos para hóspedes, familiares e funcionários, e um berçário para as crianças. Com vista para o campo de críquete fica o deveras melancólico quarto onde Maybrick morreu. Hoje, ali fica a sala de estar de Paul Dodd.

Mais tarde naquele dia, também andei pelo "Flags", o vasto fórum aberto no centro de Liverpool, que costumava ser o ponto de encontro da indústria do algodão, e visitei a sepultura onde Maybrick está enterrado. A grande cruz que antes ficava acima da lápide havia sumido misteriosamente, e, numa outra visita, em fevereiro de 1997, percebi que a pedra havia sido ainda mais profanada com pichações e uma tentativa de quebrá-la em duas.

Na época do nascimento de James Maybrick, já havia outros Maybrick vivendo em Liverpool há setenta anos. Eles vieram do sudoeste da Inglaterra, e um grupo se estabeleceu nas áreas de Stepney e Whitechapel, na região de East End, em Londres. Mais tarde, quando o desemprego piorou, alguns se mudaram para o movimentado porto de Liverpool.

A igreja paroquial de St. Peter, no centro de Liverpool, foi por muito tempo um local importante para a respeitada família de James. Houve Maybrick tocando órgão, Maybrick no conselho da paróquia, e, quando James nasceu, no dia 24 de outubro de 1838, seu avô era um sacristão da igreja.

A St. Peter foi consagrada em 1704 como catedral e, de acordo com o periódico *Liverpool Courier*, foi a primeira construção na Church Street, "originalmente cercada por um pitoresco cinturão de olmeiros imponentes cuja folhagem, harmonizando com o aspecto de verão das sebes e a beleza floral dos prados, completava o charme de calmaria rural". Uma visão diferente da igreja que tanto dominou a infância de Maybrick dizia que ela era "simplista, quase chegando a ser feia". Por dentro, o edifício era grandioso, escuro e opressivamente lúgubre.

O batismo de James, no dia 12 de novembro, deve ter sido uma ocasião particularmente feliz para seus pais, William, um entalhador, e Susannah, que perdera um filho de quatro meses no ano anterior. Eles decidiram seguir o costume vitoriano e batizaram o novo bebê de James, como seu irmão morto. O filho mais velho, William, tinha três anos de idade.

Quando James tinha seis anos, seu avô já havia falecido e seu pai o sucedera como sacristão da igreja. Apesar do envolvimento na infância com a igreja de St. Peter e o respeito pelas convenções vitorianas, nenhum dos irmãos Maybrick continuou frequentando a igreja quando cresceram. Curiosamente, embora William e James tenham se casado no religioso, os três irmãos mais novos desafiaram os costumes e preferiram se casar apenas no civil.

A família vivia no número 8 da Church Alley, uma estreita ruela, à sombra da igreja de St. Peter, que chegava até a movimentada Church Street. Ficava apenas a alguns segundos de caminhada de uma rua cujo nome teria um grande papel na história: a Whitechapel. Esta, em contraste com sua homônima londrina, era uma famosa rua comercial. Logo na esquina ficava o Blue Coat Hospital, uma escola para crianças pobres. Na própria Church Street, James podia frequentar o Civet Cat, uma loja de badulaques que vendia excitantes brinquedos estrangeiros. Ou podia sonhar com lugares longínquos enquanto bisbilhotava pelas janelas do sr. Marcus, o comerciante de tabaco que organizava viagens de trem para estrangeiros entre Liverpool e Londres.

Com a chegada de três irmãos menores (Michael, nascido em 1841, Thomas, nascido em 1846, e Edwin, nascido em 1851 – outro irmão, Alfred, morreu aos quatro anos em 1848), a família se mudou para uma casa mais espaçosa dobrando a esquina: o número 77 da Mount Pleasant. Levavam uma vida simples, sem empregados até James deixar a casa, quando o censo de 1861 mostra que eles tinham uma empregada doméstica chamada Mary Smith. Nada é conhecido sobre a influência e a personalidade dos pais, e também pouco se sabe sobre a educação e a infância dos garotos. James provavelmente frequentou a Liverpool College, assim como Michael, mas os registros foram perdidos durante a Segunda Guerra Mundial. Mas sabemos que os garotos adoravam esportes, principalmente o críquete.

Havia, porém, outros tipos mais sinistros de entretenimento perto de onde a família Maybrick vivia. Logo depois da esquina, na Paradise Street, ficava o notório Museu de Anatomia, conhecido por abrigar o maior número de peças anatômicas preservadas da Grã-Bretanha. Em 1850, quando James tinha doze anos de idade, uma carruagem chegou trazendo um tal de "dr." Joseph Thornton Woodhead, que havia acabado de chegar dos Estados Unidos com 750 modelos de partes anatômicas e genitálias feitos de cera. A carruagem estava pesada demais e virou, despejando seu terrível conteúdo na rua. Assim, o dr. Woodhead decidiu, ali na hora, alugar instalações nas proximidades para sua exibição. Nos dias da juventude de James Maybrick, o Museu de Anatomia se tornara um dos "passeios" mais populares e chocantes de Liverpool. Nós tivemos acesso a seu catálogo de 1877. Eles preencheram a exibição com justificativas religiosas e morais típicas da era vitoriana. "Homem, conhece-te a ti mesmo", dizia uma legenda acima da porta. As mulheres podiam visitá-la por apenas três horas às tardes de terças e sextas-feiras. Os homens podiam frequentá-la em todos os outros horários. E havia um aviso: "Se algum homem profanar o Templo de Deus, Deus o destruirá".

Essas exibições, que pretendiam "estimular a ciência e o aprendizado", incluíam aberrações da natureza e uma seção sobre masturbação intitulada "Autogratificação – o mal mais destrutivo praticado por homens degenerados". Havia modelos em tamanho real reproduzindo operações no cérebro e no estômago, uma histerectomia, "uma jovem senhorita no ato de parir", e um homem "descoberto numa maneira familiar". Não teria sido difícil para qualquer visitante adquirir alguns conhecimentos anatômicos rudimentares. Eu lembrei que Nick Warren, editor da revista *Ripperana* e também cirurgião, acredita que o Estripador deveria possuir experiência com anatomia, embora seja discutível se ele era realmente um médico.

O museu permaneceu aberto até 1937, quando foi removido para Blackpool e, finalmente, por mais estranho que possa parecer, foi parar no balneário de Morecambe Bay, na costa de Lancashire. Lá, foi reaberto por George Nicholson, um ex-funcionário do museu Madame Tussaud, que adicionou uma exposição de modelos de cera com a gama usual de figuras históricas, incluindo, é claro, Jack, o

Estripador. Era ali que, durante o final dos anos 1960, outro assassino famoso, Peter Sutcliffe, "o Estripador de Yorkshire", passava horas olhando pelos buracos da Sala dos Torsos, onde havia modelos sórdidos, ofensivos e gastos pelo tempo. Houve várias ocasiões durante os anos seguintes em que eu senti os espíritos de Peter Sutcliffe e de James Maybrick andando lado a lado.

Desde cedo, de acordo com um perfil da revista *The New Penny*, Michael era uma estrela brilhante com talento musical para "invenções harmoniosas". Aos catorze anos, uma de suas composições foi executada no Covent Garden Opera, em Londres, e ele ganhou um livro de canções sacras como prêmio por seu desempenho no coral da igreja de St. George. A dedicatória dizia: "Presenteado ao mestre Michael Maybrick, como um símbolo de respeito por sua percepção musical".

Ele foi organista na igreja de St. Peter entre 1855 e 1865. William e Susannah encorajaram Michael a estudar, e em 1866 ele partiu para Leipzig, onde descobriu-se que tinha uma ótima voz para barítono. Dali, mudou-se para o Conservatório de Milão. Estreou em Londres como cantor em 1869, e se apresentou com a National Opera Company no Teatro St. James em outubro de 1871. Depois cantou durante a temporada inaugural do Carl Rosa Operatic Company; existe evidência de que Michael, e possivelmente também James, tinha relações de amizade com a família Rosa. Michael estava presente no funeral de Parepa Rosa, em 1874. O médico de James Maybrick em Nova York era o dr. Seguin, cuja família havia pioneiramente levado a ópera para os Estados Unidos e tinha relações com os Rosa.

Michael batizou a si mesmo com o pseudônimo artístico de Stephen Adams e formou uma parceria com o libretista Frederick Weatherly. Juntos escreveram centenas de canções, como "Nancy Lee" e "A Warrior Bold". Em 1888, Stephen Adams era o compositor mais amado da Grã-Bretanha. A canção "The Holy City", que ele escreveu em 1892, havia vendido cerca de 60 mil cópias após um ano de sua publicação e permanece como uma favorita ainda hoje.

Ironicamente, mais tarde ele escreveu uma alegre cantiga: "They all Love Jack".

Para seus irmãos, era difícil se igualar ao talento de Michael. William se tornou um aprendiz de entalhador. Thomas e Edwin se tornaram comerciantes. Em 1858, James foi trabalhar em um escritório de corretores de navios na capital. Esse período de sua vida foi um grande vazio para nós – até agora.

Em 1891, dois anos após o julgamento de Florence, um alto e distinto advogado escocês chamado Alexander William MacDougall publicou um trabalho de 606 páginas intitulado *Treatise on the Maybrick Case*, no qual afirma, entre outras coisas, que "existe uma mulher que chama a si mesma de sra. Maybrick e que alega ter sido a verdadeira esposa de James Maybrick. Ela se hospedou em um lugar um pouco fora de mão, o número 8 da Dundas Street, em Monkwearmouth, Sunderland, durante o julgamento; seu endereço atual é Queen's Road, 265, New Cross, Inglaterra". O número 265 ainda está lá, apenas uma sombra de sua elegância da era vitoriana. Era uma propriedade considerável, com um jardim muito maior do que os de seus vizinhos. MacDougall também alega que Maybrick era conhecido por ter tido cinco filhos antes do casamento com Florence.

Quem era a misteriosa "sra. Maybrick"? Os registros do censo, diretórios de ruas e certificados de nascimento, morte e casamento podem ressuscitar o esqueleto de qualquer vida muito tempo depois. Mas é um processo longo e vagaroso, cheio de problemas, já que o preenchimento de formulários nem sempre é preciso, e muitas vezes datas e detalhes estão incorretos. O registro do censo de 1891 não foi divulgado antes de 2 de janeiro de 1992, de acordo com o costume britânico. Só então a verdade sobre as afirmações de MacDougall puderam ser constatadas. Só então foi possível preencher alguns dos detalhes da vida secreta de Maybrick em Londres.

Pela primeira vez conseguimos estabelecer os nomes dos habitantes do número 265 da Queen's Road. Eles eram Christiana Conconi, uma viúva de 69 anos de idade, de Durham, dependente de meios próprios; Gertrude, sua jovem filha, de dezoito anos, e um visitante de treze. Havia mais outras duas pessoas na casa: um inquilino chamado Arthur Bryant e a sobrinha de Christiana, Sarah Robertson, solteira, listada com 44 anos de idade, vinda de Sunderland, em County Durham. Nós descobrimos que essas idades declaradas não batiam com certificados que encontramos posteriormente. Christiana tinha provavelmente 74 anos, e Sarah, 54.

Seria Gertrude realmente filha de Christiana? Nós não conseguimos descobrir nenhum documento que estabelecesse os verdadeiros pais de Gertrude, que registrou seu nome num certificado de casamento em 1895 como "Gertrude Blackiston, outrora Conconi". Nesse documento, seu pai é listado como "George Blackiston, falecido".

Gradualmente, a história de Sarah Ann Robertson/Maybrick foi se revelando. Em 1851, aos treze anos, ela morava com a tia Christiana na Postern Way, número 1, numa rua que vai até Whitechapel. O pai de Christiana era Alexander Hay Robertson, um agente geral que morreu em 1847. Naquele mesmo ano, Christiana se casou com Charles James Case, um comerciante de tabaco, e foram morar na Mark Lane, número 40, uma rua perto da Tower Hill, entre a região central conhecida como City of London e Whitechapel.

James Maybrick foi para Londres em 1858, e parece provável que ele tenha encontrado Sarah Ann na região de City of London, pois era lá que os corretores de navios se reuniam. Charles Case morreu em 1863, e três anos depois Christiana se casou novamente. Seu noivo era um tesoureiro da Marinha Real chamado Thomas David Conconi. Seu endereço ficava no número 43 da Bancroft Road. Uma das testemunhas de seu casamento assinou com o nome "Sarah Ann Maybrick".

Em 1868, Thomas Conconi adicionou uma alteração em seu testamento: "Caso minha esposa venha a falecer durante minha vida, então deixarei todos os meus artigos domésticos, mobília, louça e tapeçaria para minha querida amiga Sarah Ann Maybrick, esposa de James Maybrick, da Old Hall Street, Liverpool, atual residente do número 55 da Bromley Street, Commercial Road, Londres".

Esta era a casa então ocupada pelos Conconis. Não está claro se a adição significa que Maybrick também vivia ali junto à família. De acordo com o censo de 1871, Sarah Ann, registrada como "esposa de negociante", estava morando lá. Mas não James. A rua ainda existe, mas seus modestos sobrados foram restaurados em 1990 e agora exibem brilhantes grades pretas. O número 55 foi demolido para uma reorganização após a Primeira Guerra Mundial. Vire à direita no final da rua, entre na Commercial Road e a partir daí é preciso apenas uma caminhada de dez minutos até Whitechapel, o cenário dos assassinatos de Jack, o Estripador.

Na Universidade de Wyoming, entre os arquivos de notas escritas à mão por Trevor Christie, autor de *Etched in Arsenic*, havia uma nota intitulada "Russell's Brief". Russell era Sir Charles Russell, que mais tarde se tornaria o advogado principal de Florence Maybrick. A nota dizia sobre James:

> Aos vinte anos (1858), ele foi até um escritório de corretores de navios em Londres e conheceu Sarah Robertson, dezoito, ajudante em uma joalheria, por vinte anos eles repetidamente moravam juntos e se separavam. Os parentes dela pensavam que eram casados, e ela era conhecida por sra. M. entre eles. Tiveram cinco filhos, todos já falecidos.

O autor Nigel Morland, que escreveu *This Friendless Lady* (1957), alega que dois desses filhos nasceram após o casamento de James e Florence. Porém ele não cita nenhuma fonte para essa informação, e nós também nunca encontramos um certificado de casamento entre James e Sarah.

Quando Thomas Conconi morreu, em 1876, na Kent House Road, Sydenham, South London, a informante foi alguém que assinou como "S. A. Maybrick, sobrinha", dizendo que morava no mesmo endereço. Quando a própria Christiana morreu, em 1895, na Queen's Road, Sarah mais uma vez assina o nome como Sarah Ann Maybrick. Mas ela é listada no censo de 1891 com o sobrenome Robertson. Na época de sua própria morte, no dia 17 de janeiro de 1927, porém, os registros se referem a ela como "Sarah Ann Maybrick, outrora Robertson, solteira dependente de meios próprios, residente na Cottesbrook Street, 24, New Cross". Nesses tempos ela morava com

William e Alice Bills. Foi enterrada como anônima numa vala comum em Streatham, Londres.

Em 1995, Keith Skinner, seguindo a trilha de Paul Feldman, foi se encontrar com a filha de Alice, Barbara. Ela lembra que Sarah era conhecida na família como "old aunty", e que era uma doce velhinha solitária, muito boa com crianças. Barbara mostrou a Keith uma grande Bíblia, presente de Sarah Ann para Alice. Dentro estava escrito: "Para minha querida Piggy. De seu marido afetuoso J. M. Em seu aniversário, 2 de agosto de 1865". Seria Maybrick um bígamo?

Onde estava James Maybrick em 1871? Ele voltou a Liverpool após a morte de seu pai em junho de 1870. De acordo com o censo de 1871, estava junto de sua mãe, Susannah, em Mount Pleasant, número 77. Estava solteiro. Sua ocupação é descrita apenas como "vendedor", enquanto seu irmão Thomas foi registrado como "negociante de algodão" e Edwin como "negociante/revendedor de algodão". Ele trabalhava com G. A. Witt, agente de comissão, no Knowsley Buildings, na Tihebarn Street, próximo à Old Hall Street. Dois anos depois, ele ainda trabalhava com Witt nas mesmas instalações superlotadas, onde cerca de trinta negociantes de algodão e corretores ficavam amontoados em um único edifício. Nessa época, Maybrick criou a empresa Maybrick and Co., Cotton Merchants, e Edwin acabou se juntando a ele como sócio minoritário. O prédio foi finalmente demolido em 1960 para dar lugar a um imponente edifício moderno, o Silk House Court. O escritório principal de Witt em Londres, que Maybrick visitou de tempos em tempos, ficava na Cullum Street, nos limites entre City of London e Whitechapel.

Era um mundo difícil, que foi vigorosamente caracterizado numa edição da revista local *Porcupine*, em 30 de abril de 1870. Um artigo intitulado "Cotton Gambling" descreveu o cada vez mais inescrupuloso mundo que atraiu Maybrick. Setor antigamente prestigiado, a comercialização de algodão transformou-se praticamente do dia pra noite com a escassez do produto após a Guerra Civil Americana; o negócio se tornou aberto para "qualquer pessoa, sem qualquer capital, qualquer um com uma sombra de credibilidade", dizia a revista.

Em 1868, surgiu um sistema de vendas semelhante à Bolsa de Valores de Londres. Esse sistema envolvia "vender algodão que você não possui na esperança de que possa cobrir sua venda comprando mais tarde com um preço mais baixo". Isso trouxe ao mercado um elemento de pura aposta. "É lamentável", comentou a *Porcupine*, "que a Associação dos Corretores de Algodão tenha dado seu aval a esse sistema, consequentemente diminuindo o tom e o caráter do mercado".

Maybrick era um oportunista que prosperou nesse mundo de competição implacável. Em 1874, com 35 anos, ele abriu uma filial de seu escritório no novo porto em expansão de Norfolk, no estado americano da Virgínia. Assim como muitos outros, ele dividia seu tempo entre Londres e os Estados Unidos, trabalhando em Virgínia entre setembro e abril, durante a temporada de colheita, e depois retornando para casa em Liverpool na primavera.

Norfolk tinha sido arruinada pela Guerra Civil, mas sua recuperação foi enérgica. Um terço de seus 95 quilômetros quadrados foi inundado, principalmente ao redor do pântano Dismal Creek, infestado por mosquitos. Para encorajar investimentos estrangeiros, era necessária uma fonte de água doce encanada. Assim, o sistema de água foi modernizado, e a melhoria das condições coincidiu com a inauguração da linha férrea ligando Norfolk com os estados do sul produtores de algodão. A cidade foi transformada num porto internacional de sucesso, com quase metade dos navios viajando para Liverpool.

No ano em que Maybrick chegou a Norfolk, a cidade já tinha estabelecido sua Bolsa do Algodão, dando início a uma onda massiva de comércio que cruzava o Atlântico. Três anos depois, quando Maybrick morava na York Street com Nicholas Bateson e Thomas Stansell, um ajudante negro, ele adoeceu com malária. Quando a primeira receita de quinina não fez efeito, uma segunda receita, para o uso de arsênico e de estricnina, foi emitida pela Santo's, a farmácia da Main Street.

"Ele era muito preocupado com sua saúde", lembrou Bateson quando, mais tarde, testemunhou para a defesa no julgamento de Florence. "Ele esfregava as mãos e reclamava de dormência nos membros. Tinha medo de paralisia. No último ano em que moramos juntos, ele se tornou ainda pior. Ficou ainda mais viciado em remédios."

Quando chegou sua vez de testemunhar, o ajudante Stansell lembrou-se das tarefas que fazia para Maybrick durante o tempo em Norfolk. "Quando eu lhe trazia o arsênico, ele dizia para eu preparar um pouco de caldo de carne... pediu para trazer uma colher... abriu o pacote e recolheu uma pequena porção com a colher. Ele a colocou no caldo e mexeu."

Stansell ficou surpreso com a quantidade de pílulas e poções no escritório de Maybrick. "Sou vítima da vida livre", o comerciante contou uma vez.

A companhia constante de Maybrick nessa época era Mary Howard (também descrita como Hogwood), que mantinha o bordel mais frequentado de Norfolk. Anos mais tarde, Mary puxou o tapete da reputação de Maybrick, dando uma declaração no Departamento de Estado em Washington, na qual afirmou:

> Convivi com o falecido James Maybrick por muitos anos, e até seu casamento [com Florence] ele mandava me chamar em minha casa, quando estava em Norfolk, pelo menos duas ou três vezes por semana, então eu o vi frequentemente em seus diferentes humores e estados. Era comum para ele ingerir arsênico duas ou três vezes durante uma noite. Sempre dizia antes de ingerir: "Bom, vou tomar minha dose da noite". Tirava de seu bolso um pequeno frasco no qual carregava seu arsênico e, colocando uma pequena quantidade na língua, o ingeria junto com um gole de vinho. De fato, repetia isso tantas vezes que fiquei com medo de que ele morresse de repente em minha casa, e então uma de nós seria acusada de assassinato. Quando estava bêbado, o sr. James Maybrick colocava o pó na palma da mão e a lambia. Eu o alertava frequentemente, mas ele respondia: "Oh, estou acostumado. Não vai me prejudicar".

O elemento químico arsênico é encontrado amplamente na natureza, geralmente associado a minérios. Historicamente, fez inúmeras vítimas, incluindo Napoleão Bonaparte, que foi possivelmente envenenado com o arsênico da tinta do papel de parede na prisão em Santa Helena. Mas o arsênico também teve muitos usos medicinais e variados. Por exemplo, no século XVI, a rainha Elizabeth I usava arsênico como um cosmético, aplicando-o em seu rosto para deixá-lo mais branco, e Florence Maybrick usava uma preparação com arsênico para a pele. Em 1786, o dr. T. Fowler informou sobre os benefícios médicos do arsênico em casos de febre e dores de cabeça esporádicas. A "Solução de Fowler" era um tônico popular na época de Maybrick. A palavra grega para arsênico – *arsenikon* – significa "potente". Maybrick, assim como muitos homens de seu tempo, acreditava que a substância aumentava sua virilidade e, por já possuir uma natureza propensa a vícios, acabou se tornando um dependente.

O ano de 1880 foi crucial para Maybrick, pois, aos 41 anos, ele se apaixonou. Como de costume, tinha passagens para retornar a Liverpool a bordo do *SS Baltic*. O *Baltic* era um dos poderosos vapores transatlânticos movidos à hélice da White Star Line, criados para "oferecer as melhores acomodações para todas as classes de passageiros". A viagem de seis dias custava 27 guinéus.

No dia 12 de março, o *Baltic*, sob o comando do capitão Henry Parsell, deixou o porto de Nova York. Entre os 220 passageiros da primeira classe estava a impulsiva e cosmopolita beldade sulista Florence Chandler, conhecida como Florie. Com apenas dezessete anos, ela estava sob os cuidados de sua mãe, a formidável baronesa Von Roques, e estavam a caminho de Paris. Também a bordo estava um amigo das duas mulheres, o general J. G. Hazard, que morava em Liverpool e as apresentou a Maybrick no elegante bar do navio.

Maybrick soube que a jovial loira de 1,60 metro provinha da alta sociedade americana. Ela nasceu em 3 de setembro de 1862, durante a Guerra Civil, na sofisticada cidade de Mobile, no Alabama. Sua mãe, Carrie Holbrook, "uma brilhante mulher da sociedade", era descendente do presidente John Quincy Adams e do chefe de justiça Salmon P. Chase.

Entre outras conquistas, o ianque e fanfarrão pai de Carrie fundou a cidade de Cairo, em Illinois, que Charles Dickens iria chamar, depois de uma visita em 1842, de um "lugar sem uma única qualidade, seja na terra, no ar ou no mar". O próprio Darius Holbrook, pai de Carrie, foi caracterizado como o personagem Zephaniah Scadder no romance *Martin Chuzzlewit*. Seu tio, o reverendo Joseph Ingraham, teve uma carreira aventurosa como mercenário e escreveu romances de aventuras e crimes.

O pai de Florie, William Chandler, havia sido um rico negociante, e ela nasceu na magnífica casa da família na Government Street (demolida em 1955 para dar lugar ao Admiral Semmes Motor Hotel). Mas Florie nunca conheceu o pai, pois ele morreu no dia 4 de julho de 1862, dois meses antes de seu nascimento, deixando orfãos ela e seu irmão mais velho. Sua lápide diz: "William G. Chandler. Talentoso e bondoso, Alegria, Orgulho, Esperança e Luz de nossas vidas".

Ele tinha apenas 33 anos. A família inteira estava convencida de que sua esposa o envenenara e, embora não houvesse nenhum tipo de evidência, Carrie foi isolada da sociedade de Mobile e se mudou com as crianças para a cidade de Macon, na Geórgia. Seis meses depois, ela se casou com um distinto soldado, o capitão Franklin du Barry, mas ele também morreu inesperadamente logo após o casamento, quando estava a bordo de um navio para a Escócia. A partir de então, por muitos anos a pequena Florie e seu irmão pareciam folhas ao vento, perambulando entre Paris, Inglaterra, Nova York e Colônia. Por volta de 1869, a família viveu por dois anos numa casa chamada The Vineyards, em Kempsey, perto de Worcester. Uma governanta alemã educava as crianças, e moradores locais lembram-se da madame du Barry como uma mulher muito bonita e como uma boa companhia. A casa estava sempre cheia de visitas.

Quando retornou aos Estados Unidos, ela entrou, com muito gosto, na indecente vida social de Nova York. Eram tempos frenéticos, violentos, frequentemente escandalosos após a Guerra Civil, uma era conhecida como "The Flash Age", e a madame du Barry viveu esses tempos intensamente. Ela se inseriu na sociedade de Nova York, onde famílias como os Vanderbilts eram seus amigos. Durante os anos de 1870-71, de volta à Europa, ela se encontrou no meio do Cerco a Paris, e acabou se apaixonando novamente. Desta vez, foi um belo oficial de cavalaria prussiano, o barão Adolph von Roques, que caiu em seus encantos.

Mas o casamento foi um desastre. O casal teve uma "vida de aventuras" de Colônia a Wiesbaden, e depois para São Petersburgo, esbanjando dinheiro, contraindo dívidas enormes e deixando devastação por onde passavam. Mas Florie se lembra dessa confusa época solitária com nostalgia. Ela praticamente não tinha pai e era deixada com parentes e amigos como convinha a sua mãe. Mesmo assim, escreveu em sua autobiografia, chamada *My Fifteen Lost Years*:

> Minha vida era praticamente igual à de qualquer outra garota que aproveita os prazeres da juventude com um coração feliz... Porém, meu principal passatempo era cavalgar, e isso eu podia fazer o quanto quisesse quando morei com meu padrasto, o barão Adolph von Roques, hoje aposentado, que na época era um oficial de cavalaria no oitavo regimento couraceiro do exército alemão estacionado em Colônia.

Seu estilo de escrita demonstra uma ingenuidade e uma tendência a enfeitar os fatos que a acompanhariam pelo resta da vida. Ela nunca conseguia encarar a realidade desagradável e cercou-se de ficção barata, sonhos e, mais para o fim da vida, gatos. Em sua história, ela não menciona que o barão batia em sua mãe e que finalmente a deixou em 1879, quando Florie tinha dezessete anos.

Florie deve ter visto James Maybrick como o par perfeito: era, ao mesmo tempo, a figura paterna que nunca teve e um homem seguro de si com um gosto para viver perigosamente. E James deve ter imaginado que Florie seria sua entrada em uma classe e um estilo de vida que não eram seus por nascimento, mas a que ele aspirava. Florie demonstraria credibilidade às pessoas importantes da sociedade de Liverpool e traria, quem sabe, fortuna. Com muita rapidez, Maybrick cortejou a jovem e, ao fim da viagem, ele a pediu em casamento. Quando desembarcaram em Liverpool, já estavam fazendo planos para um elegante casamento no ano seguinte.

Então seguiu-se um ano muito movimentado. Mas o que, eu me pergunto, realmente acontecia na família Maybrick nesses tempos? Em março de 1880, James retornou para contar à sua mãe viúva sobre o apressado noivado. Nessa época, ela estava morando numa pensão gerenciada por uma antiga amiga, a sra. Margaret Machell, na Mount Pleasant, número 111. Parece inconcebível que ela não soubesse nada sobre Sarah Ann ou sobre os netos que supostamente tivera. Será que Susannah reprovou o comportamento do filho? Se esse foi o caso, Maybrick não se deixou abater, e em abril já estava passeando pelas ruas de Paris com sua noiva.

No dia 1º de maio, Susannah morreu. James estava presente, mas morava na Ashley Broad Green. Seu atestado de óbito alega que a causa da morte, curiosamente, foi "bronquite hepática".

Ruth Richardson, autora do livro *Death, Dissection and the Destitute* e especialista em atestados de óbito da era vitoriana, diz: "Isso é estranho. Não faz sentido. Nunca vi um igual a este". Bronquite se refere ao trato bronquial. Hepático significa "do fígado". Mas não existe nada que explique com precisão o que realmente estava errado com o fígado de Susannah. Podemos apenas imaginar. Será que ela tinha problemas com a bebida? Ou teria se viciado em remédios como seu filho? Ou será que existe alguma outra explicação ainda mais sinistra?

A mãe de James estava morta. Ela não podia mais jogar nenhuma sombra sobre os fatos revelando "qualquer impedimento legal" para que seu filho não se casasse com Florence Elizabeth Chandler.

Com seu típico delírio de grandeza, o negociante de algodão conseguiu que a cerimônia, catorze meses depois, acontecesse na respeitada igreja de St. James, não em Liverpool, mas em Picadilly, um dos cenários mais elegantes de Londres. Na cerimônia, que foi conduzida pelo reverendo J. Dyer Tovey, a noiva usou um vestido de cetim plissado e rendas brancas, e seu buquê era feito de aquilégias brancas com lírios-do-vale. O noivo, 24 anos mais velho, vestiu um colete de cetim branco com bordados de rosas e lírios-do-vale, e um fraque forrado com um elaborado cetim acolchoado.

O irmão de Florie, Holbrook St. John, viajou de Paris para levá-la ao altar. Embora os irmãos de Maybrick – Edwin, Thomas e Michael – estivessem presentes, ele deve ter ficado desapontado por não sentir manifestado um entusiasmo pela união. Michael, que dominava o trio, estava cético. Os convidados diziam, com alguma razão, que ele não acreditava nas histórias da baronesa sobre propriedades que eles herdariam, mas enxergou em seus esquemas um engenhoso plano para assegurar a si mesma um lar britânico em sua idade avançada. (Porém, após o julgamento de Florie, ela escreveu uma carta um pouco fantasiosa para o Ministério do Interior dizendo que Florie não teria qualquer tentação monetária para cometer assassinato, pois ela vinha ajudando a família por vários anos.)

Na época do casamento, Maybrick fez uma apólice de seguro, com Florie como beneficiária, no valor de 2 mil libras, aumentando mais tarde para 2.500 libras. Ele também estabeleceu um fundo de 10 mil libras, um valor que hoje seria quarenta vezes maior, mas nunca pagou um centavo. Florie possuía uma pequena renda de 125 libras por ano, proveniente da casa de sua avó em Nova York, e havia uma ocasional renda por parte das terras de seu falecido pai perto de Mobile. No entanto, quase não havia dinheiro para financiar a fachada que os recém-casados queriam sustentar.

Desde o início, a união foi baseada em mentiras: até mesmo o certificado de casamento revela a verdadeira face de Maybrick. Em sua profissão, ele define a si mesmo como "ilustríssimo senhor", seu pai como "cavalheiro, falecido", e sua residência fica registrada como pertencente à área nobre de St. James.

Sendo pouco mais que uma criança, como Florence suspeitaria que sua vida era baseada em hipocrisia e mentiras? Além disso, ela própria nunca conheceu nada diferente. De qualquer forma, iria logo descobrir o terrível fato de que já existia uma "sra. Maybrick".

3

Uma sombra negra paira sobre a casa; é o mal

Oito meses depois do casamento, no dia 24 de março de 1882, nasceu o primeiro filho do casal Maybrick, chamado James Chandler, afetuosamente conhecido como Bobô. Era um bebê frágil e prematuro, e Florie teve um parto difícil.

Naquela primavera, Maybrick retornou com sua família para os Estados Unidos. Nos dois anos seguintes, eles passaram metade do tempo em Liverpool e a outra metade em Norfolk, morando numa casa alugada na Freemason Street. Todas as manhãs, às oito horas, Maybrick saía de casa e caminhava até o trabalho. Mas em vez de ir direto para seu escritório na Main Street, perto da Boston Quay, ele parava na C. F. Greenwood, uma farmácia na rua em que morava, para comprar seu estoque diário de arsênico.

Foi durante esse período que John Fleming, um marinheiro mercante de Halifax, Nova Escócia, o viu colocando um pó cinza em seu mingau. Mais tarde, ele se recordou de uma frase que Maybrick dissera: "Você ficaria chocado, eu imagino, se soubesse o que é isto. É arsênico. Todo mundo ingere um pouco de veneno. Por exemplo, estou ingerindo arsênico suficiente para matar você. Eu tomo isso de vez em quando porque sinto que me fortalece".

Da farmácia, Maybrick andava até a Bolsa do Algodão, onde exportadores, corretores e compradores se misturavam. O almoço acontecia às treze horas, e o resto do dia era gasto preenchendo cartas e documentos antes de visitar um dos muitos clubes de Norfolk.

As minutas da Bolsa do Algodão registraram a presença regular de Maybrick como membro de comitê.

Florie escreveu mais tarde em uma carta que nessa época seu marido começou a esfregar as costas das mãos. O que ela não sabia é que a pele ressecada é um dos sintomas decorrentes do longo tempo de abuso de arsênico.

Maybrick não estava sozinho em seu vício. O uso de arsênico, juntamente com o uso da estricnina, que tinha efeitos semelhantes, era uma moda que crescia rapidamente entre os homens que se dedicavam a uma profissão, tanto na Grã-Bretanha como nos Estados Unidos. De fato, o *Liverpool Citizen* comentou na época do julgamento de Florie:

> Todos nós sabemos perfeitamente que esses homens de negócios possuem o hábito de ingerir substâncias perigosas, como a estricnina, o arsênico, e sabe-se lá mais o quê, tanto quanto bebem champanhe e fumam tabaco. Ficamos até sabendo que a quantidade ingerida nos escritórios da Exchange Flags é tão grande que poderia envenenar toda a Castle Street.
>
> Quando contraem o hábito de ingerir arsênico, eles se tornam escravos por toda a vida [...] Uma vez que entram nesse caminho, não é possível voltar atrás, pois, como atestam os toxicologistas, se não puderem receber sua dose diária, descrevem, com justiça, que "as dores do inferno tomam conta da pessoa", e experimentam todos os horrores do lento envenenamento por arsênico.

O clássico livro para especialistas *The Materia Medica of Homeopathic Remedies*, escrito pelo dr. James Tyler Kent (1849-1916), foi publicado pela primeira vez em 1912. Trata-se de um livro para praticantes de medicina, que não se encontra facilmente em bibliotecas públicas. Nele, encontramos a seguinte análise sobre o vício em arsênico:

> O arsênico afeta cada parte do homem e aparenta exagerar ou diminuir todas as suas faculdades [...] A ansiedade encontrada no arsênico é misturada a medo,

impulsos, inclinações suicidas, surtos repentinos e manias [...] há uma queimação no cérebro, no estômago, na bexiga e na garganta. A pele coça e fica irritadiça. Os sintomas mentais mostram [...] um distúrbio do intelecto e da vontade. Ele pensa que deve morrer.

O dr. Kent fala em "gritos de dor" e delírios na cama, e diz que o paciente de arsênico está sempre com muito frio (apesar das sensações de queimação) e querendo se aquecer. Exceto pelo fato de Florie ter notado James esfregando as mãos, nenhum outro sintoma da dependência de arsênico foi mencionado no julgamento ou na literatura que se seguiu. Esses sintomas, porém, aparecem inconscientemente na narrativa do Diário do começo ao fim:

> minhas mãos estão frias [...] o verão está próximo, o clima quente me fará bem [...] a dor queimou para dentro da minha mente [...] Junho é um mês tão agradável [...] Tenho medo de dormir por causa dos meus pesadelos recorrentes [...] Sinto um entorpecimento em meu corpo [...] Não tenho coragem para tirar minha própria vida. Eu rezo todas as noites para encontrar a força para fazê-lo, mas a coragem me escapa.

Seja lá quem escreveu o Diário, essa pessoa descobriu os sintomas da dependência de arsênico descritos no livro do dr. Kent, ou experimentou por si própria a doença.

O carvão começou a substituir o algodão como o principal produto de exportação de Norfolk e, portanto, em março de 1884, James decidiu levar sua esposa e o pequeno Bobô para a Inglaterra de uma vez por todas. No dia 22 de agosto de 1884, James entregou sua carta de demissão para a Bolsa do Algodão de Norfolk. A essa altura, eles haviam alugado uma casa nova em folha em Liverpool, chamada Beechville, no exclusivo subúrbio de Grassendale. Ele e Florie passeavam de charrete, jogavam cartas e, acima de tudo, compartilhavam o amor por corridas de cavalo: eram visitantes regulares de Aintree, casa da famosa corrida Grand National.

Os Maybrick foram aceitos na alta sociedade de Liverpool, que se encontrava no edifício Wellington Rooms, em Mount Pleasant, onde tapetes eram estendidos no pavimento para os cinco bailes anuais e as senhoras emergiam de carruagens "vestidas de modo tão deslumbrante como convêm às esposas e filhas dos homens mais ricos do melhor porto da Grã-Bretanha". Maybrick também era membro do elegante Palatine Club. O Diário faz referência a um jantar no clube com "George" – seu amigo mais próximo era o negociante George Davidson. Mas o casal não se encaixava de verdade na alta sociedade da época, conhecida como "currant jelly set". Assim como muitos vitorianos que buscavam *status*, Maybrick se tornou Cidadão Honorário, embora não tenha sido mencionado entre as pessoas distintas nos jornais da alta sociedade. E o casamento e a volta para Liverpool não detiveram seu consumo de drogas, que estava se tornando pior. Ele tinha amplo acesso a elas por meio de seu primo, William, que trabalhou para John Thompson, um farmacêutico que vendia por atacado, na Hanover Street, número 58. Quando William foi despedido, em 1886, Maybrick chegou a pedir a Thompson que o readmitisse, mas o pedido não obteve sucesso. (O primo morreu em outubro de 1888 no abrigo de Liverpool.)

Mas esse acontecimento acabou não sendo importante, pois Maybrick já tinha outra fonte para conseguir seu "remédio": um farmacêutico com laboratório próprio chamado Edwin Garnett Heaton, que trabalhava na Exchange Street East. Heaton o ajudou por cerca de dez anos, tempo no qual sua dose prescrita cresceu de quatro para sete gotas. (Era comum o arsênico ser vendido tanto líquido como em pó.) Maybrick frequentava o local com regularidade, ocasionalmente até cinco vezes ao dia, para comprar aquilo que o farmacêutico descrevia como sua dose de "mantenha-me acordado" ou até de "paixão excitante". Sete gotas cinco vezes ao dia era uma quantidade quase equivalente a um terço de um grão de arsênico – e um grão é suficiente para matar. Quando Maybrick viajava a negócios, Heaton preparava vários frascos contendo de oito a dezesseis doses.

A droga estava claramente tendo um impacto em Maybrick. O irmão de Florie, Holbrook St. John Chandler, que então já era médico em Paris, ficou preocupado com o comportamento de seu cunhado e escreveu:

> Eu não finjo saber seus truques, mas ele proibiu Florie de nos contar sobre sua vida e se fechou completamente para ela. Nós, infelizmente, não podemos escrever para ela ou saber dela, exceto através dele, que dita todas as suas cartas. Eu lamento profundamente essa atitude inesperada de Maybrick, que se revelou um bruto insensato, mas, sendo assim, nós temos que nos proteger o quanto for possível.

Na mesma época, a baronesa escreveu que James forçou Florie a sugerir "que seria melhor que eu vendesse a casa. Eu deveria alugar um quarto e ir trabalhar; era absurdo manter uma criada ou um pequeno cão (minha única companhia)".

Nessa época, Maybrick contatou uma mulher chamada Pauline Cranstoun, de Londres, que dizia ler horóscopos e ser capaz de diagnosticar doenças obscuras. Sua história é mencionada por J. H. Levy em seu livro sobre o caso Maybrick, publicado em 1899 e chamado *The Necessity for Criminal Appeal*. "Ele escreveu para mim", ela disse, "contando um estranho relato de seus vários padecimentos e disse que tinha o hábito de ingerir grandes quantidades de arsênico em sua comida, pois descobriu que essa era a melhor e mais segura maneira de ingerir a droga. Disse que ajudava sua digestão e acalmava seus nervos".

Numa entrevista para o *New York Herald* após o julgamento de Florie, Pauline Cranstoun contou: "Escrevi para ele dizendo que deveria parar de usar arsênico, ou isso resultaria certamente numa doença fatal em algum momento. Ele nunca respondeu".

Levy revela que, infelizmente, toda essa correspondência foi destruída. (Pauline Cranstoun pode render uma história interessante, que nós ainda estamos pesquisando. Richard Lancelyn Green, em seu livro *The Uncollected Sherlock Holmes*, de 1983, faz referência a uma carta recebida em 1903 por Sir Arthur Conan Doyle de uma senhora que vivia com "Pauline Cranstoun, filha do décimo barão Cranstoun".)

Durante 1884, houve um breve declínio econômico na Grã-Bretanha. Amigos diziam que Maybrick ficou tão preocupado com seu dinheiro quanto era com sua saúde. A própria Florie nunca havia se preocupado com o orçamento doméstico. Ela era extravagante em sua paixão por roupas bonitas, compradas em grande quantidade na loja Woollright. A elegante loja de departamentos na Bold Street era uma tentação para qualquer mulher que gostava de se vestir bem, com sua boa reputação e imenso estoque de peles, joias e tecidos exóticos. O fato de que os ânimos da família se tornaram desgastados não foi exatamente uma surpresa. A baronesa escreveu o seguinte para um advogado em Nova York: "Minha pobre garotinha está completamente sob o poder de seu marido, e ele não se comporta como um filho para mim".

Em dezembro daquele ano, o irmão de Florie contraiu tuberculose; ele morreu quatro meses depois. Maybrick viajou sozinho para o funeral em Paris, provavelmente porque não era costume que as mulheres comparecessem. Mas por que Florie não usou essa triste ocasião para visitar sua mãe?

Florie possuía poucos amigos íntimos. Para as mulheres de Liverpool, ela era uma forasteira. Havia apenas duas exceções, as irmãs Mathilda Briggs, uma ex-admiradora de Maybrick, e Louisa Hughes, com quem conversava regularmente. Depois da morte de seu irmão, Florie pediu à sra. Briggs um empréstimo de 100 libras para acalmar credores, quantia que ela devolveu aos poucos.

No dia 20 de julho do ano seguinte, nasceu sua filha, Gladys Evelyn. Cuidando dela estava o dr. Hopper, da Rodney Street, que havia tratado os Maybrick desde o casamento. O nascimento de Gladys não ajudou a restaurar a paz no relacionamento. Em 1887, uma perturbada Florie descobriu aquilo que os outros já sabiam: havia outra pessoa na vida de seu marido.

Quem era essa mulher? – citada várias vezes no Diário. Poderia ser Sarah Ann Robertson, que desapareceu dos registros entre 1876 e 1891? Não há evidências de seu paradeiro durante essa época. Seria possível que ela tenha seguido James até Liverpool?

Até agora, nós não sabemos. John Baillie Knight, um amigo de Florie, afirmou em um documento assinado em 1889 que alguns anos antes ela havia lhe confessado que sabia que Maybrick tinha uma mulher em Liverpool. Os jornais locais na época do julgamento de Florie também informaram que uma mulher que estava vivendo na cidade havia sido amante do falecido por vinte anos. Quando Michael e Edwin a visitaram, descobriram que ela tinha joias e roupas que pertenciam a Florie, e alegou terem sido dadas por James como forma de pagamento por dinheiro emprestado. Além disso, William Stead, editor da revista semanal vitoriana *Review of Reviews*, e Bernard Ryan, em seu livro de 1977 *The Poisoned Life of Mrs. Maybrick*, alegam que em 1887 o casal passou a dormir em camas separadas por insistência de Florie.

No livro *Murder, Mayhem and Mystery in Liverpool*, Richard Whittington Egan fala das crescentes ausências de Maybrick e das "longas noites solitárias" que Florie passava.

Quando uma epidemia de escarlatina assolou a Grã-Bretanha na primavera de 1887, Bobô, então com cinco anos, adoeceu, Florie permaneceu em casa cuidando dele enquanto James, numa decisão pouco convencional, levou Gladys e a babá das crianças, Emma Parker, em uma viagem de seis semanas para o País de Gales. Eles ficaram no Hand Hotel em Llangollen. Esse hotel parece ter sido um dos favoritos da família; James já tinha se hospedado lá com Florie e Gertrude Janion, e em 1889 os registros mostram que ele permaneceu lá com quatro companheiros homens.

Quando voltou, Maybrick diminuiu a mesada de Florie para comida, o pagamento dos criados e para outros gastos domésticos. Em outubro daquele ano, ela escreveu para sua "querida mamãe" dizendo que Maybrick havia tido apenas 125 libras de lucro nos últimos cinco anos e que seu espólio havia diminuído para 1.500 libras. Ela afirmou que estavam usando crédito para mobiliar a casa e reclamou:

> Estou completamente esgotada e num estado de nervosismo que mal consigo fazer qualquer coisa. Sempre que a campainha toca eu sinto que vou desmaiar com medo de ser alguém trazendo uma cobrança, e quando

> Jim chega à noite, é com medo e terror que olho em seu rosto para saber se alguém esteve em seu escritório por causa de alguma dívida [...] minha vida é um constante estado de medo de alguém ou de algo. É impossível nadar contra a corrente. Vale a pena viver a vida? Eu alegremente desistiria da casa e mudaria para outro lugar, mas Jim diz que isso o arruinaria imediatamente. Pois é preciso manter as aparências até ele juntar mais capital para pagar suas dívidas, já que, se qualquer suspeita surgisse, todas as contas seriam cobradas de uma vez, e como Jim pagaria com o que ele possui hoje?

Maybrick estava longe de ser consistente e nem sempre foi honesto em suas movimentações financeiras. Quando morreu, deixou pouco mais de 5 mil libras, o equivalente a 600 mil reais hoje. Ele não estava tão pobre quanto Florie acreditava. Além de todas as preocupações financeiras, Florie também refletia sobre o bem-estar da pequena Gladys. Na mesma carta, ela acrescenta:

> A babá não é mais a mesma desde o nascimento da bebê. Pobre pequenina, não recebe carinho nem atenção quando não estou com ela, mas mesmo assim é uma criança tão amorosa, sempre com um sorriso para cada palavra jogada que a babá diz para ela. Não consigo entender porque a babá não se afeiçoou à criança. Tenho medo que ela esteja muito velha para um bebê e não possua mais [...] a paciência para cuidar de Gladys da mesma maneira que fez com Bobô. Com ele foi um trabalho de amor, com a pobre Gladys parece apenas obrigação.

Então, uma nova babá, Alice Yapp, descrita pelo *Liverpool Echo* como "uma jovem atraente", juntou-se à família em setembro de 1887. Ela morava com seus empregadores da época, o sr. e sra. David Gibson, em Birkdale, Southport. Maybrick mais uma vez desprezou a convenção e foi sozinho tratar com ela. Isso era considerado tarefa da mulher em qualquer lar. Havia sugestões nos jornais de que a relação entre James e Alice Yapp não era exatamente o que deveria ser.

A tensão sobre Florie se tornou ainda mais intensa. Ela sabia – e ninguém mais conseguia perceber – que sua vida estava fora de controle. Ela estava endividada e preocupada com o consumo de drogas, com a saúde e com a infidelidade de seu marido. Além da suspeita de adultério, Florie agora temia que ele estivesse ingerindo uma overdose de seus "remédios". Amigos que o visitavam quando faziam viagens de negócios vindos dos Estados Unidos frequentemente comentavam sobre seu rápido envelhecimento, embora ainda tivesse 48 anos. Esse era o estado mental de Florie quando ela encontrou pela primeira vez o atraente Alfred Brierley, de 36 anos.

No inverno de 1887-1888, os Maybrick organizaram um jantar. Alfred Brierley, um corretor de algodão de Liverpool, estava entre os convidados. Sua empresa, a Brierley Wood and Co., ficava na Old Hall Street, perto do escritório de Maybrick.

Brierley nasceu em Rochdale, em 1851, e cresceu com nove irmãos e irmãs. A família Brierley era um pilar da comunidade, com origem dentro da segurança da Igreja inglesa e do Partido Conservador e ocupando uma posição de considerável riqueza e influência, graças ao comércio de algodão. Ruas foram batizadas em homenagem à família. Brierley era solteiro, atraente e impressionável. Mais tarde ele alegou, sem ser convincente, que encontrou Florie apenas na companhia de outras pessoas durante o ano seguinte, e que eles eram apenas "conhecidos distantes".

Apesar de incomodada com os casos de seu marido, a própria Florie era uma namoradeira, uma mulher animada que adorava a atenção dos homens. Além disso, como ela mesma explicou à sua mãe, Brierley "era gentil" com ela.

Em Liverpool, naqueles tempos de censura, seria preciso pouco para que uma garota impetuosa do sul dos Estados Unidos saísse da linha. E Florie era alguém que, de acordo com uma amiga americana, cresceu "num lugar vibrante, onde as mulheres eram muito mais animadas". Lá, uma garota desacompanhada podia se juntar a um grupo de homens e mulheres em um sábado e fretar um barco para dançar e beber por toda a noite, voltando para casa para dormir o dia inteiro. Tal comportamento seria inaceitável na Inglaterra vitoriana. Seja lá qual for a verdade sobre os sentimentos de Florie por Brierley, ou mesmo se ela teria alimentado esses sentimentos ainda em 1887, o Diário sugere que James Maybrick tinha uma crescente paranoia sobre sua infidelidade.

Provavelmente em março de 1888, os Maybrick se mudaram de Grassendale para Aigburth, a menos de um quilômetro de distância, ocupando a muito mais imponente e mais bem situada Battlecrease House, que compraram com um contrato de arrendamento de cinco anos. Levaram também a babá Yapp, o jardineiro James Grant, que tinha acabado de se casar com a ex-criada Alice, e a copeira Mary Cadwallader. A cozinheira Elizabeth Humphreys e a criada Bessie Brierley (sem relação com os outros Brierley) juntaram-se a eles no decorrer daquele ano.

A qualidade das criadas dos Maybrick era notável. Um jornalista descreveu as garotas na época do julgamento de Florie: "Uma coisa que chamou a minha atenção, e até posso dizer que fiquei admirado, foi a aparência inteligente das criadas e babás [...] elas estavam todas vestidas 'à la mode', e a cozinheira, principalmente, parecia muito fascinante, até mesmo provocante".

Alice Yapp cresceu com um irmão e quatro irmãs em Nag's Head, Ludlow, Shropshire, onde seus pais cuidavam de um albergue. As garotas sempre estavam extremamente bem vestidas.

Mary Cadwallader, conhecida como "Mary, a gentil", cresceu numa fazenda de 160 hectares, também em Shropshire, e teve uma educação privada. A mais velha entre catorze crianças, é um mistério como se tornou copeira. Pequenina, com longos cabelos castanhos, ela era geralmente descrita como uma *lady*. Ela compartilhava o amor dos Maybrick por cavalos, sabia cavalgar bem e pedia toda semana a um amigo que apostasse uma moeda num cavalo em seu nome, já que não era permitido às mulheres apostar. Anos depois, ela cuidou de um coelho branco e costumava levá-lo para passear numa coleira.

Nenhuma dessas garotas pertencia à classe trabalhadora.

Os vizinhos do casal na Riversdale Road eram homens de negócios e comerciantes, embora vacas pastassem pela estrada, dificultando o caminho das carruagens. Florie não perdeu tempo em mobiliar a casa. Cada quarto possuía tapetes de veludo e cortinas com tecido felpudo vermelho-escuro, forradas com cetim azul-claro. A mobília dourada tinha estofados em cores vermelho-escuro e azul. No gabinete particular de Maybrick, que estava sempre trancado, havia poltronas de couro muito confortáveis. Era lá que ele guardava vinho, charutos, cartas e as fichas de pôquer que usava para entreter seus amigos. No andar de cima, seu closet, acessível através do quarto principal, era território proibido para qualquer um.

Naquele verão havia uma visitante na Battlecrease que mais tarde contaria suas lembranças das estranhas cenas domésticas da casa.

"Pequena senhorita" foi o apelido que Maybrick deu à jovem Florence Aunspaugh, uma impetuosa garota norte-americana de oito anos de idade, que morou com a família enquanto seu pai, John, chefe da empresa Inman Swann and Co. de Atlanta, no estado da Geórgia, estava na Europa.

Quando já era uma velha senhora nos Estados Unidos, Florence contou sua história para Trevor Christie. A maioria das notas tomadas pelo escritor não apareceu em seu livro, tendo o material não usado aparecido apenas recentemente. Armazenado nos arquivos da Universidade de Wyoming, esse material figura com destaque entre os muitos documentos e recordações que se mostraram inestimáveis para mim na reconstrução da vida do casal Maybrick. Florence contou a Christie:

> Battlecrease era um lar suntuoso. O terreno devia consistir de cinco ou seis hectares, que eram muito bem cuidados. Havia grandes árvores, cercas de arbustos e canteiros de flores exuberantes. Espalhados pelo terreno ficavam retiros de pedra ou abrigos de verão, com bancos cobertos de hera e outras plantas. Um solário ficava perto da casa, e um casal de pavões perambulava pelo terreno [...] correndo pelo terreno também havia uma pequena corrente natural de água,

parte da qual foi alargada para formar um lago [...] esse lago foi preenchido com peixes; cisnes e patos nadavam em sua superfície. Acho que o lago é a coisa de que mais me lembro, pois cheguei a cair nele por duas vezes e o jardineiro teve que me tirar de lá.

A sra. Maybrick gostava muito de caçar e tinha vários cachorros [...] Eu vi seis cavalos, dois pretos maravilhosos que ficavam sempre atrelados à carruagem, dois cinzas que ficavam atrelados a uma carruagem menor, de duas rodas, e dois cavalos com selas: um para o sr. Maybrick, outro para a sra. Maybrick.

Para a jovem Florence, Florie era uma figura sedutora:

A glória que a coroava era seu cabelo. Era loiro, mas não do tipo amarelo sem graça, tinha um toque de vermelho suficiente para dar um rico brilho dourado.

Os olhos da sra. Maybrick tinham o mais belo azul que eu já vi. Eram olhos grandes, redondos, de um azul tão profundo que às vezes parecia violeta; mas sua expressão era muito peculiar [...] você focava nos olhos dela com um olhar firme e eles pareciam inteiramente sem vida ou expressão, como se estivesse observando os olhos de um cadáver. Totalmente sem vida e sem expressão. Se continuasse a olhar, seus olhos mudariam e então pareceriam o olhar de um animal assustado.

Em nenhum momento havia uma expressão de inteligência, seja nos olhos ou na face, mas mesmo assim havia um charme magnético em seu semblante que [...] parecia irresistível.

Ela sabia muito bem de sua beleza e gostava de ser admirada, principalmente pelos homens. Ela parecia gostar muito de estar ao redor deles [...] a vi fazer carinho no topo da cabeça de um homem, enganchar o braço em outro e pousar a mão no joelho de mais outro. Ela fazia isso na frente do sr. Maybrick. Desde que amadureci, comecei a lembrar e imaginar por que ele tolerava aquilo, mas o fato é que ele o fazia.

O James Maybrick da memória da jovem Florence era severo e temível, mas com lampejos de ternura com seus filhos.

> Depois do café da manhã, o sr. Maybrick tomava seu pequeno filho e eu no colo e conversava conosco. Ele me provocava para ver que tipo de resposta petulante eu daria [...].
>
> Um dia o sr. Maybrick instruiu a babá Yapp a vestir a mim e ao garoto excepcionalmente bem, pois queria nos ver no salão de baile antes de o jantar ser anunciado [...] acho que nunca estive tão bonita em minha vida... a criada do andar superior nos acompanhou pela escadaria até o saguão de entrada. O sr. Maybrick nos encontrou na porta que dava para o salão externo. Tomando minha mão e me conduzindo pelos arcos entre os salões ele disse: "Senhoras e senhores, eu quero apresentá-los a essa pequena senhorita vinda dos Estados Unidos".
>
> Embora não fosse o caso de considerá-lo um homem atraente [...] ele tinha uma bonita testa, um rosto intelectual e agradável, e um semblante honesto. Tinha cabelos claros cor de areia, olhos cinza e uma pele rosada. Não possuía nada daquele comportamento abrupto e áspero, tão comum dos britânicos, era extremamente culto, polido e refinado em suas maneiras, e era um ótimo anfitrião.
>
> Mas havia duas características infelizes em sua personalidade. Sua disposição sombria e melancólica, e o temperamento extremamente irritadiço. Ele também imaginava que sofria de qualquer doença "passível de a carne sofrer".
>
> Sim, o sr. Maybrick era dependente de arsênico. Ele ansiava por sua dose como se fosse um drogado. Usava dentro de casa. Estava sempre atrás do médi-

co para que receitasse, e do farmacêutico para fazer o tônico. Ele disse uma vez para minha mãe: "Eles me dão apenas o suficiente para piorar e me preocupar, e me deixar sempre desejando mais".

Ele estava sempre ingerindo comprimidos de estricnina, e gostava de caldo de carne com arsênico. Meu pai disse um dia: "Maybrick possui uma dezena de farmácias em seu estômago".

Presenciei sua raiva em muitas ocasiões, e por duas vezes ele ficou furioso. Eu fui a causa de seu segundo ataque [...] Sua bebê [Gladys] possuía um pequeno berço com altas grades ao redor [...] Numa manhã, a bebê começou a chorar e eu corri para o berço para tentar tirá-la de lá. Eu tentei passá-la por cima das grades, mas fiquei sem forças, não consegui segurá-la e a soltei [...] Se eu a tivesse tirado do berço e ela tivesse caído no chão, poderia ter quebrado suas pequenas costas [...]

A babá chegou e estava muito brava. Ela me pegou pelo pescoço, sacudiu e disse: "Se fizer isso de novo vou bater em você até deixar seu queixo cheio de marcas".

Enquanto isso estava acontecendo, o sr. Maybrick passou pela porta [...] ele ficou furioso e disse: "Eu vi você agarrar esta criança pelo pescoço – você poderia ter quebrado seu pescoço. Esta criança está longe de seu pai e de sua mãe, em minha casa e sob minha proteção, e se eu ouvir você falando com ela dessa maneira de novo vou chutá-la pelas escadas e quebrar todos os ossos dentro de você".

Embora fosse apenas uma criança, Florence sentiu que havia algo errado na Battlecrease House. "Uma corrente de mistério parecia circular ao redor e fazia você ter uma sensação estranha, uma sensação de que algo estava acontecendo, mas você não entendia o que era. No jardim você podia ver as criadas conversando num tom suprimido. Se alguém se aproximasse, elas paravam abruptamente."

O elenco de personagens na Battlecrease House incluía a sra. Briggs, que Florence lembra como "uma mulher perto da idade do sr. Maybrick". "Meu pai contou que ela era perdidamente apaixonada por ele e fez um esforço desesperado para casar-se com ele. Mas era muito evidente que ele não correspondia", disse ela. Florence também descreve a babá Yapp como "uma mulher muito eficiente e capaz", mas também "muito falsa e traiçoeira":

> Tanto a sra. Briggs como a babá Yapp desprezavam e odiavam a sra. Maybrick, e a parte mais patética disso é que a sra. Maybrick não possuía a inteligência para perceber a atitude delas em relação a sua pessoa [...]
> A sra. Briggs possuía todo tipo de autoridade na casa e com os criados. Ela chamava o sr. Maybrick apenas de "James". À mesa de jantar ouvi coisas como: "James, você não acha que um telhado na varanda ao lado de seu gabinete seria muito melhor [...] James, sugiro que você vista seu casaco de chuva [...] James, um assado de porco seria ótimo para o jantar". Nem uma única vez ela o chamou de sr. Maybrick.
> Quando o sr. e a sra. Maybrick saíam, ela entrava em todos os quartos da casa, incluindo o quarto do sr. Maybrick e o quarto da sra. Maybrick. Apenas um ficava de fora – o gabinete particular do sr. Maybrick. Ele tinha um cadeado na porta e nunca estava aberto, apenas quando ele estava lá. Nunca era limpo. Apenas quando ele estava lá.

Entre os visitantes noturnos regulares da Battlecrease House estavam os irmãos de Maybrick – Thomas e Edwin e, menos frequentemente, Michael. William, o irmão mais velho, aparentemente nunca o visitava, embora morasse em Liverpool.

Michael parecia ser o cérebro da família. De acordo com Florence Aunspaugh, "ele possuía uma imagem pretensiosa que superava a de James em todos os sentidos". Ele era solteiro em 1888 e morava sob os cuidados de uma governanta.

Para um homem que já tinha atingido algo parecido ao *status* de uma estrela como cantor e compositor, Michael permanece um enigma. Surpreendentemente, pouco se sabe sobre sua vida profissional e pessoal; ele é pouco citado em diários, e lembranças de seus muito celebrados contemporâneos são raras. Além das aparições no London Ballad Concerts e nos palcos de concerto, ele era membro do Constitutional Club e podia ser visto vestindo o uniforme da Artists Rifles Volunteers, onde seu treinamento deve ter incluído o uso de baionetas. Ele se alistou em 1886, aos 45 anos. De acordo com a lista de chamada, os outros recrutas daquele ano tinham em torno de vinte anos. Será esse o motivo por que Michael preencheu a lista dizendo que tinha quarenta anos?

Ele também havia conquistado nessa época uma posição considerável na maçonaria, onde era membro do Ateneu e da Loja de St. Andrew, e também fundador e primeiro chefe da Loja Orfeu para músicos. Ele ascendeu até o cobiçado trigésimo grau do rito. Em 1889, alcançou a ainda maior posição de organista na Grande Loja.

O historiador de música Tony Miall diz o seguinte sobre Michael Maybrick: "Ele é uma das figuras musicais menos atraentes de seu período. Sua busca interminável por respeito e dinheiro entra em conflito com a imagem de um artista preocupado com sua arte. É difícil simpatizar com qualquer aspecto de sua pessoa. Sua relação com a família e os amigos era mais formal do que calorosa. Suspeito profundamente que o relacionamento com sua esposa era semelhante – apenas um casamento sem amor".

Nos anos seguintes após o surgimento do Diário, muitas pessoas apontaram para Michael Maybrick – existem até aqueles que acreditam que, com suas conexões com a maçonaria e a alta sociedade, e até mesmo com a realeza, teria sido ele, e não James, quem aterrorizou as ruas de Whitechapel, armando para que seu irmão e sua cunhada fossem acusados. Não existe evidência real que sustente essa intrigante ideia, mas, sem dúvida, o papel do irmão Michael na saga miserável dos Maybrick ainda é obscuro e há muito para se descobrir.

O irmão mais novo, Edwin, era, de acordo com a impressionável Florence, "um dos homens mais bonitos que já vi". Ele tinha estatura média, era formoso, com uma aparência bem cuidada. Tinha uma voz bonita para o canto, "melhor até que a de Michael", mas não teve oportunidade para fazer melhor uso dela. Aos 37 anos, era solteiro.

O Diário cita repetidamente o ciúme de James em relação a Michael, a quem ele chama de "o irmão sensato".

A filha de Edwin, Amy, reconheceu muitos anos mais tarde que seu pai "não amarrava os sapatos sem consultar Michael". Mas James era mais ligado a Edwin, com quem trabalhou e de quem sentia saudades quando estava longe. Não seria surpresa se Florie buscasse consolo com seu cunhado. Rumores sobre os sentimentos de Florie vinham circulando por algum tempo na Bolsa do Algodão. Havia até suspeitas de um caso entre eles. A fofoca entre os criados após a morte de Maybrick dizia que muitas cartas de Edwin para Florie foram encontradas. John Aunspaugh contou à sua filha que Michael destruíra essas cartas. Porém, ela se lembra de um incidente contado por seu pai que justificava essa suspeita:

> A primeira indicação que meu pai teve sobre haver algo errado por lá aconteceu na noite do jantar de gala. Havia vinte casais, e, é claro, uma mesa longa foi necessária. As conversas aconteciam em grupos. O sr. Edwin ficou perto da sra. James Maybrick, e eles riam e conversavam. Meu pai olhou para o sr. James e, enquanto o fez, ouviu a sra. Maybrick dizer a Edwin, rindo, que "se eu tivesse conhecido você primeiro, as coisas poderiam ter sido diferentes".
>
> Poderia ter sido uma brincadeira inofensiva. Mas o sr. Maybrick levou a sério. Ele baixou sua faca, apertou o punho e seu rosto ardeu em tons de vermelho. Num segundo, ele recobrou a postura, levantou sua faca e tudo voltou ao normal.

Enquanto Florence Aunspaugh e Bobô brincavam no lago e corriam pelos canteiros de flores, uma tormenta estava prestes a desabar e a engolir a todos.

Até aqui, tudo é fato. O que aconteceu a seguir com os Maybrick também é fato. Mas de agora em diante eles podem ser vistos de uma nova perspectiva – a do Diário. O enigmático papel do Diário nessa história permanece não solucionado, mas nosso entendimento sobre sua importância tem aumentado enquanto novos materiais surgem. As percepções estão sempre mudando. Algumas crenças iniciais já foram descartadas, outras se provaram corretas. Ao contar a história, observei pelos escritos do autor do Diário os eventos históricos de Whitechapel que precederam a morte de James e o julgamento de Florie. Afinal de contas, esta é a primeira vez em cem anos que temos um documento desse tipo. Meu objetivo tem sido entender o quão convincente é a explicação do Diário sobre os mistérios de Jack, o Estripador. Ainda existem questões não respondidas, mas, para mim, o peso das evidências aponta apenas para uma conclusão. O Diário foi escrito por James Maybrick. A aceitação desse fato esclarece muito sobre a confusão ao redor dos assassinatos de Whitechapel e torna possível uma nova interpretação dos trágicos eventos de 1888/1889.

4

Às vezes sinto uma compulsão irresistível para colocar meus pensamentos no papel

O *pub* Poste House, na Cumberland Street, perto das docas de Liverpool, pouco mudou desde 1888, quando a fama de seu almoço percorria longas distâncias. As pessoas ainda lotam o pequeno e escuro bar de teto verde e paredes vermelhas cobertas por pesadas cortinas. O príncipe Luís Napoleão bebia lá. E também James Maybrick, como a princípio nos revela o Diário:

> Tomei um refresco no Poste House e foi lá que finalmente decidi que há de ser Londres. E por que não, não é um local ideal? De fato, eu visito a capital com frequência, e realmente tenho razão legítima para fazê-lo. Todas aquelas que vendem seus artigos sujos irão pagar, disso não tenho dúvida. Mas devo eu pagar? Penso que não. Sou esperto demais para isso.

Não muito longe do Poste House ficava o então elegante centro comercial de Whitechapel. Naqueles dias, o centro não chegava nem perto do que era seu homônimo de Londres. Foi nessa rua, no ano de 1888, que o Diário relata Maybrick vendo Florie com o homem que acreditava ser o amante dela. Seu nome nunca é mencionado no texto – ele é descrito como "o cafetão", e Florie não é mais sua "querida coelhinha", mas "a cadela" ou "a puta".

Só algum tempo após minha primeira visita ao Poste House, em 1992, fiquei completamente ciente dos conflitos e das contradições que o Diário me apresentaria. Afinal, no trecho citado, em um único parágrafo, há duas afirmações – a primeira, que cita o Poste House, iria eventualmente lançar dúvidas sobre a autenticidade do relato; e a segunda, que faz referência às conexões de Maybrick em Londres, iria dar suporte à sua autenticidade de maneira dramática!

Durante nossa visita a Liverpool, encontramos Roger Wilkes, na época um dos roteiristas da BBC, que apresentou um programa sobre Michael Maybrick e generosamente nos deu acesso a seu material de pesquisa. Foi Roger quem primeiro apontou um problema no trabalho. "O Poste House não era chamado Poste House em 1888", ele disse!

É comprovadamente sabido que em 1888 a construção hoje chamada de Poste House era afetuosamente conhecida como "The Muck Midden". Em 1882, ela era chamada de "The Wrexham House", mas nos registros de cervejarias de 1888/1889 nenhum desses nomes foi mencionado; A. H. Castrell e Walter Corlett aparecem como os responsáveis pelo local.

Ficamos sabendo através dos donos do Poste House que eles compraram o estabelecimento da cervejaria Boddingtons, que por sua vez o comprou da cervejaria Higsons. A Higsons o adquiriu das famílias Gartside e Gibson. E, só para irritar, a Escritura de Anuidade de 1848, assinada por Abraham Gartside e Richard e Betty Gibson, faz referência à "propriedade na Cumberland Street, anteriormente um depósito e hoje um *pub* sob o nome de......". Mais uma vez, o nome estava faltando!

Foi apenas nos anos 1960 que se decidiu modernizar o então decadente estabelecimento e rebatizá-lo "Poste House".

Logo nas primeiras semanas parecia que tínhamos encontrado um problema. Seguimos explorando a história do Correio Britânico, de *pubs* e de agências de correios para tentar achar outra solução. Seria o Poste House – que em inglês antigo significa "agência de correio" – algum outro lugar? Buscamos a ajuda de vários historiadores locais, como Gordon Wright, da Inn Sign Society (uma sociedade que estuda placas e letreiros de *pubs* históricos), e Dick Daglish, que é especialista na história dos *pubs* de Liverpool. Descobrimos que as agências de correio eram apenas lugares onde a correspondência era coletada ou postada, e que raramente possuíam placas de identificação. O termo poderia ter sido empregado para se referir a inúmeros *pubs* ou cafeterias, como o George, o Red Lion, ou o White Hart, lugares que não eram, necessariamente, estabelecimentos importantes.

Também descobrimos que a principal agência de correio de Liverpool, provavelmente inaugurada no ano de 1753 na Water Street, aparentemente mudava de endereço com frequência. Em 1839, um ano antes do nascimento de Maybrick, o "The Old Post Office" ficava situado na Church Street, logo na esquina da casa da família.

"Hoje é um trabalho exaustivo de esconde-esconde [...] encontrar seu paradeiro", escreveu J. James Hewson, num artigo do jornal de Liverpool em 1899 – ano em que a quinta principal agência de correio finalmente foi inaugurada. Em 1904, o edifício conhecido como Muck Midden se tornou o "The New Post Office Restaurant".

Existe atualmente um *pub* no cruzamento da Church Alley com a School Lane chamado de Old Post Office. O dono, George Duxbury, contou ao meu editor, Robert Smith, que o *pub* fazia parte dos antigos edifícios do Correio Britânico, e funciona pelo menos desde 1840, quando era um movimentado albergue. Os estábulos, cujos paralelepípedos ainda existem, davam para a Hanover Street, a principal via pública que passava pela, então, nova agência de correio. Atrás do *pub* ficava uma outra agência, mais antiga – de onde veio a inspiração para seu nome. O Old Post Office fica próximo à estação Central, onde Maybrick tomava o trem para Aigburth; também fica perto da Church Street e de Whitechapel, e poderia ser um forte candidato ao Poste House do Diário.

Porém, outra ideia estava crescendo em minha mente. Talvez o Poste House não ficasse realmente em Liverpool – o Diário não o localiza claramente. Entre os papéis que Roger nos entregou estava uma lista dos arquivos de Maybrick no Escritório de Registros Públicos do distrito de Kew. Eles foram recentemente abertos para pesquisa geral, após cem anos. Pouco tempo depois, Sally Evemy e eu fizemos nossa primeira visita a esse vasto edifício que abriga muitos dos registros históricos do país – registros sobre guerras, transportes, carreiras militares, papéis do governo, mapas, horários. Pedimos pelas "caixas de Maybrick", sem saber o que esperar, e as recebemos através do "paternoster" – um tipo de elevador que carrega documentos de dentro dos cofres. Cautelosamente, olhamos dentro do pacote cheio de frágeis papéis e cartas velhas e quebradiças, todas numeradas e amarradas com uma fita vermelha. De fato, poucas pessoas olharam esse material antes de nós. Quem sabe o que poderíamos encontrar?

Nós retornamos várias e várias vezes, sempre encontrando novos trechos de informações úteis. Em uma dessas ocasiões, muito tempo depois de nossa primeira visita, prestamos atenção em uma carta que não pareceu importante em nossas buscas iniciais. Essa longa carta, nunca publicada, foi enviada em 1889 por Gustavus A. Witt, um colega de Maybrick, ao ministro do Interior, Sir Henry Matthews, e possui uma afirmação interessante:

> 4, Cullum Street
> Londres E.C., 29 de agosto de 1889
>
> Senhor, embora esteja sem dúvida cansado do infeliz caso Maybrick, permita-me, como um dos mais íntimos amigos do falecido sr. James Maybrick (ele fora meu parceiro em Liverpool até 1875 e continuou a tratar dos negócios de minha firma em Londres até o momento de sua morte) [...]

Outro enigma! Witt quis dizer que Maybrick fazia seus negócios em Liverpool ou em Londres? Maybrick ainda trabalhava para ele na época dos assassinatos em Whitechapel. Dessa forma, nossa atenção voltou-se para Londres – mas, apesar de todas as horas vasculhando os arquivos do Correio e pesquisando nos diretórios de ruas, buscando por cafeterias ou por estabelecimentos que servissem refrescos que pudessem ser o Poste House, não encontramos nada.

Mais adiante no Diário, há uma grafia que me intriga; a expressão "post haste", que quer dizer "com pressa, urgência", está incorretamente grafada como "poste- haste". A frase "Haste post, haste" era uma instrução famosa para os carteiros na era vitoriana, escrita nos envelopes para indicar a necessidade de urgência na entrega. A palavra "post" não possui a letra "e". Poderia a grafia "Poste House" simplesmente refletir a ignorância de Maybrick?

O arquivo sobre o Post(e) House permanece aberto em meu gabinete – é um quebra-cabeça não resolvido no centro de uma crescente montanha de provas. Voltei a acreditar em minha ideia inicial de que o Diário poderia estar correto, já que não existe nenhum registro do nome oficial do Muck Midden.

Seja lá onde o Poste House fosse localizado, o Diário é claro sobre aquilo que acontece em seguida. Enfraquecido por sua saúde debilitada, pela dependência de drogas e pelo banimento da cama de Florie, Maybrick se tornou loucamente ciumento. Foi, sem dúvida, a amizade crescente com Brierley que cultivou a semente para o assassinato. Maybrick tinha um motivo. Agora ele precisava de um local.

> Eu disse que seria Whitechapel então Whitechapel será. [...] Whitechapel Liverpool, Whitechapel Londres, <u>ha ha</u>. Ninguém poderia juntar as peças. E sem dúvida não há razão para alguém fazê-lo.

No Diário há um trecho, provavelmente escrito em março de 1888, referente a uma carta do irmão de James, Thomas, pedindo que se encontrassem em Manchester, onde Thomas vivia no subúrbio de Moss Side. Ele era o gerente da empresa Manchester Packing Company. Maybrick aparentemente aceitou o convite, embora sua mente já estivesse ocupada com assuntos que iam além dos negócios.

> O tempo está passando devagar demais. Ainda preciso desenvolver a coragem para começar minha campanha. Pensei muito e com afinco sobre o assunto, e ainda não consigo chegar a uma decisão de quando devo começar. A oportunidade está lá, estou certo disso [...]
>
> Meu remédio está me fazendo bem, na verdade, tenho certeza que posso tomar mais do que qualquer pessoa viva.

[...]
Viajarei amanhã até Manchester. Tomarei um pouco do meu remédio e pensarei bastante no assunto [...] Vou me forçar a não pensar nas crianças [...].

Assim como Maybrick usou Michael e Witt como "desculpa" para suas viagens a Londres, também Thomas ofereceu uma razão para a viagem de negócios a Manchester. O trem saía direto da estação Aigburth, e a viagem durava pouco mais de uma hora. Foi lá, em Manchester, que o Diário sugere que Maybrick tentou seu primeiro assassinato.

Meu querido Deus, minha mente está enevoada. A puta está agora com seu criador, que a recebe de braços abertos. Não houve prazer enquanto eu apertava. Não senti nada. Não sei se tenho coragem de voltar para minha ideia original. Manchester estava fria e úmida, igual a este buraco do inferno. Na próxima vez jogarei ácido nelas.

De acordo com David Forshaw, tal comportamento "experimental" é comum. Estudos sobre vários pacientes psicopatas os mostram preocupados com fantasias sexuais sádicas. "Com o tempo", ele explica, "essas fantasias se tornam mais extremas e eles começam a realizar partes delas [...] Por exemplo, seguindo as vítimas em potencial".

Se o dr. Forshaw estiver certo e o assassinato de Manchester tiver sido um "experimento" que não proporcionou prazer a Maybrick, isso explicaria o fato de que no Diário ele se refere apenas ao único aspecto dos assassinatos que realmente o excita – cortar e estripar.

Os registros da polícia estão incompletos, os registros dos médicos legistas foram destruídos e, até agora, não descobrimos nenhuma pista desse primeiro assassinato, em fevereiro ou março de 1888. Henry Mayhew, em seu clássico livro *London Labour and London Poor* (publicado pela primeira vez em 1851 e reimpresso várias vezes), estima que havia cerca de 80 mil prostitutas trabalhando apenas em Londres, e um estrangulamento em Manchester não mereceria mais do que uma simples investigação de rotina. Até mesmo o cruel assassinato de Emma Smith, que foi mutilada em Londres em abril de 1888, não foi amplamente divulgado.

No ataque de Manchester, o autor do Diário age inteiramente como o esperado de um *serial killer* em potencial. Mas, se o Diário foi forjado, o autor deixou cascas de banana em seu próprio caminho ao se atrever a misturar fato e ficção em sua história.

Desde o início, Maybrick sente-se forçado a registrar no papel seus pensamentos e ações. David Forshaw diz que sua linguagem é a de um homem em um jogo, perversamente dando confiança a si mesmo ao fingir ser menos esperto do que realmente é. Ele parece ter um prazer mórbido em distorcer a gramática, em registrar vícios de linguagem e jogos de palavras.

> Não é incomum que pessoas inteligentes, porém inseguras, adotem uma personalidade menos educada no papel. Existem muitos erros de grafia, gramática e pontuação que parecem não fazer parte dos jogos de palavras do Diário. Mas, embora possam muito bem fazer parte da personalidade menos culta que Maybrick adotou, esses erros podem também ser de fato resultado de uma escolarização modesta, já que se trata de um homem que se desenvolveu sozinho e não tinha pretensões com o aprendizado.

Toda a empreitada era perigosa, é claro, e provavelmente Maybrick escreveria na segurança de seu escritório, longe dos olhos curiosos de sua família e dos criados. Depois de vários trechos, ele fala sobre "retornar", presumivelmente para a Battlecrease House, e a partir daí não há nada que contradiga a ideia de que todo o Diário foi escrito no Edifício Knowsley. Mesmo lá, Maybrick teria que ser extremamente cauteloso para proteger seu segredo de George Smith, seu escriturário, ou de Thomas Lowry, seu jovem empregado.

> Estou começando a acreditar que não é sensato continuar a escrever. Se irei abater uma puta, então nada

deve conduzir os persegidores[4] até mim, e mesmo assim às vezes sinto uma compulsão irresistível para colocar meus pensamentos no papel. [...] Se Smith descobrisse isto, então eu estaria acabado antes de começar minha campanha. Porém, o prazer de escrever sobre tudo o que está para acontecer [...] me excita muito. E, oh, as coisas que farei. Como alguém suspeitaria de que eu seria capaz de tais coisas, afinal, não sou, como todos acreditam, um homem compassivo, que já foi declarado como alguém que nunca machucaria uma mosca?

Em 1888, Thomas Lowry, o empregado de dezenove anos de idade, filho de um sapateiro, trabalhava na empresa Maybrick and Co. já havia cinco anos. Ele não teve qualquer participação na vida pessoal de seu empregador, pelo menos ao que se sabe.

Sua participação como testemunha de acusação no julgamento de Florie foi curta e não revelou nenhuma pista sobre sua relação com Maybrick. Mais uma vez, então, o Diário entra no perigoso reinado da ficção, descrevendo eventos aparentemente históricos, mas que qualquer bom pesquisador poderia desmerecer com fatos. A sra. Hammersmith é outro exemplo. O Diário faz duas referências a uma sra. Hammersmith, mas na segunda ocasião o nome não está claro e parece ter uma grafia diferente. Quem seria a misteriosa sra. Hammersmith que Maybrick diz ter "encontrado" no caminho de entrada de sua casa?

Hammersmith é um sobrenome muito incomum. Não encontramos nenhuma pessoa com esse sobrenome nos diretórios de ruas da época. Achamos apenas um exemplo no livro *The Suicide Club*, de Robert Louis Stevenson, que menciona um major Hammersmith.

Se esse documento não tiver sido escrito por Maybrick, então seu autor mais uma vez está escrevendo usando apenas a imaginação. Há um episódio dramático com Lowry que, de modo semelhante, também não foi possível comprovar em nenhum jornal ou

---

[4] No Diário, Maybrick "erra" a grafia da palavra *pursuer*, escrevendo "persuers". (N. T.)

livro. É um acontecimento marcante, que nos deixa querendo saber mais. Sua própria simplicidade é convincente. Um falsário ficaria tentado a embelezar este trecho.

> Se pudesse ter matado o bastardo do Lowry com minhas próprias mãos naquele instante, eu o teria feito. Como ele se atreve a me questionar sobre qualquer assunto, sou eu quem deveria questioná-lo. Maldito maldito maldito. Devo substituir os itens que estão faltando? Não, isso seria muito arriscado. Devo destruir isto? Meu Deus, vou matá-lo. Não dar nenhuma explicação e mandar que ele esqueça o assunto rapidamente,[5] acredito que esse é o único caminho que posso tomar. Vou me forçar a pensar em algo mais agradável.

Seja lá o que o jovem Lowry tenha dito ou feito, isso o colocou em um perigo maior do que imaginava. Ele parece saber muito mais do que deveria. Mas exatamente o que ele sabia? Seja lá o que fossem os "itens que estão faltando" ou o "assunto" em questão, a participação de Lowry é totalmente convincente. Por um segundo, a porta do escritório da Maybrick and Co. está entreaberta, e nós podemos ter um vislumbre de um lado sombrio da personalidade de Maybrick – um lado que a imprensa faminta de escândalos nunca divulgou. Seria o mesmo James Maybrick que a pequena Florence Aunspaugh viu ameaçar a babá Yapp, nunca revelado até que ela se tornasse idosa?

Havia uma linha regular de trem que saía de Liverpool para as estações Euston e Willesden Junction, em Londres, e a viagem durava cerca de cinco horas. Quando estava na capital, James às vezes ia até o elegante Regent's Park, onde ficava com seu irmão. Os vizinhos de Michael na Wellington Mansions incluíam um editor, um artista,

---

[5] "Poste haste", no original. (N. T.)

um editor de altas artes, três comediantes e Arthur Wing Pinero, o famoso dramaturgo.

Maybrick não ficava relaxado na presença de seu arrogante e convencido irmão mais novo, mas os aposentos no Regent's Park eram confortáveis e convenientes, e constituíam uma base para visitar o amigo de Michael, o dr. Charles Fuller, em sua infinita busca por remédios.

> Irei visitar Michael em junho próximo. Junho é um mês tão agradável, as flores se abrem completamente, o ar é mais doce e a vida é quase certamente mais rosada. Anseio por sua chegada com prazer. Com muito prazer.

Junho, que ele tanto esperava, começou frustrante, com tempo chuvoso e instável, mas ao final do mês uma onda de calor levou Liverpool a um racionamento de água. O comércio não estava mal – "estável, mas vagaroso", como descreveram os jornais da época.

De acordo com o Diário, James foi visitar Michael pensando em iniciar sua "campanha", mas algo deu errado. Ele não estava pronto; não havia planejado o suficiente, embora o desejo de atacar estivesse se tornando quase impossível de controlar. De fato, ele foi forçado a usar Michael como seu carcereiro.

> Como consegui controlar a mim mesmo eu não sei. Não levei em consideração a substância vermelha, litros dela, segundo minha estimativa. Uma parte disso deve espirrar em mim. Não posso permitir que minhas roupas fiquem encharcadas de sangue, isso eu não poderia explicar para ninguém, menos ainda para Michael. Por que não pensei nisso antes? Eu amaldiçoo a mim mesmo. A luta para me segurar foi avassaladora, e se eu não tivesse pedido a Michael que me trancasse em meu quarto por medo de sonambulismo, coisa que disse estar acontecendo recentemente comigo, isso não foi esperto?, eu teria feito meu trabalho sujo naquela mesma noite.

É inconcebível que Michael pôde, mais tarde, testemunhar que nunca havia visto James usando drogas, nem sabia de seu hábito. Por razões que só ele conhecia, Michael provavelmente estava escondendo aquilo que sabia ser a verdade.

Sabemos por meio das evidências médicas do julgamento de Florie que seu marido estava em um estado crescente de pânico sobre sua saúde naquele mês de junho, e isso também fica evidente no Diário. Sua hipocondria habitual alimentou um desejo de atenção médica e o abuso de medicamentos. Entre junho e setembro, ele fez cerca de vinte visitas ao dr. Arthur Hopper, o médico da família, na Rodney Street. Reclamou de dores violentas na cabeça que haviam começado em junho, na época da corrida de Royal Ascot, e de dormência em seus pés e pernas.

Se tivesse as vantagens da ciência moderna, o dr. Hopper teria percebido que a saúde de seu paciente estava em uma condição crítica. Mas o médico estava cético, sem paciência para a hipocondria de Maybrick, e também irritado por seu paciente se automedicar com remédios recomendados por amigos. Um dos medicamentos, o xarope Fellow's, continha arsênico, estricnina, quinina, ferro e hipofosfitos. Maybrick também dobrou a dose das prescrições do dr. Hopper quando sentiu que elas não estavam mais fazendo efeito. O doutor o avisou de que ele "causaria um grande prejuízo a si mesmo".

Pílulas de estricnina eram vendidas formalmente para uma variedade de propósitos medicinais, principalmente como um tônico ou como afrodisíaco. De acordo com médicos da Unidade de Venenos do Hospital Guy, em Londres, os efeitos a longo prazo nunca haviam sido estudados. Hoje, pílulas contendo estricnina não são mais vendidas e são consideradas ineficazes e perigosas. A substância, porém, é usada ocasionalmente para "cortar" ou aumentar o efeito de drogas como as anfetaminas. Sua presença no organismo pode resultar em excesso de atividade neural, embora, sob rígida supervisão médica, auxilie no tratamento de impotência, entre outros males.

James Maybrick usava pílulas de estricnina de modo irresponsável, ingerindo-as como se fossem doces. Certa vez, Maybrick entregou ao dr. Hopper algumas prescrições feitas para ele pelo dr. Seguin, em Nova York, cidade pela qual ele passava de vez em quando a negócios.

Eram para estricnina e *nux vomica*, um remédio popular na era vitoriana, baseado em estricnina e que também era usado como afrodisíaco.

O dr. Hopper destruiu as receitas. "Eu considerei que ele estava seriamente deprimido", disse no julgamento de Florie, explicando que isso significava que Maybrick "dava importância demais a sintomas insignificantes".

Na Páscoa, a família tirou férias no Hand Hotel, localizado no País de Gales, e, em julho, por sugestão do doutor, Maybrick foi se tratar nas águas do Harrogate Spa, em Yorkshire. Ele se hospedou no Queen Hotel, um estabelecimento modesto, e seu nome foi devidamente registrado no "Livro de Visitas", uma coluna regular do jornal local, o *Harrogate Advertiser*. Permaneceu lá, sozinho, por quatro dias.

As corridas de Goodwood no começo de agosto eram um evento social imperdível para os Maybrick. Eles viajaram juntos para a pista de corridas gloriosamente situada em Sussex, onde encontraram John Baillie Knight, um amigo de infância de Florie, e suas tias Margaret e Harriet Baillie, amigas da baronesa. Depois, todos jantaram juntos na Exibição Italiana, em Kensington, Londres.

As senhoras Baillie, que possuíam bens e instalações industriais em Londres, conheceram a baronesa e sua filha em um pequeno hotel na Suíça. Florie ficou com elas várias vezes quando criança, e elas visitaram Liverpool depois de seu casamento. Mais tarde, contaram a seu sobrinho que notaram algo errado com os Maybrick. John e Florie não se encontraram novamente até 1889, mas ela escreveu para ele várias vezes e confidenciou sua infelicidade com as traições do marido.

Tais detalhes domésticos são pouco descritos no Diário, que se concentra apenas no progresso implacável de sua campanha de terror. Pensamentos de morte e um pouco mais deixavam Maybrick obcecado e o levaram a usar o papel como confessionário.

No dia 6 de agosto – uma segunda-feira de feriado bancário – enquanto Maybrick estava no sul com Florie, uma prostituta, Martha Tabram, foi assassinada em Whitechapel, Londres. Ela havia saído à noite para beber e procurar clientes. Às 4h50 da manhã seguinte, foi encontrada em uma poça de sangue no primeiro andar do Edifício George Yard. Havia levado 39 facadas, principalmente no peito, estômago e genitais.

Muitos especialistas do Estripador acreditam que Martha foi assassinada por um soldado não identificado – o recruta da Guarda que foi seu último cliente. Mas a imprensa e a polícia decidiram que ela e Emma Smith, morta em abril em uma também segunda-feira de feriado bancário, foram vítimas do mesmo homem. Quando o terror começou realmente naquele outono, eles ligaram Martha Tabram e Emma Smith aos assassinatos de Whitechapel realizados por Jack, o Estripador. Na época, o público acreditava que todos os crimes haviam sido cometidos pelo mesmo maníaco.

Em algum momento durante o mês de agosto, muitas semanas após sua última visita a Michael, Maybrick retornou a Londres. Mas, dessa vez, o Diário revela que ele alugou um quarto em Whitechapel.

5

Amanhã comprarei a melhor faca que o dinheiro pode comprar, nada será bom demais para minhas putas

Aluguei um pequeno quarto na Middlesex Street, que por si só é uma piada. Paguei muito bem, e creio que não haverá perguntas. De fato, é uma localização ideal. Andei pelas ruas e mais do que me familiarizei com elas [...]
Não tenho dúvidas, minha confiança está muito alta. Estou excitado por escrever isto, a vida é doce, e meu desapontamento se foi. Será na próxima vez, com certeza.

A Middlesex Street é mais conhecida hoje como Petticoat Lane, local da famosa feira de rua de Londres. Depois das duas primeiras mortes, a polícia concluiu que o assassino deveria ter um esconderijo em algum lugar nas redondezas, mas ninguém até hoje identificou o local. A explicação do Diário de que a Middlesex Street seria esse refúgio poderia explicar a capacidade do Estripador de se mover livremente pela vizinhança, um lugar no qual um estranho poderia ser facilmente identificado.

Perto dali, de acordo com o diretório de ruas de 1888, moravam a sra. Polly Natham, que gerenciava um restaurante, Solran Berlinski, um negociante de tecidos, George Bolam, um guardador de vacas, Isaac Woolf, um comerciante de cartas de baralho, e Samuel Barnett, que gerenciava uma cafeteria.

Por que o quarto na Middlesex era uma piada nós podemos apenas supor. Talvez Maybrick gostasse de seu nome provocante. Ou talvez porque Middlesex Street era o centro comercial da comunidade judaica londrina, e, portanto, local de conflitos antissemitas. Maybrick já havia deixado claro no Diário que não era simpático aos judeus: "Por que não deixar os judeus sofrerem? Nunca gostei deles, existem judeus demais na Bolsa para o meu gosto".

Porém, no fim da vida, ele parece ter sentido remorso de seu preconceito. Depois de encontrar um antigo colega na Bolsa, ele escreveu: "Senti arrependimento, pois não era ele judeu? Esqueci-me de quantos amigos judeus eu tenho. Minha vingança é contra putas, não judeus".

Existem, de fato, muitas razões para a Middlesex Street ter sido uma boa escolha para um esconderijo. Ficava razoavelmente perto do escritório de Gustavus Witt, e, ainda mais importante, marcava a fronteira entre as rivais Polícia Metropolitana e Polícia da City of London. Não teria sido muito difícil tirar proveito desse conflito de interesses e provocar as autoridades indo e voltando entre a fronteira.

Antes do século XIX, Whitechapel era uma área de comerciantes respeitáveis e de calma prosperidade. Mas, em 1888, estava em pleno declínio. Os quintais sujos e os becos cheios de lixo que cercavam a Middlesex Street eram superpovoados e violentos. Havia centenas de albergues onde, por alguns centavos por noite, uma cama poderia ser alugada num quarto fétido e sem calefação. Aqueles que não tinham dinheiro dormiam nas sarjetas ou nas escadarias. Famílias de até sete pessoas amontoavam-se em um quarto minúsculo com apenas uma cama, com janelas quebradas e sem cortina. Havia um cheiro nauseante de urina, mofo e comida podre. Havia pelo menos 1.200 "infelizes" trabalhando na área. Assim como tantas mulheres trabalhadoras da era vitoriana, elas pareciam envelhecidas antes de seu tempo, deterioradas pelas condições desumanas, pela pobreza, pelos espancamentos e pela bebida.

No dia 18 de agosto, menos de duas semanas antes do primeiro ataque em Whitechapel, o irmão de Maybrick, Edwin, partiu para a América a bordo do *SS Adriatic*. O dr. Forshaw acredita que esse fato é importante. Emocionalmente, a ausência do devotado irmão mais novo teria deixado Maybrick livre de restrições. Efetivamente, não havia ninguém para vigiá-lo quando informou que viajaria para Londres a negócios. E o cenário assim ficou pronto.

Às 0h30 do dia 31 de agosto, uma sexta-feira, Mary Ann Nichols, conhecida como Polly, deixou o *pub* Frying Pan, em Brick Lane, e entrou para a história. Polly Nichols foi recusada quando tentou se hospedar no número 18 da Thrawl Street, mas, sem desanimar, foi ouvida dizendo: "Logo terei o dinheiro para o aluguel". Ela saiu, vestindo um "bonito chapéu novo", a fim de ganhar um teto para a noite. Parecia jovem para uma mulher de quarenta anos, e o dr. Rees Ralph Llewellyn, que acabaria examinando seu corpo, comentou sobre a "surpreendente limpeza de suas coxas". Apesar disso, ela era alcoólatra, e era preciso pagar pelas bebidas e pela hospedagem.

Polly Nichols foi vista por pelo menos três pessoas vagando pelas ruas sujas, procurando algum cliente que precisasse de um "trato de quatro centavos". O relógio da paróquia de St. Mary Matfellon bateu às 2h30 da madrugada enquanto ela cambaleava pela Whitechapel Road. Lá, deve ter encontrado seu assassino. Às 3h40, já estava morta.

Eles devem ter andado para fora da estrada principal e entrado na Buck's Row, uma rua de paralelepípedos que, de acordo com o jornal *Evening News*, não estava "sobrecarregada com lampiões a gás". Um terreno de novas casas de trabalhadores ficava de um lado. No outro, havia grandes armazéns.

O Diário é condizente com os relatórios médicos a respeito do que aconteceu em seguida.

> Mostrei a todos que estou falando sério, o prazer foi muito maior do que imaginei. A puta estava muito disposta a fazer seu serviço. Lembro de tudo e isso me excita. Não houve gritos quando cortei. Fiquei mais do que aborrecido quando não consegui arrancar a cabeça. Acho que vou precisar de mais força na próxima vez. Golpeei profundamente. Lamento não ter levado a bengala, teria sido um prazer enterrá-la com força nela. A cadela se abriu como um pêssego maduro. Decidi que na próxima vez irei rasgar tudo para fora.

> Meu remédio me dará força, e o pensamento na puta e em seu cafetão irá me estimular sem fim.

A fantasia e obsessão de Maybrick com a decapitação é um tema recorrente em seus relatos dos assassinatos, e os registros dos inquéritos mostram que realmente havia profundos cortes ao redor do pescoço de cada vítima.

Depois de cumprir seu intuito, ele foi embora caminhando silenciosamente. Nenhum dos moradores ou vigias noturnos ouviram um barulho sequer.

Charles Cross, um carroceiro, estava a caminho do trabalho em Buck's Row quando viu o que pensou ser uma útil lona enrolada contra os portões de um estábulo. Era Polly Nichols. Por ela ter sido morta antes de ser cortada, não havia sujeira – apenas um pouco de sangue empoçado na sarjeta. O corpo ainda estava quente, e o valioso chapéu preto de Polly estava caído próximo do local.

O dr. Llewellyn foi chamado em seu consultório na Whitechapel Road para fazer o exame e a declarou morta. Poucas horas depois, dois assistentes mortuários foram chamados para limpar o corpo, e só então descobriu-se que estava mutilada. O dr. Llewellyn foi chamado novamente para realizar mais exames. Ele relatou um ferimento irregular de cinco a oito centímetros no lado esquerdo do abdômen. Era muito profundo, percorrendo camadas de tecidos. Havia várias outras incisões pelo abdômen, e três ou quatro cortes percorrendo o lado direito, todos causados por uma faca.

A partir desse relato, surgiu a crença original de que o assassino havia ficado de pé em frente à vítima, segurado seu queixo com a mão direita e cortado a garganta da esquerda para a direita segurando a faca com a mão esquerda. Diferentemente, os autores do livro *The Jack the Ripper A-Z* sugerem que

> Ele ficou de pé em frente às vítimas, em uma posição comum às relações sexuais em pé; segurou-as pela garganta com as duas mãos, portanto silenciando-as instantaneamente e deixando-as inconscientes de maneira muito rápida; ele as empurrou para o chão com

a cabeça para sua esquerda, e cortou a garganta arrastando a faca em direção a si próprio. O fluxo de sangue inicial da artéria ficaria dessa maneira direcionado para longe dele, assim evitando sujar-se demais com sangue. Também, isso sugere que ele era destro.

O inquérito, que começou no dia 1º de setembro e foi reconvocado nos dias 3, 17 e 23, foi realizado no lotado Whitechapel Working Lads Institute, próximo da atual estação de metrô de Whitechapel. Foi conduzido pelo elegante legista Wynne Edwin Baxter, que tinha acabado de voltar de uma viagem à Escandinávia, vestindo calça quadriculada branca e preta, casaco branco e um lenço vermelho.

A caçada havia começado.

No dia 1º de setembro, o jornal *Liverpool Echo* noticiou em sua manchete: "Quem é Jim?".

> Existe outro ponto importante do qual a polícia depende. É o testemunho de John Morgan, o gerente de uma barraca de café, que diz que uma mulher, cuja descrição bate com a da vítima, esteve em sua barraca, que fica a três minutos de caminhada da Buck's Row, na madrugada de ontem. Ela estava acompanhada de um homem a quem chamava de "Jim".

A descrição do homem dada pelo sr. Morgan não se encaixa com a de Maybrick. Tudo que podemos dizer com certeza é que um homem chamado Jim estava na cena do crime minutos antes do assassinato.

O Diário sugere que, quando Maybrick estava em sua casa em Liverpool, buscava ansiosamente por menções ao assassinato nos jornais. Ele não se decepcionou.

> A espera para ler sobre meu triunfo pareceu longa, embora não tenha sido [...] todos escreveram bastante.

Na próxima vez terão muito mais sobre o que escrever, desse fato não tenho dúvida ha ha. Ficarei calmo e não mostrarei interesse no meu ato, mas, se alguém o mencionar, eu darei risadas por dentro, oh, como irei rir.

Um repórter do jornal *Star*, de Londres, provavelmente Lincoln Springfield ou Harry Dam, percorreu os *pubs* e albergues locais buscando por descrições do assassino. Ele afirma que entrevistou cerca de cinquenta mulheres em três horas, e cada uma delas descreveu detalhes idênticos de um homem a quem chamavam de "Avental de Couro". Essa afirmação pode até ser verdadeira, já que é provável que o repórter tenha oferecido cerveja e depois feito as perguntas para corroborar sua própria tese.

Assim, o "Avental de Couro" fez sua primeira aparição – no jornal *Star*.

Ele foi descrito como um homem de cerca de quarenta anos, baixo e com aparência judaica, com um pescoço excepcionalmente grosso e um bigode preto. Seus movimentos eram "silenciosos e sinistros", seus olhos brilhavam e possuía um "sorriso repulsivo".

Na verdade, o judeu polonês a quem chamavam de "Avental de Couro" – um sapateiro cujo nome real era John Pizer – era inocente, embora tivesse sido acusado de alguns crimes menores no passado. Na noite do assassinato de Polly Nichols, ele estava na Seven Sisters Road, em Holloway, observando o brilho no céu de dois grandes incêndios nas docas, e foi visto não apenas por uma governanta, mas também por um policial. Então, apesar da rapidez com que o sargento William Thick o prendeu, não foi possível ligá-lo ao crime, e inclusive recebeu uma pequena compensação por ter sido difamado pela imprensa. Mesmo assim, havia uma certeza de que o assassino era estrangeiro, e provavelmente judeu, já que nenhum inglês desceria a níveis tão baixos. O sensacionalismo era novidade na era vitoriana, e o caso forneceu o material ideal para o doentio desejo do macabro, de vampiros, de monstros e de pessoas bizarras como Joseph Merrick, o Homem Elefante, também de Whitechapel. Os leitores se deparavam com palavras nunca antes impressas nos jornais e chocantes ilustrações explícitas de corpos mutilados. As lascivas pessoas da era vitoriana consumiram avidamente cada detalhe terrível.

Até mesmo a imprensa dos Estados Unidos se empanturrou com o caso, notando a semelhança com o conto de Edgar Allen Poe "Os Assassinatos da Rua Morgue". Os jornais norte-americanos escreveram sobre um pequeno homem com malignos olhos negros, movendo-se silenciosamente com um "andar estranho". Um repórter muito imaginativo do *The New York Times* descreveu como Polly Nichols correu da cena do ataque e foi encontrada a várias ruas de distância, com a cabeça quase cortada.

Esse tipo de cobertura não ajudou em nada a polícia, que, por sua vez, também ficou sob o fogo cruzado. Eles foram duramente criticados por seu fracasso, e apenas após a abertura dos arquivos em 1976 foi possível perceber a quantidade de energia e iniciativa empregadas na maior caçada humana que a Grã-Bretanha já havia visto. Mas a polícia não tinha experiência, seus métodos eram pouco sofisticados, até mesmo grosseiros, e sua política de sigilo apenas serviu para provocar o jornalismo criativo da imprensa. A tarefa imposta pelo Estripador estava além de sua capacidade.

Todos os assassinatos de Whitechapel, exceto um, caíram na jurisdição da Polícia Metropolitana. Fundado em 1829, o departamento era responsável por toda a grande Londres, com exceção do quilômetro quadrado ocupado pela região central conhecida como City of London. Por sua vez, a área controlada pela Metropolitana era organizada em diversas divisões, e Whitechapel era a Divisão H. Como resultado, a imprensa comparou as duas forças policiais, desfavorecendo a Metropolitana.

Os oficiais desta respondiam para o Ministério do Interior, cujos servidores civis possuíam considerável poder, tomando muitas das decisões pelas quais o público culpava a polícia. Por exemplo, os burocratas proibiram a oferta de recompensa a qualquer pessoa que tivesse informações que levassem à captura. O ministro do Interior, Henry Matthews, era um homem espirituoso, com uma ótima mente para as questões do direito, mas que se tornou impopular por causa dos casos de Whitechapel. Ele conseguiu provocar a demissão de dois comissários da Polícia Metropolitana durante seu mandato. Menos de um ano depois, Matthews teve que encarar decisões difíceis no suposto assassinato de James Maybrick.

Um dos comissários de polícia era Sir Charles Warren. Cristão evangélico e ex-soldado, ele comandava a polícia com precisão militar, mas ainda estava sendo ridicularizado pelo tratamento desastrado que dispendera a uma manifestação contra o desemprego no ano anterior. O *Star* escreveu o seguinte no dia 10 de setembro:

> Para aumentar a lista de suas trapalhadas, Sir Charles Warren, cujo nome arde nas narinas dos cidadãos de Londres, recentemente transferiu todos os detetives do East End para o West End, e a equipe do West End para o East End.

Essa tratou-se de uma ação para garantir que os homens em campo tivessem pouco ou nenhum conhecimento de suas novas insígnias!

A capital também estava passando pelas eleições para o Conselho do Condado de Londres, na qual os radicais buscavam controlar o East End. As manchetes que noticiavam os crimes do Estripador lançavam luz ao desemprego e às severas condições de vida da classe trabalhadora londrina. Os assassinatos do Estripador se tornaram uma batata quente política. Suas horríveis ações foram, em parte, responsáveis por reformas sociais e melhorias nos procedimentos da polícia. Assim, as cinco mulheres assassinadas no East End se tornaram mártires de uma causa.

O inspetor Frederick George Abberline (1843-1929) era o oficial mais conhecido cuidando do caso, provavelmente porque tinha uma boa noção de sua própria importância. Por conhecer a área e seus vilões tão bem, ele ficou encarregado das investigações diárias. Foi Abberline que Maybrick escolheu para ser o saco de pancadas de seu sarcasmo: "Oh sr. Abberline, ele é um homenzinho esperto".

O inspetor Abberline lembrava-se das infindáveis noites sem sono após fechar o expediente, saindo das ruas de Whitechapel apenas para ser chamado de novo, já em sua cama, nas primeiras horas da manhã, para examinar ainda mais evidências. Toda declaração tinha que ser lida, toda testemunha tinha que ser ouvida – e havia centenas delas. Apenas ele e sua equipe produziram 1.600 páginas sobre suas investigações.

É claro, foi uma coincidência que *O Médico e o Monstro*, de Robert Louis Stevenson, estivesse aterrorizando as plateias de Londres na época. Embora a peça não falasse sobre repressão sexual, estava mais próxima da verdade do que as pessoas imaginavam. Ela conta a história do velho e respeitado dr. Jekyll, que descobriu uma poção capaz de libertar o lado oculto de sua personalidade ("a juventude relativa, os impulsos repentinos e os prazeres secretos"), mas que também acordava o "espírito do inferno" que o impelia a matar nas ruas de Londres.

Assim era o espírito tão dividido de James Maybrick. Após uma semana da morte de Polly Nichols, o Diário o mostra planejando seu próximo assassinato.

6

Estou ansioso pelo trabalho de amanhã à noite; isso me fará bem, fará muito bem

Pelo visto, Maybrick estava gostando de sua notoriedade. O Diário o registra discutindo o assassinato de Polly Nichols com seu amigo George (de sobrenome provavelmente Davidson). Os dois aparentemente elogiaram a excelente polícia de Liverpool e concordaram que eventos como os crimes de Whitechapel nunca aconteceriam lá, onde as mulheres podiam andar pelas ruas tranquilamente.

> De fato elas podem, pois não me divertirei com meus joguinhos engraçados na porta de minha própria casa. ha ha.

Exultante, ele imediatamente planejou repetir a emoção.

> Não deixarei que muito tempo passe antes do próximo. De fato, preciso repetir meu prazer o mais cedo possível. O cafetão pode ficar com ela com prazer e eu terei meu prazer com meus pensamentos e ações. Serei esperto. Não chamarei Michael na minha próxima visita. Meus irmãos ficariam horrorizados se soubessem, principalmente Edwin, afinal de contas, não foi ele quem disse que eu era um dos homens mais gentis que já encontrou? Espero que ele esteja aproveitando os frutos da América. Ao contrário de mim, pois tenho uma fruta azeda.

[...]
O homem gentil com pensamentos gentis logo irá atacar de novo. Nunca me senti melhor, de fato, estou aguentando mais do que nunca e posso sentir a força se acumulando dentro de mim. A cabeça vai sair na próxima vez, também as mãos da puta. Será que devo deixá-las em vários lugares em Whitechapel? Caça à cabeça e às mãos ao invés de caça ao dedal <u>ha ha</u>. Talvez eu leve alguma parte comigo para ver se tem mesmo gosto de bacon frito.

No fim de semana seguinte, ele voltou a Londres. Foi nessa época que Richard Whittington Egan disse que Florie começou a passar por aquelas "longas noites solitárias". Nenhum dos passageiros no trem naquela sexta-feira, 7 de setembro de 1888, teria suspeitado que estavam viajando na companhia do homem mais procurado da Grã-Bretanha. Maybrick teria viajado no conforto de um vagão forrado em tons vermelhos e dourados da companhia ferroviária London and North Western Railway. Imerso em tal luxo, o Diário nos mostra que ele anotou suas primeiras tentativas desajeitadas de escrever versos.

> One dirty whore was looking for some gain
> Another dirty whore was looking for the same.
>
> [Uma puta suja buscava por algum ganho
> Outra puta suja buscava o mesmo.]

Depois de todos os assassinatos que se seguiram, aparecem versos cômicos como esse, com enigmáticas referências de óbvia importância para Maybrick. Os versos se tornam uma obsessão, com muitos rabiscos e rascunhos. Parecem ser uma tentativa patética de estabelecer algum tipo de superioridade sobre Michael, o irmão mais novo. Uma inveja profundamente enraizada permeia o Diário.

[...] se Michael consegue fazer versos, então eu posso fazer melhor, muito melhor, ele não irá me superar. Pense, seu tolo, pense. Maldito Michael por ser tão esperto. Irei superá-lo, farei isso. Um versinho engraçado <u>irá</u> surgir.

O complexo de inferioridade de James Maybrick e sua compulsão desesperada para escrever sobre suas ações são parte de uma tentativa de provar sua capacidade intelectual e física. A palavra "esperto" aparece nada menos que 25 vezes no Diário. "Sir Jim" parece ser seu apelido favorito. De fato, Florence Aunspaugh lembrou-se da babá Yapp se referindo a seu patrão, com certa imprudência, como "Sir Jim".

A segunda vítima do Estripador em Whitechapel foi Annie Chapman. Filha de um salva-vidas, ela abandonou o marido e os dois filhos para viver vendendo flores e, ocasionalmente, a si mesma.

Na época de sua morte, ela sofria com uma doença terminal nos pulmões e no cérebro, mas precisava continuar trabalhando para ter um teto todas as noites. Ela era pequena e robusta, mas com boas proporções, e amigos a descreviam como uma mulher sóbria que apenas bebia aos sábados à noite.

Próximo das 5h30 no dia 8 de setembro, Albert Cadosh, um carpinteiro, ouviu alguém falando no jardim atrás do número 29 da Hanbury Street. Ele achou que tivesse ouvido alguém dizer "não", seguido de um barulho de algo batendo na cerca, mas não prestou atenção e continuou caminhando por aquela rua. Não havia uma alma viva por perto. Isso aconteceu há apenas algumas centenas de metros da Dorset Street, onde Annie morava no albergue Crossingham's Lodging House. Lá hospedavam-se a sra. Amelia Richardson, que fabricava embalagens, a sra. Hardyman, que alimentava gatos, o sr. Walker e seu filho Thompson, um cocheiro, o sr. e a sra. Copsey, que faziam charutos, e o idoso John Davis, sua esposa e seus três filhos – todos dormiam tranquilos a poucos metros de distância.

Quando John Davis acordou, às 5h45, desceu até o jardim e ficou horrorizado ao ver o sangrento corpo mutilado de Annie Chapman.

"Aquilo que estava caído a seu lado eu não posso descrever", ele disse. "Era parte de seu corpo."

Não demorou muito até uma multidão excitada se juntar. Todos lembrariam mais tarde do grotesco espetáculo das meias de lã de Annie surgindo debaixo de sua saia desarrumada. Este fato se tornou uma história para aterrorizar os amigos e parentes.

A mulher assassinada foi coberta com um saco e retirada do local, sendo deixados para trás seus bens materiais, que tinham sido arranjados de maneira estranhamente formal. A maioria dos pesquisadores do Estripador parece concordar que havia um pedaço de tecido, uma pequena escova de dentes e um pente de bolso. Também havia um pedaço de envelope.

Mas será que havia também moedas de cobre? Esses objetos se tornaram foco de muita atenção e também tiveram importância no debate sobre a autenticidade do Diário, que oferece sua própria, e muito lógica, versão dos eventos.

O Envelope

No dia 8 de setembro, à 1h45 da madrugada, Timoty Donovan, gerente do Crossingham's Lodging House, deixou Annie Chapman entrar na cozinha. Na semana seguinte, o pintor William Stevens contou à polícia que Annie tinha ido ao hospital naquele dia, e que ele a tinha visto no Crossingham's no dia de sua morte. Ela trazia uma caixa com duas pílulas em seu bolso e, quando a quebrou, embrulhou as pílulas em um envelope rasgado que, segundo William, ela havia encontrado no chão.

De acordo com os autores do livro *The Jack the Ripper A-Z*, o envelope trazia um carimbo do Regimento de Sussex, um selo do Correio com a localização de Londres, a data de 28 de agosto de 1888 e a letra M escrita à mão. Segundo Philip Sugden no livro *The Complete Jack the Ripper*, havia realmente no envelope a inicial M, mas ela estava acompanhada por um Sp. Considerou-se que seria parte do endereçamento de Spitalfields.

Foi apenas quando Paul Feldman obteve a coleção privada de papéis pertencentes ao falecido Stephen Knight, autor do livro *Jack the*

Ripper, the Final Solution, que ele descobriu um documento escrito pelo inspetor Chandler e transcrito por Knight a partir do original. O texto descreve a visita do inspetor ao entreposto do 1º Batalhão do Regimento de Sussex em North Camp, Farnborough, no dia 14 de setembro, para checar as origens do envelope. O documento dizia que "inquéritos foram feitos entre os homens, mas nenhum correspondia a alguém vivendo em Spitalfields, ou qualquer outra pessoa cujo endereço começasse com 'J' [sic]. Os livros de pagamento foram examinados e nenhuma assinatura era semelhante às iniciais do envelope".

Entretanto, no relatório original do inspetor Chandler na Scotland Yard, o número 2 está escrito exatamente da mesma maneira que o suposto "J" na cópia de Stephen Knight. O relatório do inspetor fala inequivocamente de "letras", no plural, e não menciona números. O envelope foi então consequentemente descartado como insignificante... mas não pelo Diário.

> *letter M it's true[6]
> Along with M ha ha
> Will catch clever Jim
>
> [*Letra M é a verdade
> Junto com M ha ha
> Irá apanhar o esperto Jim]

Os Anéis

Controvérsias também cercam os anéis de bronze que Annie estava usando, de acordo com seus amigos.

O inspetor Abberline notou que "A falecida tinha o hábito de usar dois anéis de bronze (um de casamento e um de noivado); esses anéis estavam faltando quando o corpo foi encontrado, e os dedos mostravam marcas de que foram tirados à força". Na época, a imprensa se referiu a dois ou três anéis.

---

[6] Aqui e nas demais citações do Diário, um asterisco indica frases riscadas no original.

Mais uma vez, o Diário explica a possível motivação por trás dessas ações. Maybrick supostamente retirou os anéis porque o faziam lembrar de sua esposa, a quem ele se refere várias vezes como "a puta".

> Begin with the rings,
> one ring, two rings
> bitch, it took me a while before I could wrench them off. Should have stuffed them down the whore's throat. I wish to God I could have taken the head. Hated her for wearing them, reminds me too much of the whore.
> [...]
> One ring, two rings
> A farthing one and two...
>
> [Começa com os anéis,
> um anel, dois anéis
> cadela, levou bastante tempo para que eu pudesse arrancá-los. Deveria ter enfiado goela abaixo na puta. Eu juro por Deus que poderia ter levado a cabeça. A odiei por usá-los, lembrou-me demais da puta.
> [...]
> Um anel, dois anéis
> Moeda de cobre, uma, duas]

Essa história mudou com o tempo e se tornou uma "pilha de anéis e moedas". Mais tarde, essa parte foi embelezada por vários autores, e as moedas se tornaram "duas moedas novas de cobre".

Um jornalista, Oswald Allen, escreveu no jornal *Pall Mall Gazette* em 1888: "Uma característica curiosa desse crime é que o assassino retirou alguns anéis de bronze, junto com alguns artigos sem valor tirados de seu bolso e os colocou cuidadosamente a seus pés". Esses fatos foram mais tarde confirmados pelo inspetor Edmund John James Reid, que era chefe do Departamento de Investigação Criminal em Whitechapel em 1888. Na investigação sobre Alice McKenzie, assassinada em 1889, ele disse que as "moedas encontradas debaixo de seu corpo eram de valor semelhante àquelas do caso Annie Chapman".

Então, o que aconteceu com as moedas?

As Moedas

As moedas também foram relatadas na imprensa imediatamente após o assassinato, mas não aparecem no inquérito sobre Annie Chapman. Martin Fido escreveu para mim: "Eu imagino que o silêncio inicial sobre essas moedas foi uma estratégia da polícia para tentar segurar informações que seriam conhecidas apenas por um suspeito culpado".

Os autores do livro *The Jack the Ripper A-Z* dizem que havia "quase certamente duas moedas [...]". Por outro lado, Philip Sugden nem ao menos as cita.

Os relatos dos jornais sobre as pílulas encontradas ao lado do corpo de Annie parecem ter divertido Maybrick, talvez por conta de sua própria hipocondria.

> As pílulas são a resposta
> acaba com pílulas. De fato, eu sempre não oh que piada.
> [...]
> Não sou realmente um sujeito esperto? Isso me faz rir, eles nunca entenderão por que eu ri.

Um aspecto diferente do segundo assassinato foi a própria evisceração. O dr. George Bagster Philips, um cirurgião da polícia que conduziu ou esteve presente na autópsia de quatro das vítimas, acreditava que o assassino deveria ter sido um médico. Desde então, a capacidade cirúrgica do assassino tem sido calorosamente debatida.

Mas, hoje, a maioria dos médicos concordam que, embora a parte inferior do útero e do colo do útero de Annie Chapman tivessem sido separadas com um único corte limpo através do canal vaginal, o resto da operação foi extremamente inepto. Assim eu me lembrei do papel educacional do Museu de Anatomia de Liverpool!

Wynne Baxter, o médico legista, apresentou uma teoria engenhosa motivada por uma reportagem sobre um médico norte-americano que estava visitando hospitais em Londres com o plano de exportar úteros preservados, para os quais estava disposto a pagar grandes quantias. Uma troca tão macabra poderia, argumentou o legista, sugerir um motivo para o crime. Mas a imprensa médica rejeitou a ideia prontamente. No dia 1º de outubro, o curador do Museu de Patologia divulgou os preços para cadáveres inteiros e parciais:

> Para um cadáver completo: 3libras 5s.0d
> Para um tórax: 5s.0d
> Para um braço, uma perna, uma cabeça
> e pescoço e abdômen: 15s.0d

Assim, segundo o curador, era mentira que grandes quantias estivessem sendo oferecidas em troca de cadáveres completos. Sua mensagem era clara. Não havia lucro suficiente em tal transição capaz de oferecer um motivo para o assassino de Whitechapel. O Diário – escrito há mais de um século – oferece pela primeira vez um motivo plausível, motivo que hoje nós, tragicamente, conhecemos muito bem. Jack, o Estripador, era um canibal.

> Trouxe um pouco comigo. Está na minha frente. Tenho a intenção de fritar e comer mais tarde <u>ha ha</u>. Só de pensar já abre meu apetite.

Poucas pessoas já provaram carne humana, e ainda menos admitiriam tê-lo feito. Não é de conhecimento comum se o útero, a bexiga ou a vagina são comestíveis. Esses órgãos são compostos basicamente de músculos, e poderiam muito bem ser difíceis de engolir. Mas o aparente prazer de Maybrick com a ideia obteve um apoio durante o julgamento do Estripador Russo, Andre Chikatilo, em 1992. "Eu gosto de mordiscar um útero", ele testemunhou. "Eles são tão rosados e borrachudos, mas depois de mastigá-los, eu os jogo fora."

Depois da morte de Annie Chapman, dezesseis homens de negócio do East End formaram o Comitê de Vigilância de Whitechapel. Sob a presidência do construtor George Lusk, eles exigiram reforço na iluminação pública e um melhor policiamento na área. No dia 14 de setembro, uma carta reveladora assinada como J. F. S. foi publicada no jornal *Pall Mall Gazette*:

> Ontem, às onze da manhã, um cavalheiro foi abordado na Hanbury Street e teve todos os pertences

roubados. Às cinco da tarde, um velho senhor de setenta anos foi atacado da mesma maneira na Chicksand Street. Às dez da noite de hoje, um homem correu para dentro de uma padaria na esquina da Hanbury Street com a King Edward Street e depois fugiu levando a gaveta da caixa registradora e seu conteúdo. Todos esses acontecimentos se passaram a uma distância de cem metros um do outro e no meio do caminho entre as cenas dos dois últimos horríveis assassinatos.

Se tudo isso pode acontecer hoje, quando supostamente deveria haver uma patrulha dobrada da polícia na área, e policiais à paisana, dizem, se acotovelam nas ruas, a facilidade com a qual o assassino conduziu sua dissecação e fez sua escapada deixa de parecer uma façanha.

Pouco tempo depois, o jornal *Times* sugeriu mais uma teoria: a de que o assassino não seria, afinal de contas, membro da classe trabalhadora, e estaria instalado em algum outro lugar muito respeitado da área. O Diário conta exatamente onde – na Middlesex Street.

O relato também reflete com precisão e humor irônico o sentimento popular, sem dúvida baseado mais em preconceitos do que em evidências, de que apenas um estrangeiro poderia cometer tais crimes. Em Whitechapel, estrangeiro significava judeu, e por isso a polícia estava, com razão, preocupada com o crescente antissemitismo.

> Li sobre todas as minhas ações e elas me deixam orgulhoso. Tive que rir, eles me tacharam de canhoto, médico, açougueiro e judeu. Muito bem, se eles querem insistir que sou judeu, então um judeu eu serei. Por que não deixar que os judeus sofram? Nunca gostei deles.

No dia 22 de setembro, a revista *Punch* publicou um cartum de Tenniel (ilustrador do livro *Alice no País das Maravilhas*) que divertiu Maybrick, com seu amor por jogos de palavras. Mostrava um policial, vendado e confuso, no meio de quatro vilões.

A legenda: "BLIND-MAN'S BUFF. turn around three times and catch whom you **may**!" [Cabra-cega. Dê três voltas e pegue quem puder!].

Não pude parar de rir quando li a Punch, lá estava, para todos verem, as primeiras três letras do meu sobrenome. Eles são realmente cegos.
[...]
Eu não consigo parar de rir, me divirto tanto que irei escrever uma pista para eles.

May comes and goes
[...]
In the dark of the night
he kisses the whores
then gives them a fright
[...]
The Jews and the Doctors
will get all the blame
but its only May
playing his dirty game.

[May vem e vai embora
[...]
no escuro da noite
ele beija as putas
então dá nelas um susto
[...]
Os judeus e os médicos
ficarão com toda a culpa
mas é apenas May
jogando seu jogo sujo.

Se o Diário foi realmente escrito por Maybrick, ele é convincente; a revista *Punch* seria uma leitura muito apropriada para um negociante da era vitoriana.

O mesmo poema contém outra pista. Em 1889, Florie enviou a Brierley um telegrama que nunca foi publicado. No dia 8 de maio, ela escreveu: "Chamada novamente por causa do estado crítico de May". May era um outro apelido usado na família, que nós não descobrimos em um livro, nem na imprensa, nem nos relatos do julgamento, mas escondido entre os papéis de Maybrick em Kew!

Nessa época, a ideia de que ele poderia usar o sentimento antissemita como uma tática para desviar a atenção da polícia quando cometesse o próximo assassinato já estava crescendo na mente de Maybrick. Então, repentinamente, como acontece muitas vezes no Diário, ele muda de humor.

> Estou travando uma guerra dentro de mim. Meu desejo por vingança é avassalador. A puta destruiu minha vida. Tento sempre que possível manter todos os sentimentos de respeitabilidade [...] Sinto falta da emoção de cortá-las. Eu acredito que perdi a cabeça.

É neste ponto que o inspetor Abberline é mencionado pela primeira vez no Diário.

> Abberline diz, ele nunca ficou impressionado
> Fiz meu trabalho com tanta distinção.

Para Maybrick, assim como para muitas pessoas, Abberline representava a força da lei. Por todo o Diário, ele se refere à polícia como "galinhas sem cabeça". Ele se delicia com suas tentativas infrutíferas de encontrá-lo, mas, quando a história avança, Abberline torna-se o bicho-papão, o carrasco, assombrando os pesadelos de Maybrick.

> Vejo milhares de pessoas me perseguindo, com Abberline na frente balançando uma corda.

São nesses momentos de alta emoção liberada pelo caos interior que o Diário se torna mais crível. As mudanças de humor se tornam cada vez mais descontroladas – um efeito colateral conhecido do abuso de drogas. Em um momento ele fala sobre "cortar", e no outro encontra-se no túmulo de seus pais.

> Sinto falta de Edwin. Não recebi nem uma única carta desde que ele chegou no país das putas. A cadela está me irritando mais a cada dia que passa. Se pudesse, eu acabaria com tudo de uma vez. Visitei o túmulo de minha mãe e de meu pai. Quero me reunir com eles. Acredito que eles sabem da tortura que a puta está me fazendo passar.

Com exceção desse momento, encontramos apenas mais uma referência obscura, enterrada profundamente nos gigantescos relatórios do julgamento de Florie, ao fato de que os pais de James estavam mortos e enterrados juntos.

Na mesma medida, o efeito das drogas está começando a preocupá-lo – ele teme por seus queridos filhos.

> Estou começando a pensar menos nas crianças, parte de mim me odeia por isso.

Mas não há compaixão para Florie. Ele permitiu que encontrasse seu "cafetão" em todas as oportunidades, e, paradoxalmente, deliciou-se com pensamentos sobre o que eles poderiam estar fazendo.

> A puta encontrar seu cafetão hoje não me incomodou. Imaginei que eu estava junto com eles, só de pensar isso me excita. Imagino se a puta já teve algum pensamento assim?

Naquele mês de setembro, Maybrick tomou a primeira e mais alta de duas outras apólices de seguro. Era no valor de 2 mil libras para um seguro de sua própria vida com a Mutual Reserve Fund Life Association of New York. Ele provavelmente enganou a empresa, já que amigos notaram uma dramática piora em sua aparência física nessa época. Ele estava envelhecendo rapidamente, e John Aunspaugh duvidou de que durasse até o fim do ano. O terror de doença e de morte que Maybrick tinha estava se tornando realidade.

7

Para meu espanto, não posso acreditar que não fui capturado

Chovia muito na noite de sábado de 29 de setembro de 1888. Quando eram cerca de onze horas da noite, Elizabeth Stride, nascida na Suécia e conhecida como Long Liz, buscava um abrigo da chuva no lado de fora do *pub* Bricklayer's Arms, na Settles Street. Ela foi vista pelos trabalhadores John Gardner e seu amigo Best sendo abordada por um homem vestido de modo respeitável com um terno preto e um sobretudo. Um pouco mais tarde, Mathew Packer afirmou que um homem acompanhando uma mulher que pode ter sido Elizabeth Stride comprou uvas pretas em sua loja na Berner Street. Mathew Packer foi apenas uma das muitas testemunhas pouco confiáveis cuja história e cuja descrição do casal que supostamente vira mudava a cada vez que dava novos testemunhos à polícia. Mesmo assim, a história das uvas – e a haste da fruta "manchada de sangue" encontrada ao lado do corpo de Liz Stride – foi largamente divulgada e comentada. O Diário não menciona uvas.

O clube International Workingmen's Educational Club, que ficava na Berner Street, número 40, era um clube socialista basicamente patrocinado por imigrantes anarquistas e intelectuais. Naquele sábado à noite, cerca de 150 pessoas se reuniam no primeiro andar para ouvir um debate, liderado por Morris Eagle, sobre "a necessidade de socialismo entre judeus". Às 23h30, apenas algumas poucas pessoas permaneceram, e o som de música tradicional russa podia ser ouvido flutuando no ar noturno.

A polícia entrevistou muitas supostas testemunhas de credibilidade variável. Uma delas, William Marshall, que mais tarde identificou o corpo da vítima, disse que às 23h45 ele a tinha visto conversando com um homem na Berner Street. O homem a havia beijado e Marshall ouviu-o dizendo "você diria tudo, menos as suas preces" – então eles caminharam na direção do pátio Dutfield's Yard, uma espécie de garagem para carruagens.

No inquérito de 5 de outubro, ele descreveu o homem que viu como tendo 1,70 metro de altura, um senhor de meia-idade, robusto, de aparência culta e vestido decentemente com um chapéu com aba redonda. Marshall disse que ele parecia não ser um trabalhador braçal e possuía uma voz suave com sotaque britânico.

O policial William Smith também pensou ter visto Elizabeth Stride perto das 0h30 enquanto fazia a ronda. Ela estava, disse ele, acompanhada de um homem bem vestido, que usava um casaco preto, um chapéu de feltro, colarinho branco e gravata. Também notou uma flor presa em seu casaco.

Depois que a sra. Fanny Mortimer, que morava na Berner Street, número 36, ouviu o "andar pesado" do policial Smith passando lá fora, ela foi até a porta da frente e ficou ouvindo a música do clube, que ficava a três casas de distância.

Ao lado do edifício do clube, depois de um pequeno portão de madeira, havia uma escura passagem que se estendia até um pátio sem iluminação, usado pelo construtor de carruagens Arthur Dutfield. A sra. Mortimer disse que, durante o tempo em que ficou na porta de casa, não viu ninguém sair ou entrar no pátio.

O que ela chegou a ver foi um homem carregando um saco preto pela rua, mas ele foi identificado como pertencente ao clube. Mesmo assim, a imagem do "saco preto" tornou-se para sempre ligada à lenda de Jack, o Estripador.

Às 0h45, Israel Schwartz, um imigrante húngaro, passou perto do portão do pátio Dutfield's Yard. Ele deu um testemunho à polícia no domingo, 30 de setembro, na delegacia da Leman Street.

Num memorando retrospectivo de 19 de outubro, o inspetor-chefe Swanson descreveu como Schwartz alegou que, ao dobrar a esquina na Commercial Road, havia visto um homem aproximar-se de uma mulher que estava em pé próxima ao portão do Dutfield's Yard e tentar puxá-la para a rua. Ela gritou três vezes, mas não muito alto, e o homem gritou "Lipski", aparentemente para um segundo homem, que estava do outro lado da rua. Lipski era um judeu polonês que havia sido condenado por assassinato no ano anterior, mas esse nome pode ter sido gritado como um insulto para o próprio Schwartz que possuía um visual judaico, por ter interrompido a cena. Schwartz disse à polícia que nesse momento os dois homens fugiram.

Schwartz descreveu o agressor com 1,65 metro, trinta anos, pele clara, rosto cheio, cabelo preto e um pequeno bigode marrom. Usava um casaco escuro, calça comprida e um velho boné de aba preta. Schwartz então atravessou a rua até o local onde o segundo homem acendia um cachimbo. Ele era um pouco mais velho – tinha cerca de 35 anos, 1,80 metro, cabelo castanho claro, usava sobretudo escuro e um velho chapéu de feltro preto.

Na mesma época, o jornal *Star* publicou uma entrevista com Schwartz, no dia 1º de outubro. Desta vez, ele não mencionou os gritos. O artigo diferia em vários detalhes importantes presentes no relatório do inspetor Swanson. Na reportagem do *Star*, Elizabeth Stride havia sido jogada na rua, o segundo homem é descrito como tendo bigode ruivo e carregando uma faca, e não um cachimbo. Nesse relato, o grito de "Lipski" foi proferido pela segunda testemunha, e não pelo agressor, enquanto corria para defender Stride. Nesse ponto, Schwartz alegou ter fugido.

Apesar da chuva e da escuridão da noite, a polícia levou a sério o surpreendentemente detalhado relato de Schwartz e considerou que, de todas as testemunhas, ele de fato poderia ter sido o único que havia visto Jack, o Estripador. O inspetor Abberline, porém, relatou ao Ministério do Interior, em 1º de novembro, que Schwartz não falava inglês, e que precisou de um intérprete para contar sua história.

Schwartz era considerado uma das principais testemunhas, mas sua total confusão demonstra o risco em se atribuir cegamente importância aos registros da época. Não é possível ter certeza do que realmente aconteceu.

O relato do Diário é subjetivo – o que não surpreende. Não registra nenhum detalhe, mas descreve apenas as lembranças emocionais do assassinato. Por exemplo, no relato, Elizabeth Stride segurava na mão esquerda um pacote de pastilhas para melhorar o hálito. No meio da carnificina, o detalhe em que mais se fixou não foi a presença das pastilhas em si, mas o cheiro persistente no hálito de Liz Stride. Ele escreve:

> Mas eu ainda podia sentir seu doce hálito perfumado.

O registro parece distraído e distorcido.

> Para meu espanto, não posso acreditar que não fui capturado. Senti como se meu coração tivesse deixado meu corpo. Dentro do meu terror, imaginei meu coração pulando pela rua enquanto eu corria atrás dele desesperadamente. Eu teria gostado muito de cortar a cabeça do maldito cavalo e enfiá-la goela abaixo o mais fundo possível na puta. Não tive tempo de rasgar a cadela, amaldiçoo minha má sorte. Acredito que a emoção de ter sido pego me excitou mais do que cortar a puta em si. Enquanto escrevo, acho impossível acreditar que ele não tenha me visto, em minha estimativa eu estava a menos de alguns metros dele. O tolo entrou em pânico, foi o que me salvou.

O "tolo" que interrompeu o assassino foi Louis Diemschutz, um vendedor de joias baratas. Ele também narrou ao jornal *Star* de 1º de outubro como havia chegado no Dutfield's Yard à uma da manhã com seu pônei e sua carruagem. Embora já fosse tarde demais para salvar a vida de Liz Stride, sua aparição claramente impediu uma carnificina maior.

Quando ele entrou no pátio, o pônei se esquivou para a esquerda para desviar de um obstáculo em seu caminho. Diemschutz se inclinou e cutucou um embrulho encharcado no chão com seu chicote. Era o corpo de Elizabeth Stride. Em algum lugar nas sombras estava o assassino.

Em questão de minutos, vários policiais e espectadores se juntaram no pátio, ainda tão escuro que foi preciso um fósforo para iluminar a terrível cena. Elizabeth Stride estava deitada de costas atrás do portão. O assassino havia fugido.

Enquanto o Estripador escapava do Dutfield's Yard, Catharine Eddowes, a filha de 46 anos de um trabalhador de Wolverhampton, estava sendo liberada da delegacia de Bishopsgate, na região de City of London. Kate Eddowes era uma "pessoa alegre". Mais cedo naquele dia, ela havia penhorado um par de botas para pagar por uma xícara de chá, açúcar e comida. Mas às 20h30 estava bêbada e foi presa por causar perturbação ao imitar um carro de bombeiros. Ela deixou a delegacia à uma da manhã, quando era "muito tarde para beber mais", disse o policial George Hutt.

"Boa noite, seu velho bastardo", disse ela, antes de virar à direita na direção de Houndsditch. Cerca de trinta minutos depois, devia estar perto da entrada do Duke's Palace em uma ruela chamada Church Passage, que leva até a praça Mitre Square.

Será que foi nesse momento que seu caminho cruzou com o de seu assassino? Se ele tivesse saído da Berner Street, virado à esquerda na Commercial Road e fugido pela Whitechapel High Street na direção da Middlesex Street, ele poderia ter continuado pela Aldgate e cruzado a fronteira entre a Polícia Metropolitana e a Polícia de City of London.

Em 1965, Tom Cullen refez os passos do assassino em seu livro *An Autumn of Terror*. Ele contou: "Levei exatamente dez minutos (isso sem as vantagens dos atalhos que o assassino poderia conhecer)".

Por volta de 1h35, Catharine Eddowes foi vista conversando com um homem na Church Passage pelo vendedor de cigarros judeu Joseph Lawende, que mais tarde identificaria seu corpo com ajuda das roupas. Lawende havia deixado o The Imperial Club, na Duke's Place, com Harry Harris e Joseph Hyam Levy, perto da 1h30. Em uma reportagem do jornal *Times* no dia 2 de outubro, ele descreveu o homem como de aparentes trinta anos, 1,80 metro, bigode claro e um boné de pano. Ele disse que o homem havia colocado a mão sobre o peito de Catharine Eddowes, mas, eles não pareciam estar discutindo. Ele achou que não o reconheceria novamente, mas, de qualquer maneira, ficou protegido da imprensa antes do inquérito nos dias 4 e 8 de outubro de 1888.

À 1h45, o corpo mutilado de Catharine Eddowes foi encontrado pelo policial Edward Watkins. O cirurgião da Polícia de City of London, o dr. F. Gordon Brown, chegou ao local pouco depois das duas da manhã. Mais uma vez, parecia que o Estripador havia atraído sua vítima para um canto – e desta vez seu "trabalho" não havia sido interrompido. Primeiro Catharine Eddowes foi estrangulada e, depois de morta, seu corpo foi freneticamente retalhado e despedaçado. O rim esquerdo e o útero foram retirados, embora o dr. Brown tenha afirmado que isso não teria propósito medicinal. O dr. Brown concluiu que as lesões mostravam sinais de conhecimento médico, mas não habilidade cirúrgica.

Pela primeira vez, o rosto também foi mutilado, e duas intrigantes incisões em forma de V foram feitas nas bochechas. À luz do Diário, tudo faz sentido – os cortes no rosto, vistos meramente como triangulares, poderiam, na verdade, formar o M que era a "marca" de Maybrick.

> A excitação que ela me deu foi diferente das outras, eu cortei fundo fundo fundo. Seu nariz me incomodava, então eu o cortei fora, mexi nos olhos, deixei minha marca, não consegui arrancar a cabeça da cadela. Acredito que agora é impossível fazer isso. A puta não gritou. Levei tudo que pude comigo. Estou guardando para um dia chuvoso <u>ha ha</u>.

O M é claramente visível em um desenho feito na época, descoberto no porão do Hospital de Londres e publicado pela primeira vez em sua revista, a *London Hospital Gazette*, em 1966, ilustrando um artigo do professor Francis Camps.

A lista da polícia das roupas de Catharine Eddowes é triste. As roupas eram velhas e sujas. Uma jaqueta de pano preto costurada com imitação de pele, um chapéu de palha preto, um colete branco masculino, um par de botas masculino. Não havia ceroulas nem espartilhos, apenas três velhas saias e uma anágua cinza. Tudo isso a tornava quase uma mendiga.

Apesar disso, suas posses eram numerosas e variadas. A lista da polícia incluía, entre outros itens:

> 1 lata contendo chá
> 1 lata contendo açúcar
> 1 pequena escova de dentes
> 1 cigarreira de couro vermelho
> com detalhes em metal
> 1 pedaço de avental branco velho
> 1 lata de mostarda contendo recibos de
> penhora encontrados ao lado do corpo
> 1 lata de fósforos, vazia

O jornal *Times* noticiou no dia 6 de outubro que uma das latas de fósforos continha um pouco de algodão. Poderia essa ser a pista a que Maybrick, o comerciante de algodão, refere-se no Diário?

> não deixei para ele uma pista muito boa?
> Nada foi mencionado, disso sei com certeza,
> pergunte ao esperto Abberline, ele poderia
> contar mais

A "lata de fósforos, vazia" também aparece no Diário.

> bastardo
> Abberline
> chapéu
> esconde tudo
> pista
> esperto
> irá contar mais
> [...]
> Sir Jim tropeçou
> medo

> ter por perto
> libertar perto
> caso
> com pressa [poste haste]
> Ele acredita que eu vou tropeçar
> mas eu não tenho medo
> *Não posso libertar aqui
> [...]
>
> Não sou um sujeito esperto?
> [...]
> Eu não mostrei medo, e de fato nenhuma luz.
> Droga, a pequena lata estava vazia
>
> Doce açúcar e chá
> poderia ter pago minha pequena taxa.
> Mas em vez disso eu fugi e assim mostrei minha satisfação
> comendo rim frio no jantar.

Mas a lista completa das posses de Catharine Eddowes não foi publicada. A lata vazia passou despercebida até a aparição, em 1987, dos livros de Donald Rumbelow e de Martin Fido. Ninguém além do autor do Diário poderia reproduzir essa descrição em 1888.

Isto, mais do que qualquer outro pedaço de evidência, confirma a teoria de que o Diário é uma falsificação moderna – ou que também deve ser genuíno!

Sempre houve uma forte divisão de opiniões sobre o que aconteceu em seguida. Tudo que se sabe com certeza é que às 2h20 da madrugada em que o assassinato de Catharine Eddowes aconteceu, o policial Alfred Long passou pela Goulston Street, que fica ao norte da Whitechapel High Street, paralela à Middlesex Street. Na primeira vez, ele não viu nada de interessante. Mas quando retornou, às 2h55, notou um pano amassado caído ao pé da escadaria que levava aos números 108 ao 119 da moradia Wentworth's Model Dwellings. Era um pedaço do avental ensanguentado de Catharine Eddowes. O assassino teria, sem dúvida, passado por ali. A escadaria não estava iluminada, mas, mesmo na penumbra, o oficial da Polícia Metropolitana viu uma pichação borrada no muro que não tinha notado antes. Ele a copiou, mas admitiu mais tarde no inquérito que poderia ter grafado a palavra "judeus" ["Jews"] de maneira incorreta. Sua anotação dizia: "The Juwes are the men That Will not be Blamed for nothing" [Os Judeus são os homens Que não Serão Culpados por nada].

Essa frase parece ecoar os erros de ortografia, os vícios de linguagem e as frases curiosamente mal construídas vistas em partes do Diário.

A Polícia de City of London anotou a mensagem de maneira diferente: "The Juwes are not The men That Will be Blamed for nothing" [Os Judeus não são Os homens que Serão Culpados por nada].

O departamento de investigações criminais da Polícia de City deu ordens para que a mensagem fosse fotografada imediatamente e depois apagada. Afinal de contas, o assassinato estava sob a jurisdição deles. Quando o comissário da Metropolitana, Sir Charles Warren, chegou ao local às cinco da manhã, ele concordou com o superintendente Thomas Arnold de que a mensagem antissemita poderia causar problemas com os moradores judeus do prédio, então ele apagou a mensagem pessoalmente.

Em um relatório para o Ministério do Interior datado de 6 de novembro de 1888, Sir Charles Warren anexou uma cópia da mensagem do muro. A forma e a disposição das palavras foram reproduzidas com exatidão, então podemos assumir que seja uma boa cópia, mas é provavelmente uma ilusão esperar que ela também seja uma reprodução fiel da caligrafia, pois é semelhante às passagens mais controladas do Diário!

Escritores devotaram muita energia para desvendar o mistério da Goulston Street. A maioria acredita que foi realmente trabalho do assassino. Já tentaram provar que o autor era antissemita, que era judeu, que as palavras possuem significado místico, que era um código maçônico. Mas, se você olhar a história a partir da perspectiva contada no Diário, tudo parece muito mais simples.

Tive que rir, eles me tacharam de canhoto, médico, açougueiro e judeu. Muito bem, se eles querem insistir que sou judeu, então um judeu eu serei.

E, então, diz quase inocentemente:

Imagino se eles gostaram da minha piadinha judaica.

Esses jogos provocantes seriam apenas um prelúdio. Pois, no dia seguinte, segunda-feira, 1º de outubro, o mundo ouviria pela primeira vez o nome Jack, o Estripador.

8

Antes que eu pereça, toda a Inglaterra conhecerá o nome que dei a mim mesmo

No dia 1º de outubro de 1888, o jornal *Daily News* publicou, pela primeira vez na História, o texto de uma carta, escrita com tinta vermelha, que se tornaria talvez a mais infame carta na história do crime. Ela foi escrita pela genialidade de um assassino que ambicionava a fama ou, como muitos estudiosos do Estripador acreditam, foi apenas trabalho de um pregador de peças.

Essa carta, conhecida pelo vocativo "Dear Boss" [Caro Chefe], é importante para nós pelo fato de que o autor do Diário admite ter adotado o nome Jack, o Estripador. De fato, as partes referentes a esse assunto são particularmente convincentes porque, originalmente, Maybrick não queria se autointitular Jack, o Estripador – ele preferia ser conhecido como "Sir Jim", utilizando essa alcunha por todo o Diário. Mas novas evidências, recentemente descobertas e detalhadas no livro de Sue e Andy Parlour *Jack the Ripper: The Whitechapel Murders*, sugerem que o "nome comercial" Jack, o Estripador, já circulava pelas ruas de Whitechapel. Em outras palavras, aparentemente Maybrick não inventou o nome, ele meramente o adotou e o divulgou.

> Todas as putas sentirão o fio da faca brilhante de Sir Jim. Eu me arrependo de não ter dado a mim mesmo esse nome, que droga, eu o prefiro muito mais do que esse que me deram.

Seja como for, se a carta não tivesse sido assinada por "Jack, o Estripador", com o tempo os assassinatos de Whitechapel poderiam ter sido relegados a um lugar comum junto aos muitos crimes horríveis catalogados no Museu Negro da Scotland Yard ou em exposição na Câmara dos Horrores de Madame Tussaud. Apenas após a divulgação dessa carta, endereçada à Agência Central de Notícias e datada de 25 de setembro, o nome "Jack, o Estripador" ecoou mundialmente.

Caro Chefe,

Eu continuo ouvindo que a polícia me capturou, mas eles não irão me pegar ainda. Eu dei risada quando eles pareceram tão espertos e falaram que estavam na pista <u>certa</u>. A piada sobre o Avental de Couro me fez dar verdadeiras gargalhadas. Estou atrás de putas e não vou parar de cortá-las até que realmente me peguem. Que grande obra foi meu último trabalho. Não dei tempo para a senhora gritar. Como eles podem me pegar agora? Adoro meu trabalho e quero começar de novo. Vocês logo ouvirão sobre mim e meus joguinhos engraçados. Eu guardei um pouco da <u>coisa vermelha</u> do último trabalho em uma garrafa de cerveja para escrever, mas já se tornou grossa como cola e não consigo usar. Tinta vermelha serve muito bem, espero <u>ha ha</u>. No próximo trabalho irei cortar as orelhas da senhora e mandar para os policiais apenas para dar risada; você não daria?

Guarde esta carta até eu fazer um pouco mais de trabalho, então mostre-a para todo mundo prontamente. Minha faca é tão bonita e afiada, quero voltar ao trabalho agora mesmo se eu tiver chance. Boa sorte.

Sinceramente,
Jack, o Estripador
Não reparem por ter me dado o nome conhecido

Uma anotação em tinta vermelha corria pela lateral da carta dizendo:

> não foi bom postar isso antes de tirar toda a tinta vermelha de minhas mãos, que droga. Ainda sem sorte. Eles dizem que sou um médico agora. ha ha.

A carta chegou na Agência Central de Notícias numa quinta-feira, 27 de setembro, e foi encaminhada à sede da Scotland Yard no sábado, 29 de setembro. Uma carta explicativa do editor para o chefe da polícia Adolphus Williamson dizia: "O editor cumprimenta o sr. Williamson e informa que a carta aqui anexada foi enviada para a Central de Notícias dois dias atrás e foi recebida como uma piada".

A carta foi publicada na edição das duas da manhã do jornal *Liverpool Daily Post* e na edição das cinco da manhã do *Daily News*, em Londres, na segunda-feira, 1º de outubro. Alguns detalhes do assassinato já haviam aparecido nos jornais de domingo. Naquela mesma manhã, a Agência Central de Notícias recebeu um cartão-postal escrito novamente em tinta vermelha com a data de postagem de 1º de outubro. A caligrafia era igual à da carta. Postada no East End de Londres, o cartão citava os dois assassinatos que ocorreram com menos de uma hora de diferença em Whitechapel no domingo, dia 30 de setembro, e dizia:

> Eu não estava brincando com o caro velho Chefe quando dei a dica, você ouvirá sobre o trabalho de Jacky Travesso amanhã evento duplo dessa vez a primeira gritou um pouco não pude terminar. não tive tempo de mandar orelhas para polícia obrigado por guardar a última carta até eu voltar ao trabalho de novo.
>
> Jack, o Estripador

O texto do cartão foi publicado no *London Star*, na edição da uma da tarde no dia 1º de outubro.

O detalhe de que uma das orelhas da vítima da Mitre Street estava parcialmente cortada era conhecido por poucas pessoas no domingo após o crime, e foi apenas amplamente divulgado quando a história chegou a todos os jornais na segunda-feira. Por causa das referências ao corte da orelha – assim como os mesmos maneirismos, a caligrafia e a assustadora assinatura – assumiu-se na época que a carta e o cartão deveriam ter sido escritos pela mesma pessoa.

Hoje, enraizou-se a ideia de que o cartão também teria sido escrito por um imitador, já que naqueles dias, quando o serviço postal era usado frequentemente e possuía excelente qualidade, seria muito possível que um falsário lesse o jornal das cinco da manhã e enviasse um cartão falso a tempo de ser publicado na edição do meio-dia. Philip Sugden, que declara ter grandes dúvidas sobre a autenticidade de qualquer uma das cartas do Estripador, diz que a notícia do evento duplo se espalhou rapidamente pelo East End nas primeiras horas da manhã de domingo. Em sua visão, teria sido fácil imitar a carta.

Isso pode ser verdade, mas apenas o texto da primeira carta "Caro Chefe" havia sido reproduzido na forma impressa. Somente no dia 3 de outubro a polícia confeccionou fac-símiles da carta e do cartão, impressos em vermelho. Essas cópias foram enviadas para todas as delegacias do país, mostrando que aqueles responsáveis pela investigação realmente levaram as cartas a sério.

Stewart Evans e Paul Gainey dizem em seu livro *Jack the Ripper, the First American Serial Killer* que o chefe da polícia de Londres enviou um telegrama a São Francisco, solicitando que o Hibernia Bank enviasse uma amostra da caligrafia de um dos suspeitos, o dr. Francis T. Tumbelty. Paul Feldman questiona com razão: "Por que comparar exemplos de caligrafia com cartas que acreditavam ser falsas?". A polícia claramente acreditava em sua veracidade.

Olhando em retrospecto, Philip Sugden acredita que a publicação dos fac-símiles foi um erro tático. Juntos, a carta e o cartão provocaram uma enxurrada de cerca de 2 mil comunicações falsas, a maioria das quais nunca foram investigadas totalmente, e figuram no centro de um caloroso debate desde então.

Paul Feldman, com seu típico entusiasmo, concentrou sua equipe de pesquisa nas cartas. Ele estudou seu conteúdo mais exaustivamente do que qualquer outro pesquisador, e o resultado de sua determinação pôs em dúvida as teorias anteriores. Ele mostrou o significado de algumas cartas que pareciam sem importância e descobriu novos e excitantes materiais.

Eu mesma tinha sérias dúvidas sobre abordar ou não essas cartas, porque seria muito fácil me aventurar nesse campo minado e manipular inconscientemente qualquer informação que surgisse para apoiar minha teoria favorita. Essa lógica é conhecida como "viés da afirmação", e o professor Canter alertou-me para não cair nessa armadilha! Eu sabia que seríamos acusados de tentar comparar "um Diário falso" com "cartas falsas". Mas a verdade é que ninguém – nem mesmo os historiadores mais capazes – sabe realmente a verdade sobre esse assunto.

Nós estávamos em uma posição única por ter a posse de um manuscrito supostamente escrito pelo autor de pelo menos algumas das correspondências do Estripador. Era uma oportunidade que não podíamos deixar escapar. Uma comparação cuidadosa poderia nos dar uma visão por meio dos olhos do assassino sobre os crimes de Whitechapel.

É claro que estávamos diante de um problema, pois a caligrafia do Diário e a da carta "Caro Chefe" original não pareciam compatíveis! Realmente, Sue Iremonger, nossa analista de documentos, que já tinha começado a estudar detalhadamente as cartas nos arquivos da polícia, não acreditava que a caligrafia era a mesma. David Forshaw, porém, sugeriu que o Diário poderia refletir os verdadeiros sentimentos do autor, enquanto a carta e o cartão – que ele também acredita que *possam* ter sido escritos pela mesma mão – são manipuladas para impressionar. Na verdade, fiquei mais interessada e intrigada por uma questão que até agora ninguém conseguiu realmente resolver. Se o Diário for uma falsificação antiga, por que seu autor não tentou simular a caligrafia da carta "Caro Chefe"? E se ele for uma falsificação moderna, por que alegar a autoria de uma carta e de um cartão considerados falsos?

Às 12h45, na manhã seguinte à morte de Liz Stride e Catharine Eddowes, uma pequena faca arredondada foi encontrada fora da loja Mr. Christmas, na Whitechapel Road. O cirurgião da polícia dr. George Bagster Phillips afirmou que essa faca poderia ter pertencido a Elizabeth Stride e ter sido a arma do crime; naquela época, muitas prostitutas carregavam facas para se proteger.

Até agora, os pesquisadores haviam datado erroneamente a descoberta da faca, colocando-a dois dias após os assassinatos, mas o Diário parece acertar novamente.

*Minha brilhante faca
*a faca da puta

O autor do Diário parece atestar o fato – hoje aceito pela maioria dos historiadores do Estripador – de que a faca que matou Elizabeth não foi a mesma utilizada para matar as outras mulheres. Surgiram duas facas, sendo a segunda encontrada no mesmo distrito postal de onde o cartão "Jacky Travesso" fora enviado naquela manhã.

Vinte anos depois, Sir Robert Anderson resolveu mexer em um vespeiro. Ele havia sido comissário-assistente do Departamento de Investigações Criminais da Polícia Metropolitana, e ficou encarregado de seguir a pista dos acontecimentos a partir de 6 de outubro. Em 1910, suas memórias, conhecidas como "The Lighter Side of My Official Life", foram publicadas em capítulos na revista *Blackwood's Magazine*. Ele afirma que "A carta de Jack, o Estripador, que está preservada no museu da polícia na New Scotland Yard é obra de um criativo jornalista londrino".

Esse comentário convenceu muitos pesquisadores do Estripador de que a famosa carta "Caro Chefe" seria falsa. Em uma anotação de rodapé feita em suas memórias, Sir Robert Anderson escreveu: "Eu até fico tentado a revelar a identidade do assassino e do jornalista que escreveu a carta". Então, ele acrescenta, como se quisesse proteger sua incerteza: "Desde que os editores aceitassem toda a responsabilidade tendo em vista uma possível ação legal".

Em 1914, Sir Melville Macnaghten também jogou um balde de água fria nas cartas: "Nesse horrível produto, eu sempre pensei que podia enxergar o dedo manchado do jornalista". Mas que jornalista seria?

Duas décadas depois disso, em 1931, um ex-jornalista do *Star* chamado Best, então com setenta anos, contou a um colega que ele realmente havia escrito todas as cartas para "manter vivos os negócios". Uma alegação estranha, considerando que a polícia estava lutando contra um monstro muito vivo e contra uma situação que dificilmente precisava de estímulos. Ele afirmou que escrevia com uma caneta de bico de pena Waverley para dar a impressão de pouca alfabetização. Sue Iremonger afirma que a primeira carta "Caro Chefe" definitivamente não foi escrita com uma caneta Waverley.

Então, em 1993, a carta conhecida como "Littlechild" surgiu. Nela, em 1913, o inspetor-chefe Littlechild nomeava dois jornalistas que eram supostamente suspeitos da Scotland Yard na época. Eles eram Tom Bulling (grafado erroneamente por Littlechild como Bullen), da Agência Central de Notícias, e Charles Moore, seu chefe. Moore era um convidado regular dos jantares oferecidos por Sir Melville Macnaghten.

Curiosamente, a carta de Littlechild contradiz o argumento anterior de Paul Gainey e Stuart Evans. Por confiarem na crença da polícia sobre a veracidade da carta e do cartão (levando em conta a comparação de caligrafia com a do suspeito dr. Tumbelty), eles usaram os suspeitos de Littlechild, Bulling e Moore, como prova de que as cartas não eram genuínas.

Porém, para aqueles que aceitam sem questionar o papel, os autores de *The Jack the Ripper A-Z* notam que as caligrafias de Bulling e Moore também não batem com a da carta e com a do cartão.

Essas correspondências, então, especialmente aquelas rubricadas pelo próprio inspetor-chefe Swanson, continuam sendo objeto de muita pesquisa. Sue Iremonger, que teve contato com as cartas por meio do Diário, embarcou num estudo exaustivo de sua forma.

Arthur Conan Doyle, quando questionado sobre como Sherlock Holmes solucionaria o mistério do Estripador, respondeu que ele buscaria um assassino com conexões nos Estados Unidos. Sua razão era a linguagem. A carta mostrava alguns americanismos, como "Dear

Boss", "fix me" e "shan't quit" ["Caro Chefe", "me pegar", "não vou parar", respectivamente], que seriam expressões familiares a Maybrick devido a sua longa ligação com Norfolk, Virgínia, por causa de sua esposa americana. Existem outras ligações fascinantes entre Arthur Conan Doyle e os Maybrick. O criador de Sherlock Holmes era um médico treinado e possuía uma cópia do livro *Materia Medica*, que parece ter influenciado o autor do Diário; ele sabia de Pauline Cranstoun, a quem Maybrick pediu conselhos e que recebeu uma carta de um negociante de Liverpool que "afirma saber quem é Jack, o Estripador"! Essas cartas foram perdidas, assim como muitas outras.

Nessa altura, estávamos todos profundamente imersos nas cartas do Estripador. Minha alegria ao descobrir que havia uma carta postada em Liverpool foi arruinada quando soube que ela havia desaparecido, assim como muitas outras evidências importantes nessa história. Mesmo assim, essa carta não deveria ser ignorada.

A carta de Liverpool foi, aparentemente, citada pela primeira vez no livro de J. Hall Richardson, *From The City to Fleet Street*, publicado na Grã-Bretanha em 1927. Ela foi novamente citada por Donald McCormick em 1959, e por Robin Odell no livro *Jack the Ripper Fact and Fiction*, de 1965.

> Liverpool
> Dia 29 do mês corrente
>
> Cuidado eu devo trabalhar nos dias 1º e 2 do mês corrente, no Minories à meia-noite, e eu dou às autoridades uma boa chance, mas nunca há um policial por perto quando estou trabalhando.
>
> Sinceramente
> Jack, o Estripador

A observação ao final da carta também é importante.

Como a polícia é tola. Eu até mesmo dei o nome da rua em que estou morando. Prince William Street.

A Prince William Street fica numa das áreas mais pobres de Liverpool, conhecida como Toxteth. Em 1888 essa rua era ocupada por albergues cheios de mulheres descritas como "nossas desiludidas irmãs das ruas". Já que a Prince William Street fica a apenas alguns metros da estrada que corre entre a Battlecrease House e o centro da cidade, Maybrick teria passado por lá todos os dias em seu caminho para o escritório e deveria conhecê-la bem.

No livro *The Jack the Ripper A-Z* os autores notaram que a expressão "corrente" ["inst" no original] significa "do mês corrente" e, portanto, não pode ser usada para um evento futuro. Mas Maybrick não seria o primeiro homem de negócios a usar incorretamente uma palavra desse tipo em uma tentativa pomposa de soar eficiente ou correto. Muitos ainda o fazem.

No dia 2 de outubro, o jornal *Evening Star* estava muito perto da verdade quando informou: "Uma crença está crescendo de que o assassino não frequenta albergues, mas ocuparia um quarto individual ou talvez encontre refúgio em um galpão vazio. Ele supostamente tem seu lar entre a Middlesex Street e a Brick Lane".

A próxima peça no quebra-cabeça foi detectada por Paul Begg, que possui uma cópia do conjunto completo das cartas do Estripador. No dia 5 de outubro de 1888, uma carta foi enviada pelo jornalista Bulling para o chefe de polícia A. F. Williamson.

Caro sr. Williamson,
Aos cinco para as nove da noite de hoje, nós recebemos a seguinte carta, cujo envelope está anexado, e você verá que a caligrafia é a mesma das comunicações anteriores.

Sinceramente T. J. Bulling
5 out. 1888

Caro amigo,

Em nome de Deus escute-me eu juro que não Matei a mulher cujo corpo foi encontrado em Whitehall. Se ela era uma mulher honesta eu irei caçar e destruir seu assassino. Se ela era uma puta Deus abençoará a mão que a matou. pois [sic] as mulheres midianitas e moabitas devem morrer e seu sangue deve misturar-se ao pó. Eu nunca machuco qualquer outra ou o poder Divino que me protege e me auxilia em meu grande trabalho acabaria para sempre. Faça o que eu faço e a luz de minha glória irá brilhar sobre você. Eu devo trabalhar amanhã evento triplo dessa vez sim sim três devem ser rasgadas mandarei um pouco do rosto pelo correio eu prometo caro velho Chefe. A polícia agora considera que meu trabalho foi uma piada bem bem Jacky é mesmo um pregador de peças ha ha ha Guarde isto até que três sejam dizimadas e então pode mostrar a carne fria.

Sinceramente
Jack, o Estripador

Essa carta se refere a um corpo sem cabeça e sem membros que apareceu no dia 3 de outubro no Victoria Embankment, no rio Tâmisa. Também nunca havia sido publicada, seja na imprensa ou em livros, antes de aparecer nos escritos de Paul Feldman. Com prazer justificável, ele lembrou uma frase no Diário que foi escrita imediatamente após o evento duplo:

Irei visitar a cidade das putas em breve, muito breve. Eu imagino se consigo fazer três?

Até onde sei, essa carta e o Diário são os únicos lugares onde o sonho de um assassinato triplo é mencionado!

No dia 6 de outubro, o jornal *Liverpool Echo* informou freneticamente em sua manchete: "Os Assassinatos de Whitechapel – Não há dúvida de que o assassino de Whitechapel não está naquele distrito e não morava lá na época das mortes". O *Liverpool Daily Post* publicou uma história no dia 11 de outubro com a manchete: "Suposta pista de Liverpool". O artigo dizia:

> Um certo detetive do Departamento de Investigação Criminal recentemente viajou para Liverpool, onde rastreou os movimentos de um homem que se provou ser um tipo misterioso. A altura e a descrição dessa pessoa foram totalmente apuradas e entre outras coisas ele estava em posse de um saco de couro preto. O suspeito deixou Liverpool e partiu repentinamente para Londres, e por algum tempo ocupou apartamentos em um conhecido hotel de primeira classe no West End.

A história afirmava que o homem possuía o hábito de visitar as partes mais pobres do East End, e que teria deixado no hotel seu saco de couro preto contendo roupas, documentos e retratos de "descrição obscena. Foi sugerido que a pessoa misteriosa tivesse desembarcado em Liverpool vindo dos Estados Unidos".

Stewart Evans e Paul Gainey usaram, compreensivelmente, essa história para culpar mais uma vez Tumbelty, que teria, segundo eles, chegado dos Estados Unidos em junho de 1888 e provavelmente escapado pela mesma rota.

Mas eles se esquecem de mencionar que, de acordo com o costume da época, o hotel em questão – The Charing Cross – colocou um anúncio no *Times* pedindo que os donos de objetos perdidos reclamassem sua propriedade. Paul Feldman rastreou esse anúncio do dia 14 de junho de 1888. Lá, entre a lista de nomes havia um que soava muito familiar: S. E. Mibrac. Mibrac não é um nome comum nos dicionário de nomes; ou foi um erro da equipe do hotel, ou foi Maybrick mais uma vez com seus jogos. Sabemos que James Maybrick estava em Londres em junho – o Diário nos conta isso.

> Irei visitar Michael em junho próximo.

Também no dia 6 de outubro, uma carta mal escrita e ameaçadora foi postada em Londres N. W. A caligrafia parecia bem definida – Sue Iremonger e Anna Koren acreditam que é a mesma da carta de 25 de setembro.

> 6 outubro, 1888
>
> Você pensou que era muito esperto quando informou a polícia. Mas você cometeu um erro se pensou que eu não o vi. Agora sei que você me conhece e eu vejo seu joguinho e vou acabar com você e mandar suas orelhas para sua esposa se mostrar isso para a polícia ou ajudá-los se fizer isso eu vou acabar com você. Não adianta você tentar sair do meu caminho porque eu vou pegar você quando você não esperar e vou manter minha palavra e você logo verá eu vou cortar você. Sinceramente, Jack, o Estripador.

A carta permaneceu intocada nos arquivos do Ministério do Interior até ser encontrada por meu então editor, Robert Smith. Assim como a carta do dia 5 de outubro, esta também nunca havia sido publicada e não poderia ter sido vista por um falsário em qualquer momento. A carta provavelmente seria para Schwartz, que estava sendo protegido pela polícia, ou para Lawende, que também estava sob proteção. A carta foi postada no distrito postal próximo às acomodações de James Maybrick no Regents Park.

A linguagem da carta é marcada pela mesma violência vingativa e pela clara expressão das intenções que aparecem no Diário.

> Maldito maldito maldito o bastardo quase me pegou, maldito seja no inferno. Eu vou cortá-lo na próxima vez, então me ajude. Mais alguns minutos e teria terminado, <u>bastardo</u>, vou atrás dele, ensinar uma lição.

Também naquele dia, o jornal *Daily Telegraph* publicou duas impressões artísticas do mesmo homem que, diziam, era procurado por ter conexões com os assassinatos. Esses retratos apareceram no *Liverpool Echo* dois dias depois. Parece haver uma semelhança com Maybrick (confira na seção de fotos ao final do livro). De acordo com a descrição do jornal, o homem era culto e rico, provavelmente com cerca de quarenta anos, usava roupas escuras e um lenço preto de seda ao redor do pescoço. "Seu chapéu é provavelmente do tipo coco e sua aparência é inteiramente respeitável. Seu comportamento é discreto e composto, e não há nada que denuncie sua postura, exceto uma certa inquietação misturada à astúcia na expressão de seus olhos."

O dia 6 de outubro era um sábado – dia que parece ser crucial para todos os assassinatos do caso. Será que Maybrick ficou com Michael após o assassinato duplo e, ao ler os jornais pela manhã, sentiu-se impelido a escrever para um daqueles que afirmaram tê-lo visto e que poderiam ter evidências para condená-lo?

Em 12 e 13 de outubro, vários jornais informaram que os navios a vapor que deixavam o porto de Liverpool estavam sendo revistados.

De volta à Battlecrease House após o assassinato duplo no dia 30 de setembro, Maybrick observou e esperou. Como sempre, pensamentos sobre Florie tanto o excitavam como o enfureciam. Um homem solitário, doente de corpo e mente, ele mais uma vez buscou conforto com seu melhor amigo George Davidson.

> Hoje à noite irei celebrar bebendo e jantando com George. Estou de bom humor, acredito que permitirei à puta o prazer de seu cafetão, comentarei que uma noite na cidade a fará bem, irei sugerir um concerto. Não tenho dúvidas de que a carruagem a levará direto a ele. [...] dormirei pensando em tudo que estão fazendo. Mal posso esperar pela emoção.

No dia 12 de outubro, o jornal *Manchester Guardian* publicou uma história perturbadora sobre um evento que aconteceu em Liverpool.

Na noite de quarta-feira, uma jovem mulher estava caminhando pela Sheil Road, Liverpool, não muito longe de Sheil Park. Ela foi parada por uma mulher idosa, com cerca de sessenta anos, que, num estado agitado e excitado, implorou fervorosamente para que ela não fosse até o parque. Ela explicou que, alguns minutos antes, estava descansando em um dos bancos do parque quando foi abordada por um cavalheiro de aparência respeitável, vestindo um casaco preto, calças claras e um chapéu de feltro, que perguntou-lhe se conhecia alguma mulher da vida na vizinhança e imediatamente mostrou-lhe uma faca com lâmina longa e fina, afirmando que tinha intenção de matar tantas mulheres em Liverpool quanto em Londres, acrescentando que mandaria as orelhas da primeira vítima para o editor de um jornal local. A velha senhora, que tremia violentamente enquanto relatava a história, afirmou que estava tão terrivelmente assustada que mal sabia como tinha escapado desse homem.

Ela nunca imaginou que poderia ter estado frente a frente com o próprio Jack, o Estripador!

No dia 15 de outubro, jornais em Leeds informaram que Jack, o Estripador, foi visto em Chorley, uma pequena cidade a poucos quilômetros ao norte de Liverpool.

O editor da revista *Ripperana*, Nick Warren, descobriu um artigo no *Daily Telegraph* de 20 de outubro que descrevia como um homem alto com cerca de 45 anos e 1,80 metro entrou na loja de couros do sr. Marsh na Jubilee Street, número 218, Mile End Road, no dia 15 de outubro. Sua filha, Emily, estava atrás do balcão enquanto seu pai estava fora. O homem pediu o endereço do sr. Lusk, cujo nome aparecia em um folheto de recompensa do comitê de vigilância pregado na vitrine da loja. Emily leu o endereço do sr. Lusk – Alderney Road, Globe Road – e ele o anotou. Ela ficou nervosa com sua aparência furtiva – ele manteve os olhos no chão – e mandou que o ajudante da loja fosse atrás dele para ver o que faria. O homem estava vestindo um chapéu preto de feltro que cobria seus olhos. Tinha barba e bigode escuros, e falava com um sotaque que "parecia escocês".

No dia seguinte, 16 de outubro, uma terça-feira, George Lusk, presidente do Comitê de Vigilância de Whitechapel, encontrou uma caixa de papelão de oito centímetros em sua caixa de correio. Dentro, havia metade de um rim humano preservado em álcool, juntamente com uma carta quase ilegível, desaparecida desde então. O texto a seguir é uma tradução literal, e é importante perceber que o original possuía dezenas de erros de grafia e ortografia.

> From hell
> Mr Lusk,
>
> Sor, I send you half the kidne I took from one woman prasarved it for you tother piece I fried and ate it was very nise. I may send you the bloody knif that took it out if you only wate a whil longer
>
> signed
> Catch me when you can Mishter Lusk.
>
> [Do inferno
> sr Lusk,
>
> Senhor, eu mando metade do rim que peguei de uma mulher preservado para você os outros pedaços eu fritei e comi estava muito bem. Eu devo mandar a faca cheia de sangue que usei se você puder esperar um pouco mais
>
> assinado
> Pegue-me quando puder Sennhor Lusk.]

O patologista de City of London, dr. Sedgwick Saunders, disse na época que o rim não era de Catharine Eddowes, e que provavelmente pertencia a algum hospital, enquanto o dr. Openshaw, curador do Museu de Patologia do Hospital de Londres, declarou que se tratava do rim de uma mulher de cerca de 45 anos com doença de Bright. Mas por que apenas metade de um rim? O Diário explica.

> Doce açúcar e chá
> poderia ter pago minha pequena taxa.
> Mas em vez disso eu fugi e assim mostrei minha satisfação
> comendo rim frio no jantar.

David Forshaw acredita que Maybrick, assim como outros assassinos em série, canibalizou partes de suas vítimas para afirmar um poder absoluto sobre elas. É possível que o Estripador acreditasse, como alguns povos canibais primitivos, que comer restos humanos era uma maneira mágica de ganhar poder, talvez algum tipo de fonte vital da pessoa morta. Mais tarde no Diário, quando seu comportamento se tornou menos controlado, Maybrick relatou pesadelos em que cortava Florie e a servia para seus filhos.

Durante aquele verão, Florie visitou sozinha o dr. Hopper. Ela expressou um medo profundo de que seu marido estivesse tomando algum "remédio muito forte que tem um efeito ruim", e que ele sempre parecia pior após cada dose. Ela implorou ao doutor para que conversasse com ele a fim de fazê-lo parar. Sua preocupação acabou causando uma reação em outubro, mês do aniversário de cinquenta anos de Maybrick.

> A puta informou ao palhaço trapalhão que tenho o hábito de tomar remédios fortes. Fiquei furioso quando a cadela me contou. Tão furioso que bati nela. ha. A puta implorou para que não fizesse de novo. Foi um prazer, um grande prazer. Se não fosse por meu trabalho, eu teria cortado a cadela ali mesmo.

Maybrick era um homem propenso a explosões quando ficava estressado, e se essa foi a primeira vez que bateu em Florie, não seria a última.

A essa altura, Michael também estava preocupado com a saúde de seu desregrado irmão, e, de acordo com o Diário, escreveu várias cartas em outubro perguntando, em particular, sobre os problemas de "sonambulismo" de Maybrick.

Outubro não foi um bom mês para James. Ele não estava tirando de seus remédios a força usual que necessitava para cometer os assassinatos. Ele havia temporariamente perdido o controle. Não houve mortes naquele mês, então não havia razão para escrever no Diário. Ele colocou a caneta de lado por três ou quatro semanas. No final do mês, escreveu novamente.

> Já faz tempo demais desde meu último. Não tenho me sentido bem.

Chegar aos cinquenta anos é para muitos um divisor de águas. Para um homem como James Maybrick, a realidade do declínio de sua saúde e de sua capacidade sexual deve ter sido um pesadelo. No dia 24 de outubro, James Maybrick alcançou esse limite. Ele agora tinha cinquenta anos. Sua moral estava desmoronando. Durante a segunda semana de novembro, ele foi a Londres e se hospedou na casa de Michael. Ele havia planejado ir até Whitechapel, mas algo deu muito errado. Apesar de todos os esforços, a provação de Maybrick deve ter sido ouvida por todo o apartamento naquela noite.

> [...] não teria que impedir a mim mesmo de satisfazer meu desejo tomando a maior dose que já tomei. A dor naquela noite está impressa em minha mente. Eu vagamente me lembro de colocar um lenço em minha boca para impedir meus gritos. Acredito que vomitei várias vezes. A dor era intolerável, só de pensar eu tremo. Nunca mais.
> Estou convencido de que Deus me colocou aqui para matar todas as putas, ele deve ter feito isso, não estou ainda aqui? Nada irá me parar agora. Quanto mais eu tomo, mais forte me torno. Michael teve a impressão de que assim que terminasse meu trabalho eu voltaria para Liverpool no mesmo dia. E de fato eu fiz isso, um dia depois. ha ha.

Então, na sexta-feira, dia 9 de novembro, o mundo ficou enojado com a inacreditável bestialidade de um dos assassinatos mais depravados já cometidos.

9

Deus me colocou aqui para matar todas as putas

Mary Jane Kelly era uma jovem prostituta. De origem incerta, ela possivelmente nasceu na Irlanda e foi criada no País de Gales. Com cerca de 25 anos, ela tinha quase a mesma idade de Florence Maybrick, e assim como Florie, mas diferentemente das outras vítimas do Estripador, ela era bonita. Sua semelhança com a esposa de Maybrick pode muito bem ter alimentado sua raiva quando ele a viu caminhando pela Commercial Street e pela Thrawl Street, naquilo que o reverendo Samuel Barnett chamou de "o quilômetro quadrado perverso". Na pessoa de Mary Jane Kelly havia ainda mais incentivos para matar. Ela é a única vítima citada pelo nome no Diário.

Mary Jane passou a tarde e o começo da noite de quinta-feira, 8 de novembro, com amigos. Ela esperava ansiosamente pela festa do dia seguinte, quando toda a realeza da região de City of London se reuniria para o desfile da posse do novo Lord Mayor. Mas Mary Jane Kelly nunca chegou ao evento.

Mais cedo naquela noite, sua jovem amiga, Lizzie Albrook, visitou-a no número 13 da Miller's Court, onde Mary alugava um minúsculo quarto dos fundos. Quando Lizzie foi embora, as palavras alegres de Mary Kelly para sua jovem amiga foram: "Seja lá o que você fizer, não vá para o caminho errado e se torne igual a mim". A partir daí, os movimentos de Mary são incertos.

Ela estava em um humor musical naquela noite, perturbando os vizinhos ao cantar alto em seu quarto. A música de que eles se lembraram era uma típica balada sentimental da era vitoriana, chamada "Only a Violet I Plucked From My Mother's Grave".

Por volta das duas da manhã de 9 de novembro, George Hutchinson, um trabalhador da Victoria Home, que ficava na Commercial Street, estava retornando de Romford, em Essex. Hutchinson procurou a polícia apenas dois dias após o inquérito. Ele contou que na manhã do assassinato viu um homem abordar Kelly, que estava buscando trabalho. Hutchinson provavelmente era um cliente, portanto a conhecia bem: ele às vezes dava dinheiro a ela, mas dessa vez não tinha nada.

> Pouco antes de chegar na Flower and Dean Street eu encontrei a mulher morta, Kelly... Um homem, vindo da direção oposta a Kelly, cutucou seu ombro e disse algo a ela, os dois riram. Ouvi-a dizer "tudo bem" para ele e o homem disse "você ficará bem com o que tenho para você", então colocou sua mão direita ao redor de seus ombros. Ele também tinha um tipo de embrulho pequeno na mão esquerda, com um tipo de fita ao redor. Eu fiquei de pé contra o poste do *pub* Queen's Head e o observei... Os dois então vieram na minha direção e o homem baixou sua cabeça deixando o chapéu sobre seus olhos. Eu me abaixei e olhei em seu rosto. Ele me olhou de volta com firmeza [...]

A descrição do homem feita por Hutchinson parece detalhada demais, considerando a hora do ocorrido. Além disso, ele só deu seu testemunho na segunda-feira, 12 de novembro. De qualquer maneira, Abberline acreditou nele. A polícia queria manter a informação secreta, mas Hutchinson falou à imprensa e imediatamente o país inteiro ficou sabendo do novo suspeito. Na verdade, Jack, o Estripador, havia se tornado notícia internacional.

Ele tinha, disse Hutchinson, uma aparência sombria "estrangeira" e respeitável, usava um longo sobretudo escuro com gola e punhos de astracã, casaco e calças escuras, colete claro, chapéu de feltro preto "dobrado para baixo no meio", botas abotoadas e polainas, um colarinho de linho e uma gravata preta com alfinete em forma de ferradura. Uma corrente grossa de ouro estava pendurada no colete, e o homem carregava um pequeno pacote. Tinha 34 ou 35 anos, 1,68 metro, pele clara e um bigode ralo enrolado nas pontas.

Alfinetes de gravata em forma de ferradura e correntes de ouro eram populares na época – Michael Maybrick aparece em várias fotos de revistas vestido nesse estilo. Hutchinson continuou:

> Os dois entraram na Dorset Street. Eu os segui. Ficaram em pé na esquina por cerca de três minutos. Ele disse algo. Ela respondeu "tudo bem, meu querido, venha comigo, você ficará confortável". Ele então colocou o braço ao redor de seus ombros e ela o beijou. Ela disse que perdeu o lenço. Ele então puxou seu lenço vermelho e o deu a ela. Os dois subiram a Miller's Court juntos. Então eu fui até lá para ver se conseguia vê-los, mas não consegui. Fiquei por cerca de 45 minutos esperando que saíssem. Eles não saíram, então fui embora.

Se a história de Hutchinson estiver correta na essência, mesmo que não nos detalhes, o homem que viu com Mary Jane Kelly era provavelmente seu assassino. Seria Maybrick?

A polícia soube que vizinhos pensaram ter ouvido alguém gritar "assassino" perto das quatro da manhã. Ninguém fez nada, pois gritos desse tipo eram comuns em áreas violentas e geralmente eram ignorados. Portanto, não há como saber o que aconteceu ou por quê... exceto, mais uma vez, lendo o Diário.

Sabemos que, nas semanas anteriores ao assassinato de Mary Kelly, Maybrick havia batido em sua esposa – fato que pode ser verificado nas muitas evidências do julgamento de Florie. Isso proporcionou muito prazer a ele. Seu consumo de drogas estava aumentando e temos um indício de que Michael começava a suspeitar. Existem referências antigas à descrição eufemística de "sonambulismo", que James usava para se referir a suas ações criminosas. Agora, ele escreve:

Recebi várias cartas de Michael. Em todas ele pergunta sobre minha saúde, e em uma delas pergunta se meu sonambulismo voltou. [...] Informei que não.

Mais uma vez ele menciona as mãos frias – assim como pouco antes havia mencionado seu amor pelo calor e pela luz do sol. Essa constante sensação de frio e a esfregação involuntária das mãos úmidas são um lembrete daqueles conhecidos pequenos sintomas do envenenamento por arsênico, como descritos no livro *Materia Medica*.

A dor passada no apartamento de Michael na noite anterior ao assassinato de Mary Kelly foi, como nós sabemos, insuportável. Mas no Diário não há nenhum outro catalisador, nenhuma cena criativa que poderia antecipar os terríveis eventos que estavam para acontecer. O Diário continua quando James Maybrick está de volta a Liverpool – quando a lembrança e o registro dos últimos momentos da mais recente vítima parecem oferecer a maior excitação de todas. O que havia acontecido antes parece ter sido apagado de sua mente.

> Li sobre meu último, meu Deus os pensamentos são os melhores. Não deixei nada da cadela, nada. Coloquei por todo o quarto, eu tinha tempo, como a outra puta eu cortei o nariz da cadela, inteiro dessa vez. Não deixei nada de seu rosto para lembrança. Ela me lembrou da puta. Tão jovem, diferente de mim. Pensei numa piada quando cortei seus peitos para fora, beijei-os por um tempo. O sabor do sangue era doce, o prazer foi esmagador [...] Deixei-os sobre a mesa com um pouco das outras coisas. [...] ela se abriu como um pêssego maduro.

Seria esse texto realmente de um falsário se entregando a prazeres pervertidos, ou não estaríamos diante de um assustador eco da verdade?

Quando Thomas Bowyer e John MacCarthy olharam através da janela do quartinho bagunçado de Mary Kelly naquela sexta-feira,

9 de novembro, eles viram o que descreveram como "mais o trabalho de um demônio do que de um homem".

Houve pânico. O dr. George Bagster Phillips e o inspetor Abberline chegaram rapidamente ao local, mas ninguém arrombou a porta até 13h30, quando John McCarthy a abriu com o cabo de uma picareta.

Mesmo no inquérito, três dias depois, o dr. Phillips poupou os jurados de muitos detalhes do que tinha visto, embora um fotógrafo oficial tenha registrado o pesadelo para a posteridade. A observação inicial do dr. Phillips, de que Mary Kelly estava usando uma "sumária camisola" estava correta, mas contradizia o relatório *post mortem*, que afirmava que a vítima estava nua. Apenas em 1987 foram descobertos os arquivos completos do horror. Na época das mortes, a polícia divulgou notas, escritas no dia 10 de novembro, após a autópsia feita pelo dr. Thomas Bond, um cirurgião da polícia da Divisão A. Essas notas diziam que os seios haviam sido deixados "um debaixo da cabeça e o outro ao lado do pé direito". Também de acordo com a autópsia, as "vísceras foram encontradas em várias partes".

O fato de que o Diário contradiz esses dois relatos foi levantado por muitos de seus críticos como uma prova de que seria falso. Eles alegam que um falsário – do passado ou do presente – poderia ter procurado nos jornais e encontrado nos exemplares do *Pall Mall Gazette*, do *Times* e do *Star* do dia 10 de novembro, e no *Pall Mall Budget* de 15 de novembro, o relato de que os seios estavam sobre a mesa. Alguns consideram que, mesmo no meio de uma carnificina impelida por um delírio além da imaginação, o assassino se lembraria exatamente do que teria feito com os restos mutilados.

Será? E será que falsários são tão cuidadosos em suas pesquisas? Até mesmo a interpretação de Philip Sugden está aberta a discussão. O Diário não diz, como ele alega, que "várias partes do corpo estavam espalhadas por todo o quarto". As palavras reais são:

> Coloquei aquilo por todo o quarto [...]
> Arrependo-me de não ter levado nada comigo, é hora do jantar, eu poderia comer um rim ou dois ha ha.

Não podemos ter certeza sobre a que se refere a palavra "aquilo". Mas já que os restos da pobre Mary Kelly foram reunidos e levados em um balde para o necrotério, é possível especular. "Aquilo" poderia também se referir ao coração.

As últimas palavras na nota do dr. Bond fazem uma simples e dramática afirmação: "o pericárdio estava aberto e o coração estava ausente". Nunca houve qualquer explicação confiável sobre a localização do coração. Philip Sugden acredita que ele pode ter sido levado do quarto.

A imprensa publicou as habituais informações contraditórias, mas o mais importante foi o fato de que o dr. Phillips e o dr. Roderick MacDonald, o legista do distrito, voltaram ao quarto de Mary Kelly e investigaram as cinzas da fogueira onde algumas roupas foram queimadas. Aparentemente eles estavam buscando partes do corpo que não encontraram na autópsia, mas provavelmente não acharam nada. Afinal, onde estaria o coração e que motivo o assassino tinha para removê-lo?

Paul Feldman sugere que ele o usou para escrever as iniciais na parede do quarto de Mary Kelly.

> Uma inicial aqui e uma inicial ali
> indicará a mãe puta.

Uma curiosa e controversa fotografia foi tirada para a polícia e apareceu no ano seguinte em um livro intitulado *Vacher L'Eventreur et les Crimes Sadiques*, de J. A. W. Lacassagne. Em 1976, o livro de Stephen Knight *Jack the Ripper: The Final Solution* reproduziu a foto com nitidez suficiente para revelar o que pareciam ser algumas iniciais na parede atrás da cama de Mary Kelly, embora não tenham sido identificadas antes de 1988. Nesse ano, o pesquisador criminal Simon Wood as mencionou para Paul Begg.

Como parte de sua própria investigação sobre o Diário, Paul Feldman procurou a empresa Direct Communications, em Chiswick, cuja tecnologia computadorizada possibilitou um exame mais detalhado da fotografia. As iniciais puderam ser vistas claramente na sujeira da parede – um largo M, e, no outro lado, um F apagado.

O Diário não menciona o coração na época do assassinato. Apenas no fim de sua vida, em desespero, Maybrick diz algumas palavras que poderiam ser igualmente aplicadas a Mary Kelly (a única vítima pela qual ele demonstra remorso) e sua esposa Florie. Ele não oferece explicação. Apenas um grito agonizante "sem coração sem coração".

David Forshaw afirma o seguinte sobre o estado mental de Maybrick nessa época:

> Embora saibamos pouco, até agora, sobre os pais de Maybrick, descobrimos por meio de estudos sobre outros *serial killers* que geralmente há um profundo ressentimento por trás de um amor filial superficial.

Nesse momento, o profundo sentimento de inadequação que verdadeiramente inspirou sua escrita provocante e orgulhosa, assim como os assassinatos, surgiu de maneira violenta na superfície. Mary Jane Kelly tomou o lugar de Florie, a "mãe puta" do Diário e, talvez, de todas as mães.

Após o assassinato de Mary Kelly, supostos avistamentos do assassino – e principalmente as evidências declaradas por George Hutchinson – deram a descrição mais detalhada até agora. De fato, Hutchinson contou à imprensa que havia saído à caça do assassino no domingo seguinte, 11 de novembro, e, apesar da névoa espessa, tinha quase certeza que o havia visto na Middlesex Street.

Paul Feldman descobriu que, no dia 19 de novembro, após o testemunho original de Hutchinson, a imprensa mais uma vez virou os holofotes para Liverpool: "O assassino de Whitechapel supostamente viaja de Manchester, Birmingham, ou alguma outra cidade no interior do país, com o propósito de cometer os crimes. Detetives trabalham em Willesden e Euston na chegada dos trens vindos do interior e do norte".

É curioso que, de todos os lugares e portos da Grã-Bretanha nos quais o Estripador poderia ter escapado, a polícia se concentrou em Liverpool e Londres.

Houve uma grande atividade policial – mais de cem oficiais estavam no caso. Mas, então, no mesmo dia da morte de Mary Kelly, o comissário da Polícia Metropolitana, Sir Charles Warren, pediu demissão. Não havia conexão direta, mas existia uma hostilidade crescente entre Sir Charles e o ministro do Interior Henry Matthews, que não ajudava no caso. Ele também havia se tornado cada vez mais impopular com a imprensa, depois de muitos distúrbios públicos e, principalmente, por ter utilizado as tropas contra desempregados no Domingo Sangrento, no dia 13 de novembro de 1887, como já mencionamos. O comissário foi sucedido por James Monro, ex-chefe do Departamento de Investigações Criminais, com quem o ministro também se indispôs.

A pressão sobre a polícia era terrível. Eles recebiam centenas de cartas, e um dos últimos exemplos foi publicado no dia 19 de novembro. Dizia:

> Caro Chefe,
>
> Estou agora no Queen's Park Estate na Third Avenue. Estou sem tinta vermelha, mas dessa vez não importa. Tenho a intenção de fazer outra aqui na próxima terça-feira por volta das dez da noite. Vou dar uma chance para me pegar. Devo usar calças quadriculadas e um casaco e colete pretos, então, fique de olho. Fiz um que ainda não descobriram, então fique de olho, mantenha seus olhos abertos. – Sinceramente, Jack, o Estripador.

O Queen's Park Estate fica na área dos apartamentos de Michael Maybrick em Londres, longe de Whitechapel.

Estávamos entrando agora num excitante período de ricos materiais não pesquisados. Esses documentos se concentravam nos escritos perdidos do dr. Thomas Dutton (1854-1935), cujo consultório foi listado nos diretórios com o endereço Aldgate High Street, número 130.

O dr. Dutton era, de acordo com os autores do livro *The Jack the Ripper A-Z*, um homem com interesses variados e de considerável habilidade. Acredita-se que ele estudou as correspondências do Estripador e selecionou 34 cartas que acreditava terem sido escritas pela mesma mão. Ao longo de sua vida profissional, ele compilou uma coleção aleatória de anotações, pensamentos e impressões escritas à mão sobre todos os principais crimes, e sempre alegou saber a identidade de Jack, o Estripador. Essas anotações, intituladas *Chronicles of Crime*, foram entregues à sra. Hermione Dudley antes de sua morte, e tanto ela como as anotações desapareceram sem deixar rastro. Pesquisas não encontraram qualquer referência à vida ou à morte da sra. Dudley.

A única fonte sobre algumas das muitas observações interessantes supostamente oriundas do *Chronicles of Crime* foi o autor falecido Donald McCormick, que conheceu o dr. Dutton em 1932, quando este havia se tornado um recluso idoso. O sr. McCormick fez anotações sobre o *Chronicles*, mas elas não foram vistas até depois da Segunda Guerra Mundial e, posteriormente, foram perdidas.

Cínicos dizem que o material de Dutton nunca existiu, ou até mesmo que o sr. McCormick havia inventado toda a história, fato fervorosamente negado. Mas eles estão pisando em ovos. Tentativas de desmoralizar Dutton tendem a afundar. Terry Saxby, um criador de cavalos que mora na Austrália e está pesquisando mais um livro sobre o Estripador, descobriu um material original de arquivo que prova que ao menos uma das teorias do dr. Dutton estava correta. Havia uma ligação entre quatro das mulheres assassinadas. Todas elas se hospedaram, em algum momento, no albergue St. Stephen, na Walworth Road, Southwark. Com isso, nós devemos ser cuidadosos ao não acreditar nos outros trabalhos de Dutton.

O doutor morreu, sozinho, em 1935, e descobriu-se que ele vivia em um estado lastimável de abandono. Os jornais da época elogiaram sua vida profissional e também comentaram que a polícia recolheu uma grande quantidade de papéis.

Um pouco do conteúdo do *Chronicles of Crime* foi publicado no livro de Donald McCormick, *The Identity of Jack the Ripper* (1959). Em particular, nos interessou um poema chamado "Eight Little Whores". E por uma boa razão: após o assassinato de Mary Kelly, há a seguinte passagem no Diário:

>   *Uma puta no céu
>   *duas putas lado a lado,
>   *três putas todas morreram
>   *quatro

De acordo com o agora perdido registro de Donald McCormick, o dr. Dutton copiou o poema de uma das cartas que havia identificado como sendo da mesma pessoa. Não estava claro se era uma criação do próprio Estripador ou se ele plagiou um poema muito conhecido da era vitoriana. Veja o texto original e a tradução literal a seguir.

>   Eight little whores, with no hope of heaven,
>   Gladstone may save one, then there'll be seven.
>   Seven little whores begging for a shilling,
>   One stays in Henage [sic] Court, then there's a killing.
>
>   Six little whores, glad to be alive,
>   One sidles up to Jack, then there are five.
>   Four and whore rhyme aright, so do three and me,
>   I'll set the town alight ere there are two.
>
>   Two little whores, shivering with fright,
>   Seek a cosy doorway, in the middle of the night,
>   Jack's knife flashes, then there's but one,
>   And the last one's ripest for Jack's idea of fun.
>
>   [Oito pequenas putas, sem esperança do paraíso,
>   Gladstone pode salvar uma, então haverá sete.
>   Sete pequenas putas implorando por uma moeda,
>   Uma fica em Henage [sic] Court, então há um assassinato.

Seis pequenas putas, felizes por estarem vivas,
Uma se insinua para Jack, então ficam cinco.
Quatro e puta formam uma rima, assim como três e eu.
Vou atear fogo na cidade, então ficam duas.

Duas pequenas putas, tremendo de medo,
Buscam uma confortável porta, no meio da noite,
A faca de Jack brilha, então fica apenas uma,
E a última madura para a diversão de Jack.]

Se o *Chronicles of Crime* não existiu – ou se era apenas uma invenção do sr. McCormick, como alguns insinuaram –, nós, que estávamos estudando o Diário, tínhamos um problema. Pois o relato em que acreditamos e o poema mostrado acima ecoam reciprocamente e incluem imagens relacionadas ao fogo e a frutas maduras.

Encontrei em uma biblioteca a antologia *The Faber History of England in Verse*, editado por Kenneth Baker (hoje Lord Baker). Na seção vitoriana, eu encontrei o "Eight Little Whores", de autoria anônima. Escrevi para o senhor Baker pedindo para checar se sua fonte era realmente da era vitoriana ou se ele meramente leu o livro de Donald McCormick ou algum dos livros que se seguiram. Ele passava por um processo de eleição na época e também estava mudando de casa. Como consequência, suas anotações de referências estavam todas enterradas em um baú, sem possibilidade de serem resgatadas. E ele não se lembrava se tinha ou não lido qualquer livro sobre o Estripador.

Fui então checar a antologia de Iona e Peter Opie *Oxford Dictionary of Nursery Rhymes* (edição de 1997). Lá, encontrei o famoso poema antigo "Ten Little Nigger Boys". Começa assim:

Dez pequenos garotos negros saíram para jantar
Um engasgou e então sobraram nove...

Descobri que esse poema apareceu pela primeira vez em 1869. Foi baseado em uma canção americana do músico da Filadélfia Septimus Winger (compositor de "Oh where, oh where has my little dog gone?"). Ela foi adotada por muitos grupos de menestréis que haviam chegado na Grã-Bretanha vindos dos Estados Unidos. Ao final dos anos 1870 se tornou uma cantiga muito popular, incluída no repertório de sociedades e de apresentações musicais, e executada por artistas como Michael Maybrick ao longo do reinado da rainha Vitória.

Há outros ecos do Diário nesse poema. Há a ameaça de atear fogo na cidade, refletindo a ameaça feita por Maybrick de incendiar a paróquia St. James (possivelmente a igreja na qual se casou). Mas talvez a mais curiosa seja a menção do Heneage Court. Anos mais tarde – de fato não antes de 1931 – um aposentado, Robert Spicer, que era um jovem policial em 1888, escreveu uma carta para o jornal *Daily Express*. Realizaram uma entrevista com ele, e um artigo foi publicado sob a manchete "Eu peguei Jack, o Estripador".

O sr. Spicer descreveu o que aconteceu nas primeiras horas da noite seguinte ao assassinato duplo. Ele foi até a Heneage Street (grafada erradamente como Henage no *Daily Express* e no poema) saindo da Brick Lane. A menos de cinquenta metros fica a praça Heneage Court, onde havia um reservatório de lixo feito de pedra. Jack e uma mulher (Rosy) estavam sentados ali. "Ela tinha um pouco de dinheiro numa das mãos e me seguiu quando eu abordei Jack depois de suspeitar dele. Ele informou que era um doutor muito respeitável e deu um endereço em Brixton. Os punhos de sua camisa ainda estavam manchados de sangue. Jack tinha o proverbial saco com ele (um saco marrom). O saco não foi aberto e ele foi liberado."

Spicer teve problemas pelo excesso de zelo em sua prisão e perdeu completamente o gosto pelo trabalho da polícia. Mas ele estava errado? Ninguém parece ter checado o respeitável doutor. De fato, Spicer o viu mais uma vez na estação da Liverpool Street. Sua aparência sempre era a mesma: chapéu alto, terno preto com revestimento de seda e relógio e corrente de ouro. Tinha cerca de 1,70 metro de altura, pesava por volta de 75 quilos, tinha o bigode claro, testa alta e bochechas rosadas. Uma boa descrição de Maybrick!

Fomos visitar a neta do policial Spicer, que morou na mesma casa da Woodford Green por sessenta anos. Ela nos contou que Rosy escreveu uma carta para seu avô depois do evento, agradecendo por salvá-la de ser assassinada, e, depois disso, sempre enviou cartões de Natal. Assim como tantos outros documentos, essa correspondência foi perdida. Mas a família se lembra do sr. Spicer claramente como uma figura alta e imponente, com uma grande barba. Ele teve oito filhos e acabou se tornando jardineiro da Bancroft's School, em Woodford, e do clube de críquete, mas, assim como Dutton, morreu sozinho, e seu corpo só foi descoberto uma semana depois de sua morte.

De acordo com o Diário, Maybrick estava agora começando a temer a posssibilidade de ser pego. As drogas continuaram a ser sua fuga.

> Não consigo viver sem meu remédio. Tenho medo de dormir por causa dos meus pesadelos recorrentes. Vejo milhares de pessoas me perseguindo, com Abberline na frente balançando uma corda.

O fato de que imediatamente após o assassinato de Kelly as dores de cabeça de Maybrick pioraram está registrado nos testemunhos assinados do julgamento de Florie. Ele até acrescentou mais um doutor à sua lotada equipe de consultores médicos. O dr. J. Drysdale era um velho escocês de aparência limpa e de poucas palavras. Maybrick o consultou em Liverpool nos dias 19, 22 e 26 de novembro, e mais uma vez nos dias 5 e 10 de dezembro, dizendo que por três meses sofreu com dores de um lado a outro na cabeça, precedida por uma dor no lado direito da cabeça e por uma dor de cabeça leve. Ele disse que nunca estava livre de dores, exceto, às vezes, durante a manhã. Se bebesse ou fumasse demais, sentia dormência no lado esquerdo de sua mão e perna, e ficava suscetível a sofrer com erupções na pele das mãos. Não disse nada sobre se automedicar.

"Ele parecia estar sofrendo de dispepsia nervosa" – isso foi tudo que o dr. Drysdale pôde diagnosticar, e o repetiu durante o julgamento. Então, com um eufemismo magistral, ele acrescentou: "Devo dizer que ele era hipocondríaco".

Talvez fosse natural que, com toda a Londres no encalço do Estripador, ele tenha decidido voltar para o local de seu primeiro assassinato assumido, Manchester, onde o irmão Thomas vivia.

Meu primeiro foi em Manchester então por que não meu próximo?

Nesse ponto, o Diário vai se tornando cada vez mais confuso, como se Jekyll e Hyde lutassem dentro dele.

As crianças me perguntam constantemente o que comprarei para elas no Natal elas se calam quando digo que será uma faca brilhante igual a do Jack, o Estripador, para que eu possa cortar suas línguas e ter paz e sossego. Acredito que estou completamente louco. Nunca machuquei as crianças desde que nasceram. Mas agora sinto grande prazer em assustá-las. Que Deus me perdoe.

David Forshaw diz que a afeição de Maybrick pelas crianças é bastante consistente com a psicologia comum aos *serial killers*. Ele estava tentando se distanciar delas, sem sucesso, e apenas seu remédio conseguia aliviar seu tormento. Era um círculo vicioso.

No dia 5 de dezembro, um recorte de jornal foi enviado ao dr. William Sedgwick Saunders, o Analista Público de City of London. Escrita no jornal, estava a seguinte mensagem:

Inglaterra

Caro Chefe. Fique de olho no dia 7 deste mês. Estou tentando um desmembramento e se eu conseguir vou mandar um dedo para você. Sinceramente Jack, o Estripador

Saunders Esq
Magistrado da Polícia

Esta carta não foi analisada por especialistas em caligrafia para termos certeza de que foi escrita pela mesma pessoa que escrevera as cartas "Caro Chefe". No entanto, parece muito semelhante. Não é uma estranha coincidência ter sido escrita em cima de uma história sobre três homens de negócios de Liverpool que corriam pelados em um local público? No mesmo pequeno texto estão as palavras "Liverpool", "louco" e "homem de negócios".

O uso constante dessas provocantes pistas, segundo David Forshaw, mostra a maneira como o criminoso joga com seu destino. Ele não queria ser capturado, mas a possibilidade o excitava.

A caligrafia do Diário se torna mais e mais fora de controle. A frustração e a raiva aliam-se para riscar violentamente frases e mais frases de palavras desconexas. No meio do frenesi, a pressão para tentar se recompor parece tornar-se insuportável. Ele está perdendo a confiança e o controle.

> então Deus me ajude, meu próximo será muito pior, minha cabeça dói, mas eu continuarei, maldito Michael por ser tão esperto, a arte do verso está longe de ser simples. Eu o amaldiçoo. Abberline Abberline, ainda irei destruir esse tolo, Então que Deus me ajude. [...]
> [...]
> Estou com frio maldito seja o bastardo do Lowry por me fazer correr. Eu fico vendo sangue jorrando das cadelas. Os pesadelos são horrendos. Não consigo parar de querer comer mais. Deus me ajude, maldito seja. Ninguém irá me impedir. Maldito seja Deus.

Ele deseja parar, mas precisa continuar.

Novembro era o mês do baile pré-natalino dos Maybrick, realizado na Battlecrease House. Entre os convidados estava Alfred Brierley. Logo depois do evento, Charles Ratcliffe, um antigo colega negociante de Maybrick, escreveu para John Aunspaugh sobre um carregamento de milho de má qualidade. Numa anotação ao pé da carta há um comentário: "Acho que Alfie está ganhando o afeto da sra. Maybrick".

O Diário registra:

> A cadela, a puta não está satisfeita com apenas um cafetão, ela agora tem os olhos em outro.

No dia 22 de dezembro, o inspetor Walter Andrews e um grupo de colegas foram enviados a Nova York partindo de Montreal, onde haviam ficado a serviço de outro caso. De acordo com o *Pall Mall Gazette*, Jack, o Estripador, deixara a Inglaterra e havia partido para os Estados Unidos por três semanas. Embora a polícia de Nova York tenha negado veementemente a conexão, rumores apareceram nos jornais da cidade, afirmando que o assassino era Francis Tumbelty, e que ele era o homem que o inspetor Andrews agora buscava. O pesquisador Mark King descobriu que Tumbelty havia sido preso em Londres no dia 7 de novembro, sob acusação de estupro e atentado violento ao pudor. Ele ficou sob custódia e, nove dias depois, foi apresentado a magistrados que determinaram seu julgamento no dia 10 de dezembro. Esse fato o inocenta do assassinato de Mary Jane Kelly, embora Paul Gainey e Stuart Evans argumentem que ele poderia ter pago fiança e ter sido solto sem ser registrado pela polícia. Ele deixou o país no dia 24 de novembro. O rumor de que era o Estripador ganhou crédito quando Tumbelty desapareceu de Nova York, possivelmente para escapar de toda a atenção.

O Natal foi celebrado na Battlecrease House, assim como em todo o país, com uma árvore, presentes e cartões. Mas ainda havia muita falação sobre Jack, o Estripador, já que aparentemente a polícia não conseguia avançar no caso.

> As crianças gostaram do Natal. Eu não. Meu humor não está mais negro, embora minha cabeça doa. Nunca irei me acostumar com a dor. Maldito seja o inverno. Eu anseio por meu mês favorito, ver as flores completamente abertas iria me agradar muito. Calor é o que preciso, eu tremo tanto. Maldito seja esse tempo e a cadela puta.

Calor era o que ele já não tinha mais vindo de Florie. Muito pelo contrário. Pouco antes do Natal ele descreve um sétimo, não identificado, assassinato – mais uma vez em Manchester. Mas a velha excitação não o acompanha mais. Ele não se sente mais "esperto".

> Não consegui cortar como a minha última, imagens dela me inundaram enquanto eu golpeava. Tentei esmagar todos os pensamentos de amor. Deixei-a para morrer, disso eu sei. Isso não me alegrou. Houve excitação.

A experiência parece apenas funcionar para ele se envolver em um ato impessoal de mutilação. Com raiva e frustração ele retorna para Battlecrease – e bate em sua esposa.

> Eu despejei minha fúria na cadela, eu bati e bati. Não sei como parei. Deixei-a acabada. Não me arrependo.

Florie escreveu para sua mãe no último dia de 1888, mas não mencionou o espancamento. Isso não é surpresa – é um fenômeno muito conhecido, verdadeiro na respeitável sociedade vitoriana, que esposas maltratadas escondiam sua dor do mundo. Frequentemente, elas sofriam por anos, e não revelavam seus segredos nem a suas mães.

> Em sua fúria, esta manhã ele rasgou seu testamento onde me fazia única beneficiada e me dava a guarda das crianças. Agora ele propõe deixar tudo que puder apenas para as crianças permitindo a mim somente um terço de tudo, como diz a lei. Tenho certeza que pouco me importa desde que as crianças tenham sustento. Minha própria renda será suficiente apenas para mim. Uma maneira prazerosa de começar o ano novo.

A baronesa descreveu o final do ano em sua carta para Henry Matthews, o ministro do Interior, em 1892. "O mês de dezembro de 1888 foi a primeira vez durante a vida de casada em que ela pôde dançar e sair em público; e sua saúde estava forte. Ela foi deixada sozinha por seu marido."

Maybrick estava com um humor sombrio. E o clima combinava com seu humor. A névoa que cobriu Liverpool no começo daquele ano retornou na noite de ano novo, e o jornal local *Liverpool Echo* previu que "não haverá mudança agradável no clima e, a julgar pelas aparências, provavelmente iremos passar por muita neblina, chuva e uma escuridão geral".

Era um mau presságio para 1889.

10

Quando eu terminar minhas ações demoníacas, o próprio diabo irá me congratular

O massacre em Whitechapel havia parado, mas a história de Jack, o Estripador, não terminou com a morte de Mary Jane Kelly. Durante a primavera de 1889, o declínio da saúde de Maybrick e o tumulto em sua vida pessoal criaram um vórtice que sugou Florie e toda a família. Se algum deles suspeitava que James era o mais temido homem da Grã-Bretanha, ninguém revelou tal suspeita. Seu segredo logo seria enterrado junto com seu corpo no cemitério Anfield. Mas sua morte também destruiria a vida da jovem esposa norte-americana.

Por que a família de Maybrick e seus criados conspiraram contra ela? Por que os médicos legistas discordaram sobre como James Maybrick morreu? Por que tantas cartas cruciais foram destruídas e as prescrições de Maybrick, rasgadas? E por que Edwin e Michael esconderam informações sobre o passado de seu irmão no julgamento e não fizeram nada enquanto a viúva encarava o inimaginável horror da forca?

Esses são os fatos conhecidos. Em janeiro, de acordo com a cozinheira Elizabeth Humphreys, as visitas de Alfred Brierley aumentaram. Ele era também uma companhia regular dos Maybrick nas corridas de que tanto gostavam. Maybrick sabia muito bem dos flertes de Florie – de fato, por causa deles, sete mulheres haviam morrido. Fiel à moralidade vitoriana, que tinha regras diferentes para homens e mulheres, a própria infidelidade de Maybrick não tinha importância.

David Forshaw não fica surpreso com o fato de que Brierley continuou a ser convidado para se juntar à família. O prazer pervertido de observar o casal desavisado era apenas parte de um jogo de poder. Mesmo quando descrevia o prazer de estripar, ele se excitava com a ideia do voyeurismo.

> A puta encontrar seu cafetão hoje não me incomodou. Imaginei que eu estava junto com eles, só de pensar isso me excita. Imagino se a puta já teve algum pensamento assim? Creio que sim [...]

À medida que o clima sombrio se dissipava, Maybrick se tornava inquieto.

> Não deve demorar muito antes de eu atacar novamente. Estou tomando mais do que nunca. A cadela pode ter dois, Sir Jim terá quatro, um duplo duplo evento ha ha. Se eu estivesse na cidade das putas eu faria minhas ações demoníacas neste momento [...] Uma vez mais serei o assunto da Inglaterra [...] Quando eu terminar minhas ações demoníacas, o próprio diabo irá me congratular.

Pelo menos não havia preocupação com o fornecimento de seu "remédio". Ele havia descoberto uma nova fonte – chamado Valentine Blake, membro da equipe que trabalhava com o químico industrial William Bryer Nation em uma pesquisa sobre o uso da planta rami como substituta do algodão.

> Não é que descobri uma nova fonte para meu remédio?

Muito tempo após o julgamento de Florie, em abril de 1894, Valentine Blake e William Bryer Nation deram testemunhos assinados para o procurador J. E. Harris. Surpreendentemente, seus relatos não foram enviados a Henry Matthews e nunca foram publicados antes de aparecerem pela primeira vez, em 1899, no livro de J. H. Levy sobre o caso, *The Necessity for Criminal Appeal*. Se o Diário for uma falsificação moderna, o falsário teria que ter localizado e lido os testemunhos para encontrar a única referência impressa à nova fonte de remédio de James.

Aparentemente, em janeiro de 1889, Blake viajou para Liverpool a fim de se encontrar com Maybrick. Ele precisava de ajuda para divulgar seu novo produto. Maybrick pediu, casualmente, que Blake dissesse quais eram as substâncias químicas usadas na fabricação da fórmula. "Não quero obter seus segredos industriais", ele assegurou. "É uma questão de preço, e as substâncias talvez possam ser mais facilmente obtidas em Liverpool."

Uma das substâncias era o arsênico. Os dois homens conversaram sobre o hábito dos camponeses austríacos de consumir arsênico e sobre Thomas de Quincey, autor do livro *Confessions of an English Opium Eater*. Blake imaginou se "De Quincey poderia ter consumido novecentas gotas de láudano em um só dia".

Maybrick aparentemente sorriu. "O veneno de um homem", ele disse, "é a carne de outro, e existe um suposto veneno que para mim é como carne e licor sempre que me sinto fraco e deprimido; me torna mais forte em mente e corpo de uma só vez."

"Eu não conto para todo mundo", continuou, "e não contaria a você se não tivesse mencionado arsênico. É o arsênico. Eu tomo quando consigo comprar, mas os médicos não querem colocar mais no meu remédio, exceto algumas vezes, quando permitem uma ninharia que apenas me provoca."

Blake não disse nada. Maybrick continuou: "Já que você usa arsênico, não poderia me dar um pouco? Acho difícil conseguir por aqui".

Blake relembrou mais tarde no testemunho: "Eu tinha um pouco comigo, e, já que usava apenas para experimentos, não usaria para mais nada, ele poderia pegar tudo o que eu tinha. Ele então perguntou quanto custaria e ofereceu para pagar adiantado. Respondi que não tinha licença para vender medicamentos e sugeri que podíamos fazer uma troca: o sr. Maybrick faria o seu melhor com o produto feito de rami e eu daria o arsênico de presente".

Quando se encontraram novamente em fevereiro, Blake deu a Maybrick cerca de 150 grãos de arsênico em três pacotes diferentes. "Eu disse a ele para ter cuidado com aquilo, já que tinha o suficiente para matar um exército."

Esse aumento repentino e dramático do consumo de drogas refletiu-se imediatamente no Diário. A caligrafia se torna mais selvagem e as ameaças, mais sinistras. Maybrick retorna a Londres, onde o fracasso de sua oitava tentativa de assassinato provoca uma raiva incontrolável.

> Maldito maldito maldito o bastardo quase me pegou, maldito seja no inferno. Eu vou cortá-lo na próxima vez, então me ajude. Mais alguns minutos e teria terminado, <u>bastardo</u>, vou atrás dele, ensinar uma lição. Ninguém irá me impedir. Maldita seja sua alma negra. Eu amaldiçoo a mim mesmo por atacar cedo demais, eu deveria ter esperado até tudo estar realmente calmo então me ajude. Vou levar tudo da próxima vez e <u>comer</u>. Não deixarei <u>nada</u>. Nem mesmo a cabeça. Vou cozinhá-la e comê-la com cenouras recém-colhidas.

Em março de 1889, as crianças pegaram coqueluche e o dr. Humphreys foi chamado. O Diário faz uma referência prévia ao frágil estado de saúde de Gladys.

> Minha querida Gladys está doente mais uma vez, ela me preocupa tanto.

Essa menção enganosamente simples a Gladys apoia fortemente a teoria sobre o conhecimento pessoal e íntimo do autor do Diário sobre a família.

A expressão "mais uma vez" é crucial. Todos os livros sobre os Maybrick citam essa doença, mas *nenhum* sugere que Gladys ficava doente de modo recorrente. Mas, profundamente enterrada no meio daquelas excitantes caixas sobre Maybrick em Kew estava uma carta enviada por Margaret Baillie, uma amiga da baronesa. Foi escrita em abril de 1889 e dizia: "É uma pena que sua pequena garota esteja doente de novo". A carta é mencionada por Levy – mas ele a copia incorretamente e omite as palavras "de novo".

Não existe outra fonte que confirme a informação de que Gladys ficava doente repetidamente.

Enquanto o dr. Humphreys estava na Battlecrease House, ele questionou Florie sobre a saúde de seu marido. Ela contou sobre seu temor pelo uso de medicamentos, da mesma maneira como havia feito com o dr. Hopper no verão anterior. Ela disse que James agora ingeria um pó branco que pensava ser estricnina e perguntou qual seria o resultado provável. O doutor disse que poderia matá-lo, e, então, com uma visão inquietante, acrescentou: "Se ele vier a morrer de repente, mande me chamar e direi que você conversou sobre isso".

É como se ele soubesse o perigo que Florie corria.

Por sua vez, Maybrick visitou o dr. Drysdale naquele mês. Ele disse que, embora nunca estivesse livre das dores de cabeça, sentia-se melhor desde sua última visita em dezembro. Porém, sua língua parecia inchada e ainda sentia uma dormência no braço e na mão esquerda.

Florie escreveu para Michael, em Londres, contando sua ansiedade por causa do pó branco que seu marido estava tomando. Ela disse que James andava muito irritável e reclamava de dores de cabeça. Disse que Maybrick não sabia que ela havia descoberto seu vício em remédios e que ela estava escrevendo.

Michael destruiu essa carta, mas não antes de questionar seu irmão sobre seu conteúdo, provocando uma resposta furiosa, que ele relembrou no julgamento de Florie. Sua raiva está registrada.

> A cadela escreveu tudo,
> hoje à noite ela vai cair.

Durante o inverno, os Maybrick de alguma forma fizeram novos amigos – Charles Samuelson, um fabricante de tabaco, e sua animada jovem esposa, Christina. Os dois casais se hospedaram no Palace Hotel, Birkdale, perto de Southport, para umas férias. Alfred Brierley também estava lá!

Na última noite de sua estadia, um jogo de cartas terminou com um arroubo temperamental de Christina, que foi embora gritando "eu te odeio" para seu marido. Ela chorou e, em sua defesa, Florie tentou acalmar as coisas. "Você não deve levar isso a sério", ela assegurou a Charles. "Eu frequentemente digo 'eu te odeio' para Jim."

Poucos meses depois, no inquérito da morte de Maybrick, Christina contou uma história diferente e uma versão um pouco mais acusatória do incidente. "Tive uma conversa com a sra. Maybrick", ela disse, "e ela me contou que odiava seu marido".

No meio de março, Maybrick viajou a Londres e ficou com seu irmão. De acordo com Bernard Ryan, em seu livro *The Poisoned Life of Mrs. Maybrick*, foi nesse momento que Florie e Alf Brierley tramaram sua conspiração. Quando seu marido retornou, Florie anunciou que também gostaria de viajar para a capital e ficar com uma tia que estava doente. Maybrick aparentemente comprou um novo casaco de pele para a visita, enquanto confidenciava seus verdadeiros sentimentos para o Diário.

> Devo comprar para a puta algo para sua visita. Vou dar a impressão para a cadela de que considero seu dever visitar a tia [...] que piada, deixe a puta acreditar que não tenho conhecimento de seus assuntos de puta.

Tempestades e alagamentos castigavam Liverpool quando, no dia 16 de março, Florie enviou um telegrama ao gerente do Flatman's Hotel na Henrietta Street, em Londres. Ela reservou uma suíte de dois quartos para o "sr. e sra. Thomas Maybrick de Manchester" por uma semana. Não sabemos por que ela usou o nome de seu cunhado. Parecia uma estupidez. Quando o hotel não conseguiu confirmar a reserva ela escreveu novamente, desta vez com um pedido especial de cardápio com sopa, linguado e ervilhas, batatas, queijo, aipo e sobremesa, tudo isso assim que chegasse. A própria escolha do hotel era provocativa, pois se tratava de um local de encontro dos comerciantes de algodão de Liverpool. Ela informou ao hotel que chegaria primeiro e seu marido no dia seguinte. O gerente disponibilizou o quarto número 9 e o quarto anexo ao lado para que ficassem a seu dispor a partir de 21 de março, uma quinta-feira.

Mais ou menos na mesma época, Florie escreveu para seu amigo de infância, John Baillie Knight, em Holland Park, Londres, dizendo que estava com um grande problema e gostaria de encontrá-lo para jantar. Ela não deu explicações.

Florie deixou a Battlecrease House e chegou ao Flatman's Hotel por volta das treze horas. Às 18h30, John Baillie Knight foi encontrá-la e eles conversaram no quarto. Ela explicou que havia viajado até Londres para conseguir se separar do marido. Ela não podia mais lidar com ele tendo outra mulher, ela disse, acrescentando que ele se comportava de maneira cruel e batia nela.

Baillie Knight concordou que o melhor seria uma separação e sugeriu que ela encontrasse procuradores na Markby, Stewart and Company, e que depois fosse encontrar sua mãe em Paris. John e Florie saíram para jantar no Grand Hotel e depois foram ao teatro, retornando por volta das 23h30.

No dia seguinte, Brierley chegou. Ele se instalou na suíte de Florie e ficou lá até as treze horas do domingo, quando os dois saíram, repentinamente, pagando a conta de duas libras e treze xelins.

"Ele despertou minha vaidade e resistiu a meus esforços de agradá-lo", disse Florie posteriormente. "Antes de nos despedirmos, ele deu a entender que gostava de outra pessoa e não podia se casar comigo, e que em vez de encarar a desgraça de ser descoberto, preferia explodir a própria cabeça. Então senti uma reviravolta de sentimentos e disse que deveríamos terminar nossa intimidade imediatamente."

Brierley, por sua vez, contou ao jornal *New York Herald*, após o julgamento, que "nos despedimos em Londres como se nunca fôssemos nos ver novamente [...] ficou perfeitamente subentendido que não deveríamos nos corresponder".

Esse entendimento foi logo esquecido – por ambos.

Antes de deixar a capital, Florie foi realmente se encontrar com o sr. Markby e, com sua ajuda, escreveu uma carta a seu marido pedindo a separação e sugerindo que ela permanecesse na Battlecrease House com uma pensão anual. Não há registros dessa carta ter sido recebida ou mesmo postada.

Entre os dias 24 e 28 de março Florie ficou na casa das sras. Baillie, e, no dia 27, quarta-feira, jantou com Michael. Foi uma semana ocupada para ele. Na segunda-feira, ele ficou responsável por organizar e executar um concerto de gala, que teve a presença do príncipe e da princesa de Gales, na abertura do novo quartel de seu regimento em Euston Road. No dia seguinte ao jantar, quinta-feira, Florie voltou a Liverpool para encarar o que viesse.

Assim, de forma vergonhosa, terminou sua inepta e triste escapada.

Florie foi uma criança teatral. Amigos lembraram que às vezes ela tinha dificuldades em distinguir as fronteiras entre a fantasia e a realidade. Ela estava prestes a descobrir que a vida real continha muito mais drama do que poderia ter sonhado.

A Bolsa do Algodão de Liverpool já estava fervendo com os rumores. Seus membros estavam começando a suspeitar, e era mencionado que, se Maybrick soubesse do caso de Florie com Brierley, iria "cobri-lo de chumbo".

No dia seguinte ao retorno – 29 de março, dia da corrida Grand National – as coisas chegaram ao limite. Foi um evento esplêndido, que contou com a presença do príncipe de Gales, para marcar os cinquenta anos da corrida. Brierley, entre todas as pessoas, mais uma vez se juntou ao grupo da carruagem dos Maybrick com destino a Aintree. Maybrick ainda estava bancando o voyeur.

> A cadela me deu o maior prazer de todos. Não é que a puta encontrou seu cafetão na frente de todos, é verdade a corrida foi a mais rápida que já vi, mas a emoção de ver a puta com o bastardo me excitou mais do que saber que Sua Alteza Real estava a poucos metros de distância deste que vos fala ha ha que piada, se o ganancioso bastardo soubesse que estava a menos de alguns metros do nome que toda a Inglaterra estava comentando ele teria morrido ali mesmo. Que pena que não pude contar para o tolo

idiota. Para o inferno com a realeza, para o inferno com todas as putas, para o inferno com a cadela que reina.

Aquela corrida em particular, vencida por Frigate, foi a mais rápida registrada – informação confirmada depois de muita pesquisa nos arquivos da corrida e nos jornais locais. Mais uma vez, um detalhe obscuro, porém correto, faz a teoria da falsificação moderna parecer sem sentido.

Apesar de sua intenção declarada de nunca mais se encontrarem, Florie e Brierley foram fotografados de braços dados quando foram ver os integrantes da realeza. Essas fotografias foram aparentemente exibidas na janela da loja Woollright's durante o julgamento de Florie, mas se perderam desde então.

Maybrick ficou indignado e não escondeu sua raiva. Florie ficou furiosa com a explosão pública de seu marido e deixou a corrida dizendo a Christina Samuelson que quando chegasse em casa ela iria "revidar forte e feio". Naquela noite, os criados ouviram Maybrick gritando: "Um escândalo desses se espalhará por toda a cidade amanhã".

Que escândalo? Seria a indiscrição de Florie na corrida, ou a carta mencionando a separação teria chegado às mãos de Maybrick?

Seguiu-se uma cena terrível. "Começou no quarto", disse Mary Cadwallader.

> O sr. Maybrick disse à criada, Bessie, para levar sua esposa embora. Ela desceu as escadas até o saguão para entrar na carruagem; ele a seguiu esbravejando e batia os pés como um louco passando o lenço de bolso sobre a cabeça. Os botões do vestido da sra. Maybrick se rasgaram com a maneira como ele a sacudia. Ela vestia uma capa de pele; ele ordenou que tirasse pois ela não sairia usando aquilo. Ele havia comprado para ela vestir em Londres.
>
> Eu me aproximei do meu patrão e disse: "Oh, patrão, por favor, não continue com isso, os vizinhos ouvirão". Ele respondeu: "Deixe-me em paz, você não sabe nada sobre isso". Eu disse: "Não mande a senhora embora

nesta noite. Para onde ela pode ir? Deixe-a ficar até de manhã". Então ele gritou: "Por Deus, Florie, se você cruzar essa porta nunca mais entrará novamente". Ele estava tão exausto que caiu num banco de carvalho e ficou duro. Eu não sabia se estava bêbado ou tendo um ataque. Mandei a carruagem embora, nós trouxemos a sra. Maybrick para o andar de cima e o sr. Maybrick passou a noite toda na sala de jantar.

Na manhã seguinte, Florie tinha um olho roxo. Ela foi se encontrar com Matilda Briggs para pedir conselhos e ajuda com a separação. Elas foram juntas ver o dr. Hopper. Florie confidenciou que ficou acordada a noite toda, que seu marido tinha batido nela e que iria se encontrar com um procurador. Ela também contou que não suportaria que seu marido se aproximasse dela.

Como bom médico de família que era, o dr. Hopper decidiu tentar consertar as coisas e foi até a Battlecrease House mais tarde no mesmo dia. Ele viu Maybrick e Florie, que pareciam mais calmos e prontos para resolverem suas diferenças. Florie repetiu que não suportaria dormir com seu marido e não queria mais filhos. Apesar disso, Maybrick concordou em pagar as dívidas de sua esposa. Parecia que eles queriam perdoar e esquecer, então o dr. Hopper deixou a casa com a crença sincera, ou mesmo inocente, de que havia efetuado uma completa reconciliação.

Matilda Briggs juntou-se à família no dia seguinte e aconteceu outra grande briga. As criadas ouviram Florie gritar que ela nunca convidava ninguém para visitar a casa sem consultá-lo, então por que ele havia feito isso com ela? Houve muita discussão e gritaria. Quando Mary Cadwallader levou uma xícara de chá para Florie, às seis da tarde, encontrou-a desmaiada no sofá.

A criada se apressou em buscar Maybrick e a sra. Briggs, e juntos eles correram para o andar superior. Em mais uma curiosa mudança de humor, Maybrick ajoelhou-se diante de sua esposa dizendo "coelhinha, coelhinha, aqui está seu marido querido".

Não houve resposta, e por um tempo as criadas acharam que Florie estava morta.

Foi mais uma noite perturbadora. A sra. Briggs, seminua, vestindo uma camisola de Florie muito pequena para ela, continuava desaparecendo pela porta da cozinha para buscar cerveja. Ela dizia que precisava de algo para "mantê-la de pé".

Dessa vez, o dr. Humphreys foi enviado para ver Florie. Ao encontrar o espetáculo indecoroso da cambaleante e desarrumada sra. Briggs, ele exigiu saber quem era aquela mulher. Só naquela noite, o azarado doutor foi chamado cinco vezes à Battlecrease House.

Florie permaneceu na cama por quase uma semana, período no qual confidenciou a Elizabeth Humphreys que ela e Maybrick também tinham problemas financeiros. Disse que ela tinha dívidas, e que a renda do marido não era suficiente para sustentá-los. Mas ainda não tinha revelado toda a história.

Maybrick também falou com as criadas. Ele ordenou a Mary Cadwallader que não levasse cartas para Florie antes que ele as visse. "A sua senhora lê todas as minhas cartas", ele explicou, "não há razão para que eu não possa ler as dela". Após se recuperar, Florie ainda planejou mais um encontro com Brierley, dessa vez em Liverpool, no dia 6 de abril. Disse a ele que Maybrick havia batido nela e a arrastado pelo quarto.

Depois disso, ela escreveu mais duas cartas para Brierley, aparentemente seguindo os conselhos do dr. Hopper, dizendo que havia se reconciliado com seu marido.

Surpreendido, ele rasgou as cartas.

No sábado, 13 de abril, Maybrick foi até Londres. De acordo com o Diário, essa visita foi, em parte, para saldar as dívidas de Florie. Mas as lembranças daquela última mutilação ainda o assombravam. Ele sentiu-se pronto para atacar novamente.

> Mais uma vez a cadela está com dívidas, meu Deus vou cortá-la [...] irei visitar a cidade das putas irei pa-

gar suas dívidas e vou pegar o que é meu, por Deus, eu vou. Irei rasgar rasgar rasgar.

A outra razão para visitar Londres era encontrar o médico do irmão, o dr. Fuller, que o examinou por uma hora após ser chamado nas instalações de Michael no domingo. Maybrick reclamou de dores de cabeça e de dormência. Disse que estava com medo de ficar paralisado. O dr. Fuller concluiu que não havia nada de errado e prescreveu um tônico nervoso e pílulas para o fígado.

No sábado seguinte, Maybrick estava em Londres mais uma vez. Foi visitar o dr. Fuller para uma segunda consulta, e reconheceu que estava muito melhor. Sua prescrição foi ligeiramente alterada: as pílulas para o fígado foram substituídas por pastilhas. Seja lá o que o dr. Fuller disse durante essas visitas, teve um curioso e dramático efeito. A caligrafia do Diário imediatamente se torna mais controlada, os pensamentos mais calmos e os planos assassinos desaparecem. Seus pensamentos agora se voltam para si mesmo, e Maybrick começa a ponderar sobre a própria morte.

Fuller acredita que não há muitos problemas comigo. Estranho, os pensamentos que ele colocou em minha mente. Eu não consegui atacar, acredito que estou louco, completamente louco. Tento combater meus pensamentos, caminho pelas ruas até de madrugada. Não consegui encontrar em meu coração a coragem para atacar, visões da minha querida Coelhinha me sobrecarregam. Ainda a amo, mas como eu a odeio. Ela destruiu tudo, mas meu coração dói por ela, oh como dói. Não sei qual dor é pior, do meu corpo ou minha mente.

Finalmente, surge a ideia de que deveria jogar sua faca no rio que corria a apenas algumas centenas de metros da Battlecrease House. Os dias de matanças haviam terminado.

Devo retornar para a Battlecrease sabendo que não posso mais continuar minha campanha. Este amor que me desprezou, este amor que irá pôr fim a tudo.

Naquele domingo, Florie escreveu para seu marido em Londres. A aparente reviravolta é tipicamente teatral.

>Meu querido maridinho!
>
>[...] tive uma noite terrível – e tente o máximo que puder, assim como eu o farei, ter bravura e coragem, porque Jim pensa que talvez eu ainda seja boa para ele e as crianças, minha fraqueza física, sobrepõem-se àquilo que sobrou da minha força mental. Não tenho respeito próprio suficiente para me erguer das profundezas da desgraça na qual caí, pois agora que estou por baixo posso julgar melhor o quanto os outros estão acima de mim moralmente. Abomino chegar nesse ponto outra vez, embora eu talvez recupere um pouco de sua confiança levando uma vida de dedicação a você e às crianças. Nada que você possa dizer irá me fazer rever minhas ações sem que seja sob a luz mais degradante, e quanto mais você acusar a enormidade de meus crimes, mais descrente eu fico de que conseguirei retomar minha posição. Sinto que no futuro eu deva ser [...] uma perpétua lembrança dos [...] problemas e que nada pode apagar o passado de sua memória.
>
>Por favor, querido, poupe-me de minha dor assim que puder. Eu menti para você e quase o arruinei, mas já que você deseja que eu viva, diga-me o pior de uma vez – e que acabe tudo isso [...] Querido, tente ser o mais clemente em relação a mim quanto puder, apesar de toda a sua bondade generosa e carinhosa, meu fardo é quase maior do que posso aguentar, meu remorso e desprezo a mim mesma consomem meu coração, e se eu não acreditasse que meu amor e dedicação por você possam dar alguma redenção pelo passado, eu deveria desistir de lutar para manter-me corajosa! Per-

doe-me se você puder, meu querido, e não pense tão mal de sua esposa que te ama.

Coelhinha.

As crianças estão bem. Não fui a lugar algum e não me encontrei com ninguém.

Isso tudo vinha de uma mulher que recentemente havia contado a seu médico que não suportava mais dormir com seu marido e que dez dias antes, em uma carta, havia se referido a Brierley como seu "querido". Estaria ela realmente arrependida? Ou será que, naturalmente, temia estar grávida depois do encontro no Flatman's Hotel e precisava proteger seu futuro compartilhando mais uma vez a cama com seu marido?

Entre os dias 15 e 25 de abril, Florie caminhou até a farmácia Wokes, que ficava na esquina da Aigburth com a Beechwood Road, e comprou uma dúzia de papel pega-mosca. Ela disse que sua cozinha estava cheia de moscas e pediu ao entregador que deixasse a compra em sua casa.

Em julho de 1997, fui contatada pela sra. Gill Wokes, casada com um neto de Arthur Siminson Wokes, que vendeu a Florie os papéis pega-mosca. Ela estava pesquisando a árvore genealógica. Contou que o velho sr. Wokes teve dois filhos – um deles, Arthur, conhecido como Sam, morava com ela quando morreu, aos noventa anos, em 1993. Sam Wokes era um escritor prolífico e guardava qualquer pedaço de papel. Ele também era químico e dava palestras sobre os negócios da família e suas conexões com os Maybrick. De acordo com a sra. Wokes, Sam falava bastante com ela sobre a crença de seu pai na inocência de Florie e de sua própria suspeita de que os Maybrick – talvez Michael – tinham ligações com o caso do Estripador! Ela me assegurou que essas conversas se deram antes da publicação do meu livro, em 1993.

Mais importante do que isso é o fato de ela ter me enviado a cópia de um pedaço de papel que encontrou entre as posses de Sam. Na parte superior, com a caligrafia dele (novamente, a anotação foi escrita antes da publicação do meu livro), havia a seguinte frase: "James Maybrick morreu no dia 11 de maio de 1888". Ele escreveu a data errada, mas abaixo havia um trecho de um livro de Melvin Harris sobre Jack, o Estripador, publicado em 1989. É uma coincidência bizarra que o nome do Estripador estivesse associado dessa maneira a um homem cuja família era tão intimamente ligada aos Maybrick. Também é irônico que ele tenha anotado o nome de Melvin Harris, o crítico mais ruidoso do Diário!

Logo após a compra de Florie, Bessie, a governanta, ficou intrigada ao encontrar o lavatório coberto por uma toalha. Ao olhar por baixo, viu os papéis pega-mosca mergulhados. Na manhã seguinte, eles estavam no cesto de lixo.

Já no dia 24 de abril, Maybrick foi até a farmácia Clay and Abraham com as prescrições do dr. Fuller. Sua saúde continuava a se deteriorar rapidamente. No mesmo dia, Edwin retornou dos Estados Unidos.

> Meu querido irmão Edwin retornou. Gostaria de poder contar tudo para ele.

No dia seguinte, quatro meses após ter destruído seu testamento, James supostamente escreveu outro documento. Mas o testamento que se encontra na Somerset House, em Londres, suscita mais perguntas do que respostas. Ele foi escrito em um papel frágil e com caligrafia pesada, e as testemunhas foram o escriturário de Maybrick, George Smith, e seu melhor amigo, George Davidson. Nenhum deles mencionou sua existência durante o julgamento. Sabemos por meio da carta de Florie para sua mãe que, em dezembro de 1888, Maybrick havia rasgado o testamento original e ameaçado escrever um novo. Parece surpreendente o fato de ele ter esperado quatro meses para fazê-lo. Dessa maneira, será que poderia existir uma versão intermediária? O testamento da Somerset House diz:

No caso de minha morte antes que eu possa fazer um testamento adequado na forma legal, desejo que isto seja tomado como meu último testamento.

Deixo todos os meus bens de qualquer tipo e descrição, incluindo móveis, quadros, vinhos, tapeçaria, louça, seguros de vida, dinheiro, ações, propriedades, realmente tudo que possuo, aos cuidados de meus irmãos Michael Maybrick e Thomas Maybrick, para meus dois filhos James Chandler Maybrick e Gladys Eveleyn [sic] Maybrick. Os móveis eu desejo que se mantenham intactos e usados para mobiliar uma casa que possa ser compartilhada por minha viúva e filhos, mas a mobília será das crianças. Eu também desejo que todo o dinheiro que investi nos nomes dos beneficiados acima (Michael e Thomas Maybrick) e a renda dele sejam usados para o benefício e educação das crianças, tal educação a ser responsabilidade dos ditos beneficiados.

Minha viúva terá como sua parte de minhas posses as apólices de vida, uma de 500 libras com a Scottish Widows Fund e outra de 2 mil libras com a Mutual Reserve Fund Life Association of New York, ambas as apólices sendo feitas em seu nome. Os juros dessas 2.500 libras, juntamente com as 125 libras anuais que ela recebe de suas propriedades em Nova York, darão sustento de cerca de 250 libras por ano, ao total – uma quantia, embora pequena, suficiente para sustentá-la respeitavelmente.

Também é meu desejo que minha viúva more sob o mesmo teto das crianças enquanto permanecer minha viúva. Se for legalmente possível, desejo que as 2.500 libras do seguro de vida no nome de minha esposa sejam investidas nos nomes dos ditos beneficiados, mas que ela faça uso exclusivo dos juros durante seu tempo de vida. Após sua morte o valor será revertido para meus filhos James Chandler e Gladys Eveleyn [sic] Maybrick.

Testemunham minha caligrafia e lacre neste vigésimo quinto dia de abril de 1889.

Assinado James Maybrick.

Assinado pelo testador na nossa presença, a quem sob seu pedido e sua presença, e na presença um do outro, temos aqui afixado nossos nomes como testemunhas George R. Davidson e George Smith.

Ainda naquela época, o testamento se tornou alvo de muita especulação. MacDougall verificou o testamento em 1891 e ficou chocado com o que leu. Ele escreveu em seu livro:

> É absolutamente inconcebível que James Maybrick pudesse estar dotado de todos os seus sentidos quando assinou aquele testamento [...] que dava cada item que James Maybrick possuía [...] para o controle absoluto e sem restrições de Michael e Thomas Maybrick. Não apenas isso, mas deixa as crianças para serem tratadas por eles como quiserem [...] para serem educadas e criadas, o garoto como limpador de chaminés, a garota como costureira se lhes convêm [...] Não há nenhuma afirmação nesse testamento de que qualquer uma das propriedades sejam repassadas às crianças quando tiverem idade!
>
> A sra. Maybrick não receberá nada, mas ele deseja que ela more no "lar" que Michael e Thomas devem mobiliar e "sob o mesmo teto" de seus dois filhos que devem ser criados e educados por Michael e Thomas Maybrick da maneira que eles desejarem! Mas isso não é tudo! James Maybrick acrescenta em seu testamento uma tentativa de passar para esses beneficiados até mesmo as apólices de seguro que pertencem à sra. Maybrick [...] É um testamento que nenhuma corte de qualquer país civilizado poderia considerar como escrito por qualquer marido ou pai que tivesse um pouco de razão.

No entanto, as palavras do testamento descritas por MacDougall não são as mesmas daquele encontrado em Somerset House. Por exemplo, no testamento "oficial", o nome da filha de Maybrick aparece grafado erroneamente como "Eveleyn". Isso não ocorre na versão de MacDougall. Paul Feldman encontrou dez outras variações. MacDougall pode ter sido pouco fiel – algo difícil, já que era um advogado – ou ele poderia ter encontrado uma versão diferente. Então, o que será que aconteceu?

Sabe-se que na noite de 10 de maio, enquanto Maybrick estava em seu leito de morte, Edwin e Michael foram até a casa com alguns papéis para assinar, os quais a babá Yapp – conhecida como aquela que "via e sabia de tudo" – afirmou serem um testamento. Porém, como vimos, aparentemente Maybrick já havia escrito um testamento no dia 25 de abril. Maybrick, então, foi ouvido gritando: "Oh Deus, se vou morrer, por que devo me preocupar assim? Deixe-me morrer decentemente".

No dia 12 de maio, a sra. Briggs vasculhou a casa em busca das chaves do cofre no qual acreditava que o testamento perdido estaria guardado. No dia 18 de maio, Thomas Maybrick preparou as criadas para a dispensa, já que "o testamento deixou as coisas muito constrangedoras". Os jornais também mencionaram um "testamento curioso". Então, no inquérito anterior ao julgamento de Florie, Michael disse preferir que o testamento de James não fosse tomado como evidência. E não foi.

No dia 29 de julho, os jornais informaram que uma declaração de execução devida havia sido encaminhada – insinuando que o testamento de Maybrick não tinha sido considerado legítimo. Se a versão de MacDougall estiver correta, isso teria ocorrido por causa de um erro nas palavras da cláusula de testemunho ao final. As palavras "sua presença" deveriam ter sido inseridas após "seu pedido".

Clive Dyal, um arquivista da Somerset House, ofereceu uma explicação a Paul Feldman quando escreveu a ele no dia 17 de agosto de 1993. Dyal sugeriu que o testamento poderia ter sido rejeitado pela falta de certeza em sua legitimação, e os beneficiados foram informados de que outro testamento deveria ser encontrado, ou a pessoa que morreu ficaria sem esse direito. Assim, um segundo testamento foi "encontrado", e a declaração de execução devida foi encaminhada para o Escritório de Legitimação Distrital de Liverpool. Após cinquenta anos, apenas o testamento legitimado teria sido enviado para Somerset House. Os outros, segundo o sr. Dyal, teriam sido destruídos.

Assim, Paul Feldman argumenta que existiram, na verdade, três testamentos. O primeiro, escrito em dezembro, após a briga com Florie, foi escrito com caligrafia "trêmula e letras grandes", como MacDougall conferiu em 1891. Em janeiro, Maybrick fez uma nova apólice de seguro de 2 mil libras, favorecendo Florie. O segundo testamento foi rascunhado no dia 25 de abril com o intuito de "reestabelecer o equilíbrio" daquele que havia sido escrito no calor do momento próximo ao Natal. Os irmãos, percebendo que este deixava tudo para Florie, convenceram James, em seu leito de morte, a assinar o primeiro testamento. Entretanto, após a morte de Maybrick, o documento foi rejeitado por conter um erro na cláusula de testemunho, então os irmãos "encontraram" uma terceira versão – na qual o nome de Gladys Evelyn está incorreto, e a apólice principal de James, de 3 mil libras, foi omitida. Este é, segundo Paul, o testamento da Somerset House.

Quando ouvi pela primeira vez a teoria de Paul sobre o testamento, lembrei-me de uma carta que recebi no dia 9 de junho de 1993 – escrita por Sue Iremonger. Ela escreveu: "Porém, não consigo esquecer do fato de que tanto James como Michael possuíam uma caligrafia incrivelmente semelhante. Mesmo levando em consideração sua educação paralela, eu não teria esperado encontrar um estilo e peso das linhas tão semelhantes".

Entretanto, assim como ocorre com tantos outros detalhes nesta história extraordinária, o assunto não acaba aqui. O debate apenas se intensificou. Melvin Harris, com muitas páginas de análise detalhada, rejeita o fato de que MacDougall teve acesso ao testamento, apesar de MacDougall afirmar especificamente que foi até Liverpool para ver o original. O sr. Harris afirma que ele o copiou de forma errada dos relatos jornalísticos (que, por sua vez, eram imprecisos). Ele concluiu que qualquer sugestão de que tenha ocorrido uma fraude na noite de 11 de maio e de que o testamento da Somerset House não tenha sido escrito por Maybrick é apenas um "blefe e bravata" de Paul Feldman.

A última palavra pertence à própria Florie. Numa petição às autoridades feita na prisão, ela se refere ao testamento dizendo que "deveria tê-lo contestado argumentando que 'pressão ilegal foi exercida no testador'".

11

Não sei se ela possui a força para me matar

Às 8h30 do dia 26 de abril de 1889, um pacote vindo de Londres foi entregue na Battlecrease House. Mary Cadwallader o recebeu e foi direto ao encontro de seu patrão no andar de cima. Era o remédio que e o sr. Maybrick aguardava.

No dia seguinte, ele adoeceu. Maybrick contou a Mary que havia vomitado e que suas pernas estavam dormentes, mencionando que provavelmente ingerira uma overdose da substância que chegara no dia anterior. Apesar de seu estado de saúde e do clima chuvoso, ele estava determinado a comparecer, naquele mesmo dia, às corridas de Wirral, um grande evento social.

Por volta das 10h30 foi até o escritório, de onde saiu às 13h30, retornando a Battlecrease para pegar seu cavalo. Então, saiu cavalgando na garoa.

Quando chegou à pista de corrida, estava molhado e tremendo. Seu amigo William Thomson notou que ele estava com dificuldade para se manter na sela. Maybrick explicou que havia tomado uma dose dupla de seu "remédio" naquela manhã.

A sra. Morden Rigg, esposa de um velho amigo que Maybrick conhecera nos Estados Unidos, também reparou em seu estado. Ele deu a mesma explicação, mas desta vez acrescentou que o "remédio" era estricnina.

Embora suas roupas estivessem encharcadas, após as corridas Maybrick decidiu jantar com os Hobsons, seus amigos. Nesse momento, ele já estava se sentindo tão mal que não conseguia nem segurar um copo. Após derramar vinho duas vezes, foi embora constrangido, temendo que pensassem que estava bêbado.

Na manhã do dia 28, um domingo, seu estado ficou ainda pior. Florie pediu à cozinheira que preparasse um pouco de mostarda com água – uma receita caseira para induzir o vômito – dizendo "O patrão tomou mais uma dose daquele remédio horrível". O dr. Humphreys foi chamado. Quando chegou à Battlecrease House, Florie falou que o mal-estar de seu marido havia sido provavelmente causado por alguma "bebida ruim" que tomara nas corridas. O próprio Maybrick disse que seus sintomas pioraram depois de tomar uma forte xícara de chá, mas acrescentou que há mais de um ano vinha sofrendo com dores de cabeça.

O doutor perguntou-lhe sobre os efeitos que sentia tomando estricnina e *nux vomica*. Contradizendo a confissão, feita à sra. Rigg, de que havia tomado estricnina, ele respondeu: "Acho que conheço muito sobre medicina. Não suporto tais substâncias de forma alguma".

O dr. Humphreys recomendou que ele comesse carne apenas uma vez ao dia e que tomasse caldo de carne engrossado com "Revalenta Du Barry". Esse famoso remédio vitoriano era anunciado como uma cura para "indigestão, flatulência, dispepsia, catarro, constipação, todas as indisposições do fígado, disenteria, diarreia, acidez, palpitações, dores no peito, hemorroidas, dores de cabeça, debilidade, desânimo, cãibras, espasmos, náusea, desmaios, tosse, asma, bronquite, tuberculose e também para doenças infantis"! Em outras palavras, era o remédio perfeito para um hipocondríaco.

Fazia pouco tempo que Maybrick havia encomendado a um jovem artista de Liverpool, J. T. Steadman, um retrato a óleo, pensando que talvez não fosse viver por muito mais tempo. Mais tarde, o jornal *Pall Mall Gazette* alegou que ele havia pedido um "registro pictórico de sua existência corpórea". Infelizmente, essa pintura, como tantos outros objetos, desapareceu sem deixar vestígios.

Naquele domingo, Edwin apareceu para o almoço. Ele massageou as pernas de James durante o dia e ficou para passar a noite. Na segunda-feira, James escreveu uma surpreendente carta para Michael, dando a sua versão dos eventos e insinuando saber que seu fim estava próximo. Curiosamente, esta carta não foi apresentada no julgamento de Florie, mas um escriturário fez uma cópia, que ainda existe. O nome de Michael foi riscado e substituído por "Blucher" a pedido do procurador William Swift, que trabalhou para a acusação – uma nota de rodapé escrita por Swift explica que esse era o apelido pelo qual Maybrick chamava o irmão. Blucher era um tipo de bota com cadarços, e também era o nome de um general prussiano que lutou contra Napoleão em Waterloo; como Michael era conhecido por ser antialemão, com certeza o nome tratava-se de mais uma "brincadeirinha".

>29 de abril, Liverpool
>Meu querido Michael [trecho riscado no original] Blucher
>
>Tenho estado muito doente de fato. No sábado de manhã senti minhas pernas ficarem duras e inúteis, mas com força de vontade afastei a sensação e fui cavalgando até as corridas de Wirral e jantei com os Hobsons. Ontem de manhã me senti mais morrendo do que vivendo, tanto que Florie chamou outro médico que disse ser um forte ataque de indigestão e me deu algo para aliviar os alarmantes sintomas, então tudo estava bem até cerca das oito horas, fui para a cama e deitei lá por uma hora sozinho, lendo de costas. Muitas vezes senti espasmos, mas não dei importância pensando que iria passar, mas ao invés disso fiquei pior e pior, e quando tentei me mexer para tocar o sino percebi que não conseguia, até que finalmente consegui, mas quando Florie e Edwin chegaram eu estava duro, e por duas horas terríveis minhas pernas pareciam barras de ferro esticadas ao máximo e rígidas como aço. O médico finalmente voltou, mas não podia chamar aquilo de indigestão desta vez, e concluiu que foi a *nux vomica* que eu estava tomando como recomendação do dr. Fuller que me envenenou, pois todos os sintomas

apontavam para essa conclusão, sei que estou dolorido da cabeça aos pés e completamente esgotado.

O que há de errado comigo nenhum dos médicos até agora consegue dizer, e suponho que nunca conseguirão até que eu morra e então as futuras gerações talvez possam se beneficiar se eles fizerem uma autópsia, o que espero muito que façam.

Acho que não devo ir a Londres nessa semana, já que não me sinto bem para viajar e não poderei visitar Fuller desta vez, mas irei melhorar e então o verei novamente. Edwin ainda não irá visitá-lo, mas escreverá ele mesmo uma carta para você. Suponho que você estará na casa de campo na quarta-feira...

Com amor
Seu afetuoso irmão Jim.

Ainda não encontrei Dickinson.

Enquanto isso, Florie escreveu para sua mãe na França como se tudo estivesse bem.

Fomos convidados para um baile de máscaras que acontecerá em Liverpool, mas, com esses provincianos, duvido que tenha sucesso. É preciso uma certa quantidade de "diablerie", graça e vivacidade em eventos desse tipo: e como será uma novidade, as pessoas mal saberão o que se espera delas. Porém, nossa presença é aguardada com "dominós e máscaras" e eu gostaria de saber como é feito o primeiro e se o último será de gaze em vez de papel machê.

Naturalmente, Florie desejava estar o mais linda possível para o baile, por mais "provincianos" que fossem os convidados! Naquele dia, 29 de abril, ela foi até a farmácia Hanson e comprou um pouco de tintura cosmética de benzoína e flores de sabugueiro. Ela também comprou o item pelo qual iria se arrepender pelo resto da vida: mais papel pega-mosca.

No dia seguinte Maybrick sentia-se um pouco melhor e retornou ao trabalho. A cozinheira preparou um pouco de "Revalenta" e, já que Edwin estava hospedado na casa, Florie pediu que levasse o remédio até o escritório na Tithebarn Street, para o almoço de seu marido. Thomas Lowry, o jovem escriturário, saiu de lá para comprar uma panela onde se pudesse aquecer a mistura.

Edwin acompanhou Florie no baile daquela noite, provavelmente porque James não estava bem para ir. No dia seguinte, 1º de maio, o capitão Irving, da White Star Line, encontrou-se com os dois irmãos no escritório. Em um documento escrito depois, ele lembrou que, enquanto conversavam, Maybrick pegou um pequeno pacote e despejou o conteúdo em um copo d'água. O capitão notou que ele tomou duas doses em um intervalo de quinze minutos. "Todos sabiam que Jim estava sempre tomando um ou outro remédio." Quando retornaram juntos para a Battlecrease House, Maybrick não conseguia sentar-se à mesa. Irving depois encontrou Edwin na cidade e perguntou-lhe "que diabos está errado com Jim?".

"Ele está matando a si mesmo com aquela maldita estricnina", respondeu Edwin.

Posteriormente, quando um jornal publicou o relato do capitão Irving sobre esses eventos, Edwin negou tudo categoricamente. "É uma afirmação completa e absolutamente não verdadeira em todos os aspectos", disse em um telegrama para a imprensa. "Nunca vi meu irmão colocar nenhum pó branco no vinho ou em qualquer outra coisa em minha vida." No julgamento de Florie, Edwin alegou que não tinha conhecimento sobre o hábito de consumir drogas de seu irmão.

No dia 2 de maio, uma quinta-feira, Maybrick mais uma vez almoçou no escritório, mas retornou para casa sentindo-se mal. O Diário registra:

> Eu não tomo mais a coisa temida por medo de machucar minha querida Coelhinha, ou pior, as crianças.

Se o que está escrito for verdade – ou seja, se Maybrick realmente parou de ingerir as drogas –, a retirada repentina teria sido quase insuportável. Em 1885, o periódico *Chambers Jounal of Popular Literature, Science and Art* relatou uma conferência que incluía o assunto ingestão de arsênico.

> Quando um homem cede à tentação de ingerir, ele deve continuar a fazê-lo ou, como é dito popularmente, a última dose o mata.
> De fato, a pessoa que ingere arsênico deve não apenas continuar a fazê-lo, mas também deve aumentar a quantidade da droga, portanto é extraordinariamente difícil interromper esse hábito, já que sua retirada repentina causa a morte, e a retirada gradual produz tal grau de ansiedade que é provável dizer que nenhum consumidor genuíno de arsênico tenha conseguido parar de ingeri-lo enquanto durou sua vida.

Desde as últimas entradas no Diário até sua morte, Maybrick deve ter estado em agonia. E, de fato, nesses trechos ele expressa remorso e implora pela libertação do tormento de viver.

> Não tenho coragem para tirar minha própria vida. Eu rezo todas as noites para encontrar a força para fazê-lo, mas a coragem me escapa. Rezo constantemente para que tudo seja perdoado. Eu me arrependo profundamente de ter batido nela, consegui perdoá-la do fundo do meu coração por seus amantes.
> Creio que contarei tudo a ela, pedirei seu perdão assim como eu a perdoei. Rezo a Deus para que ela entenda o que fez comigo.

No dia 3 de maio, Maybrick encontrou o dr. Humphreys e reclamou que o remédio não estava funcionando. Florie fez um comentário mordaz sobre ele dizer sempre o mesmo sobre qualquer remédio após três ou quatro dias de uso. Depois Maybrick foi até seu escritório pela última vez. Naquela tarde, com a aprovação do médico, ele foi até o banho turco, um tipo de sauna popular da época. Esse também foi o dia em que escreveu sua última e emocional página no Diário.

> A dor é insuportável. Minha querida Coelhinha sabe de tudo. Não sei se ela possui a força para me matar. Rezo a Deus para que ela encontre. Seria simples, ela sabe do meu remédio, e com uma ou duas doses extras tudo terminaria. Ninguém saberá que eu busquei isso. George sabe do meu hábito e confio que logo chegará ao conhecimento de Michael. Na verdade, creio que ele também está ciente do fato. Michael saberá como agir, ele é o mais sensato entre nós, não creio que vou durar até junho, meu mês favorito. Implorei à Coelhinha para agir logo. Amaldiçoo a mim mesmo por ser tão covarde.

Durante a noite, Maybrick sofreu com uma "terrível dor entre os quadris e os joelhos". À meia-noite, o dr. Humphreys foi novamente até a Battlecrease House. Ele concluiu que as dores eram resultado do uso excessivo de toalhas no banho turco e, ignorando o fato de que seu paciente havia vomitado duas vezes, administrou um supositório de morfina.

Na manhã seguinte, Maybrick piorou. Ele vomitava violentamente. O dr. Humphreys fez uma visita logo cedo e instruiu o paciente a não ingerir nenhum líquido: ele poderia matar a sede molhando a boca com água, chupando um pano molhado ou gelo. Um remédio foi entregue pelo farmacêutico e levado imediatamente para o quarto de Maybrick por Mary Cadwallader.

"Nada deve ser levado para seu quarto sem que eu veja antes", ordenou Florie. Tomando o remédio, ela o esvaziou na pia e explicou para Cadwallader que apenas um pouco mais daquilo teria matado seu marido. Em tais circunstâncias, a mais simples ação, mesmo com uma explicação direta, pode ser manchada por insinuações e rumores. Havia um ar carregado de malícia na Battlecrease House que infectava a atmosfera como uma febre. Não há dúvidas de que a acusação contra Florie foi construída a partir de fofocas e mal-entendidos.

Trevor Christie se refere à "conspiração mortal" realizada pela babá Yapp e pelas três irmãs – a sra. Briggs, a sra. Hughes e Gertrude Janio, que mexiam um caldeirão de ódio e suspeita. Alexander MacDougall descreveu os bizarros eventos que se passaram na Battlecrease House nas últimas horas da vida de James Maybrick, mas incluiu os irmãos Michael e Edwin na conspiração. MacDougall acreditava que, por razões inimagináveis, eles conspiraram juntos para a morte de James Maybrick. Foi uma trama que não deu certo. Michael, em particular, certamente tinha muito a perder. Ele estava no auge de sua carreira, frequentando círculos elevados; sua vida teria se despedaçado se qualquer sussurro sobre a vida secreta de James em Londres vazasse para a imprensa. E Edwin estava apaixonado por Florie.

Na manhã de sábado, 4 de maio, Florie enviou Mary Cadwallader à farmácia Wokes para buscar um remédio sob prescrição. James Grant, o jardineiro, contou a Alice Yapp que o sr. Wokes se recusou a entregar o pedido, argumentando que aquilo continha um veneno poderoso. Alice então passou essa fofoca para a sra. Briggs e a sra. Hughes.

Mas, no dia 21 de agosto, três meses após a morte de James, Mary Cadwallader disse o seguinte ao *Liverpool Post*: "Não sei como ela se atreveu a contar essa história". Mary contou que o dr. Humphreys começou a escrever uma prescrição que não terminou. Ele a deixou de lado. Em sua agitação, Florie repentinamente pegou-a pensando que era uma prescrição para o caldo de carne. Então Mary foi até a farmácia com a receita errada – o sr. Wokes explicou que era preciso a assinatura do médico e sugeriu que o próprio doutor poderia fazer o pedido. Mary negou que tenha havido qualquer menção a veneno.

Ela foi para casa, explicou o engano e retornou à farmácia do sr. Wokes, que então entregou o caldo de carne. Mais tarde, o dr. Humphreys deu ao sr. Wokes a informação necessária para a prescrição original.

O relato do dr. Humphreys também não menciona a prescrição conter veneno. Mesmo assim, aquela inocente visita, assim como tantas outras coisas, assumiu proporções sinistras nos aposentos das criadas.

No domingo, 5 de maio, Elizabeth Humphreys subiu ao quarto para ver seu patrão, que implorou por um pouco de limonada com açúcar, dizendo: "Quero que você faça como faria para qualquer pobre homem morrendo de sede".

Florie estava no quarto e disse: "Você não pode beber, a não ser que seja como gargarejo". Ela estava seguindo as instruções do dr. Humphreys.

Naquela tarde, Edwin foi até a casa e, desobedecendo às ordens do doutor, deu a seu irmão conhaque com soda, o qual Maybrick prontamente vomitou.

Na segunda-feira, 6 de maio, o doutor chegou às 8h30. Ele lembrou Maybrick de não tomar seu habitual remédio, o "Caldo de Carne Valentine", ou o ácido prússico, já que eles estavam fazendo-o vomitar. Ele então prescreveu "Fowler's Solution", que continha arsênico.

Enquanto Florie foi às compras, a babá Yapp ficou cuidando de Maybrick. Ele estava gemendo e com febre; ela esfregou suas mãos, que ele mais uma vez disse estarem dormentes. Quando Florie voltou, a babá sugeriu que o doutor fosse chamado, mas Florie rejeitou a ideia, argumentando que seu marido acabaria não fazendo o que o médico mandasse.

A Battlecrease House agora estava cheia de criadas, familiares e visitantes, todos inquietos, sussurrando e espiando uns aos outros e, principalmente, Florie. No meio disso tudo, uma carta de Brierley chegou. Dizia estar com medo de que o segredo estivesse prestes a explodir e por isso viajaria para o exterior – para longe do perigo.

Durante a noite de 6 de maio, o dr. Humphreys fez mais uma visita e aplicou uma "ventosa" – um tratamento para tentar aliviar as dores de estômago de Maybrick.

À medida que a doença progredia, a atmosfera de desconfiança aumentava. Assim, quando Alice Yapp viu Florie despejando algo de um frasco para outro, ficou decididamente desconfiada. Ela lembrou-se dos papéis pega-mosca que Bessie contou ter descoberto mergulhados sob uma toalha na pia.

No começo da tarde do dia 7 de maio, Florie enviou um telegrama para o escritório de Edwin em Liverpool pedindo que ele encontrasse alguém para oferecer uma segunda opinião médica. Foi assim que o dr. William Carter, um autoproclamado "médico de considerável experiência, incluindo casos de overdose medicinal com arsênico", juntou-se à equipe médica. Ele encontrou o dr. Humphreys na casa às 17h30, e, juntos, examinaram o inquieto paciente. A essa altura, Maybrick também reclamava da presença de um "cabelo" em sua garganta.

Os doutores decidiram que ele estava sofrendo de dispepsia, e desta vez prescreveram pequenas doses de antipirina, para aliviar sua garganta dolorida, e tintura de jaborandi junto com o remédio Chlorodyne diluído, para aliviar o gosto ruim em sua boca. Naquela noite, Maybrick vomitou continuamente e ainda sentia-se incomodado com o "cabelo".

Na quarta-feira, 8 de maio, ele não conseguia sair da cama e disse ao dr. Humphreys que achava que iria morrer. Edwin visitou seu irmão antes de sair cedo para o trabalho. Maybrick sugeriu que uma enfermeira fosse trazida para ajudar Florie, que estava exausta. Florie enviou um telegrama para sua mãe em Paris com uma concisa mensagem de tom muito diferente de sua última carta: "Jim muito doente de novo".

Através da janela do andar superior, a babá Yapp, que estava ansiosa com tudo que viu ou imaginou, observou as irmãs, a sra. Briggs e a sra. Hughes, andando apressadas pelo caminho de entrada da casa. Ela abordou as duas no pátio com a chocante declaração: "Graças a Deus vocês chegaram, pois a senhora está envenenando o patrão". Ela as acompanhou imediatamente para ver James.

Florie ficou compreensivelmente irritada quando descobriu que as irmãs já estavam no quarto de seu marido. Ela as chamou até a sala de estar e por fim concordaram em contratar uma enfermeira. A sra. Briggs e a sra. Hughes foram embora por volta do meio-dia, mas imediatamente enviaram um telegrama para Michael em Londres. "Venha prontamente", dizia a mensagem. "Coisas estranhas acontecendo aqui." Esse foi um dos dois telegramas cheios de maus presságios enviados a Michael naquele dia. O segundo era de Edwin, que também implorou para que seu irmão fosse até a Battlecrease House.

Uma enfermeira da Nurses's Institution de Liverpool, chamada Gore, chegou à casa por volta das 14h15. Com a enfermeira ajudando-a, Florie cometeu um erro crítico. Ela respondeu a carta de Brierley e, em seguida, pediu para Alice Yapp enviá-la.

Alice admitiu no julgamento de Florie que deu para a pequena Gladys carregá-la enquanto caminhavam para apanhar o correio das

15h45. No caminho, Gladys a "derrubou", sujando o envelope. "Fui até o correio e pedi um envelope em branco para colocar o endereço. Abri a carta enquanto ia até a caixa de correio", ela testemunhou.

O que Alice leu a chocou de tal maneira que ela guardou a carta em seu bolso. Nunca foi postada.

> Queridíssimo
>
> ... não posso responder sua carta totalmente hoje, meu querido, mas alivie sua mente de todo <u>temor sobre eles descobrirem</u> agora ou no futuro. M. está delirando desde domingo, e agora sei que ele <u>ignora perfeitamente tudo</u>, não sabe <u>nem mesmo o nome da rua</u>, e também <u>não tem feito nenhuma pergunta!</u> A história que me contou era pura invenção, e tinha a única intenção de me assustar para arrancar a verdade de mim. De fato, <u>ele acredita</u> na minha afirmação, embora não <u>admita</u>. Você não precisa viajar para o exterior por causa disso, meu querido; mas, em todo caso, por favor, não <u>deixe o país antes que eu o veja novamente</u>! Você deve entender que aquelas minhas duas cartas foram escritas sob circunstâncias que devem desculpar a injustiça delas em seus olhos.
>
> Você acha que eu poderia agir da maneira que estou agindo se realmente sentisse e quisesse dizer o que insinuei na época? Se você deseja escrever qualquer coisa para mim, faça isso <u>já</u>, pois todas as cartas passam pela minha mão agora. Desculpe-me por esta carta apressada, meu querido, mas não me atrevo a sair do quarto nem por um momento, e não sei quando poderei escrever para você novamente. Apressada, e sempre sua, Florie.

Quando Edwin retornou por volta das cinco da tarde, a babá Yapp estava esperando por ele no pátio em seu habitual posto observatório, e ela o interceptou. Enquanto sentavam no jardim, ela revelou sua inquietante descoberta. Mas ele não fez nada.

Michael chegou à Edge Hill Station pouco antes das 21h, e encontrou seu irmão que havia ido buscá-lo com uma carruagem. Quando Edwin contou sobre a carta, Michael tomou o controle da situação. No caminho para a casa, os dois homens leram a carta endereçada a Brierley, e após Michael ver o agora semiconsciente irmão, falou rispidamente com Florie. Ainda não havia lhe contado que tinham lido a carta, mas a criticou por não ter trazido uma enfermeira profissional e um segundo médico antes. Então, saiu para ver o dr. Humphreys em sua casa, chegando lá às 22h30. O doutor reconheceu que não estava satisfeito com a condição de Maybrick, e Michael o informou sobre as suspeitas da babá Yapp. O doutor também não fez nada. Ele meramente disse: "Seu irmão me disse que vai morrer".

Todos tiveram uma noite sem descanso. A enfermeira Gore foi instruída a ser a única responsável por dar a Maybrick sua comida e seus remédios. Um novo frasco do remédio "Caldo de Carne Valentine" foi providenciado por Edwin e dado a uma nova enfermeira substituta, que nesse ponto havia tomado o lugar da exausta Gore.

O dr. Carter retornou à Battlecrease House na tarde seguinte e persistiu em seu diagnóstico de dispepsia aguda. Michael, extremamente agitado, protestou. Ele afirmou que desde abril seu irmão adoecia em casa, mas parecia perfeitamente bem fora dela. Ele acrescentou que o abismo entre Maybrick e sua esposa era sério e que Florie havia comprado papel pega-mosca. O que faria o dr. Humphreys?

Agora que a suspeita sobre Florie era discutida com o doutor, Michael decidiu aumentar a segurança ao redor do paciente. Florie ficou praticamente despojada de sua própria casa. Ela vagava de quarto em quarto em lágrimas. Subiu ao quarto dos filhos, onde a babá Yapp cuidava das crianças, e disse: "Você sabe que estou sendo culpada por isso?".

A babá respondeu dissimuladamente: "Pelo quê?".

Florie disse: "Pela doença do sr. Maybrick".

Tudo estava contra ela. Florie sabia que o dr. Humphreys não era a favor de chamar um segundo médico e que o dr. Carter disse não haver necessidade de uma enfermeira. Ela acabou desafiando-os e providenciando as duas coisas, mas Michael estava acusando-a de demora. Florie estava confusa e brava.

Ela possuía apenas duas amigas leais na casa. Uma era Mary Cadwallader, que encontrou alguns velhos papéis pega-mosca na despensa do mordomo e os queimou. A outra era a cozinheira, Elizabeth Humphreys, que a observou na sala dos criados enquanto Florie desabava e chorava por quinze minutos. Desde a chegada de Michael, Florie contou, ela não podia entrar no quarto de Maybrick. "Minha posição não vale nada nesta casa." Michael a odiava, ela disse, e se James melhorasse, ela não permitiria que Michael entrasse na casa novamente. Mas a promessa de Florie nunca poderia ser testada.

Na quinta-feira, 9 de maio, Maybrick estava doente demais para ser examinado. Os médicos deram-no doses duplas de bismuto com um pouco de conhaque como sedativo para o estômago e, pela primeira vez, retiraram amostras de urina e de fezes, que o dr. Carter levou para serem analisadas em seu consultório. Um pequeno frasco de "Neaves Food", no qual suspeitavam que Florie havia mexido, foi entregue cuidadosamente ao doutor por Michael. Uma garrafa de conhaque da qual Michael desconfiava também foi testada. Todos os testes deram negativo, fato que não foi mencionado no julgamento de Florie.

Durante a noite, Maybrick ficou ainda pior. Contrariando as instruções dos médicos, a enfermeira Gore pegou o frasco fechado de Caldo de Carne Valentine que Edwin havia providenciado e deu a ele duas colheres diluídas em água. Florie estava lá e protestou, em vão, lembrando que os médicos disseram para Maybrick não tomar mais o caldo que sempre o deixava nauseado.

Logo após a meia-noite, a enfermeira Gore deu a Maybrick um pouco de champanhe, provavelmente para acalmar seu estômago, e notou que Florie havia levado o frasco de caldo de carne para o quarto ao lado. De acordo com a enfermeira, Florie retornou após dois minutos, recolocando o frasco "discretamente" na mesa da cabeceira. A enfermeira Callery, que também estava cuidando de Maybrick, afirmou posteriormente que Michael retirou o frasco sem que nada do caldo tivesse sido dado ao paciente desde que Florie o trouxera de volta. Mais tarde, na sexta-feira, Michael entregou um frasco do remédio para o dr. Carter analisar. Ele continha meio grão de arsênico.

Esse frasco foi usado como evidência no julgamento de Florie.

Na sexta-feira, Maybrick ficou ainda pior. A enfermeira Wilson, outra substituta, disse que ouviu Maybrick chamar Florie repetidamente: "Oh, Coelhinha, Coelhinha, como você pôde fazer isso? Não pensava isso de você". Florie respondia: "Seu velho bobo querido, não preocupe a cabeça com essas coisas".

Mais tarde, quando Thomas Lowry e George Smith entregaram papéis para serem assinados na casa, ouviram os gritos de protesto de James dizendo que queria morrer em paz com Michael e Edwin.

Às quatro da manhã do sábado, 11 de maio, Florie mandou Mary Cadwallader trazer a sra. Hughes e a sra. Briggs. As crianças foram levadas para verem o pai pela última vez. Durante a manhã, a própria Florie foi levada do quarto do doente para um quarto vazio, onde permaneceu por 24 horas em um misterioso "desmaio", totalmente inconsciente do que acontecia. O dr. Carter chegou alertando Michael de que havia encontrado um pouco de arsênico no frasco de caldo de carne e que, portanto, ele e Humphreys não poderiam dar a causa da morte como "natural".

Às 20h40 – nos braços de seu amigo mais íntimo, George Davidson – James Maybrick morreu.

No dia seguinte, o dr. Hopper foi chamado à casa. Numa declaração suplementar no julgamento, ele se lembrou da visita, e suas palavras apontam, pela primeira vez, para a possibilidade de que Florie pudesse estar grávida. "Descobri que ela estava sofrendo com um corrimento de sangue, o que poderia ter sido um aborto, e ela me contou que não menstruava desde 7 de março. Não pude dizer se estava grávida ou não, mas acho que agora isso poderia ser constatado com um exame."

Se Florie estava mesmo grávida, parece improvável que o bebê fosse de James.

Onde, no meio de todo esse alvoroço, estava o Diário? Será que Maybrick o havia deixado no escritório? Ou estaria escondido em algum lugar da Battlecrease House? Será que foi encontrado por

Michael e Edwin, que tinham todas as razões para proteger o nome da família, ou será que ficou no baú com as posses de Florie? Ou, mais provável, teria sido descoberto pelas criadas quando revistaram a casa e o levaram como uma lembrança? Seja lá onde estivesse, o Diário é específico sobre a esperança do próprio Maybrick.

>Coloco isto agora em um lugar onde possa ser encontrado. Rezo para que aquele que ler isto consiga me perdoar de coração. Lembrem-se todos, seja lá quem você for, que um dia eu fui um homem gentil...
>
>datado deste terceiro dia de maio de 1889

12

Coloco isto agora em um lugar onde possa ser encontrado

Maybrick estava morto. A última página do Diário estava fechada. Mas as sombras negras da conspiração que pairavam sobre o julgamento de Florie – as mentiras, as desconfianças e o ocultamento de evidências – confirmam minha crença de que se sabia muito, muito mais do que aquilo que foi revelado.

Dois dias após a morte de Maybrick, no dia 13 de maio, os drs. Humphreys, Carter e Barron realizaram uma autópsia na presença do superintendente Bryning. A polícia já havia começado a investigar as circunstâncias da morte, pois Carter e Humphreys haviam se recusado a emitir um atestado de óbito e, em vez disso, decidiram entregar o caso a um legista.

Michael assumiu o controle de tudo após a morte do irmão, incluindo a viúva doente, que acabou sendo entregue aos cuidados de uma enfermeira desconhecida. Florie lembrou-se do que Michael disse à enfermeira: "A sra. Maybrick não é mais senhora desta casa. Como um dos executores do testamento eu a proíbo de permitir que ela deixe este quarto".

Ela se tornou uma prisioneira antes mesmo de ser formalmente acusada. Embora as suspeitas sobre arsênico já estivessem circulando, nenhuma busca foi feita até que Maybrick estivesse morto. Com Florie presa em um quarto, Michael, Edwin, a sra. Briggs, a sra. Hughes e as criadas revistaram a Battlecrease House. No julgamento, disseram ter encontrado, em um baú de roupas no andar térreo, um frasco de morfina, um frasco de essência de baunilha e um pacote com um inofensivo pó amarelo, nenhum dos quais Bessie, a encarregada do baú, disse ter notado antes.

Mas a descoberta mais sinistra para aqueles que bisbilhotavam a vida de Florie foi um pacote onde se lia, em tinta vermelha: "Arsênico. Veneno para Gatos". No outro lado havia uma etiqueta onde se lia "veneno". Dentro, havia uma mistura de arsênico e carvão. Michael embrulhou o pacote com papel e aplicou o selo da família. Florie tinha devoção por gatos, e seus defensores acreditam que a etiqueta, que não tinha sua caligrafia, seria uma piada da babá Yapp e de sua amiga Alice Grant, a esposa do jardineiro.

Uma "declaração importante" apareceu no jornal *Pall Mall Gazette* no dia 15 de junho. O periódico dizia que

> a provável explicação para o pacote encontrado com a etiqueta "Veneno para Gatos" estava no fato de que os cachorros de um canil próximo à Battlecrease House – que causavam grande irritação no falecido – foram envenenados, tendo sido encontrado arsênico no corpo dos animais. Alega-se, após sua morte, que o falecido seria suspeito do envenenamento dos cães.

É muito estranho, assim como aconteceria tantas vezes durante o julgamento, que essa evidência – embora fosse apenas um rumor – nunca tenha sido apresentada, já que sua inclusão poderia ser útil para ajudar Florie e nos dar uma visão mais aprofundada da terrível verdade sobre a outra vida de James Maybrick. Mas, na época, o completo significado dessa história ainda não era compreendido. Ninguém sabia, como mostra o Diário, de que modo o sádico senso de humor de James Maybrick poderia ter se voltado contra Florie.

Os remédios recolhidos por toda a casa foram entregues à polícia. A lista encaminhada ao analista químico é realmente impressionante – não por causa das acusações sobre a esposa infeliz, mas pela imagem que se forma de um homem escravizado pelas drogas. Todos naquela casa possuíam acesso a grandes quantidades de inúmeras substâncias químicas. Foi uma injustiça acusar apenas Florie de administrar veneno. Ela foi vítima de pura fofoca maliciosa.

O analista, sr. Edward Davies, disse no julgamento que encontrou arsênico suficiente para "matar duas ou três pessoas". Sua evidência era tão técnica que estava muito além da compreensão das testemunhas, do júri, ou até mesmo do próprio juiz. No final, aparentemente apenas seis itens continham arsênico, e nenhum deles na forma própria para assassinato! Por exemplo, a mancha de arsênico encontrada na camisola de Florie poderia muito bem ter vindo do lenço com o qual limpou o rosto após usar produtos que continham a droga. Tais explicações não foram apresentadas no julgamento.

Alexander MacDougall é contundente em seu ataque à falta de confiabilidade de Davies e à imprecisão de seus métodos e resultados. Dentre os itens na lista que realmente continham arsênico, "todos poderiam ser ingeridos juntos e, mesmo assim, não teriam uma quantidade de arsênico suficiente para matar ninguém".

Anos mais tarde, Florie Maybrick escreveu sua autobiografia, *My Fifteen Lost Years*, na qual descreve os terríveis dias após a morte de seu marido:

> Minha consciência retornou lentamente, abri meus olhos. O quarto estava escuro. Tudo estava calmo. De repente, o silêncio foi quebrado pelo barulho de uma porta sendo fechada, tirando-me do meu estupor. Onde eu estava? Estava sozinha? Que coisa horrível havia acontecido? Uma rápida lembrança. Meu marido estava morto. Uma vez mais vaguei para longe dos sentidos. Então uma voz, como se estivesse muito distante, falou. Uma sensação de dor e angústia percorreu meu corpo. Abri os olhos aterrorizada. Meu cunhado, Edwin Maybrick, estava debruçado sobre mim enquanto eu jazia em minha cama. Ele prendia meus braços e os sacudia violentamente. "Eu quero suas chaves! Está escutando? Onde estão suas chaves?", ele exclamava duramente. Tentei formular uma resposta, mas as palavras não saíam, e mais uma vez perdi a consciência.

No dia seguinte à morte de Maybrick, Florie disse à enfermeira/carcereira que gostaria de ver seus filhos. "Você não pode ver o patrão James ou a senhorita Gladys", a enfermeira respondeu com uma voz fria e deliberada, lembra-se Florie. "O sr. Michael Maybrick ordenou que eles deixassem a casa sem que a vissem."

"Eu caí de volta em meu travesseiro, atordoada e ferida, fraca, indefesa e impotente", escreveu Florie. "Por que estava sendo tratada daquela maneira?... minha alma implorou para que Deus me deixasse morrer... o desejo de ver minhas pequenas crianças estava se tornando insuportável."

Bobô e Gladys foram temporariamente enviados com a babá Yapp para a casa de amigos, e acabaram morando com sua ex-babá, Emma Parker, que havia se casado e agora era conhecida como a sra. John Over. Em questão de poucos dias, eles haviam perdido os dois pais, assim como o conforto familiar da Battlecrease House. Sua mãe um dia fora uma bela jovem sulista que se apaixonou cedo e trocou seu poderoso círculo cosmopolita nos Estados Unidos pela segurança claustrofóbica da Liverpool vitoriana. Agora era viúva e prisioneira em sua própria casa. Ela era considerada suspeita pela família e pelos amigos de ter assassinado seu marido.

No dia 14 de maio, três dias após a morte de Maybrick, os rumores sobre Florie se tornariam acusações formais. Ela mesma descreveu:

> Repentinamente, a porta se abriu e o dr. Humphreys entrou. Ele caminhou silenciosamente até minha cama, sentiu meu pulso e, sem uma palavra, saiu do quarto. Poucos minutos depois ouvi o andar de muitos pés subirem até o andar de cima. Pararam na porta. A enfermeira avançou e um grupo de homens entrou. Um deles se aproximou da cama e disse: "sra. Maybrick, sou o superintendente da polícia e estou aqui para lhe dizer algo. Após dizer o que preciso, tenha cuidado com sua resposta, pois o que falar poderá ser usado como evidência contra a sua pessoa. Sra. Maybrick, a senhora está sob custódia por suspeita de causar a morte de seu marido, James Maybrick, no dia 11 deste mês".

Mais cedo naquele dia, o legista constatou que "veneno foi encontrado no estômago do falecido em quantidades tais que justificam o avanço dos procedimentos". Um policial foi colocado no quarto de Florie, embora não houvesse possibilidade de fuga. O policial não a deixava nem ao menos se aproximar da porta, fosse noite ou fosse dia. No funeral de Maybrick, na quinta-feira dia 16 de maio, Florie acordou com o som de vozes abafadas e passos apressados. A enfermeira disse abruptamente: "O funeral começa em meia hora".

A princípio, Florie foi impedida de entrar no quarto onde o caixão de seu marido, coberto de flores brancas, já tinha sido fechado. Ela escreveu em seu livro:

> Voltei-me para o policial e a enfermeira. "Deixem-me sozinha com o falecido." Eles recusaram. Ajoelhei-me ao lado da cama e pude chorar as primeiras lágrimas que muitos dias de sofrimento falharam em trazer... Mais calma, retornei ao meu quarto e sentei ao lado da janela, ainda chorando.
>
> De repente, a voz dura da enfermeira quebrou o silêncio. "Se você deseja ver uma última vez o marido que assassinou é melhor se levantar." Tropecei em meus pés e, agarrando-me às cortinas, fiquei em pé, rígida e sem lágrimas, até o carro fúnebre sumir de vista. Então, desmaiei.

A baronesa, usando seu melhor vestido de luto, irrompeu na Battlecrease House no dia seguinte, em resposta a um relutante telegrama de Michael. "Florie doente e com problemas terríveis", dizia a correspondência, que nem mencionava a morte de Maybrick.

"Edwin me encontrou no saguão e me levou até uma saleta", a baronesa escreveu mais tarde. "Ele estava muito agitado [...] e me contou, de maneira entrecortada, que Michael e o doutor suspeitavam de que algo estivesse errado [...] a enfermeira havia dito que Florie colocara algo no caldo de carne."

A baronesa correu ao andar superior e tentou falar com sua filha em francês. Quando Florie contou à sua mãe que era suspeita de envenenar Maybrick, a baronesa respondeu: "Se foi envenenado, foi envenenado por si próprio. Ele fez de seu corpo uma perfeita farmácia".

Na manhã de sábado, 18 de maio, a baronesa consultou os procuradores de Florie, os irmãos Arnold e William Cleaver, da firma Cleaver, Holden, Garnett and Cleaver. Enquanto ela estava em seu escritório, um telegrama chegou anunciando que Florie estava prestes a ser retirada da casa. Treze homens, entre médicos e advogados, haviam chegado de trem e se juntaram ao redor da cama de Florie. Arnold e William Cleaver chegaram antes da baronesa, e já se encontravam entre o grupo. Havia tido um debate entre eles no caminho de entrada da casa, que foi acompanhado com avidez por uma multidão de repórteres e curiosos. Os Cleaver concordaram em não se opor à prisão preventiva.

A baronesa chegou quando Florie estava sendo levada. "Fui para meu quarto, que tinha vista para a frente da casa", lembrou, "para tentar ver seu rosto enquanto colocavam minha criança na carruagem, e eles viraram a chave e me trancaram lá [...] eles a levaram tão depressa e de uma maneira tão rude que até sua bolsa de mão com artigos de banheiro foi deixada para trás [...] A enfermeira arrancou minha capa e meu chapéu e os colocou nela, então eles a levaram sentada em uma poltrona, pois estava muito fraca para ficar em pé, e a colocaram na carruagem".

Algumas semanas após a morte de Maybrick, seu amigo Charles Ratcliffe escreveu uma longa carta para John Aunspaugh em Atlanta, no estado da Geórgia. Essa carta é recontada no livro de Trevor Christie, *Etched in Arsenic*, e pertencia à coleção pessoal de lembranças de Florence Aunspaugh.

Seu texto relata uma dramática visão pessoal dos eventos que culminaram na morte de Maybrick, especialmente porque Ratcliffe era um amigo de longa data da família e uma testemunha confiável.

É uma avaliação dura, porém verdadeira, da armadilha que foi preparada para Florie.

> Isso foi um grande choque para mim. Eu já esperava uma tragédia na família, mas achava que viria do outro lado. James sabia do caso do Flatman's Hotel, e eu achava que ele iria matar Brierley a qualquer momento.

Ratcliffe descreve como Maybrick voltou para casa depois das corridas de Wirral no dia 27 de abril e começou a tomar os remédios "como de costume". Ele fala na carta sobre as "serpentes femininas" – erra ao dizer que "a velha senhora" Briggs mostrara a carta de Brierley para Edwin, pois nós sabemos que foi a babá Yapp quem abriu o bico. Diz então que Edwin, "ele mesmo atolado na lama", não deu muita atenção ao fato.

> O velho dr. Humphreys se passou por um tolo. Depois que James morreu, ele e o dr. Carter queriam colocar no atestado de óbito que a morte foi causada por uma grave inflamação no estômago. Depois que Humphreys conversou com Michael, ele se recusou a emitir um atestado com essa causa, e disse que havia fortes sintomas de envenenamento por arsênico [...] Não acha isso estranho? Um compositor instruindo um médico a realizar o diagnóstico de seu caso. Michael, o filho da mãe, deveria ter sua garganta cortada. A sra. Maybrick estava doente em sua cama quando James morreu. Ele estava morto a poucas horas quando Michael [...] fez uma busca na casa, e em seu quarto [de Florie] eles alegaram ter encontrado uma grande quantidade de arsênico, treze cartas de amor enviadas por Edwin, sete de Brierley e cinco de William [um procurador]... Eu sempre achei que a madame era burra, mas eu francamente admito que não achava que fosse tão burra a ponto de deixar suas coisas ao alcance de qualquer pessoa... Edwin está de cama com

prostração nervosa, Tom e Michael estão tentando que ele deixe a Inglaterra, e Michael diz que as cartas de Edwin nunca aparecerão no julgamento...

Durante essas semanas após a morte de Maybrick, os jornais em Liverpool começaram seu próprio julgamento, publicando uma torrente de artigos abusivos e histéricos que apresentaram evidências e julgamentos antes mesmo que Florie fosse formalmente acusada. O *Liverpool Echo* publicou uma coluna regular chamada "Maybrickmania". Como disse o próprio *Liverpool Review*, "o caso Maybrick foi um golpe de sorte para os jornais".

No dia 28 de maio, advogados, testemunhas, espectadores e um batalhão de jornalistas se acotovelaram na velha corte da polícia, na Wellington Road. A acústica era terrível, e por doze horas os jornalistas tomaram notas, como descreveu o *Liverpool Echo*, "em pé no meio de fileiras de policiais, de joelhos, às vezes nas costas do distinto advogado e em várias outras posições inusitadas, pois era impossível escutar nas mesas reservadas a eles".

A terrível miscelânea de evidências contraditórias, mentiras e erros expostos revelou-se impossível de desemaranhar. Na Grã-Bretanha, um inquérito desse tipo não se trata de um julgamento; sua tarefa é apenas estabelecer a causa da morte. Mas, em 1889, podia também apontar um culpado, e no caso Maybrick, havia muitas pessoas ansiosas em ouvir um veredito. O porta-voz do júri, o sr. Dalgleish, que era amigo do falecido, admitiu que, no dia da corrida Grand National, Maybrick contou a ele que ingeria estricnina. Ele foi imediatamente dispensado, e a evidência sobre o hábito de ingerir drogas de Maybrick foi esquecida. O sr. Fletcher Rogers então se tornou o porta-voz e impressionou a todos com a maneira como executou sua função.

Florie ainda estava muito doente para comparecer ao inquérito, então não ouviu testemunha após testemunha reiterar as fofocas dos empregados da casa. Eles falaram dos papéis pega-mosca, do caldo de carne, do "Veneno para Gatos" e, sobretudo, da carta para Brierley. O adultério de Florie foi oferecido como o principal motivo para o assassinato. Aos olhos da era vitoriana, o adultério de uma mulher era o pior crime possível.

A verdadeira causa da morte de Maybrick parecia ser um interesse secundário. De qualquer forma, apesar do que disse o legista imediatamente após a autópsia, nenhuma quantidade de arsênico foi encontrada em seu corpo. Mesmo assim, o legista insistiu no adiamento do inquérito para que o estômago e seu conteúdo pudessem ser analisados quimicamente. Assim, no dia 30 de maio, a exumação noturna de James Maybrick ocorreu no cemitério Anfield.

Florie apareceu pela primeira vez no tribunal no dia 5 de junho. Vaiada pelas mulheres, que compareceram em número duas vezes maior do que os homens, ela sentou-se na antessala enquanto o resto das evidências era apresentado. Brierley estava sentado no fundo do tribunal com seu pai, mas ele e Florie não se encontraram e seu testemunho não foi requisitado.

Aquele seria o dia dos médicos e, um por um, eles apresentaram suas descobertas preliminares. Foram seguidos pelo sr. Flatman, proprietário do Flatman's Hotel, no qual Florie e Brierley se hospedaram, e por Alfred Schweisso, um garçom do hotel que identificou Florie e Brierley. Ele depois retratou seu testemunho em uma carta para MacDougall, escrita em 18 de janeiro de 1890, na qual disse: "Em relação ao sr. Brierley, é claro que eu não o teria reconhecido se não fosse a polícia; mas como fazia parte da acusação, eu segui suas ordens, fato do qual me arrependo, pois eles agiram de maneira muito vergonhosa [...] eu não o reconheci quando ele chegou; mas um policial se aproximou e me mostrou onde o sr. Brierley estava [...] foi uma coisa bem preparada".

O próximo a depor foi Thomas Lowry, o escriturário que havia sido enviado do escritório para comprar uma colher, uma panela e uma bacia para a Revalenta de Maybrick. Em seguida falaram a empregada, a sra. Busher, que limpou os utensílios, e a sra. Briggs, que liderou a busca pela casa. No dia seguinte, o tribunal ouviu Edwin, Frederick Tozer, o assistente da Clay and Abrahams, um dos farmacêuticos que supria os remédios de James, e a polícia.

Finalmente, o analista Edward Davies informou que, como resultado da exumação, encontrou vestígios não pesáveis de arsênico no intestino de Maybrick, cerca de um milésimo de grão em seus rins, cerca de um oitavo de grão em seu fígado, e nada mais no resto de seu corpo.

Quando busquei uma opinião sobre isso com o dr. Glyn Volans, do Guy's Hospital em Londres, ele disse: "Embora um homem pudesse ter ingerido arsênico e estricnina por anos, eles simplesmente não possuíam as técnicas forenses para detectá-los com precisão. É muito compreensível que tão pouco arsênico tenha sido encontrado no corpo de Maybrick. Também é muito compreensível que eles não tenham apontado com precisão a verdadeira causa da morte".

Então, a sra. Hughes foi chamada para identificar a infame carta de Florie para Brierley. Apesar da falta de evidências, o júri – formado majoritariamente por pessoas que, segundo a imprensa local, já haviam sido convidadas dos Maybrick em uma ou outra ocasião – decidiu que James Maybrick morreu "dos efeitos de um veneno irritante administrado por Florence Elizabeth Maybrick, e que a citada Florence Elizabeth Maybrick voluntária, traiçoeira e premeditadamente matou e assassinou o citado James Maybrick".

No dia 8 de junho de 1889, um atestado de óbito realmente chocante foi emitido pelo escrivão James McGuire. Florie ainda não tinha sido acusada nem julgada pelo tribunal. Mesmo assim, a causa da morte foi relatada como "veneno irritante administrado por Florence Elizabeth Maybrick. Assassinato deliberado"!

Para evitar a longa viagem de volta para a prisão Walton, que ficava no limiar da cidade, as autoridades mandaram Florie para a pequena penitenciária Lark Lane. Lá ela foi bem tratada e se alimentou com comida trazida de um hotel próximo. As esposas de negociantes e corretores de algodão correram para dar apoio e a mantiveram limpa e vestida. Um repórter do *Liverpool Post*, que pediu para vê-la, escreveu:

> Ela tem uma pequena mesa, que foi colocada na entrada da cela. Possui permissão para se exercitar o

quanto quiser no corredor e, quando se cansa, pode sentar-se à mesa, coberta por uma toalha branca. Sobre a mesa havia dois livros, um com capa vermelha, o outro com cores menos chamativas. Ela lê os comentários sobre seu caso com muito interesse e ocasionalmente se permite fazer referências sarcásticas sobre as coisas que não a agradam. Ela é um pouco rebelde em suas maneiras.

A centelha ainda estava lá.

No dia 13 de junho, Florie, ainda de luto, foi levada para o inquérito magisterial (o equivalente ao atual tribunal dos magistrados) no tribunal Islington, em Liverpool, para ouvir as evidências contra ela pela primeira vez. Ouviu uma a uma, com testemunhos das criadas, cunhados e médicos.

Os médicos ainda não haviam concordado sobre a causa da morte de Maybrick e admitiram possuir entendimento insuficiente de sua condição. Além disso, os procedimentos são notáveis pelas evidências deixadas de fora. Em particular, ninguém mencionou que não foram encontrados traços de arsênico nas amostras de urina e fezes de James, coletadas dias antes de sua morte. Igualmente notável foi o fato de que, entre todas as muitas evidências apresentadas, no final, tudo que ficou realmente provado foi que em março Florie e Brierley haviam passado duas noites no Flatman's Hotel, em Londres. Mas isso, aparentemente, foi suficiente para a pena capital!

O julgamento de Florie foi marcado para o dia 26 de julho e ela foi enviada para a prisão Walton. Uma multidão correu vaiando enquanto sua carruagem saía do tribunal. Fotógrafos locais foram rápidos para lucrar com a história. Lojas exibiam grandes vitrines com montagens sobre os Maybrick, incluindo uma sensacional fotografia (que se perdeu há muito tempo) de Florie e Brierley juntos na corrida Grand National. A Battlecrease House se tornou uma atração turística, com dezenas de curiosos apontando diariamente para o quarto onde Maybrick morrera.

A acusação recebeu uma carta dos procuradores de Brierley no dia 6 de julho. Eles protestaram dizendo que seu cliente nunca recebera a carta de 8 de maio e pediram que ele não fosse intimado, pois já tinha planos para as férias. O pedido deve ter sido recusado.

No dia 8 de julho, pouco menos de sete semanas após a prisão de Florie, Michael flagrantemente ignorou as instruções do testamento de seu irmão. Alegando possuir a aprovação de Florie, leiloou todo o conteúdo da casa. Era como se tivesse certeza de que ela nunca retornaria. Enquanto Florie esperava em sua cela, Michael e Thomas se desfizeram de cada item do lar da jovem viúva numa venda que aconteceu nas salas de exposição da casa de leilões Messrs Branch and Leete.

Abrindo os procedimentos, o sr. Leete foi saudado pela sala lotada com um murmúrio de aprovação. Ele explicou que conhecia o falecido e a viúva e esperava que todos deixassem seu julgamento de lado. Os lances surgiram rapidamente e muitos itens foram vendidos por um valor acima do esperado. Uma cama francesa chegou a dez guinéus, e um conjunto de nogueira americano do melhor quarto foi vendido por 36 guinéus. Havia muitas pinturas pouco importantes e uma biblioteca com livros descritos como "os títulos mais comuns". Entre os itens mais comoventes nesta destruição do lar da família estavam os brinquedos – as celas e o triciclo de cavalinho das crianças. As lindas roupas de Florie foram reunidas em baús marcados com as iniciais FEC e armazenadas na loja Woolwright's. Ninguém sabe o que aconteceu com elas, mas a loja acabou se tornando uma filial da John Lewis e, em 1938, foi vendida para se tornar uma estação de gás.

Havia também um relógio de ouro, mencionado na lista prévia, mas que não chegou a ser leiloado. Este não foi o único caso de item faltando. O *Liverpool Post* comentou que Alice Yapp chegou para ao julgamento de Florie carregando, descaradamente, um de seus guarda-chuvas. A versão londrina do *New York Herald* do dia 9 de agosto comentou: "As outras criadas não hesitam em dizer que ela fez bom uso de sua posição para se apossar de muitos vestidos e objetos de Florence Maybrick".

E o que aconteceu com o dinheiro do leilão? Num certo momento Michael afirmou que gastara metade para pagar o advogado de

Florie. Mais tarde, disse que, uma vez que era testemunha da acusação, ele não pagaria pela defesa de Florie. Mais uma contradição.

Pelo menos, a seguradora Mutual Reserve Fund Life Association of New York dispensou seu embargo de três meses após a morte do segurado e enviou mil dólares para Florie. Sua mãe, nesse meio-tempo, conseguiu levantar fundos vendendo as terras da família no Kentucky. Florie precisava de todos os centavos, já que os termos do testamento de Maybrick eram extremamente severos.

Florie estava ansiosa com o fato de que seu julgamento talvez não acontecesse em Londres. Ela escreveu novamente para sua mãe:

> Eu sinceramente espero que os Cleaver consigam que meu julgamento ocorra em Londres. Eu devo receber um veredito imparcial lá, o que não posso esperar de um júri de Liverpool, cujas mentes já chegaram a uma "condenação moral" que de algum modo deve influenciar sua decisão. As fofocas das criadas, do público, dos amigos e inimigos e de milhares de curiosos, fora sua amizade pessoal com Jim, deve deixar traços e prejudicar suas mentes, não importa qual seja a defesa.

Mas seu desejo não se realizou. Os conselheiros de Florie acreditavam que teriam mais chances em seu próprio território, e ela aceitou o conselho.

Arnold Cleaver partiu para os Estados Unidos a fim de buscar apoio e testemunhas. Lá, os jornais estavam muito excitados com a imagem da mulher expatriada, desamparada e sem amigos, casada com um estrangeiro pervertido, em uma terra distante. Era o início de uma onda de apoio.

No museu Madame Tussaud, em Londres, eles já estavam tirando as medidas para sua figura de cera a ser colocada na Câmara dos Horrores.

13

A puta vai sofrer como nunca sofreu antes

O St. George's Hall, inaugurado em 1854 em Liverpool, é um desses magníficos monumentos vitorianos, retrato de uma época de orgulho confiante e do exuberante comércio. Em uma posição de destaque, como se fosse uma acrópole acima do centro da cidade, é considerado um dos mais belos edifícios neoclássicos no mundo e um dos favoritos do atual príncipe de Gales. Dentro, o Grande Hall de cinquenta metros é deslumbrante, com suas colunas de pórfiro, abóbada ricamente decorada, espalhafatosos vitrais e o glorioso piso de mosaico. A pequena e circular sala de concertos, cercada por graciosas esculturas e espelhos que causam uma ilusão de espaço, já foi descrita como o mais belo de todos os interiores do começo da era vitoriana. Hoje, o Hall ainda é cenário de muitas reuniões sociais, assim como era na época de Florie. Sem dúvida, Michael Maybrick se apresentou lá no órgão que, até a construção de uma versão maior no Royal Albert Hall em 1871, era o melhor da Grã-Bretanha.

Foi lá que ocorreu o julgamento de Florie, naquilo que se dizia o maior espetáculo que Liverpool sediava em anos. Muitos pedidos de reserva de lugares já estavam sendo recebidos de pessoas que, conforme disse o *Southport Guardian*, "como flores na primavera, não tinham nada a ver com o caso".

No lado de fora, a cidade abrigava milhares de turistas americanos, de passagem em seu caminho para a Exibição Universal de Paris. Florie escreveu para uma amiga na época:

> Estou muito solitária. Como se todos estivessem contra mim. Pensar que devo ser apresentada a todos esses olhos impiedosos [...] os dias mais negros de minha vida estão para serem vividos. Confio na justiça de Deus, não importa o que os homens pensem de mim.

Florie já havia passado pelo inquérito e pelo inquérito magisterial, em que os magistrados decidiram que ela seria julgada por assassinato. Mas havia mais um procedimento antes que ela pudesse ser chamada ao púlpito para responder às acusações contra sua pessoa – o Grande Júri.

A função do Grande Júri era se interpor entre a Coroa e o acusado e decidir se a pessoa enviada pelos magistrados deveria ser, de fato, julgada nesses termos. A não ser que o Grande Júri concordasse, enviando por sua vez uma "pronúncia verdadeira", não poderia haver julgamento. O Grande Júri possuía a última palavra. Seus membros não eram selecionados aleatoriamente, mas por sua posição social e inteligência. Eles eram considerados livres de influência local e controle da Coroa. Portanto, se o Grande Júri representava o povo, o juiz representava a Coroa.

O juiz do julgamento de Florie, o Meritíssimo sr. Juiz Fitzjames Stephen, estava no fim de uma carreira muito distinta. O *Liverpool Review* o descreveu como um "grande homem robusto e cerebral", acrescentando que:

> sua mente é como uma daquelas maravilhosas máquinas exatas que se vê nos distritos das fábricas. Faz seu trabalho com notável precisão e exatidão laboriosa e inesgotável, mas, se não for cuidadosamente observada por quem a opera e ocasionalmente posta na direção certa, pode acabar fazendo tudo errado.

Quando chegou ao julgamento sobre o caso Maybrick, parecia claro que o juiz Stephen já estava "fazendo tudo errado". A razão lhe escapava e, apesar de um dia ter sido um grande homem, já não parecia capaz de manter a concentração. Numa correspondência com Lord Lytton em 1889 ele revelou: "Eu ainda de vez em quando fumo um cachimbo de ópio, já que meu nariz ocasionalmente pede por um, e é confortado por ele".

No dia do Grande Júri, 26 de julho, milhares de pessoas se acotovelaram para conseguir ver a prisioneira fora do tribunal. Lá dentro, os raios de sol penetravam pelos vitrais e iluminavam o juiz, que sentava com sua bata escarlate sob o dossel dourado e carmesim. Em seu discurso para os jurados, o sr. Juiz Stephen descreveu os detalhes do caso, injetando insinuações e falhando no domínio dos fatos mais básicos. Suas palavras de abertura foram um ultraje. Ele se referiu a James Maybrick como um homem "infeliz o suficiente para ter uma esposa infiel".

"Se a prisioneira for culpada do crime que lhe é imputado pela acusação", ele continuou, "é o mais cruel e horrível assassinato que poderia ser cometido." Suas palavras foram noticiadas na íntegra, portanto, antes do final do julgamento, o mundo já sabia da opinião do juiz sobre adultério. Infelizmente para Florie, seu rigor se aplicava apenas às mulheres. Não houve nenhuma discussão sobre as atividades extraconjugais de James.

Duas questões se encontravam no centro da argumentação contra Florie. Teria sido o arsênico a causa da morte? Se sim, ele teria sido administrado pela sra. Maybrick com intenções criminosas?

A Coroa possuía a opção de acrescentar outras qualificações à acusação, e isso era bastante comum. Porém, no caso de Florie, a única acusação foi mesmo a de assassinato, apesar do fato de que não havia absolutamente nenhuma evidência capaz de ligar a ré a qualquer amostra de arsênico encontrada na Battlecrease House, com exceção dos papéis pega-mosca. Com o fim da deliberação do Grande Júri, o início do julgamento de Florie foi marcado para o dia 31 de julho.

O advogado de Florie, Sir Charles Russel, era um escocês persuasivo e espalhafatoso, que habitualmente carregava um lenço no bolso do paletó e o abanava para enfatizar seus argumentos. Também era membro do parlamento e um ex-procurador geral, sendo um dos advogados mais respeitados da Grã-Bretanha. Seu título impressionou muito a baronesa, e todos consideraram Florie sortuda por ser defendida por um homem famoso. Hoje afirmamos que ela poderia ter escolhido melhor.

Nos últimos tempos, Sir Charles havia colecionado fracassos em casos de assassinato. Em 1883, ele defendeu um homem chamado O'Donnel. Foi executado. Três anos mais tarde, liderou a acusação contra a sra. Adelaide Barlett por envenenar o marido com clorofórmio. Não foi condenada. Mais recentemente, porém, Russel havia sido o principal advogado de Charles Stewart Parnell, o deputado irlandês que fora acusado de traição. O julgamento, que aconteceu entre 1888 e 1889, fez Russel ouvir 340 testemunhas e discursar por seis dias. Parnell não foi condenado, mas em 31 de julho, dia do início do julgamento de Florie, o advogado estava exausto.

Por volta das oito da manhã, Florie foi colocada em uma carruagem com vários prisioneiros homens e levada até o St. George's Hall, onde uma multidão de milhares de pessoas se reuniu sob o sol, no calor que já fazia. Florie não conseguiu deixar de observar a atmosfera carnavalesca.

> Durante todos os dias do meu julgamento, disseram-me, a sociedade de Liverpool brigou por ingressos. As senhoras se vestiam como se fossem ao cinema, e algumas pessoas até levavam lanches para tentarem manter seus lugares. Muitos carregavam óculos de ópera, os quais não hesitavam em apontar para mim.

Entre as atrações havia um cantor itinerante que atraiu muitas pessoas apresentando canções baseadas no caso Maybrick. Eis alguns de seus versos, numa tradução livre:

> Oh! Safada sra. Maybrick o que você fez
> Suas escapadas são más, eu devo confessar
> Encontrar-se com o sr. Brierley, você sabe que foi muito errado
> E agora se meteu nessa grande encrenca

O Crown Court, salão onde ocorreu o julgamento, era pequeno e apropriadamente sombrio, cercado de paredes forradas de madeira escura e iluminado por um teto de vidro. Permanece hoje exatamente como era em 1889 quando, pouco antes das 10h, o belo Sir Charles Russel apareceu, abanando seu lenço. O advogado de acusação foi o jovial John Addison. O júri era formado por doze homens de Lancashire, e pelo menos um deles não sabia ler nem escrever, enquanto outro havia sido condenado recentemente por espancar a esposa. Era uma mistura de negociantes e trabalhadores, pessoas das quais não se podia esperar que entendessem os detalhes técnicos deste caso em particular.

Com uma fanfarra de trompetes, a corte se levantou e o sr. Juiz Stephen apareceu, de cara fechada, vestindo peruca branca e com as costeletas à mostra. Após as preliminares, o escriturário gritou: "Apresente-se à sra. Florence Elizabeth Maybrick". No andar de baixo, numa pequena cela, estava o caso número 24. A cela também permanece inalterada até hoje, uma fria lembrança de sua história trágica. Não existe iluminação, apenas uma única vela ainda cintila nas paredes de pedra acima do banco em que Florie aguardou para conhecer seu destino.

Ela subiu a estreita escadaria até o banco dos réus, uma pequena figura com um vestido preto, uma jaqueta de crepe e um gorro com flâmulas negras. Um fino véu preto cobria seu rosto. Então, para as acusações contra a sua pessoa, ela respondeu clara e firmemente: "Inocente".

Após o julgamento, Alexander MacDougall tornou-se um grande defensor de Florie, acreditando que ela foi vítima de um erro grosseiro da justiça. Seu livro reconta as inconsistências e imprecisões na argumentação contra Florie. Entre os médicos que testemunharam, havia uma aceitação geral de que a causa da morte de Maybrick foi gastroenterite. Porém, eles não concordaram se o quadro foi causado pela ingestão de uma comida ruim ou por envenenamento, e, nesse último caso, se o veneno de fato seria arsênico.

Dr. Richard Humphreys

O dr. Richard Humphreys, o primeiro a tratar Maybrick quando adoeceu, foi um daqueles que atribuíram sua morte ao arsênico. Mas, no inquérito magisterial, ele reconheceu que nunca havia tratado alguém que morreu envenenado com arsênico, nem havia participado de uma autópsia em um caso desses.

Dr. William Carter

O dr. William Carter viu Maybrick apenas quatro vezes. Além disso, ele também reconheceu no interrogatório que nunca havia tratado um caso que envolvesse morte por arsênico, nem participado de uma autópsia desse tipo. No dia 9 de maio, o dr. Carter diagnosticou Maybrick com dispepsia aguda causada por "excesso de comida e bebida". Dois dias depois, após a conversa na qual Michael Maybrick mencionou sua própria suspeita de envenenamento por arsênico, o doutor mudou sua opinião. No julgamento, ele concordou com o dr. Humphreys.

Dr. Alexander Barron

O dr. Alexander Barron, professor de patologia da Universidade College de Liverpool, estava presente na autópsia e na exumação, mas não havia tratado do paciente. Ele concluiu que a morte havia sido causada por "inflamação aguda do estômago, provavelmente causada por algum veneno irritante".

Quando foi interrogado por Sir Charles, o dr. Barron ouviu a seguinte pergunta: "É possível diferenciar os sintomas de envenenamento por arsênico e de envenenamento por comida estragada?".

"Eu não saberia diferenciar", ele respondeu.

Dr. Charles Meymott Tidy

O dr. Charles Maymott Tidy foi analista do Ministério do Interior por dois anos e examinador de medicina forense no London Hospital, com experiência em envenenamentos desde 1862. Ele afirmou: "Os sintomas da autópsia excluem nitidamente o arsênico".

Dr. Charles Fuller

O dr. Charles Fuller, que possuía trinta anos de experiência como médico e homeopata, disse não ter razão para acreditar que Maybrick vinha tomando arsênico, já que os sintomas que acompanham a ingestão habitual de arsênico não estavam presentes neste caso.

Dr. Rawdon Macnamara

O dr. Rawdon Macnamara, membro do Colégio Real de Cirurgiões da Irlanda e doutor em Medicina pela Universidade de Londres, já havia administrado arsênico em "muitos casos". Quando questionado se Maybrick morrera de envenenamento por arsênico, ele respondeu: "Certamente não".

Dr. Frank Thomas Paul

O dr. Frank Thomas Paul era professor de medicina jurisprudente na Universidade College de Liverpool e um patologista que havia realizado mais de 3 mil autópsias. Sua opinião era de que os sintomas descritos no caso "concordam com casos de gastroenterite pura e simples [...] Eu presumo que ele morreu de exaustão causada pela gastroenterite".

Dr. Thomas Stevenson

O dr. Thomas Stevenson, assistente de medicina forense no Guy's Hospital em Londres e analista do Ministério do Interior, foi chamado para examinar as vísceras de Maybrick. Após um longo interrogatório, ele testemunhou, contradizendo os demais, que "não tinha dúvidas" de que a morte fora causada por envenenamento por arsênico.

A propósito, o dr. Hopper, que era o médico da família desde 1881, ofereceu evidências sobre a dependência de drogas de Maybrick, mas sua opinião sobre a doença final de seu paciente não foi requisitada.

A nosso pedido, o dr. Glyn Volans, do Guy's Hospital, leu o "Relatório Toxicológico" da época sobre o caso Maybrick e não ficou "nem um pouco convencido" de que ele morrera envenenado por arsênico. "A menor dose letal registrada é dois grãos", ele disse, "mas apenas um décimo de grão foi encontrado no corpo de Maybrick. A evidência de que Florence Maybrick administrou veneno não existe. É mais provável que tenha morrido por causa dos efeitos acumulativos de todas as substâncias que os médicos o fizeram tomar nas últimas semanas, aliado ao resultado de uma vida de abuso de medicamentos – além disso, ele não tinha mais acesso a seus venenos, portanto estava sofrendo com sintomas de abstinência. Insuficiência renal é uma provável causa da morte".

Se os jurados não se incomodaram com a confusão das evidências médicas, talvez seja porque tinham testemunhos muito mais excitantes nos quais se concentrar. Ao final da primeira semana do julgamento, Florie ouviu todas as testemunhas reconstruirem sua vida com Maybrick e os eventos de 1888-1889. Ela enfraqueceu, porém, sua defesa ao pedir que, pelo bem das crianças, nenhuma menção fosse feita às indiscrições de seu marido.

E havia a questão do caldo de carne. Contra as ordens do dr. Carter, o caldo foi dado por Edwin à enfermeira Gore, e o frasco, novo e ainda fechado, ficou ao lado da cama de Maybrick na noite de 9 de maio. A enfermeira Gore sabia que suspeitavam de Florie. Logo após as onze da noite, Gore deu a ele uma ou duas colheres diluídas em água, apesar do alerta de Florie de que o remédio lhe fazia vomitar. Por volta da meia-noite, ela observou Florie remover o frasco por alguns momentos, levá-lo para o quarto ao lado e devolvê-lo alguns segundos depois para a mesinha ao lado da cama. Ela também notou que Florie moveu o frasco para longe do alcance e o colocou em uma mesa quando Maybrick acordou. Ele não bebeu o caldo de carne.

O frasco então passou dos cuidados da enfermeira Gore para os de Michael, e depois para o dr. Carter, antes de ser enviado para análise. O sr. Edward Davies informou que havia meio grão de arsênico diluído no vidro, uma descoberta que alimentou a acusação. Quando Florie contou sua história pela primeira vez para o procurador antes do inquérito, ela admitiu, talvez inocentemente, ter colocado um pouco de pó no caldo de carne, mas alegou ter feito isso a pedido de seu marido. A informação não foi revelada para seu próprio bem, mas fazia parte de uma declaração que ela insistiu em ler, indo contra o conselho dos advogados, ao final do julgamento. Ela disse ao júri:

> Na quinta-feira à noite, no dia 9 de maio, após a enfermeira Gore ter dado a meu marido caldo de carne, eu sentei-me ao seu lado na cama. Ele reclamou que estava muito enjoado e deprimido, e mais uma vez implorou para que eu lhe desse um pó que já havia mencionado antes naquela noite, o qual eu havia negado. Eu estava extenuada, terrivelmente ansiosa, miseravelmente infeliz, e sua evidente angústia me deixou completamente nervosa. Ele disse que o pó não o prejudicaria e que eu podia colocá-lo na comida. Então, eu consenti. Meu Senhor, eu não tinha um único amigo verdadeiro e honesto naquela casa.
> Não tinha ninguém a quem consultar, ninguém para me aconselhar. Fui despojada de minha posição como senhora de minha própria casa e da posição de enfermeira de meu marido, a despeito de ele estar muito doente. Apesar de as evidências das enfermeiras e criadas, devo dizer que ele desejava que eu estivesse junto; ele sentia minha falta quando não estava presente; sempre que eu saía do quarto ele perguntava por mim e, por vários dias antes de morrer, fui impedida de dar-lhe um pedaço de gelo sem que alguém o tirasse de minha mão.
> Quando encontrei o pó, eu o levei para o quarto ao lado junto com o caldo de carne e, ao passar pela

porta, virei o frasco. Para reparar a quantidade que derramei, adicionei uma quantidade considerável de água. Ao retornar para o quarto, encontrei meu marido dormindo, e coloquei o frasco na mesa ao lado da janela. Quando ele acordou, sentia-se engasgando e vomitou; depois disso, ele pareceu um pouco melhor, e como não pediu pelo pó novamente, e eu não queria dar em primeiro lugar, removi o frasco da pequena mesa onde atrairia a atenção e o coloquei em cima do lavatório, onde ele não poderia vê-lo.

Eu o deixei lá, meu Senhor, até, creio, o sr. Michael Maybrick tomar posse dele. Até a terça-feira, 14 de maio, uma semana depois da morte de meu marido e poucos minutos antes de o sr. Bryning fazer esta terrível acusação contra mim, ninguém naquela casa me informou sobre o fato de que o atestado de óbito havia sido recusado, ou que uma autópsia havia sido realizada, ou que havia qualquer razão para supor que meu marido morrera de outra causa senão a natural. Foi apenas quando o sr. Briggs fez uma alusão à presença de arsênico em seu caldo de carne que fiquei sabendo da natureza do pó que meu marido havia pedido para mim.

O que Florie não sabia era que o pó branco do arsênico não se dissolve facilmente. O arsênico encontrado no frasco de caldo de carne deveria estar já dissolvido e não poderia ter sido acrescentado da maneira que Florie descreveu. Assim, o que seria o pó que Maybrick implorou para que ela lhe desse? Poderia ser estricnina? De acordo com o Diário, ele escreveu dez dias antes sobre sua intenção de pedir que Florie o matasse, imaginando se ela teria a força para fazê-lo. Se ela o tivesse envenenado com estricnina, os testes para arsênico aplicados pelos analistas não teriam revelado. De qualquer forma, eles não estavam procurando por essa substância.

Muito se falou sobre os papéis pega-mosca. Apenas cinco anos antes, duas irmãs casadas de Liverpool chamadas Flanagan e Higgins haviam sido enforcadas por usar arsênico extraído de papel pega-mosca para matar três pessoas. A defesa de Florie argumentou que os papéis pega-mosca não poderiam ser responsáveis pela morte de Maybrick, já que não foram encontradas fibras deles em nenhum dos frascos contaminados na casa. Sobre isso, Florie disse em sua declaração:

> Os papéis pega-mosca foram comprados com a intenção de uso cosmético. Antes de meu casamento, e desde então, por muitos anos eu tenho tido o hábito de usar uma solução para lavar o rosto, prescrita para mim pelo dr. Greggs, do Brooklyn. Consistia principalmente de arsênico, tintura de benzoína, flores de sabugueiro e alguns outros ingredientes. Perdi essa prescrição em abril último e, como na época eu estava sofrendo com uma pequena erupção no rosto, pensei que eu mesma conseguiria fazer uma solução substituta. Estava ansiosa para me livrar logo daquela erupção antes de ir ao baile no dia 30 daquele mês. Quando estive na Alemanha, vi muitos dos meus jovens amigos usando uma solução derivada de papel pega-mosca, água de sabugueiro, água de lavanda e outras coisas misturadas, e então aplicavam ao rosto com um lenço molhado na solução. Usei os papéis pega-mosca da mesma maneira. Mas, para evitar a evaporação do perfume, era necessário excluir o ar ao máximo possível, e para isso coloquei um prato em cima dos papéis pega-mosca, com uma toalha em cima, e então mais uma toalha. Minha mãe sabe que há muitos anos eu uso soluções cosméticas com arsênico.

Parecia realmente inofensivo. Mas, como essa declaração não havia sido feita no inquérito magisterial, o juiz Stephen disse que a considerava uma mentira, planejada para aquela ocasião.

Muitos meses após o julgamento, a baronesa Von Roques estava virando as páginas da Bíblia da família Chandler – um dos poucos itens salvos do leilão –, quando encontrou a receita perdida escrita com o papel selado de um químico de Nova York e datada de 1878. Florie não estava mentindo. Um ano após o julgamento, em 1890 – já tarde demais para Florie – E. Godwin Clayton, um químico e membro da Sociedade Pública de Analistas, realizou um teste tentando extrair arsênico de dois papéis pega-mosca. Sua conclusão dizia ser "quase impossível para qualquer pessoa sem a oportunidade e conhecimento de manipulação química obter uma infusão aquosa de papel pega-mosca, a qual pudesse adicionar ao Caldo de Carne Valentine em quantidade semelhante a meio grão de arsênico".

O julgamento terminou após sete dias. A arrematação do juiz levou intermináveis doze horas, divididas em dois dias.

> Para uma pessoa deliberadamente administrar veneno a um pobre e indefeso homem doente, ao qual ela já havia infligido um terrível ferimento – um ferimento fatal para o casamento – a pessoa que consegue fazer tal coisa deve realmente ser destituída de qualquer traço de sentimento humano.

Ao final da arrematação, todos ficaram completamente confusos. Uma testemunha dos procedimentos disse que "nunca havia visto em um tribunal de lei uma exibição tão patética de incompetência e imprecisão".

O juiz continuou a enrolação. "As circunstâncias indicadas nas evidências são muito variadas, e as testemunhas vão e voltam de maneira que deixam as evidências confusas do começo ao fim. Temo dizer que não poderei explicar-lhes da maneira que gostaria..."

Jornalistas, espectadores e milhares de pessoas que lotavam a praça ao lado do St. George's Hall estavam confiantes de que Florie seria absolvida. Houve um grande aumento da opinião pública a seu favor. Afinal de contas, não havia nenhuma evidência ligando Florie a qualquer quantidade de arsênico encontrado na casa; nada que pudesse provar o fato de que ela teria administrado conscientemente arsênico, já que não havia nem mesmo sido essa substância a causa da morte de James Maybrick.

Ainda assim, o júri levou 35 minutos para registrar seu veredito: "culpada".

O único telefone no St. George's Hall havia sido reservado antecipadamente pelos jornais *Evening Express* e *Morning Courier*, ávidos por um furo de reportagem. Igualmente ansioso, o *Daily Post and Echo* organizou um sistema de bandeiras entre um repórter no tribunal e uma fila de correspondentes que se alinhavam no caminho para o escritório do jornal. No meio do tumulto, o jornalista que estava no tribunal se confundiu, balançando a bandeira errada. Assim, 5 mil cópias do jornal invadiram as ruas com manchetes anunciando que Florie estava livre.

O sr. Juiz Stephen vestiu seu chapéu preto. O silêncio no tribunal foi quebrado apenas por um soluço. Homens choravam. Mulheres desmaiaram.

Não deveria James Maybrick, que jazia no cemitério Anfield, estar sentado naquele banco do réu para ser julgado? Em vez disso, foi Florie, sua viúva e última vítima, quem ficou rígida, estremeceu, e então, após a sentença de morte ser proferida, caminhou para fora do tribunal, sozinha e sem ajuda.

Muitas perguntas sobre o caso ainda não foram respondidas.

Em 1899, J. H. Levy editou um grande livro de 609 páginas sobre o caso, intitulado *The Necessity for Criminal Appeal*. Em seu trabalho, ele se referiu ao julgamento de Florie como "um dos mais extraordinários erros de justiça dos tempos modernos" e o chamou de "uma profunda vergonha". Ele escreveu seu livro para ajudar a reparar "o funcionamento defeituoso da máquina da justiça". Até mesmo o juiz do caso admitiu mais tarde que este fora o único julgamento em sua carreira no qual "poderia haver dúvidas sobre os fatos".

E quanto ao comportamento de Michael e Edwin, este último de quem se dizia não amarrar os sapatos sem consultar o irmão mais velho? Mesmo antes da morte de Maybrick, os dois discutiram com a sra. Briggs, com a sra. Hughes e até mesmo com a babá Yapp a possibilidade de que ele estava sendo envenenado. Mesmo assim, a busca na Battlecrease House só foi feita quando já era tarde demais, e todo o local foi varrido em uma busca frenética – pelo quê? Cartas comprometedoras de Edwin a Florie foram encontradas – e destruídas.

Edwin havia discutido com amigos o hábito de Maybrick tomar aquela "maldita estricnina", mas negou que soubesse de algo no julgamento. Michael também sabia da dependência de seu irmão, mas também negou. Então, por que os analistas estavam procurando apenas por arsênico? E por que, entre a morte de Maybrick e o julgamento de Florie, o dr. Hopper destruiu todas as suas prescrições?

Michael conseguiu impedir que o último testamento de James fosse usado no tribunal, pois o documento dava a ele e a Thomas enormes poderes, e nada para Florie. Por que, então, os procuradores de Florie não impediram Michael de vender os conteúdos da Battlecrease House?

Muito se falou sobre as dívidas de Florie; nada foi dito sobre as dívidas de seu marido. A vida de infidelidades de Maybrick foi ignorada; o lapso de Florie foi suficiente para condená-la.

Por que tantas testemunhas importantes não foram chamadas? Onde estavam a baronesa, os outros irmãos de Maybrick, o próprio Alfred Brierley, John Baillie Knight (amigo e defensor de Florie), a sra. Christina Samuelson, ou os próprios Hobsons, com quem Maybrick jantou na noite das corridas de Wirral?

Quais eram as evidências suprimidas a que tanto a baronesa como o procurador Jonathan Harris se referiram em correspondência com Henry Matthews e, mais tarde, com o Muito Honorável H. H. Asquith?

Maybrick se movia no limiar do mundo sombrio de seu irmão Michael, um mundo de luzes brilhantes, da alta sociedade, da irmandade maçônica e de manobras militares. Ele era peixe pequeno. Mas, se fosse Jack, o Estripador, seria uma ameaça a esse mundo, e eu acredito ser muito provável que ele tenha sido vítima de uma conspiração que deu errado e pela qual Florie sofreu.

Duvido que Florie estivesse ciente dos segredos sombrios de sua vida em Londres, embora haja a confissão no Diário de que "minha querida Coelhinha sabe de tudo". Tenho sérias suspeitas sobre Edwin e Michael. Um dia seus papéis, sem dúvida sinistros, sobre a tragédia de Florence Maybrick serão revelados.

O caso Maybrick foi o último do sr. Juiz Stephen. Dois anos depois, ele foi mandado para um asilo privado para os insanos em Ipswich, onde morreu em 1894.

Quando a forca de Florie já estava sendo ruidosamente construída dentro do alcance dos ouvidos de sua cela, foi-lhe concedido um adiamento. O ministro do interior, sr. Henry Matthews, que trabalhara com tanto afinco e sem sucesso no ano anterior para capturar o assassino de Whitechapel, substituiu a pena de morte por uma pena de prisão perpétua.

Levy acreditava, assim como muitos outros, que Florie seria libertada. Ao invés disso, ela foi mantida na prisão por quinze anos por tentativa de assassinato contra seu marido – um crime pelo qual não tinha sido julgada nem considerada culpada, e cuja pena máxima era de dez anos.

Ironicamente, a história ligou várias vezes o nome de Florence Maybrick, e não o de James, com Jack, o Estripador. O filho do juiz de seu caso, J. K. Stephen, foi tutor do duque de Clarence e ele próprio nomeado como suspeito por Michael Harrison, em seu livro *Clarence*. Stewart Evans, coautor de *Jack the Ripper, The First American Serial Killer*, descobriu um cartum publicado em um periódico chamado *St. Stephen's Review* em agosto de 1889. Mostrava o ministro do Interior com Jack, o Estripador, à sua direita e Florence à sua esquerda. A legenda dizia: "Tentativa de assassinato de Florence Maybrick – salve-a, sr. Matthews!".

Os nomes Chandler, Leipzig e Liverpool aparecem em *The Lodger*, um famoso romance de Marie Belloc Lowndes baseado nos assassinatos de Whitechapel, publicado em 1913. Melvin Harris diz ser este livro uma fonte inspiradora para os "falsificadores" do Diário, embora exista apenas uma referência velada ao caso Maybrick.

Ainda mais bizarro foi o caso do "diário da sra. Maybrick". No dia 16 de setembro de 1889, o jornal *Liverpool Echo* publicou uma história com este título, que descrevia como os três volumes foram encontrados em uma das caixas com os bens de Florie retirados da Battlecrease House e oferecidos a uma editora de Londres, a Triscler and Co. Os volumes, dizia a história, estavam amarrados com fita azul de seda e cada um possuía uma caligrafia diferente, apesar de serem da mesma pessoa, e pareciam descrever a infância, a juventude e o casamento da sra. Maybrick.

O artigo informou que a editora estava indecisa sobre a autenticidade dos diários e recomendou que fossem levados para o sr. Stuart Cumberland. Mas por que o sr. Cumberland? Keith Skinner seguiu a trilha do nome e descobriu que ele era o editor da *Illustrated Mirror*. O próprio sr. Cumberland escreveu um artigo no dia 17 de setembro de 1889 duvidando da autenticidade dos diários e reclamando que eles estavam sendo oferecidos para publicação "apenas para chocar".

No dia 19 de agosto, o *Illustrated Mirror* publicou uma carta não assinada vinda de Liverpool. Começava dizendo:

> Você se diz um leitor atento e alega saber tudo sobre aquele canalha sanguinário do Jack, o Estripador; mas até agora não vi nenhum sinal vindo de você sobre a inocente mulher que jaz num suspense agonizante em Walton Gaol.
>
> Você pode ter visões sobre o assassino de Whitechapel, mas a pobre sra. Maybrick aparentemente não merece nem ao menos um sonho. Tudo deveria ser claro para você, mas talvez você não queira que seja assim.

O que deveria ser claro? Havia alguma ligação implícita entre os casos de Florence Maybrick e o de Jack, o Estripador? E o que será que aconteceu com esses diários?

14

Eu sou Jack.
Um relógio é descoberto

Poucas semanas antes que a primeira edição deste livro fosse enviada para a gráfica, nosso editor na época, Robert Smith, recebeu um telefonema. A voz no outro lado da linha, com um inconfundível sotaque de Liverpool, disse: "Acho que encontrei o relógio de James Maybrick".

No dia 4 de junho de 1993, Robert Smith recebeu um esboço do interior do relógio, enviado por seu dono, Albert Johnson, de Wallasey. Esse desenho convenceu Robert de que deveria encontrar Albert e seu irmão Robbie pessoalmente, e no dia 14 de junho eles levaram seu tesouro para Londres. Nessa altura, Robert Smith jogava suas cartas com muita cautela – até mesmo Sally Evemy e eu não sabíamos da existência do relógio, embora Robert o tenha mencionado para Keith.

Quando me chamaram para conferir essa história, não fiquei nem um pouco entusiasmada; em vez disso, senti quase pânico. Ali, muito provavelmente, estava o primeiro dos oportunistas que imaginamos que apareceria para tentar obter algum dinheiro com o Diário. Mesmo assim, não ousamos ignorar a possibilidade de que a afirmação fosse verdadeira. Sally e eu, então, viajamos até Liverpool para nos encontrarmos com Albert no moderno bangalô de seu irmão mais novo, Robbie, na região de Wirral.

À primeira vista, eles pareciam um par bem estranho. Albert era um homem de família, quieto, digno e claramente honesto, semiaposentado de seu emprego como segurança universitário. Robbie era nervoso, freneticamente ávido e ansioso, e trabalhava na margem da indústria de música pop.

O relógio jazia em uma mesa de tampo de vidro à nossa frente. Era um relógio de bolso pequeno e gravado com cuidado. Gentilmente, Albert abriu a parte de trás, e eu pude ver alguns riscos na tampa interna. Tentamos o melhor que podíamos, mas nós duas não conseguimos distinguir as palavras. Então os irmãos trouxeram um pequeno microscópio e levamos o relógio para a cozinha, onde a iluminação era melhor. Lá, consegui apenas distinguir uma pequena assinatura – "J. Maybrick", e senti que o K e o M pareciam muito com os da certidão de casamento de Maybrick. Ao centro, ainda menos nítido, apareciam as palavras "Eu sou Jack". Ao redor da borda havia cinco conjuntos de iniciais: eram das mulheres assassinadas em Whitechapel.

Eu conseguia enxergar outras iniciais, que não diziam nada para mim. Na parte de trás, o monograma "J. O." foi gravado profissionalmente em algum momento. Fiquei sem palavras, mas terrivelmente desconfiada.

Assim como tudo o mais relacionado ao Diário, a descoberta do relógio provocou uma grande controvérsia. Albert nos contou que viu o relógio pela primeira vez na joalheria Stewart, em Wallasey (Cheshire), e deixou de comprá-lo várias vezes.

> Sempre gostei de coisas antigas, então pensei em comprá-lo como um investimento para minha netinha, Daisy. O recibo da loja tem a data de 14 de julho de 1992. Paguei 225 libras. Levei-o para casa, guardei-o na gaveta e não mais pensei nele.

Depois de um tempo, Sally, Keith Skinner e eu fomos visitar um amigo de Albert, John White, que havia trabalhado com ele na Politécnica de Liverpool por doze anos. John também era um homem de família sensato. Ele se lembra da primeira vez em que o relógio foi mencionado:

> Tudo começou por causa da Antiques Road Show... estávamos falando sobre ouro e Albert disse que tinha um relógio; disse que tinha dezoito quilates, e

uma pessoa em nosso grupo disse que não havia ouro dezoito quilates na era vitoriana. Então Albert trouxe o relógio para nos mostrar – Albert colecionava qualquer coisa, sua casa era cheia de coisas. Nós vimos os riscos, mas não conseguíamos distingui-los. Havia pouca luz, então dissemos que iríamos levá-lo para o bloco de Ciência e Tecnologia. Quando Albert voltou, ele disse: "São apenas iniciais e tem um nome – Maybrick – e também algo sobre Jack". Eu disse a ele: "Eu digo de quem é esse relógio – é do Jack, o Estripador". E ele disse: "Como assim?". Eu disse: "Bem, esse Maybrick pode ser o Jack, o Estripador. Eu estava lendo seu Diário no *Echo*. Ele supostamente assassinou sua esposa e a enterrou sob as tábuas do assoalho e fugiu para os Estados Unidos". Albert ligou para o *Echo*, mas eles não sabiam de nada. Eu estava errado, era o *Liverpool Daily Post*, e eles disseram que não foi Maybrick quem matou a esposa, mas que ela supostamente teria matado ele. Então nós fomos para a biblioteca da faculdade e não encontramos nada sobre Maybrick, mas então olhamos um livro sobre Jack, o Estripador. As iniciais no relógio pertenciam às vítimas. Foi ali que tudo começou.

O *Liverpool Post*, prevendo um escândalo, publicou um artigo cínico. Assim como aconteceria tanto no futuro, a possibilidade de Maybrick ser Jack foi excluída antes mesmo de ser investigada.

Albert percebeu nesse momento que seu relógio poderia ser importante. Ele contou a seu irmão sobre o acontecimento e, na primeira semana de junho, eles decidiram telefonar para Robert Smith. No fim do mês, também buscaram o apoio de Richard Nicholas, um procurador de Wallasey. "Eu nunca nem sonharia em representar Albert se não estivesse convencido de sua honestidade", tranquilizou-me o sr. Nicholas quando fomos até seu escritório.

Nesse ponto, Paul Feldman também havia telefonado para Albert e Robbie, e os irmãos combinaram de encontrá-lo em sua casa no dia

5 de julho, sendo acompanhados por Richard Nicholas. Estavam todos excitados. Paul imediatamente acreditou no relógio, mas aquela visita plantou em sua mente as sementes de uma criativa história dentro da história, o que acabou levando-o à conclusão de que haveria dois relógios – um que Albert realmente comprou em Wallasey e do qual possuía um recibo, e outro, que seria o relógio verdadeiro de Maybrick e que estivera na família de Albert por anos. Para tornar a história ainda mais sensacional, ele também se convenceu de que Albert Johnson era um Maybrick!

É uma história intrigante e confusa baseada na descoberta da equipe de Feldman de um até então desconhecido pedaço da família Maybrick, e de um livro de aniversário que pertenceu a uma pessoa chamada Olga Maybrick Ellison, que morreu em 1989. O livro contém o nome de uma sra. Johnston (e não Johnson), com endereço na Goodwin Avenue, 160, Bidston.

Será que o nome teria sido grafado erroneamente ou haveria, realmente, uma conexão?

A filha adotiva de Olga, Norma Meagher, é uma Ellison de nascimento. A pesquisadora de Paul Feldman, Carol Emmas, foi então encontrar-se com ela em Birkenhead, em julho de 1995. Norma se lembrou de que no meio dos anos 1980, Olga contou-lhe que "havia um relógio que pertencia a James Maybrick e que agora estava com alguém na Goodwin Avenue".

O foco agora voltava-se para a Goodwin Avenue. Robbie Johnson confirmou que ele e Albert realmente moraram lá nos anos 1960. Albert Johnson recebeu tudo isso com um sorriso irônico e um pouco de desconfiança. Mas ele reafirmou que havia comprado o relógio exatamente da maneira como havia dito antes. Então, disse que, se ele fosse um Maybrick, topar com este relógio em particular "era um milagre", e sendo um homem profundamente religioso, foi isso o que realmente quis dizer.

Sally e eu, nesse meio-tempo, estávamos tocando nossa própria linha de investigação. Fomos visitar Ron e Suzanne Murphy, cuja pequena loja na Sea View Road, em Wallasey, estava prestes a atingir fama nacional. Um segundo encontro, em 1997, confirmou a história original e seu espanto com o que havia acontecido. "Nunca teríamos vendido o relógio se soubéssemos que poderia ser valioso", disseram rindo. "Algum tempo depois que o sr. Johnson comprou o relógio, ele retornou várias vezes perguntando sobre sua origem. Honestamente, nós ficamos um pouco irritados e pensamos que algo deveria estar errado. Até nos oferecemos para comprá-lo de volta, mas ele disse 'não'. Agora sabemos por quê!"

No início da década de 1990, o pai de Suzanne deu o relógio ao casal quando se aposentou, juntamente com o resto do estoque de ouro de sua loja em Lancaster, a Firth Antiques. O relógio não estava funcionando na época, e em 1992 eles o enviaram com outros relógios para Tim Dundas, da Clock Workshop, em West Kirby, Wirral, pedindo-lhe que o consertasse. Depois, antes que finalmente fosse colocado em sua vitrine, o próprio Ron limpou o relógio, e foi então que notou os riscos no lado de trás. "Tentei retirá-los com um polidor abrasivo de relojoeiro", lembra-se, arrependido.

Após Albert descobrir o que realmente eram os riscos, os Murphy tentaram descobrir com o pai de Suzanne quem havia levado o relógio para ele, muitos anos antes. Mas ele já estava doente, nos estágios iniciais do Alzheimer, e tudo que conseguiu lembrar foi de tê-lo comprado de uma pessoa com sotaque de Liverpool.

Antes de retornar a Londres após essa primeira visita, Sally e eu levamos o relógio para o Museu do Relógio de Prescott, onde pedimos uma descrição técnica profissional. Encontramos o curador do museu, John Griffiths.

Ele escreveu:

> É um relógio de bolso de ouro autenticado no ano de 1846/7, em Londres, a marca do fabricante do revestimento são as iniciais RS estampadas numa elipse, a parte interior de trás foi marcada com o número 20789, e as iniciais J. O. gravadas num retângulo no lado externo de trás: movimento de alavanca inglês inscrito na traseira, Verity, Lancaster e numerado 1286.

Foi apenas com David Thompson, do Museu Britânico de Londres, que descobrimos exatamente o que isso significava. Henry Verity gerenciava a relojoaria da família, que foi fundada em Lancaster por volta de 1830. RS eram as iniciais de Ralph Samuel, que em 1845 era parceiro da Jacob Lewis Samuel and Co., empresa fabricante de relógios e mostradores que ficava na Wood Street, 54, em Liverpool, e da Clerkenwell, em Londres. O sr. Thompson ficou intrigado com os números H 9/3 e 1275, que pensou ter sido produzidos pelo mesmo instrumento que fez os outros riscos... embora pudesse ser um número de reparo. Certamente, disse ele, o 20789 no anel interior era uma marca de reparo. "Embora eu não tenha analisado o relógio cientificamente", ele disse, "eu não teria razão imediata para duvidar da idade dos riscos".

Foi Richard Nicholas quem sugeriu que os irmãos deveriam levar o relógio para uma análise forense na esperança de que pudessem provar a idade dos riscos. Albert concordou. Ele sabia que não tinha nada a temer. Richard Nicholas arranjou para que os irmãos encontrassem o dr. Stephen Turgoose, do Centro de Proteção de Corrosão do Instituto de Ciência e Tecnologia da Universidade de Manchester (UMIST). No dia 28 de julho de 1993, Albert e Robbie levaram o relógio a Manchester, em um estado de excitação considerável, e o deixaram lá.

O resultado do exame feito com um microscópio eletrônico de varredura ficou pronto no dia 10 de agosto de 1993 e foi enviado para Albert. O laudo dizia:

> Com base na evidência [...] principalmente a ordem na qual as marcas foram feitas, está claro que as gravações precedem a vasta maioria das marcas de arranhões superficiais (todas aquelas examinadas). O desgaste aparente em muitas das gravações, evidenciado pelos cantos arredondados das marcas e "polimento" em certos lugares, indicariam uma idade substancial para as gravações. A idade real dependeria do regime de limpeza e polimento empregado; qualquer definição de número de anos possui um grande grau de incerteza e, até certo ponto, mantém-se uma especulação. Dadas essas qualificações, seria minha

opinião que as gravações provavelmente datam de mais de dezenas de anos, possivelmente muito mais do que isso.

Porém, embora não exista evidência que indique uma origem recente (nos últimos anos) das gravações, deve ser enfatizado que não há características observadas que provam conclusivamente sua idade. Elas poderiam ter sido produzidas recentemente e deliberadamente envelhecidas de maneira artificial com polimento, mas isso seria uma tarefa complexa, de vários estágios e usando uma variedade de ferramentas diferentes, com polimento intermediário para diferentes estágios de desgaste artificial. Também, muitas das características são apenas determinadas pelo microscópio eletrônico de varredura, não sendo prontamente aparentes no microscópio óptico, e, portanto, se fossem de origem recente, o marcador teria que possuir a consciência da potencial evidência que seria disponibilizada por essa técnica, indicando consideráveis habilidade e conhecimento científico.

Esse relatório custou a Albert Johnson centenas de libras de seu próprio bolso, o que para mim era prova suficiente de que não estava sendo desonesto. Se Albert tivesse falsificado os riscos, sozinho ou com a ajuda de alguém, ele não teria ousado se jogar à mercê de um cientista independente como o dr. Turgoose.

Em janeiro de 1994, Albert concordou em submeter o relógio – às minhas custas, desta vez – para um segundo teste. Ele foi enviado ao Centro de Análise de Interface da Universidade de Bristol. Lá, o eminente metalurgista dr. Robert Wild o analisou sob seu microscópio eletrônico usando uma técnica chamada Microscopia de Varredura Auger. Suas descobertas foram melhores do que ousávamos esperar. Assim como o dr. Turgoose, o dr. Wild fotografou lascas de bronze embutidas dentro das marcas. Elas estavam enegrecidas pelo tempo. O penúltimo parágrafo de seu detalhado relatório (que também destaca a necessidade de mais trabalhos para apontar com precisão a idade das marcas) diz:

Desde que o relógio tenha permanecido em um ambiente normal, parece provável que as gravações tenham pelo menos muitas dezenas de anos de idade. Isso concordaria com os achados do dr. Turgoose (1993) e, na minha opinião, é improvável que alguém tivesse o conhecimento suficiente para implantar partículas envelhecidas de bronze na base das gravações.

O dr. Wild contou a Robert Smith, em particular, que ele pessoalmente acreditava que as marcas poderiam ser tão antigas quanto 1888/9.

Assim, tanto o dr. Turgoose como o dr. Wild concordaram que a possibilidade de alguém possuir o conhecimento científico necessário para criar marcas que passariam em seus testes seria muito remota. Os dois também concordaram que os riscos datavam de ao menos várias décadas, portanto excluindo qualquer possibilidade de o objeto ser uma falsificação recente. Mesmo assim, esses relatórios não conseguiram convencer os incrédulos. No dia 7 de julho de 1997, Martin Fido (que nunca tinha encontrado Albert Johnson, assim como todos os outros críticos) escreveu para Keith Skinner:

> Embora eu reconheça os dois impressionantes relatórios científicos sobre o relógio, que concordam um com o outro, eu não penso que eles provaram a autenticidade do relógio; na verdade, mesmo sem possuir uma explicação fácil para os relatórios científicos, eu acho muito provável que seja uma falsificação moderna, provavelmente inspirada pelo Diário.

Já a imprensa, que até então havia sido ruidosa sobre o próprio Diário, reagiu à chegada do relógio com um frustrante e grandioso silêncio. Já que não podiam explicá-lo, resolveram, então, ignorá-lo. Enquanto isso, Albert – que vivia com uma renda modesta – recusou uma oferta dos Estados Unidos oferecendo 40 mil dólares pelo objeto. Ele não estava interessado em dinheiro.

Então, Stanley Dangar surgiu do nordeste da Espanha. Ele era um especialista em relógios, um ex-membro da Sociedade Britânica de

Horologia – e agora possuía uma missão. Ele veio à Inglaterra especialmente para ver o relógio, e convidou os Johnson a viajarem até Londres com tudo pago. Ele preparou uma descrição profissional muito detalhada e útil do relógio, mas, é claro, não estava em posição para comentar sobre as marcas.

Por razões que eu nunca entendi, Stanley Dangar decidiu que as marcas haviam sido gravadas recentemente e que as Universidades de Bristol e de Manchester estavam erradas. Também acreditava que era um relógio feminino. Conversamos sobre uma "conspiração" liderada por Paul Feldman, e ele disse que havia se juntado à luta na internet e que iria arranjar testes de simulação na Alemanha capazes de provar que as partículas de bronze poderiam ter sido facilmente encravadas no relógio de maneira artificial. Esses testes não funcionaram. "Tivemos um pouco de dificuldade", ele me contou mais tarde. De fato, em abril de 1997, os laboratórios ainda não tinham conseguido fazer as partículas de bronze se fixarem no ouro.

Stanley Dangar convidou Alan Gray, um detetive particular de Liverpool, para coletar declarações de Tim Dundas e dos Murphy. A declaração de Tim Dundas, que depois foi divulgada na internet, dizia que quando ele limpou o relógio não havia marcas. "As marcas no relógio com relação a Jack, o Estripador, foram feitas após eu examiná-lo e repará-lo em 1992; a mera sugestão de que esse relógio pertenceu a Jack é completamente falsa."

Mas ele também contou a Paul Feldman, em 1994, que o relógio que examinou possuía uma face branca com o nome "Verity" em letras negras. O relógio de Albert Johnson não se encaixa na descrição. O sr. Dundas também não notou quaisquer iniciais na parte de trás. Talvez ele simplesmente tenha se esquecido depois de tanto tempo – ou será que havia realmente dois relógios?

Os Murphy ficaram indignados. "Pedimos que ele apenas reparasse o movimento, não que limpasse o relógio – não havia necessidade de olhar o interior do lado de trás. Ele não teria notado as marcas de maneira nenhuma. Afinal de contas, nós tentamos limpá-las e, por elas serem tão difíceis de ver, não percebemos o que diziam! Não há nenhuma dúvida de que o relógio que o sr. Johnson comprou de nós é o relógio que você viu com as marcas no lado de trás."

Essa história possui um adendo triste. Em agosto de 1995, Robbie Johnson foi morto por uma moto enquanto passava férias no sul da Espanha. Sua morte prematura foi considerada "conveniente" por aqueles que apoiam a teoria da conspiração. Eu duvido que alguém tenha pensado seriamente que eu estivesse envolvida, mas foram feitas insinuações bizarras de que eu não apenas seria cúmplice de falsificação e fraude, mas também de assassinato!

Robbie tinha senso de humor. Ele teria se divertido. Finalmente, Stanley Dangar mudou de ideia e anunciou que as últimas informações o persuadiram a acreditar que o Diário e as marcas no relógio são legítimos.

No primeiro ano de pesquisa, antes da publicação, eu percebi que todas as teorias do mundo não seriam suficientes. Eu precisava apoiar minha própria crença de que o Diário e o relógio eram evidências materiais de um drama histórico, alimentado por paixões incontroláveis e resultando na completa desintegração mental de um homem – James Maybrick.

Nunca me convenci, mesmo naqueles dias, de que a ciência sozinha nos daria as respostas para as origens do Diário – e, sob a luz de tudo o que aconteceu desde então, minha intuição original se provou correta.

O relógio permanece contando os minutos, como uma bomba-relógio no meio do silêncio de seus críticos. A mensagem dentro dele não pode ser falsa. Juntos, o relógio de Albert Johnson e o Diário de Michael Barrett apresentam um apoio poderoso para minha crença de que James Maybrick, um homem obcecado com o tempo, foi realmente Jack, o Estripador.

15

Eles vão sofrer tanto quanto eu.
Vou me certificar disso

Nos meses que antecederam o lançamento do livro, em outubro de 1993, uma epidemia varreu a Inglaterra e atacou a todos nós. Nós a chamamos de "Jackmania". Eu estava totalmente despreparada para suas repercussões devastadoras e de longa duração.

Talvez devêssemos ter ficado mais alerta aos perigos. Houve um pouco de publicidade antecipada, embora estivéssemos cautelosos para não divulgar muitas informações. O *Liverpool Echo* escreveu um artigo intitulado "Murder on her Mind" descrevendo Sally (que estava chamando a si mesma de Sally MacDonald!) como Miss Marple. Depois, em uma reportagem de duas páginas, o *Liverpool Post* finalmente contou a sensacional história, como transmitida a eles por Phil Maddox, hoje um diretor de relações públicas, sobre "o homem no trem que talvez possua ou não o Diário de Jack, o Estripador".

Em 7 de abril de 1993, Robert Smith se encontrou com um dos executivos mais importantes do *Sunday Times* para discutir uma serialização do livro. Sabendo muito bem que, de todos os jornais, o *Sunday Times* seria o único que pediria para examinar e testar o Diário cuidadosamente antes de publicá-lo, Robert Smith ofereceu um acordo como opção. Por 5 mil libras, contra um preço final de compra de 75 mil libras, o *Sunday Times* teria acesso ao Diário, a meus comentários preliminares e a qualquer consultor do projeto. Robert Smith também insistiu que todo especialista encarregado pelo jornal assinaria o termo de sigilo padrão exigido de todos os envolvidos. O termo de sigilo tem a intenção de proteger as editoras e os jornais da prática comum na qual um jornal tenta publicar as revelações mais importantes de um livro, antecipando-se ao lançamento exclusivo de um concorrente.

O *Sunday Times* aceitou os termos, mas pediu uma condição muito incomum e, analisando atualmente, suspeita: se o jornal decidisse não seguir em frente com a serialização, teria o direito de "explicar publicamente por que não realizou a compra, mas apenas após o início da serialização por outro jornal ou após a publicação de um livro [...] o que acontecer primeiro".

Essa cláusula sinalizou claramente a intenção do *Sunday Times* de conseguir uma grande história, de quaquer maneira, por 5 mil libras. Eu até imagino se realmente houve alguma intenção real em serializar o livro. Porém, nós estávamos confiantes o bastante com o material reunido até então para acreditar que o Diário seria tratado com objetividade, ou pelo menos como um documento complexo e excitante, digno de um lugar na história do Estripador. Eu sabia que ainda havia muito trabalho a ser feito – nove meses de escrita e pesquisa com um orçamento muito limitado não poderiam fazer justiça ao Diário. Mas nós não temíamos ser desmascarados, porque não tínhamos nada a esconder.

Nos Estados Unidos, no dia 30 de julho de 1993, o *Washington Post* publicou uma história expondo dúvidas sobre o Diário. Como resultado, a Warner, editora norte-americana que tinha a intenção de publicar o livro, encomendou sua própria investigação e divulgou uma nota dizendo que, caso o relatório fosse negativo, eles recuariam, apesar de já terem sido realizadas mais de 200 mil vendas antecipadas para livrarias.

Kenneth Rendell, um respeitado vendedor de livros antigos norte-americano, que havia participado dos trabalhos que desmascararam os diários de Hitler, foi chamado para coordenar essa nova investigação. No dia 20 de agosto, Robert Smith voou para Chicago com um espírito de cooperação amigável. Levou o Diário e vários outros documentos importantes.

Uma equipe de especialistas cuidadosamente escolhidos foi reunida apressadamente pelo sr. Rendell. Faziam parte dela Maureen

Owens, ex-presidente da American Questioned Document Examiners, Joe Nickell, mais conhecido por seu trabalho no sudário de Turim e por seu livro *Pen, Ink and Evidence*, o pesquisador químico de tintas Robert Kuranz e o cientista Rod McNeil, criador de um teste de migração de íons, que alegava poder datar quando uma tinta havia sido colocada em um papel. Rod McNeil, fomos informados, havia trabalhado para o FBI e para o serviço secreto americano.

Na época, já fazia dezesseis meses desde que Michael Barrett havia me mostrado o Diário; eu o havia lido várias vezes e estava familiarizada com as mudanças emocionais de cada página. Eu sabia que todas as pessoas trabalhando nos vários aspectos da investigação se envolveram porque estavam genuinamente fascinadas. Enquanto o tempo passava e os arquivos aumentavam, o Diário se tornou mais, e não menos, impressionante. Mesmo assim, depois de apenas duas semanas, com argumentos fracos e contraditórios, a equipe americana decidiu, "com as evidências apresentadas no livro", que o Diário era uma falsificação. Em outras palavras, eles se basearam em um julgamento sobre o meu livro e a minha pesquisa – e não sobre o próprio Diário.

Essa decisão foi tomada apesar de o teste realizado por Robert Kuranz com a tinta e o papel concordar com a análise do dr. Eastaugh de que não havia nenhum elemento inconsistente com a data de 1888/9. O teste de migração de íons de Rod McNeil julgou que o Diário havia sido escrito em 1921 – com uma margem de erro de doze anos. Ninguém comentou que o relatório de McNeil situou a criação do Diário em um tempo de até vinte anos da data em que imaginamos que ele tenha sido escrito e em 84 anos antes de sua publicação em 1993!

Entretanto, com base nesse relatório, a Warner entrou em pânico e desistiu da publicação – e então manchetes ricochetearam ao redor do mundo com acusações de falsificação. Quase ninguém informou que naquela mesma semana a Hyperion, editora pertencente à Disney, fez uma oferta a Robert Smith, comprando os direitos norte-americanos e publicando o livro no mesmo mês em que a Warner o havia anunciado. Por causa do furor ocorrido nos Estados Unidos, a Hyperion decidiu incluir em sua versão de *O Diário de Jack, o Estripador* o relatório de Rendell e a resposta de Robert Smith. Vale a pena repetir parte do que cada um dizia.

Primeiro, o resumo feito pelo próprio Kenneth Rendell de seu relatório:

> A base do livro e do texto do suposto *Diário de Jack, o Estripador* é que James T [sic] Maybrick era Jack, o Estripador, e escreveu o Diário. Comparações de caligrafia por vários especialistas consagrados, incluindo aquele selecionado pelo editor inglês, definitivamente mostram que Maybrick não escreveu esse Diário.
>
> Um dos fatores mais importantes apontados pelo livro que liga o Diário a Jack, o Estripador, é o fato de que frases e expressões muito incomuns, que apareceram pela primeira vez em 1888, em uma carta enviada a um jornal londrino, assinada por "Jack, o Estripador", e largamente divulgada desde então, são usadas por todo o Diário. O Diário, portanto, fica inexoravelmente ligado a essa carta. Todas as comparações das duas caligrafias concluem que foram escritos por pessoas diferentes.
>
> O estilo de caligrafia não é da era vitoriana. O tipo de caligrafia é indicativo do começo para o meio do século XX – e não do final do século XIX. A diagramação, a pressão da caneta e a distribuição da tinta indicam que muitas entradas foram escritas de uma só vez: são completamente inconsistentes com o Diário, mas consistentes com a falsificação de um Diário.
>
> O teste de migração de íons conduzido por seu criador, Rod McNeil, para determinar a idade da tinta no papel concluiu uma data média de 1921, com margem de erro de doze anos [...]
>
> O Diário não foi escrito em caderno próprio para tal fim na era vitoriana, mas em um caderno de recortes – o que é altamente incomum. As primeiras vinte páginas foram arrancadas, o que é ilógico, a não ser que se assuma que um falsificador comprou um caderno de recortes da era vitoriana ou eduardiana,

arrancou as páginas usadas e então preencheu o resto com o Diário.

Não existe nenhuma evidência crível de que esse Diário seja genuíno. Cada área de análise prova ou indica que *O Diário de Jack, o Estripador* é uma falsificação.

A resposta de Robert Smith, em parte, dizia:

> O relatório de Kenneth Rendell sobre *O Diário de Jack, o Estripador* é fundamentalmente falho, impreciso e não confiável. Os testes e o relatório do Diário foram realizados com presa, em apenas duas semanas, e ignoraram dezesseis meses de pesquisas e testes de nossa escritora, pesquisadores e especialistas [...] Além do mais, suas opiniões são mais subjetivas do que científicas; ele faz muitas falsas suposições e conclusões; e, principalmente, todos os seus pontos de discordância são tratados por completo no livro.

Algum tempo depois, conversei com Bill Waddell, ex-curador do Museu Negro da Scotland Yard. Hoje ele é palestrante internacional e um homem com uma vida inteira de experiência em crimes e, principalmente, fraudes e falsificações. "Você poderia destruir facilmente aquela evidência dos norte-americanos", ele me disse.

Em julho, o *Sunday Times* já havia decidido que o Diário era falso após três de seus próprios especialistas terem sido chamados para examiná-lo antes da finalização do acordo. Eram eles: a dra. Audrey Giles, uma examinadora de documentos forense que olhou o Diário por apenas alguns minutos no escritório de Robert Smith no dia 22 de junho e não realizou testes; a dra. Kate Flint, uma palestrante da Universidade de Oxford especialista em literatura vitoriana, e não em linguagem vitoriana; e o especialista no Estripador Tom Cullen, cuja resposta vaga já começou bamba, quando ele errou o ano em que ocorreram os assassinatos de Whitechapel!

O acordo de sigilo assinado ainda os impedia de publicar esses resultados. Enquanto isso, para a sua frustração, a concorrência já estava seguindo a trilha do Diário. "Seria este homem Jack, o Estripador?", perguntou o *Independent* no dia 29 de agosto, um domingo.

O jornal, então, decidiu entrar com uma ação contra a editora, a Smith Gryphon, na justiça e tentar derrubar o acordo de sigilo, persuadindo o juiz da alta corte que seria de "interesse público" que o *Sunday Times* publicasse seu artigo antes da data acordada. Como resultado de duas rodadas no tribunal e de custos legais astronômicos, o *Sunday Times* finalmente recebeu permissão para publicar seu artigo apenas uma semana antes do que permitiria o acordo de sigilo!

No dia 19 de setembro de 1993, uma manchete de página dupla foi estampada com a palavra: "FALSO!". O artigo, assinado pelo editor de notícias associado, Maurice Chittenden, oferecia muito menos do que a acusação mordaz de sua manchete sensacionalista prometia.

Nenhum falsário foi nomeado. Nenhuma evidência foi apresentada sugerindo quando ou como o Diário havia sido falsificado. A maioria das evidências apresentadas para apoiar a acusação era completamente subjetiva. Fomos até mesmo acusados de esconder evidências contrárias de especialistas quando Maurice Chittenden descobriu que concordamos com o pedido do dr. Baxendale de que seu relatório não deveria ser usado de maneira alguma.

Mesmo assim, em um pequeno quadro escondido no fim da página, o sr. Chittenden fez, naquelas circunstâncias, uma sugestão surpreendente, que não era coerente com a manchete. Dizia:

> O Diário de Jack, o Estripador deve ser uma das quatro coisas:
>
> 1. Um documento genuíno.
> 2. Uma falsificação moderna.
> 3. Uma fantasia escrita por James Maybrick.
> 4. Uma falsificação da era vitoriana, talvez inventada para assegurar a libertação de Florence Maybrick, mas nunca usada.

> As opções 3 e 4 podem ser rapidamente descartadas... o Diário, portanto, deve ser genuíno ou uma falsificação moderna...

A conclusão do jornal foi a de que o Diário era uma falsificação moderna, e então se iniciou um esforço determinado em encontrar os falsificadores. Mas ninguém foi encontrado...

Meu livro foi publicado no dia 3 de outubro. Anne Barrett, que havia se mantido muito discreta por todo o processo, estava extremamente relutante em comparecer ao lançamento em Londres. Nós descobriríamos seu verdadeiro motivo apenas um ano depois. Mas na ocasião ela foi persuadida por Doreen Montgomery. Assim, ela e Michael viajaram com sua filha, Caroline, hospedando-se na casa de Doreen.

O evento contou com um grande número de jornalistas e um visitante intrometido, que não havia sido convidado e que se levantou balançando os braços e gritando acusações contra nós. Seu nome era Melvin Harris. Posteriormente, fiquei sabendo que ele era um respeitado historiador, e que um livro com sua própria teoria sobre o Estripador seria lançado em breve. Ele se tornou um autoproclamado guardião do "interesse público" e fundador do Comitê para a Integridade, um grupo que estava muito interessado em nosso trabalho no Diário. Ele parece acreditar que meu livro estava sendo publicado como parte de um plano comercial cínico, baseado inteiramente na ganância, e que todos os envolvidos sabiam que estávamos promovendo uma fraude.

Mas os fatos eram menos excitantes. Além disso, qualquer potencial para galinha dos ovos de ouro estava desaparecendo com despesas legais e gastos com pesquisas. No dia 21 de outubro de 1993, houve ainda outro golpe. Ficamos sabendo a partir do *Daily Express* que haveria uma "investigação do Diário do Estripador pela Scotland Yard", naquilo que eles sugeriram como a possivelmente "maior fraude de publicação desde os diários de Hitler". Conhecendo a equipe de pesquisa envolvida no Diário como eu conhecia, essas insinuações sombrias pareciam divertidas e difíceis de levar a sério. Elas não tinham nenhuma relação com as pessoas honestas com quem eu estava trabalhando, mas é claro que pareciam alarmantes impressas em um jornal.

Nós ficamos sabendo que o *Sunday Times* havia enviado todos os seus documentos para o departamento que investiga crimes organizados da New Scotland Yard. Se algo assim acontece, a Scotland Yard é obrigada a agir. Sua causa, nós achávamos, era descobrir se Robert Smith, ou qualquer pessoa, teria transmitido um documento falso vendendo-o como legítimo. Sua intenção não era provar se o Diário era, de fato, genuíno ou falso, mas para revelar os fatos eles teriam que examinar sua procedência.

Encarregado do caso estava o inspetor Thomas, conhecido por seus colegas como "Bonesy" – famoso por suas ótimas cebolas em conserva caseiras. Uma fonte me disse que o inspetor viajara para Liverpool e estava entrevistando todos envolvidos na história. Entre os ouvidos estavam as filhas do sr. Devereux, o dono do *pub* Saddle, uma testemunha do testamento de Tony, a imprensa local e, claro, os Barrett.

Desde então, Anne descreve aquele como o pior dia de sua vida. Ela preparou suco e quase não disse uma palavra enquanto o inspetor Thomas pressionava Michael, que, por sua vez, insistia em pedir cerveja. No meio de tudo, o pai de Anne, Billy Graham, apareceu, e Michael pediu ao inspetor Thomas que fingisse ser o homem da seguradora em vez de revelar sua identidade. Entre outras coisas, Michael negou que tivesse um processador de texto. Ele estava aterrorizado com a possibilidade de a Scotland Yard descobrir um confronto com a polícia que datava de mais de vinte anos, e que fosse condenado antes que eles chegassem. Ele estava certo. Quando pediram-lhe que assinasse uma declaração, Michael se recusou, a menos que um procurador estivesse presente.

Todos nós sabíamos que, compreensivelmente, Michael Barrett era suspeito de ser o falsificador. Os rumores e insinuações estavam fugindo do controle, e a pressão sobre a família Barrett estava intolerável.

Em novembro de 1993, fui convidada para viajar aos Estados Unidos e participar de um excitante tour promocional, com direito a tapete vermelho e aparições, ao lado do próprio Kenneth Rendell, no programa de Larry King e em uma participação via telefone para uma rádio. Ken Rendell me disse, no ar, que "um acontecimento sinistro" havia surgido: ele ouviu que um processador de texto havia sido descoberto com o texto do Diário escrito em um disco.

Aqui vão os fatos. Michael Barrett convidou a polícia para sua casa. Não havia processador de texto à vista. Não havia anotações. O inspetor Thomas foi embora de mãos vazias. A explicação sobre a pesquisa original de Michael Barrett e o uso de um processador de texto estava, de qualquer maneira, na primeira edição de meu livro, aos olhos de todos. Curiosamente, no momento em que encontrei Kenneth Rendell, ele havia mudado de opinião. Ele ainda não tinha dúvidas de que o Diário era uma falsificação moderna. Mas agora sentia que era uma falsificação moderna recente. Rod McNeil reexaminou seu próprio relatório e emitiu uma declaração admitindo que as condições de armazenamento de um documento poderiam afetar os testes que conduzira, e que um estudo controlado para testar o Diário cientificamente poderia levar vinte anos. Fiquei impressionada durante a discussão ao ver quanta confiança o sr. Rendell colocava em opiniões pessoais. Por exemplo, condenou o Diário porque, segundo ele, foi escrito em um caderno de recortes com páginas arrancadas, enquanto Maybrick, um homem rico, teria comprado um diário adequado. Mas não estamos falando das ações de um homem racional; estamos lidando com circunstâncias extraordinárias.

Eu já vi um caderno da era vitoriana quase idêntico ao Diário de Maybrick – foi usado como um caderno de recortes com fotografias, cartões de visitas e cartas pela próspera família Doubleday, em Essex. Seu conteúdo foi colado casualmente e mostra que até os vitorianos variavam em sua competência artística!

Na época em que fui para os Estados Unidos, também recebi uma carta, datada de 11 de novembro, do curador de manuscritos do século XIX do Museu Britânico. Dizia: "Ao final do século XIX, o termo "caligrafia vitoriana" se torna difícil de definir. Dessa época em diante, uma grande variedade de caligrafias podem ser encontradas, algumas delas de aparência bastante moderna. Exemplos dos muitos estilos diferentes de caligrafia podem ser encontrados na vasta coleção de cartas da era vitoriana da Biblioteca Britânica".

Eu mantive uma comunicação amigável com Kenneth Rendell desde aqueles dias tumultuados. Rod McNeil, trabalhando como parte da equipe de Rendell, originalmente datou o Diário em algum momento da década de 1920 – com margem de erro de doze anos. Como disse Martin Fido, ao lembrar que a existência de uma caixa vazia de estanho não era publicamente conhecida nos anos 1920: "a ciência coloca o documento em um período histórico impossível". O próprio Rendell me disse e escreveu várias vezes que agora ele acreditava que o Diário seria uma falsificação moderna, com a clara implicação de que havia sido obra de Michael Barrett. No dia 14 de março de 1996, escrevi e pedi a ele, uma vez que o resto de sua equipe havia condenado o Diário como falso, que explicasse exatamente quando eles achavam que seria a data da falsificação.

Ele respondeu:

> Eu não declarei uma opinião definitiva de quando imagino que a falsificação foi feita porque meu trabalho era apenas determinar se ele era falso ou não [...] Porém, realmente parecia ser bastante moderna [...] Acho que todos tinham a opinião de que foi feito recentemente, mas ninguém pensou muito nisso porque não era uma questão com a qual precisávamos lidar. Portanto, seria um erro concluir que era nossa opinião – era apenas uma impressão [...]

Uma "impressão" que causou muitos danos. Esse era o relatório que parecia ter destruído nosso trabalho de dezesseis meses! Não foi, é claro, o fim da história. As investigações da polícia continuaram por muito tempo, embora, mais uma vez, ninguém tenha vindo me entrevistar. Nós esperávamos ansiosamente por suas descobertas, mas essas descobertas nunca nos eram reveladas.

No dia 26 de novembro, o *Daily Express* publicou um segundo artigo complementando sua história original com a chamada "Diários do Estripador são falsos". O artigo dizia: "Uma investigação da Scotland Yard sobre o suposto Diário de Jack, o Estripador, concluiu que ele era falso [...] detetives [...] estão convencidos de que o documento de 65 páginas foi produzido na última década". Aqui estava mais uma data!

Liguei para o *Daily Express* para saber a fonte dessa declaração e eles disseram que a informação havia sido passada pela própria New Scotland Yard. Liguei para a Scotland Yard e fui repassada para o escritório do inspetor Thomas, que negou ter feito qualquer declaração para o *Daily Express*. Eles me transferiram para assessoria de imprensa, que alegou não ter emitido qualquer declaração. A assessoria de imprensa se negou a falar comigo, dizendo que eu não era uma jornalista. Como ex-membro da União Nacional de Jornalistas, da qual participei por trinta anos, e atualmente integrante do Instituto Britânico de Jornalistas, isso parecia irracional.

Perguntei quando receberíamos uma declaração. "Não existe declaração", eles me disseram.

Finalmente, no dia 15 de janeiro de 1994, ficamos sabendo a verdade por meio de Harold Brough, do *Liverpool Post*: "Polícia inocenta editor do Diário de fraude". Esse era o motivo da investigação – não, como já mencionado, a própria autenticidade do Diário, que era um assunto interno e que não deveria ter sido comentado com a imprensa.

A Scotland Yard enviou seus resultados para o Serviço de Acusação da Coroa, que deu uma declaração dizendo que não avançaria com a investigação. O Serviço disse a Harold: "Decidimos não realizar uma acusação porque não há evidências suficientes para uma perspectiva realista de condenação". Foi uma conclusão totalmente insatisfatória. Nós, que sofremos tanta difamação com manchetes do tipo "A grande fraude do estripador", não receberíamos nenhuma resposta oficial aos danos que foram causados.

16

Minha campanha está longe de acabar...

O legado de James Maybrick para sua família já era sombrio o suficiente, mas nos anos que se seguiram, sua sombra iria escurecer muitas vidas mais – e ainda o faz. Florie Maybrick era uma sobrevivente. Ele aguentou por longo tempo como a prisioneira "L.P.29", que incluiu um período de confinamento na solitária, trabalho pesado e doenças, sem a esperança de ser libertada rapidamente, apesar dos esforços de muitos. Sua mãe vinha da França para visitá-la a cada dois meses, viajando "centenas de quilômetros para apenas trinta minutos" e gastando uma fortuna em uma campanha por clemência.

Florie lembrou mais tarde:

> Nessas visitas, ela me contava o melhor que podia sobre os nobres e incansáveis esforços de meus compatriotas em favor de minha causa; da simpatia e do apoio de meu próprio governo; dos sinceros esforços dos diferentes embaixadores americanos [...] Saber de sua crença em minha inocência e de sua simpatia confortava-me, alegrava-me e me dava forças para continuar seguindo bravamente o caminho cheio de espinhos de minha vida diária.

Essas visitas tiveram um preço para a baronesa.

> Quase antes de termos tempo de nos acalmarmos, vinha o sinal silencioso da guarda que ficava sentada na cadeira – os trinta minutos haviam passado. "Adeus", nós dizíamos com um olhar demorado, então virávamos de costas uma para a outra [...] ninguém nunca saberá o que minha mãe sofreu.

O advogado de Florie, Sir Charles Russel, que mais tarde se tornou Lorde, continuou a expressar apoio a sua infame cliente e nunca perdeu a confiança de que ela seria libertada. Ele morreu em 1900, antes de isso acontecer.

Nos quinze anos em que ficou na prisão, Florie permaneceu sendo defendida por uma campanha internacional a favor da limpeza de seu nome. Três presidentes americanos registraram pedidos de misericórdia. O cardeal Gibbons, o secretário de Estado James G. Blaine e o embaixador na Grã-Bretanha Robert Lincoln incluíram apelos em seu nome. Apenas em 1904, após a morte da rainha Vitória em 1901, Florie finalmente foi libertada. No dia 25 de janeiro, aos 41 anos, ela foi deixada aos cuidados gentis das freiras da Comunidade da Epifania, um convento em Truro, Cornwall. Seis meses depois, de acordo com a imprensa local, ela deixou o convento usando o nome "Graham" – uma forma truncada do nome de sua família "Ingraham". Ela então se reuniu com sua mãe na França antes de partir para um mundo novo nos Estados Unidos, iluminado com eletricidade, superpovoado e barulhento, seguindo a marcha da industrialização. A mudança foi difícil. Sem ser perdoada, ela estava livre da prisão, mas não de seu passado. Ela escreveu em sua autobiografia:

> Virá o tempo quando o mundo reconhecerá que o veredito que me foi dado é absolutamente insustentável [...] Mas o que acontecerá então? Quem me dará de volta os anos que passei dentro de uma cela; os amigos que me esqueceram; as crianças para quem estou morta; o brilho do sol; os ventos do céu; minha vida como mulher, e tudo mais que perdi por essa injustiça terrível?

As repetidas tentativas de apelação de Florie podem ter sido em vão em relação à sua libertação antecipada, mas sua sentença produziu uma grande ironia: o Tribunal de Recursos Criminais da Grã-Bretanha foi estabelecido em 1907 como resultado direto de seu caso. No futuro, os prisioneiros teriam um sistema de justiça mais igualitário. Indiretamente, a mudança pode ser considerada obra de James Maybrick, cuja outra vida como Jack, o Estripador, levou-a para a prisão.

Florie queria privacidade. Mas o público queria sua história. Precisando de dinheiro e sendo encorajada por seus aliados norte-americanos, ela escreveu sobre suas experiências na prisão e viajou pelo país dando palestras sobre a necessidade de uma reforma penal. Ela nunca chegou a discutir os eventos de 1889 que quase a levaram para a forca. Porém, a vida pública tornava impossível para Florie escapar da curiosidade de sua plateia, e ela então abandonou o circuito de palestras após dois anos.

Em 1910, a baronesa retornou à França após visitar a filha, e lá morreu alguns meses mais tarde. Foi enterrada ao lado do filho no cemitério de Passy.

Quando as tentativas de reaver as terras da família falharam, Florie encontrou-se em um período de grande necessidade de dinheiro. Ela trabalhou brevemente para uma editora, então sua saúde se deteriorou e, em 1910, mudou-se para Moraine, perto de Chicago. Lá ficou por cinco anos aos cuidados de Frederick W. Cushing, proprietário do elegante Moreine Hotel. Mas ela adoeceu, estava endividada e acabou sendo levada sob a proteção do Exército da Salvação, sem casa. Em 1918, Florie contatou uma amiga, Cora Griffin, perguntando sobre oportunidades de emprego. A sra. Griffin tinha um amigo na cidade de Gaylordsville, em Connecticut, chamado Genevieve Austin, que procurava uma governanta para sua fazenda. Florie foi contratada. No ano seguinte, ela comprou um pedaço de terra em Gaylordsville e mandou construir um pequeno chalé de três quartos. Antes de se mudar para lá, decidiu voltar a usar o nome de solteira, e a partir de então ficou conhecida como Florence Elizabeth Chandler. A sra. Maybrick havia deixado de existir.

Embora Florie tenha cumprido sua sentença na prisão, muitos daqueles que figuraram de modo tão proeminente em sua vida também estavam tentando, à sua própria maneira, escapar daquilo que o destino lhes reservou.

Quando Alexander MacDougall publicou seu estudo sobre o caso após a condenação de Florie, ele emocionalmente dedicou seu prefácio para Bobô e Gladys.

> Este trabalho é dedicado a James Chandler Maybrick, oito anos de idade, e a Gladys Evelyn Maybrick, quatro anos de idade, com a sincera esperança de que isto irá fazê-los sentir que a palavra "MÃE" não é um "som que não é digno de ser ouvido ou pronunciado" por eles E que quando estiverem grandes o suficiente para serem capazes de entender este registro dos fatos e das circunstâncias conectados à acusação e ao julgamento de Florence Elizabeth Maybrick, 27 anos de idade, possam, em suas vidas, ter o conforto de sentir que não foi provado que sua mãe era culpada pelo assassinato de seu pai JAMES MAYBRICK.

Mas não funcionou. Florie nunca mais viu seus filhos. James e Gladys foram viver em Londres – não com o tio Michael, mas com o dr. Fuller e sua esposa, que receberam cem libras por ano para cuidar deles. Nos primeiros anos em que Florie esteve na prisão, Thomas anualmente mostrava fotografias de seus filhos. Mas quando James estava crescido o suficiente para ouvir sobre a tragédia de seus pais, ele reagiu mal. Adotou o nome "Fuller" e instruiu o tio a não mais enviar fotografias para a prisão. Isso partiu o coração de Florie; ela sentiu como se seus filhos tivessem morrido:

> Os inocentes – meus filhos – uma bebê de três anos e um garoto de sete, tive que deixá-los para trás neste mundo. Eles foram ensinados a acreditar que sua mãe era culpada e, assim como seu pai, estava morta para

eles. Cresceram sob outro nome. Não sei nada sobre eles. Quando o sofrimento de tudo isso tocar o coração do leitor, ele irá entender a tragédia do meu caso.

Em março de 1893, Michael Maybrick decidiu romper totalmente com as memórias de seu passado – embora no ano anterior ele tivesse publicado mais músicas do que o próprio Arthur Sullivan. Ele se casou com sua governanta, Laura Withers, filha de um açougueiro, no Escritório de Registros de Marylebone, e se aposentou para morar na Ilha de Wight. Não foi um casamento realizado por amor, eles não tinham nada em comum e nunca tiravam férias juntos. Mas Laura estava feliz o suficiente andando na carruagem com o monograma de Maybrick até a rua principal de Ryde, para dar aos lojistas o prazer de dizer que a serviram.

Finalmente, quando as crianças estavam mais velhas, elas se juntaram aos Maybrick (primeiro James, depois Gladys) em Lynthorpe, Ryde. Em novembro de 1900, Michael foi eleito prefeito. Os discursos na posse faziam referência a sua habilidade de "produzir grandes harmonias com notas dissonantes". Foi uma honra para a qual conseguiu ser reeleito por cinco vezes. Ele visitou Osborne quando a rainha Vitória esteve lá, recebeu o rei Alfonso da Espanha e representou a ilha na Abadia de Westminster durante a coroação de George V. Sem dúvida, ele trabalhou duro para promover a imagem da ilha – e a própria.

Seu funeral, em 1913, foi o maior já realizado na região. No entanto, por lá, o evento também é lembrado com certo divertimento. O procurador John Matthews diz:

> Ele era um homem camaleônico. Não tinha emoções profundas nem amizades próximas. Ele se envolvia em todos os comitês possíveis, mas participava muito pouco. Em seu funeral, entre a impressionante quantidade de coroas de flores, havia uma do Movimento Antialcoolismo (mas ele bebia), várias de igrejas (mas ele não frequentava nenhuma) e uma do clube de ciclismo (mas ele não possuía uma bicicleta). O seu antigo mundo, o da música, quase não estava representado.

Em dezembro de 1892, três meses após seu próprio casamento, Michael persuadiu seu irmão Edwin a abandonar a vida de solteiro. Edwin casou-se com Amy Tyrer e tiveram uma filha, também chamada Amy. Muitos anos depois, Amy, a filha, descreveu seu pai como um

> absoluto solteiro de coração. Todos os seus amigos eram solteiros. Alguns vieram dos Estados Unidos, e eram todos solteiros. Meu pai costumava convidá-los para jantar, mas nunca havia nenhuma mulher com eles. Na páscoa, ele saía para correr com seus amigos. Ele fez eu me sentir uma filha indesejada. Nunca foi amoroso. Ele dava muitos tapas em minha orelha.

Amy Maybrick às vezes passava os verões na ilha de Wight. Ela temia essas visitas, pois a tia Laura sempre dormia, o tio Michael tocava seu gramofone incasavelmente e as crianças eram deixadas por conta própria. "Todos os Maybrick eram frios, muito formais e não entendiam as crianças", ela disse.

Seu pai, Edwin, morreu em 1928, deixando pouco mais de 39 libras. Seu funeral custou quase seis.

Em 1911, James Fuller tinha 29 anos e trabalhava como engenheiro de mineração na mina de ouro de Le Roi, na Colúmbia Britânica. Ele estava noivo de uma garota local e aparentemente livre da sombra que cobriu sua infância. No dia 10 de abril, telefonou para sua noiva. Essa foi a última vez em que ela falou com ele. James foi encontrado morto, mais tarde, sozinho em seu laboratório. Ele aparentemente confundiu um copo de cianeto com um copo de água. O veredito conclui que a morte foi acidental. A maldição dos Maybrick havia atacado de novo.

Em 1912, na paróquia de Santa Maria, a Virgem, em Hampstead, Gladys Maybrick casou-se com Frederick James Corbyn, conhecido como "Jim". A guardiã da moça, a sra. Fuller, assinou o certificado – quando Michael morreu em 1913, o nome de Gladys não aparece entre aqueles que prestaram condolências, nem os jornais registraram uma coroa de flores. Seria isso evidência de uma briga em família? A família de Jim Corbyn imediatamente o deserdou devido ao nome notório de Gladys.

Durante a Primeira Guerra Mundial, Jim, que era tenente da marinha, recebeu uma condecoração por seus serviços, mas, com a insistência de Gladys, ele se desligou após a guerra e abriu um negócio. Os Corbyn decidiram não ter filhos – Gladys tinha vergonha de ser uma Maybrick. Em 1957, eles construíram um chalé não muito longe do mar para se aposentarem, que tinha vista para o belo vale isolado em South Wales. Lá, Gladys foi uma formidável e exigente vizinha. Ela não gostava de crianças, e membros da família ainda se lembram de temerem as visitas da tia Gladys e do tio Jim durante a infância. Essas eram ocasiões onde deviam vestir as melhores roupas e se comportar formalmente.

Sally e eu fomos ver o lugar que a trágica filha de James e Florie escolheu para terminar seus dias. Enquanto nós dirigíamos pelo portão, senti um calafrio de descrença. Desde a época do julgamento, Florie não teve contato algum com sua filha; não houve troca de fotografias ou cartas. Mesmo assim, a casa na qual Gladys morrera era um modesto chalé de cedro, maior, porém muito parecido com o lugar onde sua mãe foi encontrada morta em 1941.

Havia mais uma coincidência extraordinária: quando Gladys morreu, em 1971, e o chalé foi esvaziado, parentes encontraram remédios e pílulas em todos os bolsos, gavetas e armários. Assim como seu pai, ela também era uma hipocondríaca.

E o que teria acontecido com Alfred Brierley? Os livros de História contam duas versões diferentes. Alguns dizem que ele emigrou para o norte da África, outros afirmam que teria morrido na América do Sul. Anos após ser libertada da prisão, Florie deu uma entrevista exclusiva e dolorosa ao *Liverpool Post and Echo*, na qual admite que durante os anos na prisão ela se manteve firme com as lembranças de Alfred.

> Fui tola o bastante para pensar que poderia encontrar felicidade com o homem que ofereceu o amor que meu marido negou [...] amarga, amarga foi minha decepção. O homem por quem eu sacrifiquei tudo

esqueceu-se de mim durante os anos em que tentei manter meu coração jovem, na prisão, para seu bem.

A verdade sobre Brierley faz as palavras de Florie ainda mais comoventes. Ele realmente foi para a América do Sul. Há uma carta escrita por ele quando estava na Venezuela, endereçada a John Aunspaugh, na qual reflete tristemente: "As mulheres com certeza podem fazer o diabo com nós, homens, e um rosto bonito com certeza pode levar um homem ao inferno". Na verdade, Brierley voltou para a Inglaterra, casou-se duas vezes, teve um filho e morreu em um asilo em Hove, Sussex. Ele viveu na bela fazenda Poynters, na vila de Newick, em East Sussex, e foi enterrado lá ao abrigo da igreja St. Mary's, no pé das colinas South Downs. Em sua lápide, estão as seguintes palavras: "E o semeador saiu".

George Davidson, o amigo mais íntimo de Maybrick, nasceu em uma respeitável família da Igreja Livre da Escócia. Ele foi encontrado, afogado, em um trecho desolado da costa em Silecroft, perto de Whitehaven, Cumbria, em março de 1893. Uma recompensa de dez libras foi oferecida em troca de informações sobre seu paradeiro. De acordo com o jornal *Whitehaven News* do dia 16 de março:

> por três ou quatro semanas reclamou que não conseguia dormir. Frequentemente levantava à noite da cama e caminhava para fumar ao redor do quarteirão. Na manhã do dia 10 de fevereiro, por volta das dez horas, foi considerado desaparecido e não se ouviu mais dele desde então.

Ele morreu sem um tostão e sem testamento, mas deixou um relógio de ouro guardado sob seu travesseiro. Seria o relógio de Albert Johnson? Será que o fardo de saber a verdade foi demais para o querido amigo de Maybrick? Provavelmente nunca saberemos.

Em 1927, Sarah Maybrick morreu no Tooting Bec Hospital, em Londres, onde a causa da morte foi declarada como demência senil. Paul Feldman encontrou, entre os papéis de Trevor Christie, a cópia de um artigo que apareceu no jornal americano *Brooklyn Eagle* do dia 27 de julho de 1894. Sua manchete era "Não há moscas nela", e dizia: "A sra. Sarah Maybrick, do Brooklyn, pede que sua filha, Hester, seja removida para um asilo para insanos. Ela imagina que foi abandonada por seu amante e que moscas sussurram em seu ouvido dizendo que ele foi infiel".

Se essa era realmente a Sarah Ann de James Maybrick, quanta ironia há no fato de que a garota, que poderia, com sua idade, ter sido filha de James, estava sendo assombrada pelos maiores pesadelos dos Maybrick – infidelidade e moscas.

Florie retornou para a Inglaterra ao menos duas vezes. A primeira vez foi em 1911, após saber da morte de Bobô no Canadá. Seus comentários, também relatados no *Brooklyn Eagle*, no dia 10 de maio, são comoventes:

> O passado está morto. O garoto estava morto para mim havia mais de vinte anos. Antes da morte de meu marido [...] ele certificou-se que as crianças seriam criadas e educadas e ordenou que morassem na Inglaterra até que tivessem idade suficiente e, se quisessem permanecer sob a proteção de seu espólio, deveriam continuar morando em solo britânico. Eles ficaram sob a guarda de alguns parentes do sr. Maybrick, e eu nunca fiz nenhum esforço para me comunicar com eles.

Em 1927, ela retornou para aquilo que esperava ser uma reconciliação familiar. Mas de acordo com Amy, a filha de Edwin, ele estava "fora" naquele momento. Poderia também haver uma ligação entre essa visita e a morte de Sarah Ann?

> A amargura é pior do que a morte. Eu senti muita saudade de meus filhos, que eram apenas bebês na época, e a mãe faminta em meu coração era tão forte que senti que precisava fazer essa jornada agora na esperança de vê-los [...] Parece terrível que as crian-

ças, pelas quais arrisquei minha vida para trazê-las ao mundo, pensem que sua mãe é culpada do crime que as deixou sem pai. Mas essa é a única possibilidade que posso entender de sua atitude ante a mim.

De quem Florie está falando? Bobô estava morto havia mais de dezesseis anos. Ela já havia falado de seus sentimentos sobre sua morte. Então, quem eram as crianças que ela foi visitar?

Havia muitos rumores, na época do julgamento, sobre Florie estar grávida. O próprio dr. Hopper havia mencionado essa possibilidade. O *Weekly Times and Echo* não estava sozinho em suas insinuações sobre haver razões ocultas para o adiamento de sua sentença.

> É sabido que outra importante questão surge no caso, uma para a qual um júri de mulheres será formado. É claro, mesmo no caso de o júri considerar o fato como verdadeiro, a execução seria necessariamente adiada e, provavelmente, nem mesmo aconteceria. Acredita-se que não há exemplo de execução de uma mulher que, na época de seu julgamento, estivesse na suposta condição da sra. Maybrick desde a execução de Margaret Waters, há dezenove anos.

Essas histórias foram negadas pela imprensa e mais tarde pela baronesa, mas os rumores continuaram. Se Florie tivesse dado à luz na prisão, ele ou ela teria 37 anos na época.

Em 1995, Paul Feldman revelou mais uma teoria bombástica. Sua pesquisa incansável pelos descendentes de Maybrick foi registrada em seu livro *Jack the Ripper: The Final Chapter*. Ele acreditava ter descoberto a verdade sobre a "outra criança" de Florie, nascida, segundo ele, não na prisão, mas em West Hartlepool, quando ela tinha apenas quinze anos. Esse bebê – um menino – acabou sendo adotado, mas o que aconteceria depois é uma história para mais tarde.

Florie passou o resto de sua velhice na pequena cidade de Connecticut, para onde havia se mudado para trabalhar como governanta. O emprego não durou muito tempo e, quando a pequena renda que recebia passou a não ser mais suficiente, ela finalmente encontrou a bondade que escapara por muito tempo de sua vida. Os vizinhos e estudantes da escola para meninos de South Kent sempre se certificaram de que ela teria comida e mantimentos.

Enquanto os anos se passaram, Florie se tornou cada vez mais reclusa e, como notavam os transeuntes, cada vez mais excêntrica. Sua casinha estranha possuía cinco pequenas portas nas laterais para facilitar a entrada de seus vários gatos, que, de acordo com o jornal local, variavam de 15 a 75 animais. Mesmo mal podendo sustentar a si mesma, ela certificava-se de ter sempre dois litros de leite por dia para alimentar sua faminta companhia. Esse dificilmente seria um cuidado esperado de uma mulher que, muitos anos antes, havia sido amaldiçoada por um pacote em que se lia "Arsênico. Veneno para gatos".

A "senhora dos gatos", como ficou conhecida localmente, conseguiu viver as últimas décadas de sua vida em Gaylordsville, no anonimato. Ninguém sabia quem ela era, embora possam ter adivinhado que um dia havia sido uma Lady por causa de sua postura. Florie nunca contou seu segredo a ninguém – não por palavras, de qualquer maneira. Quando deu um vestido de renda preto para Genevieve Austin, ela inadvertidamente esqueceu-se de uma etiqueta onde se lia "sra. Florence E. Maybrick". Por quase vinte anos a sra. Austin manteve o segredo de Florie. Apenas depois da morte de sua vizinha ela alertou os jornais sobre a verdade.

Florie foi encontrada morta no dia 23 de outubro de 1941, um dia antes do aniversário de seu falecido marido. Ela tinha 79 anos. Embora tenha sido libertada da prisão quase quatro décadas antes, ela acabou servindo a uma sentença perpétua. Apenas quando se tornou a pessoa reclusa, cujos únicos amigos eram gatos, é que ela pôde se esconder do escândalo que a seguia em todos os lugares. Mas nunca conseguiu escapar. A morte de Florence Elizabeth Chandler e seu modesto funeral nas imediações da escola foram noticiados em muitas primeiras páginas – a trágica história da ex-beldade, condenada por assassinar o marido, tornou-se notícia mais uma vez.

17

A dor é insuportável

Em 1992, Michael Barrett também sentiu a sombra de James Maybrick pairar sobre sua vida. Depois que o Diário entrou em sua casa, nada seria igual novamente. Ninguém, ainda menos inválido como ele, poderia aguentar a pressão a que foi submetido, principalmente após o lançamento da edição de capa dura. Ele sofreu com telefonemas no meio da noite, com a imprensa acampada em sua porta e foi interrogado pela Scotland Yard – uma experiência que sua ex-mulher, Anne, nunca mais se esquecerá. Mesmo assim, Barrett manteve sua história, de modo convincente.

Sally e eu tomamos café com as três filhas de Tony Devereux em Liverpool no início de nossas pesquisas, mas, devido ao termo de sigilo que estávamos tentando proteger, não podíamos contar a elas que o Diário tinha qualquer relação com o Estripador. Nós o descrevemos apenas como o "Diário de James Maybrick". Elas ficaram muito perturbadas, desde então, com a sugestão dos críticos do Diário de que seu pai havia participado da falsificação. Compreensivelmente, elas ficaram bravas conosco, e insistiram que saberiam se o pai delas realmente guardasse o Diário em sua casa.

Dessa forma, ainda não tínhamos ideia da origem do Diário, e, como eu sabia que haveria a necessidade de atualizar a versão em brochura de meu livro em 1994, as pesquisas continuaram.

Aquele foi um ano muito intenso. Na época, duas equipes de pesquisa se formaram, ambas acreditando fervorosamente na autenticidade do Diário. Paul Feldman era um homem com uma missão, e, embora admirasse sua energia, eu estava extremamente preocupada de que ele estivesse causando perturbação na vida de pessoas comuns de Liverpool. Nos bastidores, problemas legais e políticos significavam que não poderia haver quase nenhum contato entre nós. Isso complicou a pesquisa e contribuiu para o sentimento de confusão.

Nós pressionamos Michael por mais detalhes; falamos com sua família e amigos. Checamos sua caligrafia e também as de Tony Devereux e Anne. Michael Barrett sempre dizia estar convencido de que Maybrick deixara o Diário em seu escritório, na Tithebarn Street, no dia 3 de maio de 1889. Então, ficamos momentaneamente animados quando descobri que esse escritório havia sido demolido apenas no final da década de 1960 para dar lugar a um prestigiado edifício comercial, o Silk House Court. Curiosamente, entre os inquilinos do prédio estava uma respeitada firma de advogados que descendia da Cleaver, Holden, Garnett and Cleaver, dos advogados de Florie. Mas, infelizmente, eles disseram que nunca tiveram posse do Diário, e a trilha se esfriou.

Eu tinha esperanças de que, se encontrasse mais exemplos de caligrafia de Maybrick, nossos problemas acabariam. A Biblioteca de Referências em Norfolk, no estado da Virgínia, nos enviou maços de documentos detalhando sua presença e responsabilidades nas reuniões da Bolsa do Algodão. Houve até menção sobre algumas cartas. Mas elas já haviam desaparecido há muito tempo. Os registros da Bolsa do Algodão em Liverpool também foram destruídos.

Nós fomos atrás da família de George Davidson, e eu conversei com descendentes de Sir Thomas Clark, seu genro, cuja editora da família ainda funciona em Edimburgo. Eles não sabiam de nada. "Ter um suicídio numa proeminente família da Igreja Livre seria um escândalo que teria sido abafado."

Tomamos chá com Peggy Martin, a neta de Mary Cadwallader, que vivia confortavelmente com seu marido num chalé perto de Dover. Ela nos contou sobre um relógio de ouro que pertenceu a Mary, e que todos acreditavam ter vindo da Battlecrease House. Ele havia sido penhorado anos atrás, então nunca saberemos. Visitamos a casa do século XVIII onde a sobrinha-neta de Alice Yapp, Jo Brooks, vivia com seu marido. Ela colocou na mesa um medalhão de prata e uma colher de chá com monograma que – disse com um sorriso irônico – Alice contava ter "ganhado" de Florie. Jo também nos contou que havia um rumor em sua família de que Alice Yapp era mais do que uma criada para James, mesmo antes de este contratá-la.

Tivemos muitos encontros com o cartógrafo Gerard Brierley, sobrinho-bisneto do hoje notório Alfred Brierley. Ele admitiu que sua família também ficou calada com o passar dos anos.

Completamente por acaso, fomos apresentados a David Fletcher Rogers, cujo bisavô foi chefe do júri de legistas que cuidou do caso de Florie. Fletcher Rogers alugou a Battlecrease House após os Maybrick, mas morreu em 1891. Novas pessoas se mudaram para lá, encontraram a Bíblia da família Fletcher Rogers e entregaram-na para que os vizinhos a guardassem. Em 1978, David Fletcher Rogers retornou para fotografar a Battlecrease House, chamou os vizinhos e, para seu espanto, recebeu a Bíblia. Assim como nosso Diário, essa Bíblia reapareceu após várias gerações.

Uma Bíblia da família Maybrick, que pertenceu ao tio de James, Charles, hoje é o tesouro mais precioso de Edith Stonehouse, que morava em uma das áreas mais degradadas de Liverpool. Nós vasculhamos as páginas, buscando, com esperança, por pistas. Mas não havia nenhuma.

De volta a Liverpool, ligamos para Helen Blanchard, descendente de Abrahams, o farmacêutico. Ela nos emprestou uma empolgante caixa com cartas da família, que continha uma prescrição para James Maybrick e uma carta de Alexander MacDougall. Mas não havia nada relacionado à nossa busca.

Recebi um telefonema dos Estados Unidos, realizado pela sra. Gay Steinbach, no qual me contou orgulhosamente que sua avó havia crescido no lar dos Maybrick em Ryde. Seu nome então era Laura Quinn – e ela sempre alegou ser filha de um funcionário aduaneiro irlandês chamado Patrick Quinn ("embora", disse a sra. Steinbach, "a família imaginasse que ela seria realmente uma filha de Michael"). Ela foi viver com os Maybrick aos dez anos – e odiava o lugar. Quando Laura Maybrick morreu, ela deixou os royalties de Michael para Laura Trussle – nome que usava na época.

Ouvimos uma prazerosa gravação da filha de Edwin Maybrick, Amy Main, rindo de suas lembranças da vida em Lynthorpe, na Ilha de Wight, onde passou muitos verões desanimadores quando criança.

Vasculhamos os arquivos de Ryde, ansiosos para achar uma confissão do final da vida de Michael sobre segredos sombrios que ele nunca havia revelado. Tudo que encontramos foi o epitáfio típico da era vitoriana em sua monumental lápide, que, sob as circunstâncias, parecia carregado de significado: "NÃO HAVERÁ MAIS MORTES".

Enquanto isso, Paul Feldman estava abrindo sua própria trilha. Keith Skinner havia se juntado à equipe como um consultor independente e estava tão obstinado quanto sempre foi. Certidões de nascimento, óbito e casamento de quase todos os membros da "trama" foram descobertos, foram feitos contatos com escritórios de registros e procuradores ao redor do mundo, foram feitas viagens para os Estados Unidos, Cornwall, Escócia e até mesmo para a Ilha de Wight, em uma nobre tentativa de rastrear os movimentos e famílias de qualquer pessoa que pudesse abrigar o segredo do Diário.

Nos bastidores, uma tragédia pessoal estava se desdobrando. No dia 2 de janeiro de 1994, Anne Barrett não conseguiu mais lidar com o alcoolismo de seu marido, que se tornou, gradualmente, fora de controle. Ela o deixou, levando sua querida filha Caroline embora. Michael reagiu telefonando para todos nós, em qualquer hora do dia ou da noite, às vezes usando uma fita inteira da secretária eletrônica. Esses telefonemas eram de partir o coração. Ele dizia repetidamente que estava morrendo e que não passaria daquela noite. Estava solitário, magoado e desesperado para ver sua filha. Todos nos sentimos angustiados por ele. Mas ficou claro que, quando bebia, ele perdia a noção da realidade.

Mas Michael Barrett não é nenhum tolo. Sua ortografia é "instável" ao extremo, mas ele gosta de citar frases em latim tiradas de um dicionário clássico, e possui um dom para colecionar trechos inesperados de sabedoria a partir da biblioteca. Portanto, fiquei chocada, mas não inteiramente surpresa, quando, no dia 30 de setembro, Michael aparentemente descobriu a resposta para um problema que todos nós vínhamos enfrentando.

Existe uma frase no Diário que eu tinha certeza que deveria ser uma citação.

> Oh costly intercourse of death
> [Oh coito custoso da morte]

Nós havíamos buscado em todas as antologias possíveis, sem sucesso. Pedi a Michael que procurasse na biblioteca de Liverpool. Ele importunou os funcionários e, claro, ligou para mim poucos dias depois dizendo: "Você a encontrará no *History of English Literature*, da editora Sphere. Volume 2. É de Richard Crashaw".

Ele estava certo. Um rápido estudo da vida de Crashaw revelou que era um poeta barroco obscuro (1613-1649), cujo fervor religioso era visível em seus versos e inspirou muitos outros poetas, tais como Milton e Shelley. O verso em questão aparece em um poema de uma coleção de versos religiosos entitulada *Steps to the Temple: Delights of the Muses*. O poema é chamado "Sancta Maria Dolorum or The Mother of Sorrows". As palavras corretas são:

> O costly intercourse
> Of deaths & worse,
> Divided loves. While son & mother
> Discourse alternate wounds to one another;
> Quick Deaths that grow
> And gather, as they come & goe:
> His nails write swords in her, which soon her heart
> Payes back, with more than their own smart;
> Her SWORDS, still growin(g) with his pain,
> Turn SPEARES, & straight come home again.

> [Oh coito custoso
> da morte, e pior
> Separou amores. Enquanto filho e mãe
> Discorrem ferimentos alternados um para o outro;
> Morte rápida que cresce
> E junta, enquanto eles vêm e vão:
> Seus pregos escrevem como espadas nela, que em breve seu coração
> Pagará de volta, com mais do que sua própria esperteza;

As ESPADAS dela, ainda crescendo com as dores dele,
Tornam-se LANÇAS, e voltam direto para casa.]

São versos obscuros e difíceis de entender. Se o Diário for uma falsificação moderna, o autor deve ter tido uma sorte extraordinária ao encontrar esse poema, e uma sensibilidade excepcional para usá-lo como o fez, atingindo um efeito tão intenso.

Escrevi para a Biblioteca Britânica perguntando se um negociante vitoriano conheceria Crashaw. No dia 25 de março de 1998, R. J. Goulden respondeu:

> Várias edições da poesia de Crashaw de fato foram publicadas entre 1857 e 1887: uma edição para bibliotecas em 1857; os trabalhos de Crashaw por John Russel Smith em 1858; uma edição impressa particular em 1872-1873; a edição geral de Cassell de poetas britânicos em 1881; e outra edição particular em 1887. James Maybrick poderia ter comprado cópias usadas de qualquer um desses trabalhos, ou poderia ter assinado uma biblioteca itinerante e topado com os trabalhos desse autor.
> Existe ainda a possibilidade de que Stephen Adams [o nome artístico de Michael Maybrick, o "cantor de baladas"] conheceria os poemas de Crashaw e talvez Maybrick tenha os encontrado por seu intermédio.

Os trabalhos de Crashaw eram muito mais conhecidos em 1888/9 do que hoje, e possivelmente foram levados para a casa de Maybrick, principalmente se havia alguma influência religiosa. Logo na esquina de sua casa na infância, havia uma loja de livros usados conhecida nacionalmente, de onde Gladstone costumava fazer pedidos pelo correio. Era conhecida como "O Templo das Musas". É plausível, então, que Maybrick tenha, por exemplo, herdado tais livros de seu pai, que era um pároco. Mas o sofisticado uso da citação me intrigou.

Então, para meu espanto, Michael Barrett anunciou que tinha uma cópia do livro em casa. Ele tinha se esquecido de que estava no sótão! Sua explicação foi tipicamente plausível e completamente espantosa. "Após o desastre de Hillsborough em 1987", ele disse, "trabalhei duro para arrecadar dinheiro para a fundação. Escrevi para muitas editoras e pedi que contribuíssem com livros fora de catálogo para uma venda que eu estava organizando. Entre os muitos volumes que chegaram da Sphere, estavam doze volumes da *History of English Literature*". Michael disse que não conseguiu vendê-los, então guardou-os no sótão com os outros e esqueceu-se deles até ter encontrado a citação na biblioteca.

Fiquei extremamente desconfiada. Os críticos do Diário ficaram radiantes. Isso parecia uma prova positiva da culpa de Barrett. Apesar dessa descoberta condenatória, eu ainda estava confiante que ele nunca conseguiria ter usado esses versos para obter um resultado tão efetivo no Diário. Deveria existir algo que não sabíamos. Mas não consegui encontrar absolutamente nenhuma explicação para essa inesperada descoberta. E ainda não posso.

No início de julho de 1994, Paul Feldman descobriu um pedaço até então desconhecido da família Maybrick, em Peterborough. Ele tinha certeza que eram descendentes ilegítimos de James Maybrick. Começou, então, uma feroz cruzada, perseguindo incansavelmente qualquer pessoa em Liverpool que pudesse desvendar aquilo que estava começando a enxergar como um gigantesco "acobertamento". Homens em carros esperavam e observavam, houve misteriosos telefonemas. Ninguém, pensava Paul, era quem dizia ser. Ele até suspeitava que fosse uma questão de segurança nacional.

Não foi uma surpresa que Michael Barrett tenha se tornado ainda mais confuso e desnorteado. Seu mundo emocional e financeiro estava desmoronando. Ele também contratou Alan Gray, o detetive local que trabalhou para Stanley Dangar, Melvin Harris e o *Sunday Times*! (Porém, quando marcamos uma consulta com o sr. Gray em Liverpool, em janeiro de 1995, encontramos uma nota pregada na porta dizendo ter sido "prevenido" de que havia um conflito de interesses, e por isso não iria nos receber!)

No dia 21 de junho de 1994, Sally e eu fomos ver Michael em uma nova casa, onde estava morando com uma senhora que cuidava dele. Ele me levou ao jardim e, com muita emoção, vomitou a história de como havia falsificado o Diário. Ele estava amargurado e com raiva por não poder mais ver sua filha, e ameaçou contar tudo para a imprensa nacional. Suas razões para isso também eram confusas. Ele repetia que tudo que queria era ver Caroline – mas, então, seguiu uma linha de ação que fez isso cada vez menos provável.

No dia 24 de junho de 1994, ele sucumbiu e deu uma entrevista exclusiva a Harold Brough, do *Liverpool Daily Post*. Ela foi publicada no dia 27 de junho com a seguinte manchete: "Como falsifiquei o Diário do Estripador", e o citava dizendo "sim, sou um falsificador, o maior da história". A fotografia de Michael ao lado do túmulo de Maybrick possuía uma incrível semelhança com uma foto de Maybrick logo abaixo!

Harold Brough ficou sensatamente desconfiado das confissões de Michael. Isso não era o caso para uma confissão de um bêbado. Ele foi atrás de Anne e ligou para agendar uma visita, mas tudo que recebeu foi a porta na cara e uma afirmação franca: "Isso é besteira. Ele está tentando se vingar de mim porque eu o deixei". Eu não entendi por que afirmar que o Diário era falso seria uma vingança contra Anne – a não ser, é claro, que Michael estivesse insinuando que Anne estava envolvida.

O procurador de Michael, Richard Bark Jones, imediatamente emitiu uma refutação:

> Com relação à afirmação (confissão) recentemente feita por Michael Barrett de que ele próprio escreveu o Diário de Jack, o Estripador, estou em posição de dizer que meu cliente não tinha total controle de suas faculdades quando fez a declaração, que é totalmente incorreta e sem fundamento. O sr. Barrett está agora na Clínica Windsor, onde está recebendo tratamento.

A bebida levou-o a uma condição conhecida como "confabulação", na qual o indivíduo preenche falhas de memória com histórias fictícias que parecem completamente reais para ele.

O sr. Bark Jones não trabalha mais para Michael, e também me disse que nunca teria concordado em representá-lo se, por algum momento, tivesse pensado que ele havia falsificado o Diário. O *Sunday Times* publicou a história, mas não acrescentou a refutação do procurador.

Anne (agora usando seu nome de solteira, Graham) sumiu de vista. Enquanto isso, desde janeiro de 1994, Paul Feldman vinha coletando contatos e informações. Onde quer que eu fosse, parecia que Paul já tinha estado lá antes. Na época, eu estava ciente de algumas das fantasias que ele estava perseguindo e intrigada pela quantidade de vezes que já havia "surtado". Mas seu otimismo sem limites serviu para nos manter alerta. Keith Skinner notou, na época, de maneira um tanto melancólica, que "Paul baseia uma teoria numa hipótese, afunda-a em especulação e confunde-a com mistério".

Eu tive acesso a alguns registros de Keith – cada conversa na íntegra, cada minuto de chamadas telefônicas e literalmente centenas de páginas de debate com Paul Begg e Martin Fido. Seria muito difícil para alguém que não tivesse acesso a esses registros entender o que estava acontecendo na época – ao explicar o contexto e as nuances daquilo que disseram, é possível que o que aconteceu em seguida faça algum sentido.

Anne também escreveu suas próprias memórias do "pesadelo" daqueles tempos. Os detalhes sobre o que se lembra são tão precisos e exatos porque Keith Skinner já a havia pressionado meticulosamente, a fim de que ela revivesse cada emoção e evento que levou à sua confissão.

> Após alguns meses recebi um bilhete de Paul Feldman. Mostrei a meu pai e ele me disse para contatá-lo. Mas eu recusei – estava cansada do Diário. Em agosto, mudei do apartamento para uma casa nova.
>
> Paul Feldman então descobriu onde eu estava morando. Ele estava ligando para todo mundo: minha melhor amiga Audrey, todos os Barrett – todo mundo.

Então, numa noite, a irmã de Michael me ligou – ela estava furiosa e muito brava porque Robert Smith, Paul e Shirley continuavam ligando para sua casa. Ela estava terrivelmente perturbada por causa de Michael, e eu fiquei muito constrangida e preocupada. Fiquei com um sentimento de culpa muito grande porque eu sabia a verdadeira história do Diário.

Então, por volta das onze horas da noite do dia 19 de julho de 1994, em uma fúria cega, eu peguei o telefone e liguei para a casa de Paul em Middlesex [sic]. Nós dois gritamos e xingamos um ao outro. Eu disse a ele que se afastasse. O Diário não tinha nada a ver com os Barrett. Fiquei ao telefone por quatro horas. O que entendi é que ele pensava que eu não era Anne Graham/Barrett, Michael não era Michael – os certificados de nascimento de suas irmãs estavam errados e meus registros haviam sido destruídos pelo governo. Eu pensei que ele estava louco! Na verdade, fiquei com muito medo. Paul parecia acreditar que eu sabia mais do que estava falando e estava determinado a tirar informações de mim por bem ou por mal. Pensei: "Eu preciso tirar esse homem da vida deles".

Em suas anotações, Anne se referia a Paul como "o inimigo" e, em outras ocasiões, como "o maldito lunático". Porém, por sua sugestão, Paul foi até Liverpool no dia 30 de julho. Nesse meio-tempo, Keith Skinner voltou sua atenção para a página do livro de Nigel Morland, *This Friendless Lady*, onde estava a informação de que, ao deixar o convento e partir para a França, Florie Maybrick usava o nome Graham! Isso foi checado e confirmado pela cobertura dos jornais locais. Na mente de Paul, uma nova teoria estava surgindo. Seria Anne – e não Michael – uma descendente de Maybrick?

Ela não queria que ele entrasse em sua casa, então Paul a levou para um hotel onde sentaram-se juntos em um bar quase vazio. Anne levou fotografias e outras lembranças de família que provariam que suas teorias estavam erradas.

Senti como se batesse em uma parede. Minha paciência estava se esgotando. Então disse, de maneira clara, que Michael não sabia nada sobre as origens do Diário. Ele foi entregue para mim por meu pai. Fui eu que entreguei para Tony Devereux para que ele desse a Michael, e, quando meu pai morresse, a verdade seria revelada. Minha maior preocupação na época era com meu pai. Eu estava tentando obter uma casa decente para que ele pudesse viver conosco [...] pois ele estava muito próximo de precisar de cuidados 24 horas por dia. Por volta dessa época, eu também estava sendo perseguida por Michael e nunca sabia o que ele diria ou faria em seguida.

Então Paul convenceu Anne e Caroline a irem para sua casa, tentar resolver as questões. Elas entraram pelo jardim no meio da escuridão, porque Anne estava com medo de que a casa estivesse "grampeada".

Aos poucos, ela passou a se sentir confiante e começou a contar o que sabia sobre as origens do Diário. "Eu não estava interessada no maldito Diário e não queria nada com ele. Só queria que meu pai ficasse feliz nos últimos meses de sua vida. Paul disse que iria me proteger da mídia e dos especialistas no Estripador se eu contasse a verdade. Disse que poderia enviar Caroline e eu para tirarmos férias e ficarmos fora de alcance."

Keith Skinner lembrou a confusão desses tempos em uma carta para Martin Fido, no dia 2 de junho de 1996:

Abril/Julho 1994

O foco agora está em Anne e seu passado. Feldman está convencido de que a única razão para os certificados não baterem com suas teorias é porque informações incorretas foram deliberadamente introduzidas no sistema pelo governo para proteger a identidade de todos os filhos ilegítimos de James Maybrick, também conhecido como Jack, o Estripador. Portanto, Anne não é

Anne, Michael não é Michael, Billy não é Billy e a família Barrett não é a família Barrett. Michael, agora irremediavelmente perdido, mas compreensivelmente confiante de que ele é Michael Barrett, decidiu colocar um fim nesse pesadelo confessando que falsificou o diário, o qual – e isso é apenas especulação – ele agora imagina que Anne tenha falsificado e, por alguma razão perversa, o tenha empurrado para ele. É importante entender que a confissão de Michael apareceu antes que qualquer pessoa soubesse do envolvimento de Anne [...] Feldman está agora convencido de que descobriu um dos maiores "acobertamentos" dos séculos XIX e XX [...] Foi nesse ponto (julho) que Anne contatou Feldman [...]

Por fim, Anne deu a Paul permissão para que se encontrasse com seu pai. Ela se mudou do apartamento para uma casa e decidiu voltar a usar o nome de solteira – Graham. Nesse ponto, Paul ainda estava convencido que Billy Graham era descendente da prole ilegítima de James. A primeira de duas longas e animadas conversas foi gravada no dia 30 de julho. No dia 12 de agosto, Keith Skinner também estava presente e notou uma cópia de meu livro em cima do armário, nova e sem ter sido lida. Essas duas conversas estão parcialmente transcritas no livro de Paul.

Billy Graham, então com oitenta anos, era um ex-soldado do Regimento de Cheshire, com uma reputação de rebeldia na juventude e várias medalhas por "serviços prestados ao país" na França, na Alemanha e no continente africano. Ele era muito mais interessado na Legião Britânica do que em Jack, o Estripador, e a visita de Paul foi um atraso um tanto irritante para sua visita regular à "Legião".

Durante essas conversas espontâneas sobre sua infância e passado, Paul mencionou que Florie usou o sobrenome Graham quando deixou a prisão. Billy respondeu: "aquela velha vaca suja". Ele então se tornou muito pensativo e silenciosamente soltou algo valioso para Paul. Ele insinuou, enquanto estava sendo gravado, que pensava que seu próprio pai poderia ter sido filho de Florie. Billy parecia possuir uma distante memória de ter ouvido alguém da família dizer que Florie poderia, de fato, ter tido um filho antes de casar-se com James. Anne ficou claramente espantada. Ela confirmou mais tarde: "Ainda estou em estado de choque. Pensei que a coisa tivesse sido roubada da casa, mas certamente não esperava por isso".

Caroline perguntou: "Isso significa que somos descendentes dele?", e Paul respondeu, triunfante: "Não, vocês são descendentes dela", referindo-se a Florence.

Fiquei consternada. A pesquisa de Paul parecia indicar que Billy Graham era descendente de Florie por parte de pai. Mas Billy teria afirmado que o Diário havia sido passado pela família de sua mãe. Não seria coincidência demais?

Havia outra lacuna na história. Se Florence realmente era a avó de Billy Graham, então quem seria seu avô – o amante de Florie? Anne lembrou que, quando era criança, seu pai costumava levá-la até Croxteth para visitar um túmulo que ele dizia ser da "família". Ela não se lembrava do nome na lápide, mas retornou ao local muito tempo depois, quando ela mesma se tornou fascinada com a história dos Maybrick. Anne tirou uma foto que mostra que o túmulo era de Henry Flinn – nascido em 1858 e morto em 1927, ano em que Florie retornou para a Inglaterra. Henry teria 21 anos em 1879 – ano em que Paul acredita que Florie teve seu primeiro filho.

Em 1897 um jornalista americano visitou Florie na prisão e informou que ela disse o seguinte: "Eu vi as fotos das crianças, e Henry cresceu tanto...". Paul imaginou que talvez esse fosse o filho ilegítimo de Henry Flinn, que era o rico dono da linha de transatlânticos Dominion Line e chefe de John Maybrick, o piloto sênior.

O sentimento de culpa de Anne por seu segredo ter causado tanta confusão fez que ela mudasse de atitude. No dia 31 de julho, um domingo, cerca de três semanas antes do prazo de entrega da nova edição de meu livro, ela ligou para Paul e gravou uma mensagem telefônica para mim, Doreen Montgomery, Sally Evemy e Robert Smith. Paul, por sua vez, nos contatou e nos convidou para ouvi-la em seu escritório. Como escrevi logo depois, "ouvimos em um profundo silêncio". A voz de Anne estava rápida e muito tensa. Suponho que estivesse nervosa.

Acho que era inevitável que um dia a verdade sobre o Diário do Estripador seria revelada. Eu sinceramente peço desculpas por ter demorado tanto, mas sentia que tinha razões justificáveis. Percebi, há algum tempo, que o efeito de bola de neve capturou suas vidas, e isso sempre foi um grande fardo para mim. Nunca houve a intenção de que o Diário fosse publicado. Não de minha parte.

Acho que foi em 1968/9 que vi o Diário pela primeira vez. Eu morava com meu pai e estávamos deixando a casa, pois ele estava prestes a se casar novamente, após ter passado alguns anos viúvo. No meu quarto havia um grande armário. Eu descobri o Diário em um grande baú de metal que estava atrás desse armário. Li a primeira página, mas o guardei para ler depois quando não estivesse ocupada [...] mais tarde o levei para meu pai e perguntei o que ele sabia sobre aquilo, se é que sabia algo. Ele estava fazendo suas apostas e não ficou muito interessado. Perguntei se tinha lido, ele respondeu que havia começado, mas que as letras eram muito pequenas. Deixei por isso mesmo. Nunca mostrei para Michael, honestamente não sei por quê. Eu não gostava de ter o Diário em minha casa, por isso guardei-o de volta atrás do armário.

Algum tempo depois, Michael começou a beber. Ele tentava desesperadamente escrever, mas não parecia progredir. Era muito frustrante e estava deixando as coisas difíceis entre nós. Pensei em dar a ele o

Diário para que pudesse usar como base para um livro. Tinha esperanças de que ele pudesse escrever uma história de ficção sobre o Diário. Eu sabia que, se desse para ele e contasse sua história, Michael iria importunar meu pai pedindo detalhes, e nessa época eles não estavam se entendendo muito bem. Então pensei no plano de dar o Diário para Michael através de outra pessoa. Dessa maneira, ele não o ligaria a mim ou a minha família [...]

Peguei um pouco de papel marrom, embrulhei o Diário e amarrei-o com um barbante. Levei o pacote para Tony Devereux e pedi que desse para Michael para que fizesse algo com aquilo, o que ele fez fielmente. Se Tony eventualmente contou a Michael a maneira como o obteve eu não tenho ideia. Peço desculpas para a família Devereux por tê-la trazido para essa confusão, mas eu nunca imaginei o que aconteceria. Acho que fui muito ingênua.

Quando Michael disse que queria publicar o Diário, eu entrei em pânico. Tivemos uma grande discussão e eu tentei destruí-lo. Não estou dizendo que arranquei qualquer página, eu apenas queria queimá-lo por inteiro [...]

Concluindo, devo dizer que nunca estive interessada ou me importei em saber quem era Jack, o Estripador. E nem meu pai. Enfim, essa é minha história. Espero que compense de alguma forma pelo segredo que tomei para proteger meu pai e sua família.

Então, agora eu tinha duas afirmações contraditórias, que ameaçavam fazer nossos dois anos de pesquisa parecerem uma bobagem. Assim como o relógio apareceu em um momento tão inconveniente pouco tempo antes da publicação da primeira edição, agora estávamos muito próximos a uma história impressionante e sem nenhum meio de verificar sua autenticidade antes de imprimir a nova edição.

18

Estou cansado de manter as aparências

A HISTÓRIA DE ANNE

Sendo honesta, minhas primeiras reações à gravação de Anne foram descrença e exasperação. Eu me senti decepcionada. Não senti que Anne mentia. Ela simplesmente se esquivou da verdade. Mas houve outras pessoas, especialmente Martin Fido, que afirmaram que por nunca ter revelado o que sabia sobre o Diário, tudo que ela dizia tornou-se automaticamente suspeito. Doreen, Sally, Robert e eu ficamos, compreensivelmente, desapontados por Anne não ter confiado em nós desde o início. Sentimos que a verdade deveria ter sido dita primeiramente a nós, como seus parceiros contratuais para publicação, e não entendíamos a necessidade de segredo.

Nós havíamos sofrido uma terrível ansiedade e perda nas mãos da New Scotland Yard e do *Sunday Times*. Doreen, como sempre, havia protegido ferozmente os interesses de seus clientes e havia cuidado pessoalmente de seu bem-estar. Se o Diário veio da família de Anne, qual seria o motivo para fingir outra coisa? Sabendo da importância da origem, por que complicar a questão? Por que não acabar com a agonia?

Anne explicou suas ações muitas vezes desde então. Ela escreveu para mim, obviamente angustiada, em julho de 1997, dizendo que desde o tempo em que os contratos foram assinados, nosso contato sempre havia sido com Michael. Até onde ela sabia, nós éramos apenas "as pessoas de Londres". Ela certamente não nos considerava amigos ou até mesmo colegas naquele estágio. Sua vida estava em crise –

como católica, o conceito de divórcio era horrível para ela, e não podia compartilhar seus problemas com ninguém – certamente não conosco.

Também fiquei preocupada que nossa pesquisa agora estivesse manchada, mas fiquei extremamente aliviada por saber como Keith esteve próximo no desenrolar da trama porque confio em sua integridade implícita. Keith me disse em várias ocasiões: "Estive envolvido desde o início e estava presente na maioria dos encontros entre Paul e Billy. Se a história fosse forçada, a essa altura eu teria detectado. Se tivesse detectado, eu teria acusado".

"Aqueles que acreditam que Anne está mentindo, ou que tenha sido corrompida por Paul, devem incluir a mim nessa trama", ele afirmou. Com sua inimitável maneira impertinente de ser, ele testou várias vezes a paciência de Anne com seus minuciosos interrogatórios sobre cada segundo da jornada que acabou levando à confissão. A honestidade e o fervor de Keith são muito persuasivos. A falta de interesse e a aparente desatenção de Anne quanto às suas responsabilidades profissionais e pessoais em relação a nós e também à família Devereux me deixou perturbada, mas, ponderando agora, consigo entender como isso pôde acontecer.

Em todos os nossos contatos com Michael, ele sempre esteve no comando da situação – era ele quem telefonava (muitas vezes) e escrevia. Até onde sabíamos, Michael e o Diário eram sinônimos. Por sua própria vontade, Anne permaneceu "de fora". Analisando a questão agora, suponho que o Diário tenha encoberto tudo – não sabíamos de toda a extensão do sofrimento de Anne nos bastidores, e ela não estava ciente de tudo que acontecia conosco. Londres era uma cidade longínqua e irreal para ela e, além disso, assim como tantas pessoas, ela pensava que a polícia estava investigando a autenticidade do Diário, não a suspeita de uma fraude da editora.

Nos três anos seguintes, passamos mais tempo com Anne. Ela me fez muito bem-vinda em sua casa. Isso é um raro privilégio, pois ela mesma diz que não faz amizades íntimas facilmente. Anne foi hospitaleira e acolhedora. Não foi prazeroso para mim "questionar" sua honestidade.

Ela é uma pessoa muito reservada, uma característica vista por seus detratores como uma "conveniente" posição recuada. Ela é inteligente, alegre e bem-humorada e, durante a época em que sustentava a família, trabalhou como secretária em Liverpool. Ela também é uma típica cidadã de Liverpool, com um temperamento explosivo quando provocada, e que sofre à toa. Eu sabia que deveria dar a Anne uma nova chance para restabelecer a confiança que eu havia perdido. Se sua história fosse verdadeira, eu poderia finalmente provar que o Diário não era uma falsificação moderna. Se estivesse mentindo, seria igualmente importante que eu não estivesse sendo enganada e pudesse continuar a buscar as origens desse intrigante diário.

Para mim, também parecia óbvio que os críticos iriam acusar sua história de mais um "conveniente" estratagema, e se eu acabasse acreditando na honestidade de Anne, seria acusada de acreditar apenas naquilo em que queria acreditar.

Nesses muitos encontros que tivemos sentávamos no chão, conversávamos no almoço e olhávamos álbuns de família; ela nos contou com considerável reticência sobre os eventos que desembocaram naquela confissão no jardim de Paul Feldman.

Desde então, ela estava fascinada com o crescente conjunto de evidências sobre seu complicado passado e sua possível linhagem.

Entendo porque ela não revelou tudo quando a polícia visitou sua casa. Ela estava apavorada e o medo a paralisou. Por outro lado, quando Paul Feldman importunou seus amigos, ela ficou com muita, muita raiva. Anne é uma pessoa que reage à própria raiva com ações.

O resumo da história, formado a partir das gravações das conversas com Billy Graham, das informações fornecidas por Anne e das conclusões de Paul Feldman, é o seguinte: o pai de Billy, William Graham, que provavelmente nasceu em Hartlepool, casou-se duas vezes. Sua segunda esposa foi Edith Formby e, de acordo com uma antiga história de família, sua mãe, Elizabeth, teria sido amiga de uma das criadas da Battlecrease House. As duas mulheres foram juntas ao julgamento de Florie. A vovó Formby, que não sabia ler nem escrever e assinou sua certidão de casamento com um x, trabalhou mais tarde na Lavanderia Hillside. O estabelecimento ainda existe, mas em 1889 ficava perto da Battlecrease House, na Peel Street. Billy lembrava-se dela como uma carinhosa velhinha – ele costumava levar seus recados e recolher sua pensão.

Ele também lembrou, enquanto estava sendo gravado, que, quando era criança em Liverpool, ele e seus amigos brincavam de correr na frente da Battlecrease House, fingindo estarem cavalgando enquanto gritavam "cuidado, cuidado, o Jack, o Estripador, vai te pegar".

Em 1933, Billy Graham se alistou no exército e não retornou a Liverpool antes de 1943, quando sua avó já havia morrido (em 1939). Foi então que lembrou-se de ter visto uma caixa preta de metal que continha as três cartas brancas. (Lembra do baú de Florence Maybrick?) Em 1946, Billy casou-se com a mãe de Anne, Irene Bromilow.

Foi no Natal de 1950, na época em que Anne nasceu e que William Graham morreu, que a madrasta de Billy, Edith, deu a ele a lata juntamente com muitos papéis, certidões e o Diário. "Sua avó deixou isso para você", ela disse. Billy folheou as páginas, mas a caligrafia era muito pequena e ele acabou se esquecendo de tudo. Nesse ponto, a própria Anne não sabia nada sobre o Diário ou sobre qualquer conexão de sua família com a Battlecrease House. Ela retoma a história:

> O pai de minha mãe, meu avô Bromilow, era jogador profissional de futebol e possuía uma renda decente, maior do que a da maioria das pessoas, portanto, minha mãe teve uma educação privada. Antes de mim, ela deu à luz dois bebês que morreram, e eu era tão importante para ela que insistiu que eu também fosse educada em um convento, embora meu pai fosse um trabalhador braçal. Eu era muito diferente das outras garotas. Pertencia a uma classe diferente; não tinha amigos. Eu mal via meu pai porque ele estava sempre trabalhando, e então minha mãe pegou tuberculose e vivia entrando e saindo de clínicas. Minha avó Bromilow morou com a gente, mas ela era uma hipocondríaca e vivia na cama. Era uma situação muito estranha. Quando eu tinha cerca de doze anos, minha mãe começou a beber, então ela se acidentou e também ficou de cama – eu fiquei cuidando das duas.

Meu pai era muito amável, mas só entendi como essa época foi difícil para ele no fim de sua vida. Minha mãe morreu em 1964, quando eu tinha catorze anos.

Quando eu tinha dezoito anos, meu pai casou-se com Maggie Grimes e nós mudamos de casa. Foi então, como disse na mensagem, que vi o Diário pela primeira vez – por volta de 1968 ou 1969. Havia um grande armário que sempre me assustou e no qual eu nunca havia vasculhado; lá dentro estavam um antigo toca-discos e uma Virgem Maria na frente, e muitas coisas da guerra – máscaras de gás e coisas desse tipo. Havia ainda um baú cheio de roupas de praia e um kit de primeiros socorros. O Diário estava no fundo. Olhei as páginas rapidamente – achei que parecia interessante e nós o empacotamos junto com a mudança para a nova casa na Dorrington Street.

Maggie tinha três filhos, mas eles não apareciam muito e eu ainda estava muito solitária. Quando finalmente perguntei ao meu pai sobre o Diário, ele estava fazendo suas apostas e pareceu desinteressado. As pessoas me perguntam por que diabos eu não fiz nada com o Diário. Mas eu era apenas uma criança – era uma época difícil em Liverpool – ninguém estava nem um pouco interessado em Jack, o Estripador. Não significava nada. Guardei o Diário num armário junto com outras coisas.

Mais tarde, Billy disse: "Se eu soubesse que valia alguma coisa teria vendido anos atrás. Caramba, eu não teria trabalhado como um escravo na Dunlop – com turnos de doze horas – em pneus sujos se seu soubesse... eu poderia estar deitado na praia agora com algumas strippers...".

Embora considerasse Maggie uma pessoa maravilhosa, em 1969, Anne decidiu emigrar para a Austrália como enfermeira. Ela adorou o país. Australianos não fazem exigências emocionais, e isso funcionava muito bem para ela. Durante os cinco anos em que morou lá,

Anne não recebeu uma palavra de seu pai. "Ele mal podia escrever", disse. "De fato, Caroline se lembra de como sempre costumava escrever os cartões de Natal dele nos últimos anos – incluindo um para ela mesma! Qualquer pessoa que sugira que ele escreveu o Diário está completamente louca."

Anne retornou a Liverpool em 1976 e conheceu o jovem e persistente Michael Barrett no Centro de Cultura Irlandesa. Ficou lisonjeada com sua atenção, apaixonou-se e, no dia 4 de dezembro, em questão de semanas, casaram-se com uma licença especial, embora a família dela a alertasse para que não fizesse isso. Michael havia se envolvido em um terrível acidente de carro quando tinha catorze anos; ele recebera a extrema-unção e não tinha certeza se poderia ter filhos. Mas Caroline chegou quando Anne tinha trinta anos.

"Michael era um pai absolutamente brilhante. Eu trabalhava e ele fazia tudo para ela, trocava fraldas, limpava a casa, preparava o chá para quando eu chegasse em casa. Ele era muito orgulhoso do desempenho dela na escola." Eu me lembrei, melancolicamente, de quando visitei pela primeira vez o lar de aparência feliz dos Barrett em 1992. Michael convenceu Caroline a tocar piano para nós e mostrou fotos dela tocando trompete no feriado do Dia da Lembrança.

> Caroline soube que ele começara a beber muito antes de mim. Culpo a mim mesma por isso. Eu chegava em casa depois do trabalho e percebia que ele não tinha feito as compras, mas que também não havia mais dinheiro.
>
> Em 1989, minha madrasta, Maggie, morreu. Comecei a me aproximar mais do meu pai depois disso. Foi como a fusão de duas almas – incrível. O nascimento de Caroline me ensinou o que é o amor paternal. Eu o adorava.
>
> Mudamos para a Goldie Street para ficar mais perto dele. Isso foi um desastre absoluto. Michael não queria morar lá. Meu pai e ele estavam começando a irritar um ao outro, e quando eu visitava meu pai por cinco minutos depois do trabalho, Michael ficava enciumado. Quando começou a se preparar para morar

em um asilo, meu pai começou a limpar a casa e a me dar coisas. Foi então que ele me entregou o Diário.

Eu o escondi atrás de um armário que compramos do Exército da Salvação. Esse armário ficava no pequeno quarto que era para ser de Caroline, mas ela preferiu ficar com o quarto maior. O quarto rosa então tornou-se um depósito onde guardávamos coisas sem valor.

Michael sempre disse que queria ser escritor. Meu pai emprestou um pouco de dinheiro para que ele comprasse um processador de texto em 1985, e ele começou a enviar passatempos e entrevistas para a revista *Look-In*. Eu queria muito ter orgulho dele.

A amiga de Anne, Audrey Johnson, trabalhava como recepcionista no Rensburgh's e a conhecia havia cerca de doze anos. Ela não queria nos encontrar sem a aprovação de Anne. Sally, Keith e eu fomos encontrá-la no interior, perto de Southport, no dia 12 de fevereiro de 1997. Ela era uma senhora amigável e descontraída, e preparou o almoço enquanto observávamos esquilos vermelhos no jardim.

Anne nunca falava com ninguém no trabalho, ela era uma pessoa muito reservada. Mas nós começamos a conversar sobre livros; eu sabia que ela estava infeliz, mas ela nunca dizia uma palavra.

Um dia ela estava obviamente irritada e acabou dizendo que seu marido estava escrevendo um livro [...] mas não podia falar sobre isso. Lembro-me de ligar para a Goldie Street uma vez; Anne precisou faltar ao trabalho porque estava com dor nas costas e Caroline estava na escola. Mas as coisas estavam frenéticas, Michael estava na sala da frente e dava para ouvi-lo andar de um lado para o outro, o telefonema continuou e as latas de cerveja continuaram, mas eu tinha a forte sensação de que Anne apenas queria ficar em silêncio.

Quando a história foi divulgada, eu não gostei nem um pouco – a ideia de que as pessoas estavam fazendo dinheiro com a morte de umas pobres almas – mas fiquei muito feliz por Anne, porque ela receberia algum dinheiro. Quando ela fez sua confissão, fiquei absolutamente espantada. Eu conhecia seu pai. Ele era um sujeito simples; se tivesse algo fantástico guardado em uma caixa e não estivesse interessado, ele não daria atenção a essa coisa. Se as pessoas dizem que ele foi o escritor, eu digo "não seja tolo!".

Anne retoma a história. "Eu estava desesperada por dinheiro – eu sabia que estava indo bem no trabalho, mas nada acontecia com Michael – ele recebia apenas a pensão por invalidez. Eu já tinha encontrado Tony Devereux algumas vezes – uma delas no *pub* Saddle. Apareci lá depois de uma festa na escola de Caroline em uma tarde de sábado porque minhas costas estavam me matando. Mas eu poderia ter passado por ele na rua e nunca o teria reconhecido.

O dono do Saddle, Bob Lee, lembra-se dessa visita.

"Ela parecia uma senhora simpática. Tony costumava vir aqui frequentemente, muito antes de conhecer Michael [...] Michael costumava vir todos os dias, e às vezes fazia serviços para Tony quando ele estava doente, mas não acho que se davam tão bem assim. Ele não tinha amigos. As filhas de Tony costumavam vir também – mulheres simpáticas, cuidavam bem de seu pai. Nunca discutimos o Diário no *pub* depois [...] Tony era muito quieto, ele nunca dizia uma palavra, e nunca havia dado nada a Michael que fosse valioso. Nunca vi o Diário – eu não sabia nada sobre os Maybrick [...] não estava interessado. Você nunca faz perguntas neste emprego [...] eu nem mesmo li seu livro [...]

Então, Anne descreveu como, numa certa noite, no calor do momento, embrulhou o Diário em papel marrom e, carregando-o em uma sacola plástica, disse a Michael que iria sair para comprar uma garrafa de vinho. Em vez disso, ela foi até a casa de Tony.

Audrey entende sua decisão, porque concorda que Michael não teria deixado Billy em paz.

Anne continua:

> Você precisa entender que eu estava terrivelmente deprimida – tínhamos muitos problemas financeiros, eu estava muito, muito triste e frequentemente pensando em ir embora. Mas senti que seria a pior coisa do mundo se fizesse algo desse tipo. Qual era a alternativa? Eu precisava sentir orgulho dele novamente [...] Ele precisava ganhar um pouco de amor-próprio sem minha ajuda, mas, mais importante, eu não queria que ele ficasse importunando meu pai, como sei que faria. Eu estava muito nervosa. Tony não conseguia andar direito e demorou tanto para abrir a porta que eu quase desisti. Eu dei a ele o pacote – disse que era um livro (eu já tinha lido nessa época) e pedi que o desse a Michael – com instruções para instruí-lo a "fazer algo" com aquilo, eu acho que ele nem sabia quem eu era a princípio. Fiz Tony prometer que não contaria a Michael a origem do livro para que ele pudesse ganhar um pouco de confiança em si mesmo.

Depois disso, tudo aconteceu do jeito que Michael descreveu. "Nunca sonhei que as coisas aconteceriam da maneira como foram. Quando Michael disse que levaria o Diário para Londres eu realmente pensei que Doreen Montgomery iria rejeitá-lo imediatamente", lembra Anne, com algum arrependimento.

Caroline lembra-se, bem demais, do dia em que seu pai abriu o Diário. Quando viu o que era, ligou sem parar para Tony. Retirou livros na biblioteca, leu sobre o Estripador e fez muitas anotações. Às vezes tentava discutir o Diário com Tony, mas ele não estava interessado. O próprio Michael lembra-se de uma ocasião quando perguntou a Tony mais uma vez onde ele havia conseguido o Diário e quem mais sabia sobre isso, e Tony gritou em resposta: "Ninguém que esteja vivo".

Em janeiro de 1991, como Michael descreveu, Tony caiu e quebrou o quadril. Após voltar para casa, ele não conseguia mais andar e acabou morrendo no Walton Hospital no mês de agosto. Talvez por não estar mais entre nós para responder às acusações, aqueles que insistem na falsidade do Diário acrescentaram Tony Devereux à lista de suspeitos.

Em novembro de 1994, Paul Feldman convocou uma "conferência" de todos os Maybrick de Peterborough, que também contou com as presenças de Brian Maybrick, Albert Johnson e a minha. Devo admitir que estava completamente confusa pelas muitas evidências genealógicas e pelas dezenas de fotografias que Paul exibiu com orgulho, aparentemente ligando todos com todo mundo. Porém, pesquisando mais um pouco, descobri o caos no qual eram feitas as certidões de nascimento, óbito e casamento da era vitoriana. Assim, frequentemente surgiam coincidências extraordinárias, ligações familiares inesperadas e erros do escrivão. Mas, apesar disso, talvez Paul tivesse de fato começado a revelar a até então desconhecida teia da família Maybrick. Certamente, os descendentes que se juntaram naquele dia ficaram cativados.

Parecia haver um inconfundível rosto de Maybrick. Até Albert Johnson ofereceu-se para fazer um teste de DNA. Brian Maybrick também estava se divertindo e acabou se convencendo sobre a autenticidade do Diário.

Mas a tristeza iria se abater sobre aquela reunião. Anne Graham atendeu uma ligação na qual foi informada de que seu pai estava morrendo. Paul arranjou que ela fosse correndo de táxi até Liverpool, mas Billy já havia morrido quando ela chegou. Até mesmo nesse ponto os críticos foram implacáveis, observando que a procedência do Diário, mais uma vez, seria convenientemente impossível de ser rastreada, insinuando que Anne havia escolhido aquele exato momento para divulgar sua história.

Eu compareci, junto com Keith, ao funeral de Billy; foi um evento muito comovente. Billy era claramente um homem muito querido e amado por amigos e pela família. Fiquei triste por nunca ter tido a oportunidade de conhecê-lo.

Outras tristezas também se abateriam sobre nós. No dia 9 de abril de 1996, Brian Maybrick também morreu – ele não contou a ninguém que tinha câncer. Seu funeral, no dia 18 de abril, foi um louvor a um homem cujo bom coração havia enriquecido sua paróquia e a vida de sua família. O comovente hino escolhido para finalizar a cerimônia havia sido escrito por Michael Maybrick – "The Holy City", cantado pelo coral Welsh da BBC, com Aled Jones como solista.

Desde então, continuamos bancando o papel de advogados do diabo. Sabendo muito bem que a história de Anne seria tratada com escárnio pelos críticos do Diário, nós não podíamos ignorar qualquer nova informação que pudesse expandir nosso entendimento dos fatos – mesmo que qualquer nova descoberta não sustentasse o que Anne nos havia contado.

Uma dessas novas pistas surgiu de repente, no verão de 1997. Sua fonte era impecável – um advogado de Londres, Stephen Shotnes, da Simons, Muirhead and Burton, que ouvira a história de Tim Martin-Wright, diretor da A1 Security and Electrical Ltd., uma empresa internacional de segurança sediada em Liverpool. A história que ele contou tinha ecos de um rumor que Paul e eu perseguimos logo no início da investigação, de que o Diário havia sido, na verdade, encontrado por eletricistas que trabalharam na Battlecrease House. Uma versão dizia que havia sido removido da parte de trás de um painel que escondia uma janela; outra, que estava debaixo das tábuas do assoalho do estúdio de Maybrick. Várias datas foram dadas – 1982, 1989 e 1991. Mas essas histórias haviam naufragado. Desta vez parecia diferente.

Sabendo do interesse profissional de Robert Smith no Diário, o sr. Shotnes convenceu Tim Martin-Wright a encontrá-los em Liverpool. Quando chegaram, ele os levou para sua loja, perto de Bootle, que vende sistemas de alarme domésticos. Lá, conversaram com um dos empregados. Ele se lembrou que, em 1991, um cliente, identificado como Alan Davies, um eletricista da Portus and Rhodes, contou que um colega que fazia um trabalho de cabeamento na Battlecrease House havia encontrado uma lata de biscoitos debaixo do assoalho. Continha um diário com capa de couro e um anel de ouro.

O assistente da loja sugeriu ao sr. Davies que mostrasse o Diário a Tim Martin-Wright, que colecionava livros antigos. Um preço de 25 libras pela compra foi mencionado. Porém, Alan Davies não estava trabalhando na casa na época, e o Diário nunca apareceu. Mais tarde, o assistente da loja ouviu que ele tinha sido vendido "em um *pub* em Anfield" (a área de Liverpool onde Michael Barrett e Tony Devereux bebiam no *pub* Saddle).

O sr. Martin-Wright confirmou que esses eventos ocorreram "um ou dois meses" após a inauguração de sua loja, em outubro de 1991, data que parecia encaixar-se convenientemente com abril de 1992, mês em que Michael Barrett levou o Diário para Londres.

De posse dessa informação, fui com Robert Smith e Sally Evemy encontrar Alan e sua esposa – um casal de trabalhadores com um filho de dezessete anos. Ele recontou a história de outro eletricista da Portus and Rhodes, chamado Brian Rawes. Ao fim de um dia, o sr. Rawes estava apanhando dois outros funcionários na Battlecrease House com a *van* da empresa. Ele lembra que um deles foi até a janela do motorista dizendo: "Encontrei algo debaixo do assoalho. Acho que pode ser importante". O sr. Rawes aconselhou-o a contar para o chefe, Colin Rhodes.

Posteriormente, esse relato foi confirmado pelo sr. Rawes mas, desconcertantemente, tinha certeza (confirmada ao checar em um antigo caderno de anotações) de que esses eventos ocorreram em junho de 1992. Assim, se algo havia sido encontrado, não era o nosso Diário.

E então a trilha esfriou. Os dois eletricistas que trabalhavam na casa em junho de 1992 se recusaram a ser entrevistados, pois aparentemente tinham ficado com medo da investigação da polícia sobre a autenticidade do Diário após meu livro ter sido publicado pela primeira vez em 1993.

Fizemos outra visita à Battlecrease House em junho de 1997 e sentamos no quarto de James Maybrick, hoje a sala de estar de Paul Dodd. Foi uma experiência estranha.

Paul estava inflexível. A casa era originalmente iluminada a gás e foi convertida para eletricidade na década de 1920. O cabeamento foi trocado quando seu pai comprou a casa, em 1946, e mais uma vez em 1977, quando o próprio Paul abriu as paredes e levantou o assoalho. Ele tinha certeza de que, se alguma coisa estivesse escondida, ele mesmo teria encontrado.

O porão foi restaurado em 1989, e em 1991 houve reparos no telhado, mas os trabalhadores não tiveram acesso à casa. Aquecedores foram instalados em duas fases – no quarto de Maybrick no final do verão de 1991 e no andar térreo em 1993. Paul mais uma vez afirma ter sido ele próprio o responsável pelas preparações.

Mas quando começamos a anotar as datas, nenhuma das pessoas cujos nomes nos foram repassados parecia estar no lugar certo na hora certa. Os personagens principais não queriam falar. Nós checamos as janelas e outros possíveis esconderijos e não encontramos nada. Tudo parecia muito misterioso. Algo pode ter sido de fato encontrado na Battlecrease House, mas, seja lá o que for, parecia não ser nosso Diário e aparentemente desaparecera – ao menos temporariamente!

19

O homem que me tornei não é o homem que um dia fui

Houve muita raiva e frustração na época – principalmente da parte de Michael Barrett. Quando a versão em brochura de meu livro foi publicada, em outubro de 1994, a declaração de Anne foi, para ele, a gota-d'água. Ele havia perdido Caroline, sua reivindicação de fama por ser o homem que encontrou o Diário havia sido destruída, e Anne agora também o privava de seu recente desejo de se tornar o "maior falsificador do mundo". Assim, Michael mudou de tática, e começou a dizer que ele havia "criado" o Diário, mas a caligrafia era de Anne.

Anne já descrevera a deteriorada relação naqueles anos que antecederam a revelação sobre o Diário em Londres, e disse, com tristeza, que a ideia de que ela e Michael pudessem ter colaborado em alguma coisa na época era completamente absurda.

Em janeiro de 1995, Keith e eu decidimos ir a Liverpool e dar-lhe uma oportunidade de nos dizer exatamente *como* conseguira criar essa extraordinária fraude que enganara a todos nós! Ele concordou que contaria tudo. Com a aprovação de Michael, nós chegamos à Goldie Street acompanhados por Kenneth Forshaw, um ex-detetive superintendente, com 32 anos de experiência no departamento de Investigação Criminal de Liverpool. Ele seria um observador independente daquela provavelmente difícil reunião, e Barrett não sabia de sua verdadeira identidade.

Gravamos as cinco horas de entrevista. A transcrição possui 45 páginas retratando Michael em diferentes estados, implorando para que deixássemos ele sair um pouco para pegar uma garrafa de uísque (o que não permitimos). Ken Forshaw advertiu-o por comprometer seus visitantes! Ele negou ter falsificado o Diário e jurou pela Bíblia, pela vida de Caroline e por sua própria vida que Tony Devereux o havia entregado a ele e que Anne estava mentindo. Ele nos mostrou seu braço, que estava machucado onde havia "acidentalmente" partido uma artéria depois de dar um soco na porta da frente de Anne. Nós gravamos tudo (com sua cooperação), mal falamos e fomos embora tristes e exaustos.

Quase imediatamente, Michael deu outra declaração a Alan Gray, na qual afirmou ter sido intimidado e amedrontado por nós. Também preparou um documento de seis páginas no qual descrevia a si mesmo como o autor do Diário, jurado mais uma vez na presença de Alan Gray, no escritório de procuradores de Liverpool D. P. Hardy and Co.

Essa declaração logo foi bastante divulgada e, finalmente, em 1996, apareceu na internet na íntegra. Por razões legais, não posso citá-la por inteiro. Extraí as seções que falam sobre a suposta "falsificação" do Diário.

> Eu, Michael Barrett, fui o autor do Diário de Jack, o Estripador, original, e minha esposa, Anne Barrett, escreveu à mão a partir de minhas anotações digitadas, e em certas ocasiões enquanto ouvia meu ditado [...]
>
> Por volta de janeiro de 1990, Anne comprou um diário com capa de couro vermelha por 25 libras [...] de uma empresa no catálogo Writers and Artists Year de 1986 [...] quando chegou, acabou não servindo, pois era pequeno demais [...] Por volta da mesma época, conversei com William Graham sobre a ideia [...]
>
> Ao fim de janeiro de 1990, fui até a casa de leilões Outhwaite and Litherland, na Fontenoy Street.
>
> Era por volta das 11h30 [...] havia um álbum que continha aproximadamente 125 páginas de fotografias [...] sobre a guerra de 1918. Esse álbum fazia parte do lote 126, que foi a leilão juntamente com uma bússola de bronze [...] para mim parecia uma bússola de

marinheiro [...] notei particularmente que a bússola não tinha ponteiros.

Quando os lances começaram, notei que outro homem estava interessado [...] estava bem vestido [...] acho que era um militar. Esse deu o lance de 45 libras, então eu ofereci 50 libras e o homem desistiu [...] Eles me deram um tíquete no qual estava marcado o número do item e o preço que ofereci. Esse tíquete estava carimbado [...] dei meu nome como P. Williams, residente à Allerton Street [...] Em casa, notei dentro da capa o selo do fabricante, datado de 1908-1909. Para remover isso sem deixar marcas, eu mergulhei a capa por inteiro em óleo de linhaça [...] que levou cerca de dois dias para secar. Eu até usei o calor do fogão.

Removi o selo do fabricante. Então peguei uma faca Stanley e removi todas as fotografias e algumas páginas [...] Anne e eu fomos até a cidade e, na Bold Street, comprei três canetas-tinteiro [...] comprei bicos de pena de bronze tamanho 22 [...] na galeria de arte Medico [...] Nós então decidimos [...] ir até o Bluecoat Chambers [...] e compramos um pequeno frasco de tinta para manuscrito Diamine [...]

Sentei na sala de estar perto da janela com meu processador de texto [...] Anne sentou-se de costas para mim enquanto escrevia o manuscrito [...] Todo o processo levou onze dias [...]

Durante o período enquanto escrevíamos o Diário, Tony Devereux adoeceu e ficou de cama, e após completarmos o livro, nós o deixamos de lado por um tempo [...] Ele morreu em maio de 1990.

Durante o tempo em que eu ditei para Anne, erros aconteceram de tempos em tempos [...] na página 6 [...] no segundo parágrafo, a linha 9 começa com uma mancha de tinta, que cobre um erro que cometi quando disse para Anne escrever James em vez de Thomas. O erro foi encoberto com a mancha de tinta.

Na página 226 do livro, página 20 [...] "dê três voltas e pegue quem puder". Isso era da revista *Punch*, na terceira semana de setembro de 1888. O jornalista era PW Wenn [...]

Ele então descreve como seus disquetes, fotografias, bússola, canetas e tinta foram levados a um membro da família que destruiu tudo para protegê-lo. Essa acusação foi veementemente negada em uma declaração formal e houve ameaça de ações legais.

Não tenho dúvidas de que fui ludibriado... Minha inexperiência no ramo da publicação foi minha derrocada, enquanto todos ao meu redor estão fazendo dinheiro. Tive até que pagar despesas feitas pela autora do livro, Shirley Harrison [...]
Entrego meu nome para que a história de fato mostre o que o amor pode fazer com um homem nascido gentil. Sinceramente, Michael Barrett.

Tudo isso foi um presente dos deuses para aqueles que criticavam o Diário. Era muito convincente – superficialmente. Mas os fatos são estes:

1. O diário vermelho foi, na verdade, comprado após o Diário original ter sido levado a Londres. (Anne possui o recibo.)
2. Tony Devereux morreu em agosto de 1991.
3. No dia 30 de janeiro de 1997, Doreen Montgomery ouviu a seguinte declaração de Kevin Whay, diretor da Outhwaite and Litherland: "Depois de pesquisar nossos arquivos nos dois lados da suposta data de venda, eu posso confirmar que não existe tal descrição ou número do lote que corresponda à afirmação. Além disso, nós não conduzimos nossas vendas (e nunca o fizemos) da maneira como descrita [...]"
4. O ex-químico-chefe das tintas Diamine, Alec Voller, disse que a tinta no Diário não é Diamine.
5. O cartum da revista *Punch* é de Tenniel. O nome PW Wenn não é mencionado.

6. A palavra escondida pela mancha não é James, mas "relação".
7. O Diário não possui a caligrafia de Anne Barrett.
8. Michael Barrett e Anne Barrett receberam do livro *O Diário de Jack, o Estripador*, juntos, a mesma quantia que eu, embora, desde sua separação, por virtude dos termos do acordo de colaboração, Anne Graham tenha recebido 25% da renda bruta destinada aos três. Michael falhou consistentemente em pagar sua cota contratual sobre os custos de pesquisa, apesar de receber faturas regularmente.

Desde aquela primeira declaração assinada, Michael Barrett já afirmou ser membro do Military Intelligence, Section 5 (MI5), ter frustrado um ataque do Exército Republicano Irlandês (IRA) e por isso ter recebido uma medalha da rainha por bravura, estar morrendo (sempre nas próximas horas), ter se casado novamente, sendo, em breve, pai novamente, ser impotente, ter câncer e estar se mudando para a Rússia ou para os Estados Unidos. Ele também divulgou um anúncio na revista *Look* pedindo que ilustradores enviassem desenhos para um livro infantil que, segundo ele, seria publicado pela Smith Gryphon. Cópias de ilustrações enviadas apareceram em vitrines de lojas de arte em Southport e os originais foram devolvidos como "não aceitos pela editora". A Smith Gryphon não publicava livros infantis e não tinha conhecimento algum sobre tudo isso! Ele também afirmou possuir uma arma.

Curiosamente, em 1997, uma carta chegou a mim. Tinha sido enviada de Alan Gray para Michael no dia 15 de outubro de 1996.

> Tenha certeza de que se nós pudermos provar sem qualquer dúvida onde você conseguiu o Diário, eu posso quase garantir que você fará "dinheiro". Tenho um jornal de âmbito nacional pronto para fazer negócio, MAS precisamos conseguir as evidências que lhe apoiarão.
>
> Então, você verá eles se assustarem, porque sua credibilidade será de 100%. Feldman está prestes a publicar um novo livro. É o momento certo para se vingar dessas terríveis pessoas. Então, vamos lá.
>
> Ligue para mim [...]

Mas a mais efetiva demolição da teoria sobre "grande falsificador" foi realizada pelo próprio Michael. Em 1992, ele me entregou todas as anotações sobre suas pesquisas, redigitadas e "arrumadas" por Anne. Elas são um registro de suas idas à Biblioteca de Liverpool antes de levar o Diário a Londres, quando estava tentando entender tudo aquilo desesperadamente.

> Checar cópia da Punch por volta de setembro de 1888 [...] nada até agora [...] Onde ficava o Knowsley Building? Até agora não encontrei [...] Questão: quem mais, além do Estripador, poderia saber que ele quase foi pego? [...] Resposta: não tenho certeza, mas, se o Diário for verdadeiro e escrito na época desses fatos, apenas o Estripador poderia saber.

Essas não são as anotações de um homem que sabe a verdade. São simplesmente as anotações de um homem buscando por informações. Anotações do primeiro homem que caiu na teia deste Diário. Não do homem que estava escrevendo uma grande falsificação.

Mesmo assim, o rumor reverberou pelo mundo dos especialistas do Estripador, tendo sido polido entre 1995/6, até brilhar como uma verdade. Para os céticos nos bastidores, Michael Barrett havia falsificado o Diário, e eles redobraram os esforços para desmascará-lo – e a nós também. Iniciou-se uma guerra de palavras impróprias da qual eu fundamentalmente evitei participar.

Por fim, exasperada, escrevi um texto na internet, do qual cito uma parte:

> O Diário gerou seu próprio impulso. Ele não se manteve vivo devido ao empenho da editora ou por minha causa, mas porque muitas pessoas inteligentes foram conquistadas e se recusaram a deixar que o assunto morresse. Revelaram-se muitos materiais históricos novos, principalmente sobre os Maybrick. Também foi um catalisador para muitas coisas boas, dando oportunidades para pesquisas originais em disciplinas variadas.

Nos últimos três anos, o sr. Harris consistentemente alegou saber os nomes daqueles que falsificaram o Diário. No *London Evening Standard* de 8 de dezembro de 1994, ele disse: "as identidades das três pessoas envolvidas na falsificação logo serão reveladas [...]"

Eu o desafio a nomear esses falsários parà que as ações apropriadas possam ser tomadas.

A resposta do sr. Harris apareceu como parte de um artigo para o site Casebook: Jack, o Estripador, em março de 1997.

O "desafio" da sra. Harrison para que eu nomeie os falsificadores do Diário é pura bobagem e uma desculpa para mais evasivas! (Agora, aqui está uma chance para gritar "abuso".) Ela já sabe minha resposta. Existem boas razões legais e lógicas para eu permanecer em silêncio; eu procurei, de fato, aconselhamento legal sobre essa questão. Mas estou muito disposto a apresentar meus papéis para qualquer observador neutro, e ele, ou ela, irá confirmar que existem razões muito boas e lógicas para meu silêncio. Mas isso é uma pequena distração. Meu caso contra o Diário se baseia no texto e na caligrafia do documento e independe da identidade dos falsários. Portanto, qualquer pessoa pode estudar minha evidência, aqui e agora, e observar onde realmente estão as mentiras e os subterfúgios [...]

A edição de julho da revista *Ripperana* resume uma carta de Keith Skinner, Paul Begg e Martin Fido (que acredita que o Diário é uma falsificação moderna): "Apesar de nosso respeito pelo trabalho do sr. Harris [...] seu persistente e autoconfiante tom superior e sua visão complacente de outros escritores pode levar o leitor casual a acreditar que ele é sempre confiável [...]".

Finalmente, quando o sr. Harris publicou um documento de trinta páginas na internet intitulado "The Maybrick Hoax – A Fact File for the Perplexed", eu decidi, com relutância, responder.

> Fiquei comovida com as reações positivas de leitores cansados dos ventos destrutivos e agressivos que estavam soprando.
> Não tenho intenção de dissecar esta última análise contra o Diário do Estripador. Nos cinco anos em que eu e Paul Feldman estivemos, cada um à sua maneira, buscando pela verdade sobre esse enigmático documento, nos tornamos muito familiares com as visões incisivas do sr. Harris [...]
> Seu argumento é baseado inteiramente em sua presunção de que o Diário e o relógio de Maybrick são falsificações modernas, perpetradas por um pequeno grupo de pessoas em Liverpool. Mas eu gostaria de lembrar aos leitores do *Casebook* que existe outro ponto de vista, igualmente honesto e genuíno: de que o Diário e o relógio *não* são falsificações modernas.
> Se o Diário é antigo, então é um documento histórico, sendo o trabalho realizado por um falsificador há muitos anos (possivelmente por um contemporâneo do Estripador) ou – como eu acredito – sendo verdadeiro. As pesquisas sobre o Estripador no passado apoiaram-se em muitas testemunhas não confiáveis (você pode ver exemplos no livro de Philip Sugden, *The Complete History of Jack the Ripper*). Mas, se fosse provado que o Diário é antigo ou que tenha sido escrito por James Maybrick, isso poderia lançar uma luz totalmente nova na história do Estripador. Então, a tese do sr. Harris será deixada sem substância.
> No passado, o sr. Harris disse que eu tinha muita experiência em evitar questões difíceis, e até me chamou de "ludibriadora experiente". Eu sou, realmente, alguém que não gosta de confrontação e sei muito

bem dos perigos do extremismo. Não é uma pena que um escritor até então respeitado esteja tão determinado a desprezar o Diário, a ponto de incansavelmente ler nas entrelinhas motivos sinistros para cada ação daqueles com quem não concorda? Ele tem o direito a uma opinião. Mas nós também.

Partes das contribuições do sr. Harris são impressionantes e falam por si só. Outras são também impressionantes, a menos que você tenha posse, assim como nós, de todos os fatos com relação à escrita, publicação e promoção do meu livro, *O Diário de Jack, o Estripador*. Ele baseia suas opiniões frequentemente em fontes secundárias não confiáveis e parcialmente informadas.

Por exemplo, a figura que o sr. Harris descreve a respeito de Michael Barrett na primeira vez em que foi a Londres é um produto de sua imaginação. O sr. Harris estava presente nessas reuniões? Doreen Montgomery e eu tínhamos uma natural desconfiança, mas Michael, por sua vez, também suspeitava de nós. A sugestão de que nesse estágio nós sabíamos que ele era "um bêbado fanfarrão" e que houve um conveniente acobertamento do fato por razões comerciais é uma típica distorção da verdade. A princípio, nós não gostamos da extensão dos problemas de Michael e sentimos que tínhamos o dever de protegê-lo o máximo possível. Ele estava nervoso e vulnerável. A deterioração da saúde de Michael aumentou quando sua esposa o deixou, e se tornou um processo trágico e errático que foi honestamente documentado na edição em brochura de meu livro [...]

Algumas das observações do sr. Harris sobre o passado histórico do Diário parecem justas a princípio, mas foram manchadas por sua insistência em que qualquer ponto de vista que não seja o dele surge apenas com más intenções e com ganância comercial.

Por acaso o sr. Harris possuía evidência ou prova sobre tais comentários difamatórios? Ele não conversou com ninguém da equipe original envolvida na pesquisa do Diário. E, mais importante, ele não discutiu suas acusações frente a frente com aqueles que, segundo suas insinuações, tiveram participação no caso.

Foi fácil para ele alegar que todas as informações dos falsários haviam sido tiradas de um conjunto de livros – um dos quais sendo o romance de Michael Dibden, *The Last Sherlock Holmes Case*, um livro obscuro e difícil de encontrar. Apenas isso teria requerido um considerável conhecimento prévio e até mesmo uma erudição como a dele próprio. Tal façanha pode ter mesmo parecido fácil para o sr. Harris.

Tenho as "notas de pesquisa" de Michael Barrett em minha posse. Elas foram digitadas e compiladas por Anne, sua esposa na época, enquanto ele tentava entender o Diário antes de trazê-lo para nós. Quando não conseguia encontrar o que queria, ele escrevia: "até agora nada". Ou "desconhecido". Curiosamente, existe um comentário sobre a referência do Diário ao cartum "Pegue quem puder" da revista *Punch*. O sr. Harris insinua que bastava ao falsário olhar a edição de capa dura do livro de Martin Fido *The Crimes Detection and Death of Jack the Ripper* para vê-lo reproduzido. Mas Michael Barrett nunca tinha ouvido falar em Martin Fido na época. Ele contou com Paul Harrison, Colin Wilson e Robin Odell. Sua anotação de pesquisa apenas diz: "checar uma cópia da *Punch* por volta de 1888".

Isso não é o plano estratégico de um falsário embarcando em uma pesquisa! Apenas reflete as incertezas de um homem tentando entender um material que já foi escrito.

Se o sr. Harris tivesse passado mais tempo com seu "ninho de falsários", ele teria percebido o quão improvável é sua teoria!

A quantidade de mau humor gerado pelo Diário frequentemente obscureceu sua complexidade. Enquanto críticos e apoiadores tentam negar ou provar sua autenticidade, o Diário oferece novas possibilidades e desafios a cada página. Apenas com uma análise em conjunto, objetiva e silenciosa, é que o total impacto de sua imponderabilidade realmente surge e o apanha pela garganta.

Uma dessas discussões esclarecedoras para ambas as partes aconteceu no escritório de Robert Smith, em março de 1998. Donald Rumbelow, historiador e escritor de crimes e ex-sargento da polícia, fez uma observação dizendo que pensava que o álbum não usado poderia ter sido montado recentemente. Ele pediu que um amigo especialista, cuja família fazia encadernações profissionais há quatro gerações, examinasse o Diário. Nós tínhamos reservas, pois Robert Smith, ele próprio com muitos anos de experiência em encadernações, já havia gastado várias horas estudando a capa, e seu detalhado relatório contradizia a sugestão de Donald. Mas, para termos uma visão objetiva, concordamos.

Bill (que prefere continuar nos bastidores) verificou o Diário e disse, em questão de segundos: "Não há nada de duvidoso neste caderno de recortes". Ele disse que não mostrava sinais de qualquer adulteração e era um típico caderno de qualidade baixa a média da era vitoriana, que servia para guardar fotos e, mais provavelmente, recortes de jornais. Ele também comentou que as páginas que estavam faltando haviam sido "arrancadas por um bárbaro". Acrescentou que, se o orçamento permitisse, poderia ser útil para nós analisar as manchas na capa interna.

20

Não sou realmente um sujeito esperto?

Em agosto de 1889, o jornal *Liverpool Citizen* publicou o seguinte comentário editorial:

> Minha própria observação – e isso é puramente pessoal – é que os especialistas não são particularmente grandes homens. Eles parecem ficar tão absorvidos em seus próprios experimentos que as considerações exteriores, mais amplas – considerações que influenciam jornalistas, advogados e estadistas – não os afetam significativamente. Eles parecem ser como especialistas em caligrafia, em um nível científico apenas um pouco mais elevado, mas há muito do mesmo tipo de conjectura e de incerteza em suas conclusões.

Por muito tempo, fomos estranhos em uma terra estranha, e um pouco maravilhados demais com os especialistas. Apesar da quantidade continuamente crescente de evidências circunstanciais que apoiam minha crença na culpa de Maybrick, eu sabia que havia questões materiais que precisariam ser analisadas mais profundamente – em particular, a caligrafia do Diário, a data em que a tinta foi posta no papel e as evidências históricas internas que o texto apresentava. Achei que também seriam necessárias mais análises de laboratório, perfis psicológicos e buscas, em dicionários, por palavras anacrônicas ou frases que não eram de uso comum em 1888, e fiquei preocupada com o custo de tais investigações em meu orçamento limitado.

Essa pesquisa levou muitos anos em andamento e, com o passar do tempo, ouvi todas as opiniões e sempre estive pronta para adaptar ou revisar o texto enquanto novas informações ou descobertas fossem trazidas a meu conhecimento. Essa é a razão por que algumas observações foram modificadas ou expandidas em cada edição. Com o intuito de simplificar os relatórios de nossas testemunhas especialistas, organizei lado a lado suas várias conclusões, para que pudessem ser interpretadas em um único contexto. No caso dos testes científicos, não incluí tabelas e dados que seriam ininteligíveis para os leigos, mas todo o conteúdo produzido está disponível na íntegra para aqueles com o conhecimento e interesse para examiná-los. Da mesma forma, já que o espaço não permite que sejam publicados relatórios inteiros, de milhares de palavras, não os trago aqui, mas eles podem ser vistos a qualquer momento por pesquisadores sérios. Não há absolutamente nada a esconder.

A CALIGRAFIA

A investigação sobre a caligrafia possui duas categorias. Pedimos uma comparação forense do Diário com a escrita de Maybrick e as cartas escolhidas do Estripador, e também solicitamos uma análise de personalidade ou relatório grafológico. Muitas pessoas são céticas sobre a análise de caligrafia e a grafologia, embora essas técnicas sejam usadas nos trabalhos de investigação da polícia.

Paul Feldman arranjou que Anna Koren viesse de Israel até Londres. Com reputação internacional, Anna é diretora do Centro de Grafologia em Haifa, Londres e Sydney. Ela também faz parte da Associação Americana de Grafólogos e é examinadora forense de documentos para o Ministério da Justiça de Israel e para os serviços da previdência social.

Nós a encontramos pela primeira vez no escritório de Paul, no fim de dezembro de 1992, apenas duas horas após sua chegada. Ela falava um inglês básico.

Sentamos em silêncio total enquanto ela examinava algumas das páginas centrais do Diário. Ela não prestou atenção no significado das palavras, nem viu a assinatura no final. Mais tarde, ficamos sabendo que, de qualquer forma, ela não sabia nada sobre Jack, o Estripador, nem sabia sobre o Diário. Ela não teve tempo de lê-lo. "Eu não preciso compreender as palavras", ela nos disse.

Após vinte minutos, sua improvisada avaliação nos surpreendeu. Mais tarde, ela confirmou por escrito:

> O Diário revela uma personalidade instável. Conflitos internos, falta de adaptação social e uma tendência à esquizofrenia.
>
> O sentimento de inferioridade do autor, sua repressão emocional e falta de confiança podem fazê-lo perder o controle de vez em quando, podendo explodir violentamente.
>
> Tendências ao despotismo, à irritabilidade e à brutalidade são claramente discerníveis. Ele é afetado por instintos inconscientes e a agressão é sua companheira constante.
>
> Uma tendência à hipocondria e ao uso de drogas e álcool é evidente.
>
> Qualquer atividade impulsiva é feita em segredo, dando vazão à sua vingança e agressão contra uma figura de autoridade hostil em sua infância.
>
> Uma doença psicótica o impede de distinguir entre bem e mal, entre o proibido e o permitido, e pode levar à atividade criminal.
>
> Seu comportamento é estranhamente bizarro. Seus perturbados pensamentos levam a estranhas ideias, desconfiança paranoica e a crenças mágicas. Seu modo de pensar é circular, enevoado, estereotipado e metafórico. Sua doença provavelmente poderia ser caracterizada como crônica e persistente, com tendência a piorar.
>
> Apresenta um distúrbio de personalidade, com confusão sobre sua identidade sexual e imagem distor-

cida de sua masculinidade, assim como uma ausência de um sistema estável de valores. Existem rachaduras visíveis em seu superego e uma inabilidade de perseverar em questões envolvendo a escolha de uma carreira, objetivos de longo prazo, estabelecimento de amizades e lealdade.

Por trás dos ataques de violência jazem profundos sentimentos de solidão, vazio e insegurança, que o levam à depressão e à parcial perda do contato com a realidade. Há traços egocêntricos, acompanhados por vaidade e exibicionismo, infantilidade, falta de consideração por outros na busca de seus próprios interesses e uma tendência a constantemente dramatizar a busca por atenção.

Sua percepção da sexualidade e busca por uma parceira é distorcida ao ponto de existir uma tendência ao sadismo. São aparentes a falta de confiança nos outros e sua sensação paranoica de estar sendo atormentado. Ele não é capaz de formar relações baseadas na igualdade.

Ele sofre de distúrbios psicológicos que o conduzem a um comportamento ilógico, obsessivo, destrutivo e agressivo. Um sentimento interno de compulsão causa esse comportamento, que se repete circularmente.

Foi um desempenho impressionante! Além disso, Anna disse mais tarde que qualquer sugestão de que o Diário fosse falso era um fato "impossível"! Por outro lado, nossa euforia com a espantosa declaração de Anna foi amenizada mais tarde com as observações de Sue Iremonger, que havia sido apresentada a mim como uma nova, mas "impressionante" analista de documentos (e não uma grafóloga). Ela havia participado de várias investigações policiais sobre fraudes e era especialista em assinaturas falsas, bilhetes e cartas anônimas que contivessem ofensas. Sue estudou em Chicago e no Reino Unido, e é membro da Associação Mundial de Examinadores de Documentos. Ela também é psicoterapeuta especializada em personalidades psicóticas.

Armada com sua câmera e seu microscópio, Sue começou a examinar um fac-símile do Diário (o original já estava seguro no cofre de um banco).

Tanto Sue quanto Anna tiveram que encarar um problema: exceto pelas assinaturas de Maybrick presentes em sua certidão de casamento e em seu testamento, nós não tínhamos, na época, muitos outros exemplos de sua caligrafia para serem comparados com o Diário. Pessoalmente, nós também encaramos um dilema – desde o início esses exemplos não "batiam" completamente.

Sue acredita que a escrita de um indivíduo sempre contém características inconscientes e identificáveis. "A caligrafia é tão reveladora quanto as impressões digitais", ela me disse. "Não importa se a pessoa é jovem ou velha, ou se troca a mão esquerda pela direita depois de um acidente – o estilo pode aparentemente mudar, mas os componentes da caligrafia de cada indivíduo permanecem constantes."

Porém, Anna havia nos mostrado exemplos da caligrafia de uma mulher com distúrbio de personalidade múltipla. Ela possuía dezesseis estilos distintos de escrita para apoiar seu argumento de que uma pessoa pode exibir muitas caligrafias.

Sue Iremonger não conectou a escrita do Diário a nenhuma das cartas "Caro Chefe", nem com o suposto testamento de Maybrick. Ela verificou mais de duzentas cartas originais de Jack, o Estripador, no Escritório de Registros Públicos, mas não encontrou nenhuma que acreditasse ter caligrafia igual à do Diário. Ela me deu a seguinte explicação em uma carta de 25 de junho de 1993:

> Se compararmos a letra "I" no Diário e na carta, percebemos que a formação é completamente diferente. No Diário, a formação do "I" é semelhante à do "g". Nas cartas "Caro Chefe", o "I" possui uma curva estreita inicial que começa aproximadamente na metade da haste. A cauda do traço termina em uma parada completa, enquanto no Diário o final é uma curva circular pequena. A pontuação nos dois documentos é completamente diferente e, geralmente, as diferenças entre eles pesam muito mais do que qualquer pequena

semelhança. Algumas dessas semelhanças incluem a margem da mão esquerda e o peso (grossura do traço) de algumas letras.

Para mim, esses relatórios mostraram uma nova e interessante maneira de olhar a formação das letras. Mas eu não estava certa sobre a confiabilidade absoluta e inabalável da análise de caligrafia. Por outro lado, eu estava ciente do caminho perigoso que iríamos tomar se rejeitássemos tais conselhos. Seria muito fácil fazer presunções possivelmente superficiais sobre o crescente número de amostras de caligrafia em nossos arquivos.

Notamos que uma das cartas "Caro Chefe", que havia sido enviada da Escócia, parecia ter a mesma caligrafia das cartas de Liverpool. Dizia: "Acho que vou parar de usar minha bela faca afiada. Boa demais para as putas. Vim até aqui para comprar uma adaga escocesa. ha. ha. isso vai fazer cócegas em seus ovários". Lembramos também que James e Michael Maybrick visitaram a Escócia juntos em certa ocasião.

Então, quando a equipe de Paul Feldman descobriu, em 1996, uma até então pouco notável carta nos arquivos da Scotland Yard – de Galashiels, na Escócia – houve um sentimento de grande excitação. O próprio conteúdo da carta era dramático.

> Caro Chefe,
>
> Tenho que agradecer a você e a meu irmão no comércio, Jack, o Estripador, por sua bondade em me deixar sair de Whitechapel.
>
> Estou agora no caminho para as fábricas de tweed, avisarei aos policiais de Innerleithen quando eu estiver prestes a começar meus joguinhos engraçados. Mandei afiar minha faca, então ela irá responder por senhoras e senhores e outros vestidos com tweed e eu ganhei minha própria aposta.
>
> Sinceramente,
> O Estripador

Innerleithen era, na época, uma pequena cidade localizada na fronteira, famosa pela fabricação do tecido *tweed*. Alguns tipos de *tweed* inferior eram feitos, naqueles dias, com uma mistura de algodão. Os negociantes de algodão de Liverpool eram, portanto, visitantes frequentes da região. Mais do que isso, a caligrafia da carta de Galashiels possui uma grande semelhança com uma carta escrita por James Maybrick, que havia sido encontrada por Paul Feldman nos Estados Unidos, tendo sido escrita a bordo do transatlântico *The Baltic*, em março de 1881. Por sua vez, essa carta apresenta, ao menos em minha visão, uma caligrafia não muito diferente da presente no Diário. É uma questão aberta a discussões.

As diferentes opiniões são intrigantes. Aos meus olhos não treinados, parece existir uma clara relação entre a carta de Galashiels e o testamento de Maybrick. Bill Waddell, ex-curador do Museu Negro da Scotland Yard, possui uma vida inteira de experiência em falsificações e está convencido de que a caligrafia é a mesma.

Em 1993, como resultado de seu interesse no Diário, Sue apresentou um trabalho sobre Jack, o Estripador, na Associação Mundial de Examinadores de Documentos em uma conferência em Chicago. Ela confirmou aos examinadores ter certeza de que o Diário não havia sido escrito por James Maybrick, e que ele também não havia escrito as cartas "Caro Chefe". Ela estava no processo de pesquisa da caligrafia dessas cartas históricas e pretendia que o resultado de seu trabalho se tornasse um livro no qual a verdadeira identidade do Estripador seria revelada!

Enquanto eu preparava o texto para esta nova edição, encontrei a confirmação sobre minhas dúvidas em relação a análises de caligrafia em uma fonte inesperada – mas muito bem-vinda. Ninguém menos que o ex-policial Donald Rumbelow escreveu na edição de 1988 de seu muito respeitado livro, *The Complete Jack the Ripper*:

> [...] pouca confiança pode ser colocada nas comparações de caligrafia. A caligrafia do assassino alemão Peter Kürten, que era conhecido como o Estripador de Dusseldorf por causa da maneira como imitava seu famoso precursor, mudava completamente após cada assassinato, tanto que, de fato, ele costumava mostrar

para sua esposa as cartas anônimas que ele mesmo escrevia para a polícia e que foram reproduzidas em jornais, de tão confiante que estava de que ela não iria reconhecê-las – e realmente não reconheceu [...]

A INFORMAÇÃO ASTROLÓGICA

Nesse ponto, um material chegou de uma fonte inesperada. Era um relatório que nos pegou de surpresa. Nicholas Campion é presidente da Associação Astrológica Britânica e, quando ouviu sobre o Diário, ofereceu-se para preparar o mapa astrológico de James Maybrick. Fiquei curiosa, embora cautelosa, temendo o desdém que projeções desse tipo poderiam ocasionar. Eu incluo o relatório de Nicholas não como uma evidência, mas como uma curiosidade – para os muitos leitores (incluindo alguns líderes mundiais) que acreditam na astrologia.

Assim como Anna Koren, ele não havia lido nenhum dos livros sobre James Maybrick ou sobre o julgamento de Florie, e sabia muito pouco sobre o Estripador. Na introdução de seu trabalho, ele observou insistentemente que a astrologia nunca deve ser usada como prova para culpar, na ausência de outras evidências. "Sempre fico alarmado por astrólogos amadores que acusam pessoas baseados apenas em seus mapas." Mas não pode ser ignorado o fato de que, apesar de viverem a milhares de quilômetros de distância um do outro, ele e Anna produziram perfis quase idênticos. Este é o relatório de Nicholas Campion.

> James Maybrick nasceu em Liverpool no dia 24 de outubro de 1838 com o sol em Escorpião, um sinal de intensidade e de mistério, e a lua em Capricórnio, indicando ampla tendência ao conservadorismo. Infelizmente, não temos registro da hora do nascimento e, portanto, não podemos calcular o signo ascendente de Maybrick. Assim, embora possamos falar um pouco sobre sua personalidade, faltam muitas informações importantes que poderiam afirmar, com certeza, se

Maybrick era de fato Jack, o Estripador. Mas ainda possuímos muitas informações valiosas.

Vênus e Mercúrio juntos em Libra nos dizem que Maybrick era capaz de ser extremamente encantador, e conseguia esconder seus sentimentos profundos atrás de uma perfeitamente aceitável face pública. Podemos até imaginá-lo com um lado festeiro, embora dentro do respeito ao comportamento formal próprio da lua em Capricórnio e da reserva típica do sol em Escorpião.

Já que Maybrick é suspeito de ter cometido alguns dos assassinatos sexuais mais horríveis de que se tem notícia, faz sentido examinarmos os planetas de atração sexual, Vênus e Marte. Curiosamente, os dois fazem um alinhamento poderoso, Marte com um ângulo reto (um ângulo de 90 graus com Saturno), indicando ameaça de violência. Porém, apenas esse alinhamento não é uma evidência suficientemente poderosa para sugerir que Maybrick era autor de crimes violentos.

Entretanto, Vênus é surpreendente, pois está em oposição firme (um alinhamento de 180 graus) a Plutão. Vênus é o símbolo da virgindade, enquanto Plutão, na mitologia clássica, era o deus do submundo que abduziu Perséfone, a deusa intimamente associada a Vênus. Não poderia existir uma evocação mais poderosa do que essa para o mito do Estripador dentro do horóscopo de Maybrick, e aqui encontramos um dos principais símbolos astrológicos de violência sexual. Vale a pena citar o trabalho *The Astrology of Fate* da analista junguiana Liz Greene. A dra. Greene escreve:

"Sempre que o mito retrata a entrada de Plutão no mundo superior, ele é mostrado persistentemente agindo em um cenário: estupro [...] Sua intrusão na consciência parece uma violação, e nós, assim como Perséfone, a virgem do mito, somos impotentes para resistir. Onde Plutão é encontrado, geralmente há um sentimento de violenta penetração, indesejada, porém inevitável."

Mais tarde, a dra. Greene discutiu os complexos psicológicos indicados pelo alinhamento de Vênus e Plutão no momento do nascimento. Isso oferece uma visão fascinante sobre a personalidade de Maybrick e as pressões que podem o ter levado a cometer seus atos violentos. Descrevendo Plutão como o "estuprador destruidor", ela discute os dilemas que ocorrem quando ele traz seu poder emocional para a sutileza feminina representada por Vênus:

"Algo ou alguém está tentando desmembrar exatamente aquilo que mais valoriza e aprecia [...] **Aqui, o destino geralmente se impõe sobre o amor, frequentemente na forma de uma paixão sexual obsessiva ou com o colapso de uma relação sexual entre duas pessoas.".** [Grifo da autora].

O complexo psicológico representado por Vênus e por Plutão indica um indivíduo que não consegue tolerar imperfeições. Se o objeto de seu desejo é descoberto como sendo defeituoso, existe apenas uma opção: destruí-lo. Maybrick pode ter acreditado que mulheres eram essencialmente criaturas ideais e perfeitas, acreditando que, de fato, eram deusas. Não é impossível que, quando confrontado com a realidade do sangue e da carne ordinariamente mortais, ele tenha reagido recriando sua própria versão do submundo, indo para as escuras e estreitas ruas de Whitechapel e cometendo lá os mais horríveis crimes.

A essência de qualquer investigação astrológica é o *timing*, e se Maybrick deve ser acusado de ter cometido os assassinatos do Estripador, seria necessário que seus alinhamentos Marte-Saturno e Vênus-Plutão estivessem poderosamente posicionados na noite do primeiro assassinato. A primeira vítima do Estripador, Mary Ann Nichols, foi morta às três horas da manhã do dia 31 de agosto de 1888. Curiosamente, nesse momento, o alinhamento de Maybrick de Marte-Saturno estava realmente posicionado de forma poderosa.

O alinhamento de Maybrick entre Vênus-Plutão estava fortemente conectado com Urano, planeta que desestabiliza situações que já são incertas, e que está intimamente associado com eventos erráticos e incontroláveis. Podemos, portanto, concluir que a obsessão psicológica de Maybrick com a morte e com a iniciação sexual provavelmente seria expressada de maneira chocante. Combine isso com a violência de seu alinhamento Marte-Saturno e nós temos uma evidência poderosa de que, na noite da morte de Mary Ann Nichols, Maybrick estava inclinado a cometer um ato violento. A evidência circunstancial do horóscopo de seu nascimento e de seu primeiro assassinato oferece um testemunho poderoso que evidencia a culpa de Maybrick.

Havia mais um alinhamento importante no dia do assassinato de Mary Ann que, a princípio, mostra pouca relação com o horóscopo de Maybrick. Era um alinhamento de 90 graus entre a lua a 25 graus em Gêmeos, e Vênus a 22 graus de Virgem. Psicologicamente, esse padrão é indicativo de emoções extremamente instáveis, próximas à histeria. Porém, tanto Gêmeos como Virgem são signos analíticos, que possuem dificuldade em expressar seus sentimentos. Eles são mais propensos a conceber um plano prático, e aparentemente racional, por meio do qual possam expressar suas emoções. Simbolicamente, Vênus em Virgem representa uma virgem, enquanto a lua representa uma mãe, ambos os planetas são femininos. No momento, o alinhamento entre eles estava se separando, portanto se enfraquecendo, mas teria acontecido exatamente às nove horas da noite anterior, talvez por volta do momento em que o Estripador estava preparando seu primeiro assassinato.

Fosse Maybrick o Estripador ou não, seu horóscopo descreve repetidamente complexos psicológicos apropriados ao assassino.

Porém, as coincidências mais estranhas acontecem quando entramos no reino da especulação metafísica, pois é aqui que começamos a nos aproximar da imortal mitologia do Estripador, o maior assassino de mulheres. Da perspectiva do século XX, Jack, o Estripador, não é mais um homem de carne e osso, é muito mais que isso, sendo considerado um ser de mitologia demoníaca, ainda capaz de inspirar fascinação e medo.

É particularmente estranho que os alinhamentos significativamente violentos no horóscopo de Maybrick tenham se repetido no dia 30 de outubro de 1975, data do primeiro assassinato cometido por Peter Sutcliffe, o Estripador de Yorkshire. Encontramos muitas coincidências planetárias. Por exemplo, no dia do primeiro assassinato de Sutcliffe, Vênus e Marte repetem as posições que ocuparam no horóscopo de Maybrick no assassinato de Nichols.

Essa é uma coincidência realmente impressionante, pois é como se o horóscopo de Maybrick servisse não apenas para o primeiro Estripador, mas também para o segundo. É quase como se o espírito do Estripador estivesse vivo em Sutcliffe quando ele massacrou suas vítimas. Com abordagem diferente, talvez Sutcliffe e Maybrick estivessem presos ao mesmo arquétipo psicológico por meio de uma configuração astrológica em comum. Se Maybrick não era o Estripador original, ele certamente possuía traços de agressividade suficientes para cometer atos de violência contra mulheres. Também é interessante o fato de que o sol em seu nascimento tenha ocupado o exato grau do zodíaco onde estava o sol de Hitler. Isso não é propriamente incomum, embora a coincidência aumente se fizermos o horóscopo para o meio-dia, padrão usado nos casos em que não se sabe a hora real de um nascimento. Nesse caso, observamos que a lua também ocupou o mesmo grau do zodíaco no nascimento de Hitler. No assassinato de Mary Ann, Saturno, considerado por astrólogos na antiguidade a mais infeliz de todas as influências possíveis, atingiu o exato mesmo grau do zodíaco daquele ocupado no nascimento de Hitler. Tais coincidências não nos dizem que Maybrick era Jack, o Estripador. Porém, sugerem que pode existir uma mitologia comum da maldade, indicada por certas posições planetárias que conectam os assassinatos do Estripador ao holocausto.

Essa conexão entre o *serial killer* e o assassino em massa oferece uma pista simbólica de que estamos no caminho certo em nossas desconfianças de que James Maybrick pode ter sido, sim, Jack, o Estripador.

O horóscopo de Maybrick confirma que ele pode, razoavelmente, ser considerado um suspeito principal.

Como se esse já não fosse um relato extraordinário, eu também conversei com John Astrop, um astrólogo e escritor de Sussex com muita experiência. John se especializou em astrologia criminal e possuía uma grande biblioteca de horóscopos associados. Ele escreveu o horóscopo de Florence Maybrick há alguns anos e o enviou para mim. Resumindo seu relatório, ele concluiu:

> O fator de atração entre eles (Florence e James) teria sido imediato e impulsivo [...] era uma relação compulsiva, mas desconfortável quando eles não mostravam uma face digna publicamente [...] Ela teria sido uma pessoa que poderia facilmente acreditar em suas próprias mentiras. Ele teria sido um manipulador emocional e intimidador [...] O signo de Escorpião é tradicionalmente o pior signo para se travar uma luta – eles sempre jogam sujo.

A PSICOLOGIA

Em 1993, Paul Feldman e o escritor e roteirista Martin Howells, que trabalhavam na realização de um documentário sobre o meu livro, convocaram uma reunião com a presença de Paul Begg, Sally Evemy, Martin Fido, Don Rumbelow, Keith Skinner, Robert Smith e Bill Waddell, o ex-curador do Museu Negro da Scotland Yard. Um convidado especial foi o dr. David Canter, então professor na Universidade de Surrey, hoje professor de Psicologia na Universidade de Liverpool e o maior especialista em perfis criminosos da Grã-Bretanha.

Em 1994, o professor Canter escreveu o livro *Criminal Shadows*, no qual é dito que:

> os traços psicológicos que cercam o crime e as peculiaridades do comportamento indicam a personalidade do criminoso até mesmo em seus *hobbies*, emprego e endereço [...] essas sombras sutis e ambíguas levam a um entendimento da mente do *serial killer* e finalmente a uma "narrativa interna" que expõe a identidade do criminoso.

O professor Canter expressou, com autoridade, muitas das minhas próprias crenças em relação ao Diário. Ele ficou impressionado com a sutil banalidade e com a narração criativa. Os *serial killers*, disse, realmente escrevem sobre si mesmos de modo banal, e suas preocupações são incrivelmente triviais aos olhos de qualquer outra pessoa. Eles querem reviver e apreciar o que fizeram, e divulgar suas ações.

"Isto não é realmente um Diário", ele me disse. "É mais um registro de acontecimentos significantes para ele, e dessa maneira eu esperaria encontrar inconsistências. Seria muito mais provável que fosse falso se não contivesse falhas. A princípio eu me preocupei com o final – parece um pouco planejado demais – mas, por outro lado, a finalização de uma vida é típica de um homem que sabe que está morrendo."

O professor ficou particularmente interessado ao ver que o Diário demonstra aquilo que Freud chamaria de "atividade de deslocamento", por exemplo, o fato de usar Whitechapel em Londres em vez da Whitechapel de Liverpool como sua base, e a maneira como sentimentos de ciúme apaixonado com relação a sua esposa são vividos através de Mary Jane Kelly, em particular. Seus movimentos em Whitechapel também coincidem com os do mapa que Canter havia organizado para traçar os movimentos de vários *serial killers* – marcando aquilo que chama de "ponto de encontro fatal", em relação aos lugares de residência. Maybrick se encaixa no padrão; seu primeiro assassinato em Londres aconteceu no ponto mais distante da Middlesex Street e, conforme o número de assassinatos cresce, o local do crime se aproxima cada vez mais de sua "casa".

O professor não rejeita o Diário. Para ele, é mais provável que ele seja uma falsificação moderna que usa técnicas freudianas – ou que seja real, demonstrando essas técnicas por experiência empírica, e não como um exercício intelectual. Caso seja uma falsificação moderna, então, ele afirma, os falsários devem ser extremamente sofisticados, possuindo um vasto conhecimento sobre características físicas, psicológicas e médicas de um *serial killer*. Em uma carta recente, ele comentou comigo que "as únicas pessoas que poderiam falsificá-lo devem fazer parte do mundo dos especialistas no Estripador".

Mas eu tinha certeza de que antes de Michael Barrett mostrar o Diário a Doreen Montgomery e a mim, em 1992, nenhum especialista no Estripador sabia de sua existência.

Peça a peça, nosso quebra-cabeça do perfil do Estripador parecia compatível com o que sabíamos sobre Maybrick. Ele era um homem carinhoso com as crianças, um ótimo anfitrião, cuidadoso com sua aparência e ansioso por melhorar sua posição na sociedade. O jornalista William Stead escreveu mais tarde: "Os amigos diziam que ele era um sujeito muito bom". Realmente, quando um colega de trabalho e amigo de Maybrick escreveu para o ministro do Interior em 1889, declarou:

> Posso afirmar que conheci o sr. Maybrick por mais de 25 anos nos termos mais íntimos, e sempre o con-

> siderei um homem de muito boa índole, amável e de natureza generosa, e apesar de seu casamento não ter possibilitado uma vida feliz em casa, ele sempre tentava ter uma visão generosa das falhas de sua esposa e gostava muito de seus filhos [...]

Por trás da fachada bem cuidada, no entanto, havia um lado obscuro. Rumores se espalharam durante o julgamento de Florie de que ele teria matado os cães do vizinho; havia o estranho pacote marcado como "Veneno para Gatos" e os conhecidos ataques de temperamento violento.

David Forshaw, assim como o professor Canter, possui um interesse especial pela mente de *serial killers* e se manteve em contato com as descobertas sobre o Diário ao longo das edições de meu livro. Eu o encontrei pela primeira vez no Maudsley Hospital e, mais tarde, em 1997, no Hospital Broadmoor para Criminosos Insanos, no qual hoje se encontra Peter Sutcliffe, o Estripador de Yorkshire.

O dr. Forshaw se ofereceu para estudar o Diário e fazer um relatório sobre a mente do homem que o escreveu. Não fizemos a pergunta: "O autor do Diário é Jack, o Estripador?". Seu relatório possuía dois objetivos: "1. Explicar a psicopatologia de *serial killers* juntamente com o que se conhece sobre Jack, o Estripador. 2. Comparar as descobertas do tópico anterior com a psicopatologia do Diário".

> O Diário de Jack, o Estripador, representa os registros seriais dos pensamentos e sentimentos do Estripador, ou, mais precisamente, suas expressões e a digestão de sua turbulência emocional e intelectual. É uma parte integral de sua psicopatologia.
>
> É claro, as mortes de Whitechapel não foram os primeiros assassinatos em série no mundo. Tais crimes ocorreram através da história. Existem casos registrados de assassinatos em série que remontam aos tempos clássicos. De fato, no livro *Perverse Crimes in History* os autores Masters e Lea descrevem uma epidemia de esfaqueadores e estripadores no século XIX que atingiram seu ápice nas décadas de 1880 e 1890. Portanto, Jack, o

Estripador, por mais monstruoso que fosse, foi apenas um entre muitos. Ele poderia ter sido apenas mais um assassino, não fosse por seu apelido.

Esses *serial killers* frequentemente se parecem, assim como James Maybrick, com homens silenciosos, homens de família, homens que vão ao trabalho todos os dias e cuidam do jardim nos fins de semana.

David Forshaw citou o exemplo de Andrei Chikatilo, que morou na cidade mineradora de Shakhty, na antiga União Soviética. Ele era um ex-membro do Partido Comunista de 42 anos, com uma esposa, dois filhos e um bom emprego como professor em uma escola para mineradores. Então, num certo dia de 1978, ele levou Lena Zakotnova, de nove anos, até um barraco caindo aos pedaços no limite da cidade e a estrangulou, esfaqueou e cortou. O prazer foi imenso e sua recém-descoberta sede de sangue era incontrolável. Ele continuou, por mais de uma década, chegando a massacrar e comer 53 mulheres e crianças, rasgando suas entranhas com as próprias mãos. Assim como Maybrick, ele deixava piadinhas provocantes para a polícia na cena do crime.

Acredita-se que Chikatilo nunca levantou a mão para seus próprios filhos e fez grandes progressos na vida, saindo da classe camponesa para se juntar aos intelectuais. Mas ele desejava ser um bravo soldado e um amante romântico. Queria o tipo de respeito que fazia estudantes se levantarem quando ele entrava numa sala. Ele acreditava que o verdadeiro Chikatilo não correspondia à sua autoimagem, e por isso sentia-se um fracasso.

Quando finalmente foi capturado, em 1991, ele escreveu para sua esposa: "Por que Deus me enviou para este mundo? Eu, uma pessoa tão afetuosa, carinhosa e atenciosa, mas totalmente indefesa contra minhas próprias fraquezas".

As palavras de Chikatilo refletem a atormentada mensagem de inadequação dolorosa que preenche o Diário de Maybrick. Elas também relembram a imagem de si mesmo como um homem gentil e ao mesmo tempo propenso à violência extrema. "O homem gentil com pensamentos gentis logo irá atacar novamente."

Outra figura como essa foi Peter Kürten, o assassino de Dusseldorf, que foi enforcado em 1937 por matar nove pessoas e tentar matar outras sete. Mas ele morava e dormia com sua esposa na época dos assassinatos. Assim como o caso de Peter Sutcliffe, cuja missão era, em suas próprias palavras, "livrar as ruas das prostitutas".

Em 1997, a imprensa da Grã-Bretanha relatou como a noiva do assassino Alan Reeve o descrevera como simpático, atencioso, confiável e amoroso, e disse que confiaria sua vida nas mãos dele. Ela foi sua noiva de 1995 até 1997, ano em que ele foi preso. Alan havia escapado do Hospital Broadmoor dezessete anos antes, após ter sido avaliado como um perigoso psicopata que deveria ser preso indefinidamente sob o Ato de Saúde Mental.

Maybrick, assim como Chikatilo, Kürten, Sutcliffe e Reeve, era o vizinho normal que não chamava a atenção – ao menos superficialmente. Maybrick também exibia de outras maneiras traços típicos de *serial killers* – que são, diz o dr. Forshaw, quase sempre homens, frequentemente obsessivos e hipocondríacos. Os *serial killers* também geralmente são bem-educados, embora no fundo eles fervam com raiva reprimida. Também possuem ricas fantasias, que acham preferíveis à realidade. Eles sonham com poder e são preocupados com sua masculinidade e potência sexual. Foi o medo dessa perda que levou Maybrick a tomar estricnina e arsênico.

Em 1965, Eugene Revitch, autor do livro *Sex, Murder and the Potencial Sex Murderer*, estudou relatos de ataques reais a mulheres, dividindo os infratores em dois grupos: maiores ou menores de dezoito anos. Ele descobriu que "[...] quanto mais velho for o agressor, mais o motivo primordial reflete raiva ou ódio".

"A natureza pouco atraente das vítimas do Estripador leva à conclusão de que as mortes refletem hostilidade ao invés da necessidade de gratificação sexual", diz o dr. Forshaw. "O assassino provavelmente não era, portanto, um homem jovem."

Maybrick completou cinquenta anos no dia 24 de outubro, pouco antes do assassinato de Mary Jane Kelly. Conforme o dr. Forshaw:

> Fluido seminal não é mencionado nos relatórios da autópsia, portanto, não sabemos se o agressor fez sexo

ou se masturbou na cena do crime. Parece improvável, já que ódio, e não sexo, era o provável motivo. De qualquer modo, o tempo que se sabe estar disponível para o assassino dificilmente permitiria tal indulgência. Pode ser que ele tenha escolhido as vítimas como antissímbolos do sexo, selecionadas para impedir até mesmo a possibilidade de relações sexuais. No entanto, pode ter sido sua própria depravação que apelou para uma sexualidade pervertida.

Não há dúvidas de que os alvos escolhidos pelo Estripador – as prostitutas – possuíam vantagens práticas também. Já existem poucos recursos para associá-las a seus clientes, e elas trabalham em isolamento; as prostitutas são vítimas fáceis para agressores sexuais. Além disso, um *serial killer* que seleciona prostitutas pode genuinamente sentir que está fazendo um serviço à sociedade.

> Estou convencido de que Deus me colocou aqui para matar todas as putas.

Mas, ao mesmo tempo, é provável que as infelizes senhoras de Whitechapel representassem algo muito mais pessoal para Maybrick: sua esposa adúltera. "Prostitutas representam para o agressor, consciente ou inconscientemente, entes queridos infiéis e desprezados que, por causa das circunstâncias, estão relativamente seguros de sofrer o ataque", segundo David Forshaw. "Mulheres de vida fácil eram os símbolos da infidelidade de sua esposa."

Forshaw acredita que o Estripador provavelmente obtia satisfação apenas do processo de matar, de sentir ou ver sua vítima morrer, e até mesmo das mutilações que se seguiram – mas não em colocá-las em um sofrimento prolongado.

Havia também outra motivação para os assassinatos. O *serial killer* David Berkowitz, que aterrorizou Nova York no meio da década de 1970, falava do "desejo de fazer isso, de matar", que, segundo ele, "me preenchia até proporções explosivas, causava uma agitação tão grande dentro de mim que, quando era liberada, era como um vulcão entrando em erupção até que a pressão acabava, pelo menos por um tempo". David Abrahamsen, um psiquiatra americano que escreveu sobre Jack, o Estripador, concorda que o assassino de Whitechapel provavelmente sentia essa tensão.

> Preciso de mais emoções, não posso viver sem minhas emoções. Vou continuar, vou continuar, nada irá me impedir, nada.

Maybrick possuía uma amante, identificada no Diário apenas como "minha", a quem ele parecia procurar quando a pressão se tornava muito grande.

> Os olhos irão sair na próxima. Irei enfiá-los na boca da puta. Isso com certeza me dará prazer, só de escrever já tenho prazer. Hoje à noite irei ver a minha, ela vai gostar, pois serei gentil com ela, como sempre sou.

Maybrick, como o Estripador, gostava da emoção da caçada. Ele se deliciava na excitação da possível captura – até mais do que estripar.

> Acredito que a emoção de ter sido pego me excitou mais do que cortar a puta em si.

"*Serial killers*", diz o dr. Forshaw, "tipicamente se sentem inferiores, exceto quando escrevem ou pensam sobre seus crimes. Esta é a razão da existência do Diário". Maybrick usou o Diário para aumentar sua autoestima, concedendo a si mesmo os títulos de Sir Jim e Sir Jack. O Diário também permitiu usar um conjunto de pensamentos prazerosos para afastar ideias e pensamentos angustiantes.

> Vou me forçar a pensar em algo mais agradável.

"No Diário, ele usa esse método de manipulação de pensamento frequentemente, como uma tela entre ele e o mundo real", explica o doutor. "Portanto, ele permitiu a si mesmo manter-se aparentemente calmo e sob controle. Isso também pode tê-lo distanciado da realidade."

Maybrick usou sexo para tirar sua mente da realidade. Após sua primeira morte, ele escreveu:

> Irei tomar a cadela hoje. Preciso tirar minha mente dos eventos desta noite.

Desde o começo, suas fantasias sobre as relações da esposa e de seu amante dão a Maybrick uma sensação mórbida de prazer.

> O pensamento de ele tomando-a está começando a me excitar.

Esses trechos sugerem que ele estava sexualmente excitado e obtinha algum tipo de prazer sadomasoquista enquanto escrevia o Diário.

"Um aspecto visual muito marcante do Diário é a maneira como a caligrafia muda refletindo as mudanças emocionais do autor. Foi claramente escrito pela mesma pessoa, mas começa com uma letra bonita e escolar e acaba com rascunhos descontrolados, que correspondem à deterioração mental."

David Forshaw selecionou sete exemplos de caligrafia retirados do Diário e os examinou cronologicamente. Ele explica:

> No começo, antes de qualquer assassinato, a letra é bonita, reservada, até mesmo retraída. Mas se torna maior, mais chamativa, menos controlada e certamente mais confiante enquanto ele arquiteta aquilo que chama de "campanha" de assassinatos. Nesse momento, a caligrafia se torna claramente carregada de emoções. Então, depois de progredir até um ponto de ebulição, ao fim do Diário a letra reverte-se dramaticamente para o estilo calmo e controlado do início, anterior às mortes. Essa última mudança acentuada ocorreu pouco depois que Maybrick retornou de uma visita ao dr. Fuller em Londres (fato conhecido por conta das declarações do julgamento):

"Fuller acredita que não há muitos problemas comigo. Estranho, os pensamentos que ele colocou em minha mente."

Não sabemos que pensamentos são esses, mas, a partir deste momento, começa a aparecer no Diário um desejo maior pela liberação do tormento, mencionando até mesmo o suicídio.

Estudos modernos de *serial killers* nos levaram a um melhor entendimento sobre aqueles do século XIX. O psiquiatra Malcolm MacCulloch e sua equipe da Universidade de Liverpool notaram um padrão claro em treze de dezesseis agressores estudados em um hospital especial. Os homens estiveram ansiosos com fantasias sexuais sádicas por um período de tempo, e elas se tornaram mais extremas, levando-os a realizar "testes comportamentais", como seguir vítimas em potencial. Esses "testes" eram então incorporados à fantasia, levando inexoravelmente ao clímax. Cada vez mais, cada paciente se tornou menos capaz de distinguir entre a realidade e seu mundo de fantasia.

A equipe especulou que infligir sofrimento era uma maneira de obter o controle. O controle estava no centro da questão. De certo modo, o maior controle possível que se pode obter sobre uma pessoa é causando-lhe a morte ou inconsciência. O Diário de Maybrick e os assassinatos do Estripador mostram uma clara escalada de violência de uma vítima para a próxima.

"É quase como se ele estivesse se habituando ao comportamento e desenvolvendo uma tolerância", afirma o dr. Forshaw. "É um fenômeno semelhante ao furto de carros para a realização de corridas, em que o infrator muitas vezes atinge sua excitação por estar no controle, dirigir rápido e assumir ainda mais riscos."

Quanto ao canibalismo do Estripador, David Forshaw diz:

Muitas vezes partes do corpo são removidas para que o assassino tenha algum tipo de recordação. Elizabeth Bathory, que morreu em 1614 aos 54 anos, costumava se banhar no sangue de suas vítimas para manter-se jovem e atraente. John Christie, que foi enforcado em 1953, coletava os pelos pubianos de suas vítimas. O Estripador poderia estar convencido de que ao comer o útero iria alcançar a eterna juventude.

Outro acumulador compulsivo de lembranças macabras foi o *serial killer* americano Ed Kemper que, em 1972, coletava órgãos e às vezes até cabeças, que guardava em seu armário. O assassino Dennis Nilsen, que atuou entre 1978 e 1983, guardava os restos desmembrados de suas vítimas em armários da cozinha e debaixo do assoalho de suas casas em Londres.

O dr. Forshaw prossegue:

> Se poucas informações estão disponíveis sobre o passado de uma pessoa ou sobre seu estado mental, é difícil distinguir o assassino sexual do sadismo progressivo desenvolvido pelos assassinos de múltiplas vítimas, que matam como resultado de uma doença mental, como a esquizofrenia.

Em sua leitura do Diário, o dr. Forshaw não vê evidências de que o autor sofresse de uma doença mental.

> Ele não possuía delírios. O James Maybrick do Diário estava mentalmente desordenado, mas, se estava suficientemente desordenado a ponto de diminuir sua responsabilidade legal, é um assunto discutível. Ele era louco ou ele era mau?

Simon Andrae escreveu sobre *serial killers* no jornal *Observer* em 1993:

> Eles não nascem maus. Raramente são considerados loucos [...] seu comportamento se desenvolve através de uma interação complexa entre fatores bioquímicos, psicológicos e culturais, catalisados em momentos e medidas diferentes em suas vidas [...] Uma pequena porcentagem nasce com genes que os tornam naturalmente inclinados ao comportamento antissocial ou agressivo [...] Combinado com a predisposição, o trauma de infância é o segundo grande fator comum aos *serial killers* [...]

No caso de James Maybrick, existe uma intrigante resposta para a pergunta do dr. Forshaw, mesmo que ela não seja científica. Talvez Maybrick fosse mau, mas Jack, o Estripador, era louco. Misture os dois e você terá uma poderosa força para a maldade.

Em conclusão, o dr. Forshaw escreve:

> Se o Diário é genuíno, então conta uma trágica história. E faz sentido. Isso é um sinal encorajador para sua autenticidade. Porém, existem outras possibilidades [...] aparentemente as opções mais prováveis são as de que ou ele é verdadeiro ou é uma falsificação moderna extremamente boa. Se for uma falsificação, é tão extraordinário quanto seria se fosse genuíno. Seria muito difícil falsificar [...] uma considerável quantidade de trabalho seria necessária, mesmo para uma pessoa, ou equipe, já familiarizada com *serial killers* e os casos de James Maybrick e do Estripador. O falsário teria que trabalhar duro para imitar os pensamentos e sentimentos que aparecem retratados no Diário, embora pudesse ser mais fácil se já tivesse uma psicopatologia semelhante.
>
> Um exame aprofundado do Diário e da sua origem são componentes essenciais para decidir sobre sua autenticidade. Se tal exame provar-se inconclusivo e o conteúdo for a única maneira restante de julgamento, então, nesse caso, pesando as probabilidades através

de uma perspectiva psiquiátrica, eu diria que o Diário é autêntico.

A LINGUAGEM

Outro obstáculo que o Diário tem que superar é a linguagem usada por seu autor. Há uma ou duas frases que saltam aos olhos – elas parecem modernas demais para uma composição vitoriana.

John Simpson, coeditor do dicionário *Oxford*, me escreveu:

> O dicionário *Oxford* busca documentar a história e o desenvolvimento da língua inglesa desde o início da Idade Média até os dias presentes. Sua análise é baseada nos registros da língua obtidos lendo-se o máximo possível de textos e retirando desses textos exemplos de uso para nossos arquivos de citação. O uso mais antigo de qualquer termo que ocorre no dicionário representa o uso mais antigo disponível aos editores do dicionário quando uma entrada em particular é compilada.
>
> Eu esperaria que os primeiros exemplos do dicionário representassem um guia útil para quando determinado termo foi incorporado à língua, mas usos mais antigos (alguns dos quais são substancialmente mais antigos) são trazidos continuamente para nosso conhecimento. A língua é falada antes de ser escrita, e em algumas áreas (como gírias e construções locais) pode haver uma discrepância entre a introdução de um termo na língua e sua aparição em forma impressa. Eu ficaria surpreso, mas não perplexo, se uma primeira aparição fosse encontrada e datasse de meio século antes do primeiro exemplo registrado no dicionário.

Também conversei com Mark Agnes, um membro da equipe editorial do dicionário *Webster*, dos Estados Unidos. Ele concordou com John Simpson.

Ainda hoje existem frases que todos nós conhecemos e usamos, mas que não são encontradas em nenhum dicionário. Pode realmente demorar muito tempo, principalmente em áreas técnicas, para que a tradição oral seja registrada na forma escrita.

A busca em dicionários pelas expressões que me preocuparam, como "top myself" e "gathering momentum" ["me superar" e "ganhando impulso"] foram confirmadas como já estando em uso no final da era vitoriana. Mas eu estava mais ansiosa sobre a frase "one off" ["tipo único"].

O dicionário *Webster* situa sua primeira aparição escrita no ano de 1925. Mas foi no mundo da construção civil que encontrei aquilo que considero a verdadeira resposta para meu problema. Entre os arquivos da construtora Trayner's, da cidade de Kent, a frase aparece em 1860 quando um novo material estava sendo encomendado como sendo "especial". Essa expressão também se referiria a um tijolo ornamental usado nos canais vitorianos, ou a um exemplo único ou um protótipo – exatamente o uso encontrado no Diário.

O VÍCIO DE MAYBRICK

Consultei médicos da Unidade de Venenos do Guy's Hospital, em Londres, questionando se os sintomas de abuso de arsênico que aparecem no Diário estão corretos. Eles me disseram que havia uma escassez de informações confiáveis sobre vícios em 1888 e que, até mesmo hoje, um falsário teria dificuldade em encontrar fatos com os quais poderia construir um retrato tão realista.

Quando ingerido por muitos anos, o arsênico leva a um acúmulo de piruvato no sangue. Essa substância é importante no metabolismo da coenzima A, uma enzima essencial para os carboidratos que nos dão energia. Em envenenamentos agudos de arsênico, predominam sintomas gastrointestinais como os que Maybrick sofria. No último século, acreditava-se que o envenenamento crônico era indicado por queixas gástricas do tipo. Porém, hoje reconhecemos a predominância de sintomas neurológicos. A maioria dos vitorianos acreditava erroneamente que a ingestão crônica de arsênico durante um período de vinte a trinta anos poderia resultar em paralisia. Não existia – e ainda não existe – praticamente nenhum lugar onde o autor do Diário pudesse aprender esses fatos, o que nos leva a suspeitar de que ele realmente pudesse estar escrevendo baseado em suas próprias experiências.

No entanto, os vitorianos sabiam que a repentina retirada de arsênico poderia resultar em dores agonizantes, como aquelas que sabemos que Maybrick experimentou após não conseguir mais ir até seu escritório ou ter acesso a suas fontes.

O dr. Forshaw também abordou a questão da dependência. Maybrick gostava de beber álcool e usava arsênico – duas substâncias que podem produzir desordem crônica dos nervos, dos membros e problemas gastrointestinais. Ele explica:

> Uma disfunção da tireoide, a glândula no pescoço que ajuda a regular os níveis gerais de atividade metabólica no corpo, pode também produzir um distúrbio com sintomas semelhantes àqueles que Maybrick descreveu: cansaço, letargia, constipação, intolerância ao frio, músculos doloridos. Podem surgir surdez e alucinações, o rosto parece sem expressão, largo e inchado, a memória se enfraquece e o paciente pode ficar deprimido. Essa doença, conhecida como hipotireoidismo ou mixedema, pode apenas ser confirmada por um exame de sangue que não estava disponível nos tempos de Maybrick.
>
> A *Cyclopedia of Medicine* de Von Ziemenssen, em seu capítulo sobre envenenamento crônico por metais pesados, diz: "a forma mais leve de envenenamento crônico pode surgir a partir do uso terapêutico da Solução de Fowler". O dr. C. Binz, que escreveu o livro *Lectures on Pharmacology* em 1897, explicou: "se um estímulo é frequentemente repetido, deverá ser apresentado em doses crescentes para que produza um certo efeito. Em outras palavras, um viciado deve, com o tempo, ingerir cada vez mais da droga para sustentar o efeito".

Em dezembro de 1994, Nick Warren, cirurgião e editor da revista *Ripperologist*, escreveu um artigo para o periódico *Criminologist*. Ele sugeriu que Maybrick não havia sido vítima de envenenamento por arsênico. Sua teoria é a de que o "veneno irritante" que o matou era, na verdade, potássio.

> Todos os sintomas terminais de James Maybrick podem ser atribuídos à ingestão excessiva de potássio. Administrado pela via oral, esse veneno causa astenia (fraqueza), confusão mental, hipotensão (coceira nas extremidades), dispepsia, diarreia e vômito, culminando em uma parada cardíaca. As características que se manifestariam na autópsia – vermelhidão, hemorragia ou ulceração franca do trato superior gastrointestinal desde o esôfago até o intestino delgado – estariam todas presentes nesse caso.

O sr. Warren lembrou-se de que Maybrick tinha de fato ingerido uma dose muito grande de sais de potássio. Ele tomava hidrato de potássio regularmente (provavelmente bicarbonato de potássio). Ele também bebeu um frasco de brometo de potássio anafrodisíaco na metade do tempo recomendado, e em seus últimos dias também foi prescrito o remédio vitoriano favorito, a Solução de Fowler – uma mistura de arsênico e carbonato de potássio.

A inocente complacência de Florie com as ordens dos médicos pode ter sido o golpe final, diz o sr. Warren. "Está muito claro que o veredito correto no inquérito da morte de James Maybrick deveria ter sido 'homicídio acidental'".

21

Sir Jim não dará nada de graça, nada

A TINTA

A análise forense da tinta presente no Diário foi originalmente conduzida pelo dr. Nicholas Eastaugh. O alvoroço que se seguiu à primeira publicação exigiu a realização de mais testes para tentar estabelecer se ele seria uma falsificação moderna e para determinar quando, afinal, foi escrito.

O especialista iniciou seu relatório com um alerta.

> No hoje famoso desastre dos diários de Hitler, foram os materiais de que era feito o documento – o papel e a tinta – que acabaram desmascarando a fraude. Quando algo potencialmente tão importante quanto o Diário de Jack, o Estripador, aparece repentinamente, deve haver, naturalmente, uma grande precaução, e é prudente analisar a composição física do documento com testes forenses a fim de avaliar sua idade.
>
> Hoje ainda não existe um único teste que possa determinar, sem ambiguidades, com clareza e precisão, a idade de um documento escrito como o Diário. A única técnica largamente conhecida que poderia ser usada – a datação por radiocarbono do papel – não é aplicável neste caso devido a sua precisão e a certos problemas técnicos relacionados a materiais mais recentes que 1.500 d.C. Algumas avaliações relativas à

idade da tinta são possíveis, mas geralmente são usadas para analisar escritos de um mesmo documento (para saber, por exemplo, se páginas foram adicionadas ou trocadas) e, portanto, também possuem pouca utilidade neste caso.

Além disso, mesmo se pudéssemos determinar com eficiência a idade da tinta e do papel, esses dados seriam insuficientes para "autenticar" o documento, já que não saberíamos quando a tinta e o papel foram combinados, e a época em que o Diário realmente foi escrito.

Realmente, são documentos como o Diário que acentuam o fato de que os cientistas e historiadores não possuem uma maneira de avaliar diretamente a idade cronológica absoluta de tais itens. [Grifo da autora.]

Como eu gostaria, em retrospecto, de ter percebido a importância dessas palavras. Olhando para trás, imagino se teria tido a coragem de agir de acordo com elas e poupar as semanas que gastei e as enormes despesas que tive em decorrência da vontade de ser minuciosa e não deixar nenhum caminho de pesquisa inexplorado, até onde permitisse o orçamento!

Como explicou o dr. Eastaugh:

> Podemos apenas inferir quando o documento foi criado olhando a composição dos materiais, verificando a partir de quando esses constituintes estavam disponíveis e a frequência de seu uso. Podemos também formular algumas deduções gerais sobre a idade a partir de sua aparência (por exemplo, podemos desconfiar se a escrita passa por cima de danos obviamente recentes ao papel). Essa situação não é incomum, e o exame de documentos históricos ainda é um campo relativamente pouco estudado e apenas recentemente tem ganhado destaque.

Para "datar" a tinta e o papel temos que comparar aquilo de que são feitos com o que conhecemos sobre a composição de tinta e de papel nos últimos cem anos.

Por exemplo, vários corantes utilizados em tintas foram apenas inventados após a época de Jack, o Estripador. Se a tinta contiver algum desses corantes, então o documento deve ser uma falsificação moderna.

Na prática (e simplificando), isso significa que devemos aplicar uma série de testes cada vez mais detalhados, buscando por falhas: em quanto mais testes o documento "passar", é mais provável estarmos lidando com uma falsificação muito sofisticada ou com um artigo genuíno. Então, o que estamos buscando?

Historicamente, uma grande mudança aconteceu nas tintas durante o século XIX por causa da introdução de canetas com pontas de aço produzidas em série. Por volta do começo dos anos 1830, vários fatores tornaram possível a fabricação em larga escala dessas pontas. Logo foi descoberto, porém, que as tradicionais tintas ácidas baseadas em sais de ferro rapidamente as corroíam, e, portanto, novas tintas precisavam ser desenvolvidas. Por isso empresas como a Stephens abriram novas fábricas nessa época para produzir tintas baseadas em corantes, e uma receita de tinta ferrogálica cuidadosamente controlada, que não corroía o aço. Mas as inovações iriam além: necessidades específicas de canetas-tinteiro e a aparição de corantes sintéticos durante a segunda metade do século levaram ao desenvolvimento daquilo que podemos chamar de tintas próprias para canetas-tinteiro, que permaneceram largamente inalteradas até o presente.

Felizmente, sabemos a data em que vários corantes e outros componentes usados em tintas foram descobertos. Portanto, é potencialmente possível determinar a partir de qual época uma tinta deve ter sido produzida. Antes da descoberta dos corantes sintéticos, várias substâncias naturais eram empregadas, como o índigo, o garança e o pau-campeche; no final do século XIX, corantes sintéticos como a nigrosina (patenteada em 1867 com o número 50415) se tornaram largamente usados. Mais recentemente, outros corantes sintéticos foram substituídos por novas formulações dependendo da disponibilidade dos materiais, do custo e da adequação. Devemos também notar que as canetas esferográficas e de ponta de feltro, tão comuns hoje, são invenções do século XX que também precisaram do desenvolvimento de novas tintas para sua utilização. Suas tintas e marcas são fáceis de distinguir em relação à escrita com caneta-tinteiro, e é reconfortante saber que o Diário com certeza usa uma tinta de caneta tradicional.

Existem basicamente dois tipos de tinta para canetas do século XIX. Uma delas é baseada em composições ferrogálicas da época (ferro tipo galotânico), enquanto a outra contém primariamente corantes sintéticos dissolvidos em água. Nas tintas de ferro galotânico, o principal componente não apresenta cor antes da oxidação, quando surge uma cor preta permanente no papel; assim, um corante é geralmente adicionado para dar uma cor imediata. Essas são as "tintas azul-preto", e sua composição basicamente não muda, embora os detalhes variem. O tipo corante sintético é atualmente o mais popular, já que possui uma cor viva e produz uma escrita atrativa. Porém, essas tintas tendem a desbotar e são sensíveis à água. Versões recentes desse tipo de tinta contêm pigmentos estabilizadores modernos (como os conhecidos como ftalocianinas) para torná-los permanentes.

A análise da tinta do Diário seguiu a linha de exames forenses convencionais, embora, por razões práticas, tenhamos escolhido certos tipos de análise. A tinta é do tipo "azul-preto" permanente que poderíamos afirmar (sem mais conhecimentos detalhados sobre sua composição) ser usada desde a era vitoriana até os dias de hoje. Naturalmente, desejamos ter uma ideia mais precisa de quando a tinta foi produzida, e para isso temos que estudar a composição da tinta mais detalhadamente e compará-la com amostras de referência de tintas vitorianas e modernas.

Para obter uma impressão digital da tinta, verificamos quais elementos poderíamos detectar com um microscópio eletrônico de varredura equipado com espectroscopia de raios X por dispersão em energia (EDX/EDS) e com um instrumento chamado microssonda de prótons. Não é necessário entender a operação desses instrumentos para apreciar como obtemos os resultados; basicamente, tudo que é preciso saber é que ambas as máquinas são capazes de medir a presença de uma grande variedade de elementos químicos: o sistema EDX/EDS mede cerca de meio por cento e a microssonda, até algumas poucas partes por milhão da composição. Ao avaliar, com a ajuda desses instrumentos, quais elementos estão presentes e em quais quantidades, podemos determinar um perfil característico para a tinta do Diário e compará-lo com a mesma informação das nossas amostras de exemplos. Usando uma técnica essencialmente igual a esta, pesquisadores americanos que analisavam a Bíblia de Gutenberg descobriram que, para sua impressão, foram necessárias seis equipes usando, a princípio, duas prensas, e mais tarde quatro!

Para nossa pesquisa, observamos várias tintas modernas do tipo "azul-preto permanente", como as das marcas Quink, Stephens e Watermans, assim como amostras de escritos do final do século XIX. Perfis das análises (menos detalhadas) do EDX/EDS mostraram que havia grandes semelhanças e pequenas diferenças entre tintas vitorianas conhecidas e tintas modernas. Isso já era esperado, já que a química básica desse produto não mudou substancialmente durante esse período e apenas os detalhes nos dão pistas das diferenças. Por exemplo, descobrimos que a marca Quink contém relativamente pouco ferro (e, de acordo com os fabricantes, tem sido assim por alguns anos), enquanto a tinta do Diário contém quantidades significativas. A análise do EDX/EDS também sugere que a tinta usada para escrever o testamento de James Maybrick é diferente da do Diário.

Os resultados preliminares da microssonda de prótons também foram encorajadores, confirmando e potencialmente expandindo os resultados do EDX/EDS. Porém, uma variedade muito maior de amostras é necessária para que essa técnica nos forneça dados para uma interpretação precisa.

Para complementar a análise das tintas, também verificamos alguns corantes a fim de entender mais sobre os agentes de cor utilizados. O método que usamos é conhecido como cromatografia de camada fina (CCF). A CCF funciona baseada no fato de que os componentes dos corantes se comportam quimicamente de maneiras diferentes. Na prática, a CCF envolve a separação dos corantes na forma de padrões característicos num tipo de papel mata-borrão sofisticado com a ajuda de solventes orgânicos: os padrões resultantes podem ser comparados com padrões de corantes conhecidos e assim é feita a identificação. Com essa técnica, descobrimos claras diferenças entre as tintas modernas examinadas e a tinta do Diário.

Em última análise, porém, a confiabilidade desses testes para distinguir uma tinta moderna de uma vitoriana irá depender dos níveis de detalhes e da gama de amostras referenciais. Quando observamos um número crescente de amostras datadas a partir de uma grande variedade de técnicas, o grau de confiança na datação da tinta do Diário cresce. Todavia, até agora não foi detectado em sua tinta nenhum componente que preceda a época vitoriana e claramente também não corresponda a qualquer tinta moderna testada.

Assim como no caso da tinta, mudanças também ocorreram com o papel. Ele é constituído de fibras tratadas para se separar e desfiar: essas fibras podem ser "trançadas" em lâminas, que podem ser processadas com adição de outros materiais, para dar diferentes qualidades ao papel. Ao observar os tipos de fibras usadas e a composição dos outros materiais presentes numa folha de papel, podemos inferir datas, da mesma maneira que fizemos com a tinta. Por exemplo, o papel usado pelos diários de Hitler continham fibras de Nylon 6 e um produto químico usado para aumentar a brancura (derivado de um componente chamado estilbeno), e nenhum desses componentes poderia ser encontrado em papéis manufaturados antes do meio da década de 1950. Análises das fibras do papel do Diário mostraram apenas fibras de algodão e de polpa de madeira, ambos em uso no final da era vitoriana. Nenhuma fibra moderna ou agente de brilho fluorescente como os mencionados foram encontrados.

Resumindo, os resultados das várias análises sobre a tinta e o papel do Diário executadas até agora não entraram em nenhum conflito com a data de 1888/1889. Se o Diário for uma falsificação moderna, então ele "passou" em uma gama de testes onde apareceriam muitos materiais usados na fabricação de tinta e papel atuais. Porém, devemos estar conscientes de que, da maneira como as evidências se encontram, não podemos ainda descartar totalmente a possibilidade de uma sofisticada falsificação moderna. Embora demande um conhecimento altamente especializado, alguém poderia ser capaz de sintetizar um tipo de tinta convincente, ou poderia ter localizado um frasco de tinta com idade suficiente para ainda ser usada (embora esses casos sejam bastante raros).

Para abordar essas possibilidades, existem vários procedimentos que poderíamos – e deveríamos – executar, como aumentar a gama de material de referência e o nível de detalhamento dos exames. Com mais informações de referência, podemos tentar colocar o Diário precisamente entre outros documentos, talvez até identificar o fabricante da tinta e do papel. Minha resposta profissional ao Diário é, como deve ser, inteiramente neutra. Não posso prejulgar o documento com base naquilo que ele afirma ou não ser, com exceção da data hipotética em que foi escrito. O fato de ter sido realmente criado por Jack, o Estripador, é irrelevante para a análise da tinta e do papel. Porém, este projeto levanta várias questões importantes e acentua a realidade de que a análise de documentos históricos é um campo em que muito trabalho ainda deve ser feito.

O dr. Eastaugh também pensou ser possível que o pó preto encontrado nas dobras do Diário fosse carvão animal purificado – *carbo animalis purificatus* – mais conhecido no século XIX como "osso preto". Esse material era às vezes utilizado como agente para secagem – mas nós encontramos o seguinte trecho na *Squire's Companion to the British Pharmacopoeia* (1886): "possui a propriedade de neutralizar os efeitos tóxicos da morfina, estricnina e aconita [...] esses venenos podem ser ingeridos sem efeitos colaterais se misturados na proporção certa com carvão animal purificado".

Desde a primeira publicação desse detalhado e minucioso relatório, o debate sobre o nível de precisão de qualquer tentativa de estabelecer a idade de um documento por meio de sua tinta se tornou amargo, confuso e frequentemente pessoal.

Fui acusada de esconder evidências. Melvin Harris escreveu para quase todas as pessoas que tinham acordos comerciais com o

Diário, incluindo a New Line Cinema, nossos consultores e, é claro, a imprensa. Para Reed Hayes, um norte-americano analista de caligrafia, ele escreveu em 1995: "Você está sendo enganado, e muito enganado. Você também está recebendo mentiras deliberadas [...] Harrison posa como uma pessoa preocupada em alcançar a verdade nesse assunto, mas ela é uma ludibriadora experiente [...]".

Mas o sr. Harris não estava sozinho em sua crença. Desde 1994, minha caixa de correio inchou e eu me senti como naqueles antigos versos sobre a velha senhora que engoliu uma mosca... sendo mastigada por mais e mais especialistas. No coração disso tudo, por fim começou a busca por um pequeno traço de um conservante chamado cloroacetamida, que parecia ser o ingrediente mágico capaz de revelar se o Diário era uma falsificação ou não. A cloroacetamida foi citada pela primeira vez no livro de referência *Merck Index* em 1857. Mas, de acordo com Melvin Harris, não foi usada comercialmente antes de 1972.

Porém, o dr. Earl Morris, da Dow Chemicals USA, que atualmente fabrica a cloroacetamida, disse-me em setembro de 1995 que ele "a encontrou em preparações [...] que datam de 1857, 1871 e 1885". A cloroacetamida foi usada pela Diamine Ltd. na preparação de sua tinta de manuscritos vitorianos anterior a 1992.

Melvin Harris decidiu fazer sua própria análise da tinta do Diário para tentar encontrar cloroacetamida. Em outubro de 1994, ele conseguiu que amostras da tinta do Diário que foram deixadas aos cuidados de Robert Kuranz nos Estados Unidos fossem enviadas (sem o nosso conhecimento) para um laboratório independente em Essex, chamado Analysis for Industry.

Melvin Harris, Nick Warren, editor da revista *Ripperana*, e o *Sunday Times* pediram a esse laboratório que examinasse seis pontos não usados da tinta do Diário guardados em uma cápsula fechada de gelatina dura. Em seu "Relatório da Análise nº 604011", de outubro de 1994, o laboratório informou que foi encontrada cloroacetamida na tinta do Diário.

Eu então visitei o Laboratório Wolfson, na Universidade de Leeds, para tentar encontrar o mesmo produto químico em uma amostra retirada diretamente do Diário. O Departamento de Química da Cor foi fundado em 1878 e era cofinanciado pela fabricante de canetas Parker. Em um primeiro exame, fui informada de que encontraram uma minúscula quantidade, mas quando refizeram o teste, os resultados foram negativos. Cientistas do Departamento de Ciência e Tecnologia da Universidade de Manchester afirmaram que esses testes não provavam nada de qualquer maneira. Mesmo o dr. Eastaugh, que não estava buscando por cloroacetamida quando realizou seus testes no Diário, foi criticado por usar o sistema EDX/EDS. Cada edição da revista *Ripperana* era publicada cheia de argumentos conflitantes. Paul Feldman questionou a autenticidade das amostras que estavam nos EUA, e a Universidade de Leeds ficou surpresa pelo transporte ter sido feito com gelatina, "que possui uma espantosa habilidade de absorver e interagir com qualquer coisa que entre em contato".

Portanto, vou reproduzir um resumo leigo dos testes científicos, seus resultados e um pouco da correspondência que se seguiu por todo o período, sem descrever mais o furor que cercou todo o assunto.

BAXENDALE – julho/agosto 1992
Técnica: Cromatografia de camada fina
Resultado: A tinta do Diário é solúvel e contém um corante sintético do tipo nigrosina que não estava disponível na era vitoriana. Não há ferro.

EASTAUGH – outubro 1992
Técnica: Cromatografia de camada fina e EDX/EDS. Também foi realizada microscopia eletrônica de varredura. O dr. Eastaugh também usou várias marcas de tintas como controle.
Resultado: Nada no Diário é inconsistente com 1888. Havia uma clara diferença entre tintas modernas e o Diário. A tinta do Diário contém ferro e um pouco de sódio. Não há nigrosina.

ESTADOS UNIDOS – setembro/novembro 1993
Técnica: Cromatografia de camada fina
Resultado: O pesquisador de química de tintas Robert Kuranz afirma que não há nada no Diário inconsistente com o período vitoriano. Rod McNeil realizou sua análise de migração de íons, que mede com um microscópio de varredura Auger a migração de íons da tinta para o papel. Ele diz que a data da colocação da tinta no papel ocorreu por volta

de 1921, com uma margem de erro de doze anos; porém, mais tarde ele acrescenta que isso pode depender da quantidade de exposição à luz.

Universidade de Bristol – janeiro 1994
Técnica: Cromatografia de camada fina
Resultado: O pesquisador de química de tintas, dr. Eastaugh, e eu levamos o Diário para o Centro de Análise de Interface da Universidade de Bristol, onde o dr. Robert Wild realizou o teste em um equipamento semelhante ao usado por McNeil. Ele concluiu que um teste como esse não poderia ser realizado da maneira como foi afirmado. Ele também disse que não havia publicações suficientes sobre esse teste em particular.

Rod McNeil – outubro de 1993
Resultado: nesse mês Rod McNeil deu uma declaração que de certa forma enfraqueceu aquilo que havia dito para Kenneth Rendell em setembro daquele ano: "É minha forte opinião, baseada nos resultados do Auger-Sims, que o documento foi [...] criado antes de 1970 [...]. Assim como em qualquer teste científico, sempre existe a possibilidade de erros associados com o operador ou com a técnica em si [...]".

Tinta Diamine – pré-1992
A fórmula da tinta Diamine antes de 1992 (se Michael Barrett forjou o Diário, teria sido a tinta vendida para ele) é a seguinte:
Ácido gálico: 0,84%
Ácido tânico: 0,42%
Sulfato de anidro: 1,26%
Nigrosina: 0,42%
Dextrina: 1,88%
Ácido oxálico: 0,52%
Cloroacetamida: 0,26%
Artilene preto: 2,32% (Artilene preto é um dispersor de pigmento pertecente à Clariant, ex-Sandoz UK, que contém 40% de fuligem. Seus outros componentes não são relevantes, pois não formam parte do resíduo da tinta seca.)
Água: 92,08%
TOTAL: 100%

ANALYSIS FOR INDUSTRY – outubro 1994
Análise nº 409011
Técnica: Cromatografia gasosa
Seis pequenos pontos de tinta do Diário foram examinados. Juntos, pesavam 0,000583 grama. "Provavelmente mais de 90% disso era constituído pelo papel do mesmo tamanho dos pontos de tinta nele anexados."
Resultado: Cloroacetamida estava presente a um nível de 6,5 partes por milhão.

UNIVERSIDADE DE LEEDS – novembro de 1994
No dia 19 de novembro de 1994, Keith Skinner e eu levamos o Diário até Leeds, onde amostras da tinta foram retiradas de várias partes do Diário. Também levamos alguns documentos indiscutivelmente vitorianos que datavam de 1881 e 1887.
Técnica: EDX/EDS; cromatografia de camada fina; microscopia óptica.
Resultado: O primeiro teste indicou a presença de uma minúscula quantidade de cloroacetamida – que a universidade atribuiu à contaminação vinda do controle. Eu não sabia disso na época e *não* pedi, como alguns disseram, um segundo teste.
O laboratório, por sua própria vontade, conduziu um segundo teste. Ele então mostrou: não havia cloroacetamida. A tinta do Diário *não* é facilmente solúvel. É do tipo ferro galotânico. Não há sódio e ela é igual àquelas dos documentos vitorianos.

Esses resultados foram calorosamente rejeitados pelos críticos do Diário. Uma grande quantidade de papéis passou de escritório em escritório e entre laboratórios. Imploraram para que eu realizasse mais testes, pedisse à Universidade de Leeds e ao laboratório Analysis que refizessem seus experimentos sob as exatas mesmas condições. Escrevi para cada especialista em tintas e cada grupo científico que pude encontrar. Uma resposta típica estava em uma carta do dr. Morris, da Dows Chemicals: "Você pode encontrar a informação de que o primeiro uso comercial, em tintas, da cloroacetamida em larga escala foi em 19XX [sic], mas isso não exclui a possibilidade de que alguma pequena loja fazia sua própria tinta e testava vários aditivos".

Tudo isso era muito confuso.

Pedi estimativas de custo para novos testes em muitos laboratórios, e os orçamentos variavam de cinquenta libras por hora até quatrocentas libras por dia, ou um custo total de cerca de 2 mil libras. Esse era, aparentemente, o preço-padrão, mas estava muito longe do meu alcance. Por sugestão da Universidade de Leeds, contatei o ICI do Centro de Pesquisa Wilton, que abrigava o melhor equipamento na Europa para testes de tinta. O dr. David Briggs respondeu: "Tudo isso leva vários dias de trabalho ao custo de mil libras por dia. Devo afirmar novamente que isso não é um simples teste-padrão, longe disso [...]. Dadas as grandes incertezas, eu recomendo que você não siga esse procedimento".

Eu senti, honestamente, que não conseguiria fazer mais nada. Havia apenas mais uma linha de ação com a qual achei que poderíamos aprender algo. Convidei Alec Voller para ver o Diário em Londres. Ele era, na época, o pesquisador químico da Diamine; e eu sabia que era um homem que vivia e respirava tinta. Ele me disse: "Somos uma espécie em extinção". E isso é verdade: ele não quis receber pagamento!

ALEC VOLLER – outubro 1995

No dia 30 de outubro de 1995, uma sexta-feira, Alec Voller foi aos escritórios da editora Smith Gryphon, onde se encontrou comigo, Sally Evemy, Robert Smith, Keith Skinner e Martin Howells. As anotações a seguir foram retiradas da gravação daquela reunião. A transcrição completa está disponível a quem solicitar.

O sr. Voller recebeu o Diário em mãos e o observou por menos de dois minutos antes de dizer:

> Isso não é tinta Diamine. O que é conclusivo é sua aparência física. Se isso fosse tinta Diamine Manuscript,

> ou pelo menos tinta Diamine de fabricação recente, o que significa dizer que se tivesse sido feita nos últimos vinte ou trinta anos, seria mais negra e mais opaca do que isso. A opacidade disso é muito mais pobre do que você teria com a tinta Diamine Manuscript, mesmo que ela tivesse sido diluída. Veja bem, a diluição simplesmente não produziria esse tipo de efeito.
>
> Supondo que esta mancha seja cola [...] aí você vê um pingo de tinta que está debaixo da cola, portanto está aí há muito, muito tempo. A cola não tem a aparência de colas sintéticas modernas [...]

Nesse ponto, o sr. Voller está estudando a escrita de perto:

> A cor está estranha [...] Do seu ponto de vista, isso na verdade é uma boa notícia. Em se tratando de corantes, sempre houve três possibilidades. Uma era nigrosina; as outras duas eram azul ácido 93 [...] e a terceira possibilidade, que seria realmente má notícia para vocês, era azul-preto de naftol, que não foi descoberto antes de 1891. Isso é definitivamente nigrosina. Isso significa que não é uma tinta de registro, é definitivamente uma tinta de manuscrito. E já que a tinta Diamine Manuscript é a única desse tipo há muitos anos e essa, definitivamente, não é tinta Diamine Manuscript, isso coloca a escrita num passado consideravelmente distante.
>
> O desbotamento que ocorreu é muito característico das tintas permanentes para manuscritos de idade considerável. Elas não desbotam uniformemente; você pode ter duas linhas consecutivas e uma delas permanece bem legível, e a outra desbota bastante.
>
> Veja, esse tipo de coisa é muito característico. Ele diz: "Estou cansado, muito cansado". Obviamente, a caneta não foi mergulhada novamente na tinta até ele alcançar a primeira palavra da segunda frase ("eu"),

e mesmo assim as palavras anteriores da frase desbotaram mais do que as duas palavras seguintes, apesar do fato de que havia presumivelmente mais tinta no bico nesse ponto [...]

Agora, com uma tinta moderna,[7] o efeito que você teria na parte inicial da frase seria uma aparência mais opaca e densa do que no final da frase [...] mas o inverso é verdadeiro aqui: "O diabo que carregue o bastardo Estou com frio maldito seja o bastardo Lowry por me fazer correr [...]". Ele obviamente molhou a caneta na tinta no "eu", e, se você continuar a ler a frase, verá a maneira como a tinta desbotou muito [...] você pode ver o desbotamento irregular [...] com uma tinta moderna, você teria um desbotamento regular ao longo dessa frase.

O ponto crítico aqui é o período de tempo em que a tinta esteve no papel [...] você mencionou tintas em pó [...] eu me atrevo a dizer que alguém poderia achá-las [...] temos 7 mil saquinhos guardados em algum lugar cheio de teias de aranha na Diamine. Mas, se você adicionar a quantidade apropriada de água ao pó, ainda assim pareceria tinta nova no papel [...]

Keith nota um traço grosso em "faca brilhante":

> É esse tipo de coisa que descarta a hipótese de ser uma tinta moderna diluída [...] você simplesmente não conseguiria um traço grosso como esse.
>
> Aqui está uma linha que desbotou pouco ["esse amor que irá pôr fim a tudo"]. E essa última linha desbotou muito, exceto no começo ["este amor que me arrependo"].

---

[7] O termo "tinta moderna" deve ser entendido como uma tinta para escrita não permanente. Os comentários sobre ela também se aplicam a uma tinta antiga não permanente que esteve no papel por tempo considerável.

Nesse ponto, o sr. Voller levou o Diário até a janela.

> Isso é como pensei [...] quase não dá para ver [...] em um ou dois lugares existe um pouco de bronzeamento[8] [...] debaixo da luz dá para enxergar [...] "as crianças me distraem então eu rasguei ABRINDO" [...] o bronzeamento está na última palavra [...] Tem mais um pouco na palavra "acumulando". Isso me diz que é genuinamente antigo [...] Esse efeito de bronzeamento é um processo químico ainda não totalmente entendido [...] só acontece bronzeamento pronunciado onde a tinta é azul-preto, isto é, quando a tinta não é nigrosina. Com uma base de nigrosina, o bronzeamento é geralmente menos óbvio. O corante aqui é claramente nigrosina [...] já vi um número considerável de documentos como esse onde surgiu muito pouco bronzeamento [...]
>
> Se você fabricasse a tinta da maneira que supostamente teria sido feita (se fosse uma falsificação moderna), ela simplesmente não iria desbotar até o nível que certas partes do Diário desbotaram [...] Para criar este documento como uma falsificação moderna, você teria que começar com uma pessoa com ao menos a minha experiência em tintas [...] você teria que produzir um efeito de envelhecimento convincente. Logo no início você precisaria da tinta certa, e onde você encontraria a tinta certa? [...]

---

[8] Esse termo se refere a uma coloração marrom brilhante que às vezes aparece em tintas permanentes após muitos anos no papel. Às vezes é bem óbvia, e em outras só pode ser detectada se a luz incidir no papel em um determinado ângulo. Às vezes, simplesmente não ocorre.

É aqui que um falsário encontraria problemas. Não existe muita literatura sobre tintas para escrita[9] [...] esse tipo de literatura tende a ser desenvolvida por especialistas para outros especialistas, e é necessário já possuir uma certa quantidade de conhecimento [...] muito frequentemente, por exemplo, livros desse tipo nem sempre mostram fórmulas completas [...] Isso nos leva ao último argumento [...] Mesmo que você possa encontrar algo que mostre uma fórmula completa, eu nunca vi um livro que mostre como colocar tudo junto [...] é como fazer um bolo [...] criar uma tinta ferrogálica apropriada leva semanas fazendo coisas no momento certo e na ordem certa [...] e seria necessário um conservante na tinta. Se você pensar que a tinta é genuinamente antiga, assim como eu penso, restaria apenas o fenol. Não é difícil testar o fenol [...] o problema é a quantidade [...] estamos falando de quantidades muito, muito minúsculas.

Na tinta Diamine você tem 92% de água, 7,91% de partes constituintes e 0,26% do conservante cloroacetamida [...] o professor Roberts do Departamento de Ciência e Tecnologia da Universidade de Manchester (UMIST) mencionou que a cloroacetamida foi usada como conservante em produtos de algodão, pano e lã, e era comum fazer papel de restos de pano naqueles dias [...] Como alguém produziria o desbotamento irregular que ocorre no Diário eu simplesmente não sei [...] Se fosse tentar falsificar algo, eu não usaria uma tinta pseudoantiga. Eu poderia formular uma tinta

---

[9] Antes da Segunda Guerra Mundial, havia muitas pequenas fábricas de tinta gerenciadas por pessoas que acumulavam o cargo de proprietário e químico. Cada um possuía sua própria fórmula secreta, que nunca deveria ser revelada para ninguém. Esta é uma das razões de existir pouca literatura sobre tintas para escrita: poucas pessoas estavam dispostas a compartilhar informações.

> que daria a aparência certa [...] mas é claro que não passaria nas análises químicas.

Será que encontrar o fenol na tinta seria uma prova conclusiva?

> Você poderia encontrar fenol em tinta em pó da era vitoriana [...] você poderia analisar [...] então teria que se perguntar [...] será que veio da tinta ou do papel? Fenol pode ser derivado do papel, que por si só é um complexo produto cheio de substâncias químicas [...] mesmo encontrar o fenol não seria conclusivo porque, embora seu uso como conservante em tintas tenha virtualmente acabado, foi também usado entre as guerras.
> O relevante livro de referência *British Standard* (BS3484) demanda o uso de tinta Fenol Azul-Preto, mesmo hoje.

Desde então, o sr. Voller tem considerado a sugestão de que o desbotamento no Diário pode ter sido produzido por um aparato que aceleraria esse processo, ou mesmo uma lâmpada especial de vapor de mercúrio, segurada com a mão acima do papel. Mas o desbotamento presente no Diário é irregular, e tal efeito não poderia ser alcançado artificialmente. "Além disso", ele diz:

> qualquer exposição à radiação UV forte o bastante para simular um século de desbotamento natural teria também um potente efeito de branqueamento no papel. Não havia nada na aparência do Diário, que eu me lembre, que sugerisse isso.
> É difícil ser dogmático, porque a proporção em que o desbotamento ocorre é variável [...] certamente a tinta não foi colocada no papel em anos recentes [...] você está olhando um documento que, na minha opinião, tem ao menos noventa anos, e pode ser até mais antigo [...] Fui até a reunião com a mente aberta e, se achasse que a tinta era moderna, então eu teria dito.

22

Eu rezo para que aquele que ler isto consiga perdoar-me em seu coração

Ainda estamos percorrendo a estrada de tijolos amarelos que leva ao fim do arco-íris, mas apesar das muitas alegações, nenhum pote de ouro foi encontrado e nenhuma fortuna foi feita. O Diário continua a exercer um poderoso feitiço em todos aqueles que responderam ao desafio de interpretar seu conteúdo, independentemente de suas conclusões finais. Muitas vezes sua influência esteve longe de ser benigna, e o veneno daqueles que se convenceram de que ele não passa de uma maquinação desajeitada atingiu níveis inacreditáveis.

Por outro lado, o Diário atraiu o interesse de grandes homens e mulheres de considerável integridade e prestígio, vindos de diferentes áreas de especialização. Eles ofereceram com boa vontade, e muitas vezes sem pagamento, horas de seu tempo e pilhas de papel dissecando seu conteúdo. E o Diário se recusa a desaparecer. Investigá-lo se tornou um trabalho de amor.

Foi gratificante descobrir que na *Encyclopaedia of Essential Knowledge* da revista *Reader's Digest* de 1997, James Maybrick foi mencionado como o principal suspeito dos crimes do Estripador.

Se, como alega Billy Graham, o Diário estava com sua família pelo menos desde 1943, muitas questões surgem. Antes dessa data, havia poucos livros de referência sobre o Estripador, e ter acesso a arquivos era mais difícil. A criação de uma falsificação nessa época teria sido extremamente complicada.

É claro que é possível que Billy estivesse mentindo e que sua filha Anne continue a propagar essa mentira. A história de Anne foi comparada à história das fadas de Cottingley, criada pelas primas Elsie Wright e Frances Griffiths. Em 1918, suas controversas fotografias de fadas que apareciam em seu jardim capturaram a imaginação do público. Sir Arthur Conan Doyle foi uma das muitas pessoas que acreditaram completamente. Apesar da confissão de Frances antes de morrer, em 1986, de que elas teriam falsificado as fotografias, muitas pessoas não aceitaram sua admissão de culpa. As fadas de Cottingley ainda permanecem controversas.

Bill Waddell foi um dos que passaram muito tempo conversando com Anne. Ele me disse: "Se Anne Graham está mentindo, ela está fazendo um trabalho muito melhor do que qualquer criminoso profissional que já encontrei em minha vida". E ele tem experiência para dizer isso.

Se Anne *estava* mentindo, ela também estaria arriscando tudo que construiu desde o colapso de seu casamento, incluindo o futuro de sua filha. Ela estaria prejudicando pessoas em quem aprendeu a confiar. Até agora, ela lucrou muito pouco com o Diário – e certamente não financeiramente. Anne se tornou uma estudante na Universidade de Liverpool, e seu livro sobre Florence Maybrick foi publicado pela editora Headline em 1999. Anne não está convencida de que é descendente de Florie, mas a tragédia de sua vida se tornou um interesse genuíno. Ela pode ter feito tudo isso sob a sombra de saber que, se realmente enganou a todos nós, um dia a verdade irá aparecer.

Pergunte a si mesmo: se Michael e Anne falsificaram o Diário, como fizeram para encontrar o tempo e o dinheiro necessários para visitar os arquivos em Londres e Liverpool? Como conseguiram entrar na Universidade de Wyoming, nos Estados Unidos, onde o material não publicado de Christie está guardado? Como fizeram para vasculhar centenas de páginas de microfilmes de jornais locais e nacionais, em Londres e Liverpool? Como puderam ler e entender a obscura literatura médica, localizar os arquivos das corridas Grand National, assim como ler a massiva literatura sobre o Estripador e a montanha de indigesto material sobre o julgamento de Florie? Além disso, será que eles possuem a habilidade literária necessária para criar um "roteiro" que prendeu a atenção de dois dos maiores psicólogos do Reino Unido?

Da maneira como estava, o estresse em apoiar os esforços de Michael para entender o Diário e transcrever suas anotações para um processador de texto foi mais do que suficiente para Anne. Ela estava quase pensando em suicídio na época, quando os problemas de seu casamento de longa data também estavam chegando ao limite e seu pai estava morrendo devido a um câncer.

É verdade que os Barrett precisavam de dinheiro e isso poderia ter dado a eles um motivo. Mas durante a pior discussão que tiveram, lembra muito bem Caroline, o casal brigou fisicamente, até caindo no chão – tudo isso porque Anne não queria que Michael publicasse o Diário.

Seus críticos não devem esquecer que Anne trabalhava em período integral e chegava exausta ao final do dia, Michael vivia com uma pensão por invalidez e a vida doméstica deles estava naufragando. Devem lembrar também que eles viviam em uma casa com terraço típica de Liverpool e teriam que esconder todas essas atividades de Caroline, sua amada filha de onze anos, para que não houvesse o perigo de ela revelar os segredos para seus amigos na escola.

E quanto ao relógio? O relógio, que deve ter causado uma dor de cabeça aos "falsários" quando apareceu, acabou passando pelos exames de dois cientistas.

Um ninho de falsários? Quem eram seus cúmplices? Tony Devereux, um ex-trabalhador de impressão que não gostava de ler e não possuía livros? Billy Graham, que mal podia escrever e era um membro respeitado da Legião Britânica? Albert Johnson, o homem de família profundamente religioso que nunca encontrou os Barrett e não sabia nada sobre a história de Maybrick? Essas eram as pessoas que conspiraram para escrever o Diário no qual eventos históricos se encaixam perfeitamente enquanto a trama se desenrola? A própria escolha de Maybrick como Jack, o Estripador, foi inspirada, mas também arriscada. Existem, é claro, problemas ainda não resolvidos. Mais importante, precisamos entender por que a caligrafia do Diário se parece tão pouco com qualquer outro documento associado a Maybrick.

O local do *pub* Poste House ainda não foi localizado precisamente. A sra. Hammersmith nunca foi encontrada, e a razão de Michael Barrett possuir uma cópia do poema de Crashaw permanece um enigma.

Nós adoraríamos encontrar mais pistas. Existe alguém em Liverpool que se lembre da vovó Formby ou de Alice Yapp? Quem pode nos contar sobre o paradeiro do misterioso livro do dr. Dutton, o *Chronicles of Crime*?

O que aconteceu com os diários de Florie? E o que Jack, o Estripador, estava fazendo em Galashiels?

Anne *não* alega ser uma descendente de Florie Maybrick, embora esteja claramente curiosa com a sondagem de Paul Feldman sobre seus antepassados. É verdade também que ela possui uma fotografia de Florie, já idosa, ao lado de uma fotografia de seu pai penduradas na parede de seu estúdio. Assim como Albert Johnson, ela se diverte com a ideia de estar conectada com o Diário de Maybrick.

Não existe absolutamente nenhuma prova de que o Diário seja uma falsificação moderna. Mesmo a descoberta da elusiva cloroacetamida por um laboratório (e somente um) está longe de ser conclusiva.

Não existe um ninho de falsários em Liverpool (ou em qualquer lugar). Então, aqueles que duvidam devem se perguntar: "Quando o Diário foi escrito? Por quem? E por quê?". Este deveria ser o impulso de sua investigação a partir de agora: uma exploração sistemática de suas possibilidades históricas e psicopatológicas.

Sinto uma mudança nos ventos, pois quando esta nova edição for publicada, o Diário já terá sido o foco de um seminário em uma conferência internacional sobre perfis criminais, organizada pela Universidade de Liverpool. O professor Canter irá falar; Keith Skinner e eu também fomos convidados a contribuir. Os participantes receberão cópias fac-símiles do Diário para a discussão. Este é exatamente o tipo de debate objetivo que o Diário merece, e sinto-me otimista em relação ao futuro.

Para aqueles de nós que acreditam que o Diário é genuíno e foi escrito em 1888/1889 por James Maybrick, existem, é claro, problemas ainda não resolvidos.

Em janeiro de 1998, uma fonte pouco confiável me contou que Melvin Harris havia mudado de opinião e estava considerando a possibilidade de o Diário ser o trabalho de um jornalista da década de 1930 – um conceito que nós também investigamos. Esse rumor foi mais tarde confirmado por um contato mais confiável. Mas nesse meio-tempo, eu escrevi para o sr. Harris no dia 24 de fevereiro de 1998 e pedi sua confirmação sobre o fato.

Nunca recebi resposta.

Talvez o próprio James Maybrick devesse ter a última palavra. No começo de janeiro de 1881, duas semanas antes de seu casamento com Florie, foi concedido a ele um brasão do antigo Colégio de Armas, em Londres. Custou pouco mais de 76 libras, o equivalente hoje a 3.200 libras. Os desenhos mostram um gavião, que, em termos heráldicos, simboliza poder. Em seu bico encontra-se um ramo de espinheiro, mais conhecido em inglês como "may" – um jogo deliberado com o nome Maybrick. De todas as mensagens que Jack, o Estripador, poderia ter escolhido para nos enviar por meio dos anos, sob a luz daquilo que hoje sabemos sobre o Diário, a legenda desse brasão é arrepiante e incontestável:

TEMPUS OMNIA REVELAT
O tempo tudo revela

FAC-SÍMILE E TRANSCRIÇÃO TRADUZIDA DO DIÁRIO DE JACK, O ESTRIPADOR

what they have in store for them they would stop this instant. But do I desire that? My answer is no. They will suffer just as I. I will see to that. Received a letter from Michael perhaps I will visit him. Will have to come to some sort of decision regarding the children. I long for peace of mind but I sincerely believe that that will not come until I have sought my revenge on the whore and the whore master.

———

Foolish bitch, I know for certain she has arranged a rendezvous with him in Whitechapel. Do back, my mind is firmly made. I took refreshment at the Poste House it was there I finally decided London it shall be. And why not, is it not an ideal location? Indeed do I not frequently visit the Capitol and indeed do I not have legitimate reason for doing so. All who sell their duty never shall pay, of that I have no doubt. But shall I pay? I think not I am too clever for that

As usual my hands are cold, my heart I do believe is colder still. My dearest Gladys is unwell yet again, she worries me so. I am convinced a dark shadow lays over the house, it is evil. I am becoming increasingly weary of people who constantly enquire regards the state of my health. True my head and arms pain me at

o que irá acontecer com elas, elas parariam neste instante. Mas eu desejo isso? minha resposta é não. Elas vão sofrer tanto quanto eu. Vou me certificar disso. Recebi uma carta de Michael, talvez eu vá visitá-lo. Vou ter que tomar algum tipo de decisão em relação às crianças. Eu anseio por paz de espírito, mas sinceramente acredito que isso não virá até eu conseguir minha vingança contra a puta e o cafetão.

Cadela tola, eu sei com certeza que ela arranjou um encontro com ele em Whitechapel. Então que seja, minha mente está firmemente decidida. Tomei um refresco no Poste House e foi lá que finalmente decidi que há de ser Londres. E por que não, não é um local ideal? De fato, eu visito a capital com frequência, e realmente tenho razão legítima para fazê-lo. Todas aquelas que vendem seus artigos sujos irão pagar, disso não tenho dúvida. Mas devo eu pagar? Penso que não. Sou esperto demais para isso.

Como sempre, minhas mãos estão frias, meu coração, eu acredito ser ainda mais frio. Minha querida Gladys está doente mais uma vez, ela me preocupa tanto. Estou convencido de que uma sombra negra paira sobre a casa; é o mal. Estou começando a me cansar das pessoas que constantemente questionam meu estado de saúde. É verdade que minha cabeça e meus braços doem

times but I am not duly worried, although I am quite certain Hopper believes to the contrary. I have him down as a bumbling buffoon. Thanos has requested that we meet as soon as possible. Business is flourishing so I have no inclination to accept the matter he describes as most urgent. Nevertheless I shall endeavour to meet his request.

Time is passing much too slowly, I still have to work up the courage to begin my campaign. I have thought long and hard over the matter and still I cannot come to a decision to when I should begin. Opportunity is there, of that fact I am certain. The bitch has no inclination.

The thought of her taking her is beginning to thrill me, perhaps I will allow her to continue, some of my thoughts are indeed beginning to give me pleasure. Yes I will meet Rachael for a few weeks, and allow her to take all she can from the whoring master. Tonight I shall see Nina. I may return to Battlecrease and take the unfaithful bitch. Two in a night, indeed pleasure. My medicine is doing me good, in fact, I am sure I can take more than any other person alive. My mind is clear I will put whore thoughts aside tonight.

de vez em quando, mas não estou muito preocupado, embora eu esteja certo de que o dr. Hopper acredite no contrário. Eu o considero um palhaço trapalhão. Thomas pediu que nos encontrássemos assim que possível. Os negócios estão prosperando, então eu não tenho nenhuma inclinação em relação ao assunto que ele descreve como o mais urgente. Mesmo assim, devo atender seu pedido.

O tempo está passando devagar demais. Ainda preciso desenvolver a coragem para começar minha campanha. Pensei muito e com afinco sobre o assunto, e ainda não consigo chegar a uma decisão de quando devo começar. A oportunidade está lá, estou certo disso. A cadela não tem inclinação.

O pensamento de ele tomando-a está começando a me excitar, talvez eu permita que ela continue, alguns dos meus pensamentos estão de fato começando a me dar prazer. Sim, irei visitar Michael por algumas semanas e permitirei que ela tenha tudo que puder de seu cafetão. Hoje à noite irei ver a minha. Eu posso voltar à Battlecrease e tomar a cadela infiel. Duas numa noite, de fato um prazer. Meu remédio está me fazendo bem, na verdade, tenho certeza que posso tomar mais do que qualquer pessoa viva. Minha mente está clara, irei fazer a puta ter dor hoje à noite.

I am beginning to believe it is unwise to continue writing. If I am to down a whore then nothing shall lead the powers back to me, and yet there are times when I feel an overwhelming compulsion to place my thoughts to paper. It is dangerous, that I know. If Smith should find this then I am done before my campaign begins. However, the pleasure of writing of all that lays ahead of me, and indeed the pleasure of thoughts of deeds that lay ahead of me, thrills me so. And oh what deeds I shall commit. For how could one suspect that I could be capable of such things, for am I not, as all believe, a mild man, who it has been said would never hunt a fly. Indeed only the other day did not Colwin say of me I was the most gentlest of men he had encountered. A compliment from my dear brother which I found exceedingly flattering.

Estou começando a acreditar que não é sensato continuar a escrever. Se irei abater uma puta, então nada deve conduzir os persegidores até mim, e mesmo assim às vezes sinto uma compulsão irresistível para colocar meus pensamentos no papel. É perigoso, disso eu sei. Se Smith descobrisse isto, então eu estaria acabado antes de começar minha campanha. Porém, o prazer de escrever sobre tudo o que está para acontecer, e o prazer dos pensamentos sobre as ações que estão para acontecer, me excita muito. E, oh, as coisas que farei. Como alguém suspeitaria de que eu seria capaz de tais coisas, afinal, não sou, como todos acreditam, um homem compassivo, que já foi declarado como alguém que nunca machucaria uma mosca? Realmente, foi num dia desses que Edwin disse que eu era o homem mais gentil que ele já encontrou. Um elogio de meu querido irmão que achei muito lisonjeiro.

Have decided my patience is wearing thin. The bitch has made a fool of me. Tomorrow I travel to Manchester. Will take some of my medicine and think hard on the matter. I believe I could do so, though I shake with fear of capture. A fear I will have to overcome. I believe I have the strength. I will force myself not to think of the children. The whore, that is all that shall be on my mind. My head aches.

———

My dear God my mind is in a fog. The whore is now with her maker and he is welcome to her. There was no pleasure as I squeezed, I felt nothing. Do not know if I have the courage to go back to my original idea. Manchester was cold and damp, very much like this hell hole. Next time I will throw acid over them. The thought of them wriggling and screaming while the acid burns deep thrills me.

Decidi que minha paciência está acabando. A cadela fez de mim um tolo. Viajarei amanhã até Manchester. Tomarei um pouco do meu remédio e pensarei bastante no assunto. Creio que consigo fazer, embora eu trema com medo de ser capturado. Um medo que terei que superar. Creio que possuo a força. Vou me forçar a não pensar nas crianças. A puta, isso é tudo que deve ficar na minha mente. Minha cabeça dói.

Meu querido Deus, minha mente está enevoada. A puta está agora com seu criador, que a recebe de braços abertos. Não houve prazer enquanto eu apertava. Não senti nada. Não sei se tenho coragem de voltar para minha ideia original. Manchester estava fria e úmida, igual a este buraco do inferno. Na próxima vez jogarei ácido nelas. O pensamento delas correndo e gritando enquanto o ácido queima profundamente me excita.

ha, what a joke it would be if I could gorge an eye out and leave it by the whores body for all to see, to see, ha, ha.

I believe I have caught a chill I cannot stop shaking, my body aches. There are times when I pray to God that the pain and torment will stop. Summer is near the warm weather will do me good. I long for peace but my work is only beginning. I will have a long wait for peace. All whores must suffer first and my God how I will make them suffer as she has made me. Edwin asked about Thomas and business, I informed him that Thomas was well and business was flourishing, both true. I have it in my mind that I should write to Michael, perhaps not, my hands are far too cold, another day. I will take the letter tonight. I need to take my mind off the nights events. The children are well.

ha, que piada seria se eu pudesse arrancar um olho e deixá-lo ao lado do corpo da puta para todos verem, ha, ha.

Creio que peguei um resfriado. Não consigo parar de tremer, meu corpo dói. Às vezes eu rezo a Deus para que a dor e o tormento acabem. O verão está próximo, o clima quente me fará bem. Eu anseio por paz, mas meu trabalho está apenas começando. Terei que esperar muito por paz. Todas as putas devem sofrer antes, e meu Deus, como as farei sofrer igual ela me fez sofrer. Edwin perguntou sobre o trabalho e sobre Thomas, eu o informei de que Thomas estava bem e os negócios prosperando, duas coisas verdadeiras. Penso que eu deveria escrever para Michael, talvez não, minhas mãos estão muito frias, outro dia. Irei tomar a cadela hoje. Preciso tirar minha mente dos eventos desta noite. As crianças estão bem.

Strolled by the drive, encountered Mrs Hammersmith; she enquired of Bobo and Gleedys, and much to my astonishment about my health. What has that whore said? Mrs Hammersmith is a bitch. The fresh air and stroll did me good. For a while I succeeded in forgetting the bitch and her whoring master. Felt completely refreshed when I returned to my office. I will visit Michael this coming June.

June is such a pleasant month, the flowers are in full bed. The air is sweeter and life is almost certainly much easier. I look forward to its coming with pleasure. A great deal of pleasure. I feel compelled to write to Michael if not obliged. My mind is clear, my hands are not cold.

Passeando pelo caminho da casa, encontrei a sra. Hamersmith, ela perguntou sobre Bobô e Gladys e, para minha surpresa, perguntou sobre minha saúde. O que aquela puta disse? A sra. Hammersmith é uma cadela. O ar fresco e o passeio me fizeram bem. Por um tempo consegui esquecer a cadela e seu cafetão. Senti-me completamente revigorado quando voltei para o escritório. Irei visitar Michael em junho próximo. Junho é um mês tão agradável, as flores se abrem completamente, o ar é mais doce e a vida é quase certamente mais rosada. Anseio por sua chegada com prazer. Com muito prazer. Sinto-me compelido a escrever para Michael, ou mesmo obrigado. Minha mente está clara, minhas mãos não estão frias.

I am vexed. I am trying to quell my anger. The whore has suggested she accompany me on my trip to Michael. I need time to put my mind in order. Under no circumstances can I let the bitch accompany me, all my hard work and plans will be destroyed if she were to do so. The pain was bad today. I believe the bitch has found one of my bottles, it had been moved. I am tired and need sleep too, pain kept me awake for most of last night. Will return early avoid the bitch altogether.

Frequented my club. George stated that he had never seen me in better health. I believe the bitch has changed her mind. My thoughts are becoming increasingly more daring, I have imagined doing all manner of things. Could I eat part of one? Perhaps it would taste of fresh breast bacon ha ha. My dear God it thrills me so.

Michael is expecting me towards the end of June, henceforth from July my campaign will gather momentum. I will take each and everyone before I return them to their maker; damaged of course, severely damaged

368

Estou irritado. Estou tentando dominar minha raiva. A puta sugeriu me acompanhar na minha visita a Michael. Preciso de tempo para colocar minha mente no lugar. Sob nenhuma circunstância devo deixar que a puta me acompanhe, todo meu trabalho duro e planos serão destruídos se ela o fizer. A dor foi grande hoje. Creio que a cadela encontrou um dos meus frascos, ele foi mexido. Estou cansado e preciso dormir, a dor me manteve acordado por quase toda a noite passada. Vou voltar cedo e evitar a cadela.

Frequentei meu clube. George disse que nunca me viu em melhor forma. Creio que a cadela mudou de ideia. Meus pensamentos estão se tornando cada vez mais audaciosos, imaginei fazer todo tipo de coisa. Poderia comer parte de uma? Talvez tenha gosto de bacon frito <u>ha ha.</u> Meu querido Deus, isso me excita tanto.

Michael está me esperando no final de junho, portanto a partir de julho minha campanha vai ganhar um impulso. Irei tomar cada uma e todas antes de mandá-las de volta para seu criador, quebradas, é claro, muito quebradas.

I try to repel all thoughts of the children from my mind. I feel strong, stronger than I have ever felt. My thoughts keep returning to Manchester, next time it will thrill me. I know in my heart it will. I cannot understand why William will not accept my offer to dine. He is not unlike me, he hates the bitch. I believe if chance prevails I will burn St. Jones's to the ground tomorrow. I will make a substitutional wage. I feel lucky.

If I could have killed the bastard Lowry with my bare hands there and then I would have done so. How dare he question me on any matter, it is I that should question him. Damn him damn him damn him should I replace the missing items? No that would be too much of a risk. Should I destroy this? My God I will kill him. Give him no reason and order him post haste to drop the matter, that I believe is the only course of action I can take. I will force myself to think of something more pleasant. The whore will suffer more than she has ever done so tonight, that thing revitalizes me. June is drawing to a close I shake with anticipation.

Tento repelir todos os pensamentos sobre as crianças de minha mente. Sinto-me forte, mais forte do que nunca. Meus pensamentos continuam voltando para Manchester, na próxima vez vai me excitar. Sei em meu coração que vai. Não consigo entender por que William não quer aceitar meu convite para jantar. Ele não é diferente de mim, ele odeia a cadela. Creio que se tiver a chance, vou queimar St. James inteira. amanhã vou fazer uma considerável aposta. Sinto-me com sorte.

Se pudesse ter matado o bastardo do Lowry com minhas próprias mãos naquele instante, eu o teria feito. Como ele se atreve a me questionar sobre qualquer assunto, sou eu quem deveria questioná-lo. Maldito maldito maldito. Devo substituir os itens que estão faltando? Não, isso seria muito arriscado. Devo destruir isto? Meu Deus, vou matá-lo. Não dar nenhuma explicação e mandar que ele esqueça o assunto rapidamente, acredito que esse é o único caminho que posso tomar. Vou me forçar a pensar em algo mais agradável. A puta vai sofrer mais do que nunca nesta noite, esse pensamento me revitaliza. Junho está quase acabando, eu tremo por antecipação.

I have taken too much my thoughts are not what they should be. I recall little of the events of yesterday. Thank God I stopped myself in time. I will show my wrath towards the coward in such a manner that he will wish he had never brought up the subject. No one, not even God himself will enjoy the pleasure of writing my thoughts. I will take the first whore I encounter and show her what hell is really like. I think I will run a cane into the whoring bitches mound and leave it there for them to see how much she could take. My head aches, God has no right to do this to me the devil take him.

Eu tomei demais meus pensamentos não estão onde deveriam estar. Lembro de pouca coisa dos eventos de ontem. Agradeço a Deus por ter conseguido me impedir a tempo. Vou mostrar minha ira em relação ao bastardo de tal maneira que ele vai desejar nunca ter tocado no assunto. Ninguém, nem mesmo o próprio Deus irá me tirar o prazer de escrever meus pensamentos. Irei pegar a primeira puta que encontrar e mostrar a ela do que é feito o inferno. Acho que vou enfiar uma bengala no montinho das cadelas putas e deixar lá para que eles vejam o quanto ela podia aguentar. Minha cabeça dói, Deus não tem direito de fazer isso comigo, que o diabo O carregue.

How I succeeded in controlling myself I do not know. I have not allowed for the red stuff, gallons of it in my estimation. Some of it is bound to spill onto me. I cannot allow my clothes to be blood drenched, this I could not explain to anyone, least of all Michael. Why did I not think of this before? I curse myself. The struggle to stop myself was overwhelming, and if I had not asked Michael to lock me in my bedroom for fear of sleepwalking, to which I had said I had been prone to do recently, was that not clever? I would have done my dirty deeds that very night.

I have taken a small room in Middlesex Street, that in itself is a joke. I have paid well and I believe no questions will be asked. It is indeed an ideal location. I have walked the streets, and have become more than familiar with them. I said Whitechapel it will be and Whitechapel it shall. The bitch and her whoring master will rue the day I first saw them together. I said I am clever, very clever. Whitechapel Liverpool, Whitechapel London, ha ha. No one could possibly place it together. And indeed for there is no reason for anyone to do so.

The next time I travel to London I shall begin. I have no doubts, my confidence is most high. I am thrilled writing this, life is sweet, and my disappointment has vanished. Next time for sure. I have no doubts, not any longer, no doubts. No one will ever suspect. Tomorrow

Como consegui controlar a mim mesmo eu não sei. Não levei em consideração a substância vermelha, litros dela, segundo minha estimativa. Uma parte disso deve espirrar em mim. Não posso permitir que minhas roupas fiquem encharcadas de sangue, isso eu não poderia explicar a ninguém, menos ainda a Michael. Por que não pensei nisso antes? Eu amaldiçoo a mim mesmo. A luta para me segurar foi avassaladora, e se eu não tivesse pedido a Michael que me trancasse em meu quarto por medo de sonambulismo, coisa que disse estar acontecendo recentemente comigo, isso não foi esperto?, eu teria feito meu trabalho sujo naquela mesma noite.

Aluguei um pequeno quarto na Middlesex Street, que por si só é uma piada. Paguei muito bem, e creio que não haverá perguntas. De fato, é uma localização ideal. Andei pelas ruas e mais do que me familiarizei com elas. Eu disse que seria Whitechapel então Whitechapel será. A cadela e seu cafetão irão se arrepender do dia em que eu os vi juntos. Eu disse que sou esperto, muito esperto. Whitechapel Liverpool, Whitechapel Londres, ha ha. Ninguém poderia juntar as peças. E sem dúvida não há razão para alguém fazê-lo.

Na próxima vez que viajar a Londres eu devo começar. Não tenho dúvidas, minha confiança está muito alta. Estou excitado por escrever isto, a vida é doce, e meu desapontamento se foi. Será na próxima vez, com certeza. Não tenho dúvidas, não mais, nenhuma dúvida. Ninguém nunca vai suspeitar. Amanhã

I will purchase the finest knife money can buy, nothing shall be too good for my whores, I will treat them to the finest, the very finest. They deserve that at least from I.

I have shown all that I mean business, the pleasure was far better than I imagined. The whore was only too willing to do her business. I recall all and it thrills me. There was no scream when I cut. I was more than vexed when the head would not come off. I believe I will need more strength next time. I struck deep into her. I regret I never had the cane, it would have been a delight to have rammed it hard into her. The bitch opened like a ripe peach. I have decided next time I will rip all out. My medicine will give me strength and the thought of the whore and her whoring master will spur me on no end.

The wait to hear about my triumph seemed long, although it was not. I am not disappointed, they have all written well. The next time they will have

comprarei a melhor faca que o dinheiro pode comprar, nada será bom demais para minhas putas. Irei tratá-las da melhor maneira, realmente da melhor maneira, elas ao menos merecem isso do J.

Mostrei a todos que estou falando sério, o prazer foi muito maior do que imaginei. A puta estava muito disposta a fazer seu serviço. Lembro de tudo e isso me excita. Não houve gritos quando cortei. Fiquei mais do que aborrecido quando não consegui arrancar a cabeça. Acho que vou precisar de mais força na próxima vez. Golpeei profundamente. Lamento não ter levado a bengala, teria sido um prazer enterrá-la com força nela. A cadela se abriu como um pêssego maduro. Decidi que na próxima vez irei rasgar tudo para fora. Meu remédio me dará força, e o pensamento na puta e seu cafetão irá me estimular sem fim.

A espera para ler sobre meu triunfo pareceu longa, embora não tenha sido. Não estou desapontado, todos escreveram bastante. Na próxima vez terão

a great deal more to write, of that fact I h...
no doubt ha ha. I will remain calm and show no
interest in my deed, if anyone should mention it so, but I
will laugh inside, oh! how I will laugh.

I will not allow too much time to pass before my
next. Indeed I need to repeat my pleasure as soon as possible.
The whoring Master can have her with pleasure and I shall
have my pleasure with my thoughts and deeds. I will be
clever. I will not call on Michael on my next visit. My brothers
would be horrified if they knew, particularly Edwin after
all did he not say I was one of the most gentlest of men he
had ever encountered. I hope he is enjoying the fruits of
America. Unlike I. For do I not have a sour fruit.

muito mais sobre o que escrever, desse fato não tenho dúvida ha ha. Ficarei calmo e não mostrarei interesse no meu ato, mas, se alguém o mencionar, eu darei risadas por dentro, oh, como irei rir.

Não deixarei que muito tempo passe antes do próximo. De fato, preciso repetir meu prazer o mais cedo possível. O cafetão pode ficar com ela com prazer e eu terei meu prazer com meus pensamentos e ações. Serei esperto. Não chamarei Michael na minha próxima visita. Meus irmãos ficariam horrorizados se soubessem, principalmente Edwin, afinal de contas, não foi ele quem disse que eu era um dos homens mais gentis que já encontrou? Espero que ele esteja aproveitando os frutos da América. Ao contrário de mim, pois tenho uma fruta azeda.

I could not resist mentioning my deed to George. I was clever and brought up the subject by way of how fortunate we were not having murders of that kind in the city. He agreed with me completely. Indeed he went on to say that he believed we had the finest police force in the land, and although we have our own share of troubles the women folk can walk the streets in safety. And indeed they can for I will not play my funny little games on my own doorstep ha ha.

The gentleman with gentle thoughts will strike again soon. I have never felt better, in fact, I am taking more than ever and I can feel the strength building up within me. The head will come off next time, also the whores hands. Shall I leave them in various places around Whitechapel? Place the head and hands instead of the thimbles he ho. Maybe I will take some part away with me to see if it does taste like fresh fried bacon. The whore seen her master today, it did not bother me. I imagined I was with them, the very thought thrills me. I wonder if the whore has ever had such thoughts? I believe she has, has she not cried out when I showed she takes another. The bitch. She will suffer but not as yet. Tomorrow I travel to London. I have decided I cannot wait any longer. I look forward

Não resisti a mencionar minha ação para George. Fui esperto e toquei no assunto comentando como temos sorte de não termos assassinatos como aquele nesta cidade. Ele concordou comigo completamente. Na verdade, ele acrescentou que acreditava que temos a melhor força policial no país, e apesar de termos nossos problemas, as mulheres podem andar nas ruas com segurança. De fato elas podem, pois não me divertirei com meus joguinhos engraçados na porta de minha própria casa. ha ha.

O homem gentil com pensamentos gentis logo irá atacar de novo. Nunca me senti melhor, de fato, estou aguentando mais do que nunca e posso sentir a força se acumulando dentro de mim. A cabeça vai sair na próxima vez, também as mãos da puta. Será que devo deixá-las em vários lugares em Whitechapel? Caça à cabeça e às mãos ao invés de caça ao dedal ha ha. Talvez eu leve alguma parte comigo para ver se tem mesmo gosto de bacon frito. A puta encontrar seu cafetão hoje não me incomodou. Imaginei que eu estava junto com eles, só de pensar isso me excita. Imagino se a puta já teve algum pensamento assim? Creio que sim, ela não gritou quando exigi que tomasse outro. A puta. Ela vai sofrer, mas não ainda. Amanhã, viajarei para Londres. Decidi que não posso esperar mais. Estou ansioso

to tomorrow night's work, it will do me good,
a great deal of good.

One dirty whore was looking for some gain.
Another dirty whore was looking for the same

pelo trabalho de amanhã à noite, isso me fará bem, fará muito bem.

Uma puta suja buscava por algum ganho
Outra puta suja buscava o mesmo.

Am I not clever? I thought of my funny little joke on my travel to the city of whores. I was vexed with myself when I realised I had forgotten the choice. So vexed in fact, that I returned to the bitch and cut out more. I took some of it away with me. It is in front of me. I intend to fry it and eat it later ha ha. The very thought works up my appetite. I cannot stop the thrill of writing. I ripped upon my God I will have to stop writing of the children they distract me so. I ripped copy

Não sou mesmo esperto? Pensei na minha rima engraçada durante a viagem para a Cidade das Putas. Fiquei irritado comigo mesmo quando percebi que esqueci o giz. Tão irritado que retornei até a cadela e cortei mais. Trouxe um pouco comigo. Está na minha frente. Tenho a intenção de fritar e comer mais tarde <u>ha ha</u>. Só de pensar já abre meu apetite. Não consigo parar a excitação de escrever. Cortei e a abri inteira, meu Deus, tenho que parar de pensar nas crianças, elas me distraem, então a cortei e abri inteira

It has taken me three days to recover, I will not feel guilty it is the whoring bitch to blame not I. I ate all of it, it did not taste like fresh fried bacon but I enjoyed it never the less. She was so sweet and pleasurable. I have left the stupid fools a clue which I am sure they will not solve. Once again I have been clever, very clever.

~~In my action will leave this clue~~

~~One pill thats true~~

~~I will catch Sir Jim with~~ no pills ~~last two~~

two farthings,
two pills
the whores
rings

Thirte

Levei três dias para me recuperar. Não vou me sentir culpado, a culpa é da puta cadela, não minha. Comi tudo, não tinha gosto de bacon frito, mas eu gostei mesmo assim. Ela era tão doce e agradável. Deixei uma pista para os tolos estúpidos que tenho certeza que não vão solucionar. Mais uma vez, eu fui esperto, muito esperto.

~~Um anel ou dois vão deixar esta pista~~
~~Uma pílula é verdade~~
~~M vai pegar Sir Jim sem nenhuma pílula~~
~~deixei duas~~

duas moedas,
duas pílulas
o M das putas
anéis

Pense

It shall come, if Michael can succeed in rhyming verse then I can do better, a great deal better he shall not out-do me. Think you fool, think. I curse Michael for being so clever, I shall outdo him, I will see to that. A funny little rhyme shall come forth. Patience is needed patience. The night is long, time is on my hand.

The pills are the answer

and with pills. Indeed do I always not oh what a joke.

Begin with the rings,

One ring, two rings

bitch, it took me a while before I could wrench them off. Should have stuffed them down the whores throat. I wish to God I could have taken the hand. Hated her for wearing them, reminds me too much of the whore. Next time I will select a whore who has none. The bitch was not worth the hastings Return, return, essential to return. Prove you are no fool.

Vou conseguir, se Michael consegue fazer versos, então eu posso fazer melhor, muito melhor, ele não irá me superar. Pense, seu tolo, pense. Maldito Michael por ser tão esperto. Irei superá-lo, farei isso. Um versinho engraçado irá surgir. A paciência é necessária, paciência. A noite é longa, o tempo está em minhas mãos.

As pílulas são a resposta
   acaba com pílulas. De fato, eu sempre não oh que piada.

Começa com os anéis,
   um anel, dois anéis

cadela, levou bastante tempo para que eu pudesse arrancá-los. Deveria ter enfiado goela abaixo na puta. Eu juro por Deus que poderia ter levado a cabeça. A odiei por usá-los, lembrou-me demais da puta. Na próxima vez vou escolher uma puta que não use nenhum. A cadela não valia as moedas de cobre. Volte, volte, é essencial voltar. Prove que você não é nenhum tolo.

One ring, two rings,
a farthing one and two
~~Ga ja will do true~~
~~letter M its true~~
Along with M ha ha
Will catch clever Jim,
its true.
~~Left two~~
No pill, left but two

One ring, two rings,
a farthing, one and two,
Along with M ha ha
Will catch clever Jim
its true
No pill, left but tw—

Um anel, dois anéis
Moeda de cobre, uma, duas
~~Sir Jim vai fazer a verdade~~
~~Letra M é a verdade~~
Junto com M ha ha
Irá apanhar o esperto Jim
É verdade
~~Deixei duas~~
Sem pílulas, deixei apenas duas

Um anel, dois anéis
Moeda de cobre, uma, duas
Junto com M ha ha
Irá apanhar o esperto Jim
é verdade.
Sem pílulas, deixei apenas duas

Am I not indeed a clever fellow? It makes me laugh they will never understand why I do so. Next time I will remember the chalk and write my funny little rhyme. The eyes will come out of the next. I will stuff them in the whores mouth. That will certainly give me pleasure, it does so as I write. Tonight I will see mine, she will be pleased as I will be gentle with her, as indeed I always am.

I am still thinking of burning St. James's to the ground I may do so on my next visit. That will give the fools something more to think on. I am beginning to think less of the children, part of me hates me for doing so. One day God will answer to me, so help me Michael would be proud of my funny little rhyme for he knows only too well the art of verse. Have I not proven I can write better than he. I feel like celebrating, the night has been long, and I shall award myself with the pleasures of the flesh, but I shall not be cutting her — I will save that thrill for another day.

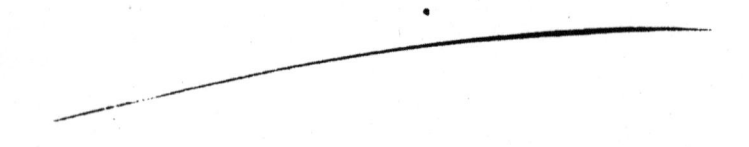

Não sou realmente um sujeito esperto? Isso me faz rir, eles nunca entenderão por que eu ri. Na próxima vez vou lembrar do giz e escrever meu versinho engraçado. Os olhos irão sair na próxima. Irei enfiá-los na boca da puta. Isso com certeza me dará prazer, só de escrever já tenho prazer. Hoje à noite irei ver a minha, ela vai gostar, pois serei gentil com ela, como sempre sou.

Ainda estou pensando em botar fogo em St. James. Talvez eu faça isso na minha próxima visita. Isso dará ao tolos algo mais para pensar. Estou começando a pensar menos nas crianças, parte de mim me odeia por isso. Algum dia Deus irá me escutar, então que Ele me ajude. Michael ficaria orgulhoso de meu versinho engraçado, pois ele conhece muito bem a arte do verso. Provei que posso escrever melhor do que ele. Estou com vontade de Celebrar, a noite tem sido longa e eu devo me presentear com os prazeres da carne, mas eu não devo cortar <u>ha ha.</u> Vou poupar essa excitação para outro dia.

The whore is in debt. Very well I shall honor the latter notes but the whores are going to pay more than ever. I have read all of my deeds they have done me proud, I had to laugh, they have me down as Left herder', a Doctor, a slaughterman and a Jew. Very well, if they are to insist that I m a Jew then a Jew I shall be. Why not let the Jews suffer? I have never taken to them, far too many of them on the Exchange for my liking. I could not stop laughing when I read Punch there for all to see was the first three letters of my surname. They are blind as they say.

"Turn round three times, And catch whom you

MAY"

he he he he he he

I cannot stop laughing it amuses me so shall I write them a clue?

May comes and goes,
~~His May pleases~~ with a ~~knife in his hand~~
In the dark of the night
~~He does pleose~~
When he comes and goes

A puta está endividada. Muito bem, eu devo honrar as notas da cadela, mas as putas vão pagar mais do que nunca. Li sobre todas as minhas ações e elas me deixam orgulhoso. Tive que rir, eles me tacharam de canhoto, médico, açougueiro e judeu. Muito bem, se eles querem insistir que sou judeu, então um judeu eu serei. Por que não deixar que os judeus sofram? Nunca gostei deles, tem judeus demais na Bolsa para meu gosto. Não pude parar de rir quando li a Punch, lá estava, para todos verem, as primeiras três letras do meu sobrenome. Eles são realmente cegos.

"Turn around three times and catch who you
MAY"
ha ha ha ha ha ha

["Dê três voltas e pegue quem puder"]

Eu não consigo parar de rir, me divirto tanto que irei escrever uma pista para eles.

May vem e vai,
~~este May sente prazer com uma faca em sua mão~~
No escuro da noite
~~Ele agrada~~
Quando ele vem e vai

with a ring on my finger
and a knife in my hand
~~This May comes and goes~~

May comes and goes
In the dark of the night
~~he does place the whores~~ he kisses
~~and give them a fright~~
he kisses the whores
then gives them a fright

May comes and goes
in the dark of the night
he kisses the whores
then gives them a fright

With a ring on my finger
and a ~~knife~~ on my hand
This May spreads Mayhem
~~all through the land~~
throughout this fair land

Com um anel em meu dedo
e uma faca em minha mão
~~Este May vem e vai embora~~

May vem e vai embora
No escuro da noite
~~ele agrada as putas que beija~~
~~e dá nelas um susto~~
ele beija as putas
então dá nelas um susto

May vem e vai embora
no escuro da noite
ele beija as putas
então dá nelas um susto

Com um anel em meu dedo
e uma faca em minha mão
Este May espalha o Terror
~~Por todo o país~~
Por todo este belo país

~~The Jews and slaughterers~~
~~The Jews and Dators~~
The Dators and Jews.
~~May~~
Will get all the blame — blame — tame
his dirty game.   ~~same — game~~
May playing
~~The Dators ~~

The Jews and the Dators
Will get all the blame
But its only May
playing his dirty game

~~He will not shed a tear~~
He will kill all the whores
and not shed a tear
~~He will give them a clue~~
I will give them a clue
but nothing too clear
I will kill all the whores
and not shed a tear.

~~Os judeus e os açougueiros~~
~~Os judeus e os médicos~~
Os médicos e os judeus
~~meu~~
ficarão com toda a culpa – culpa – domar
mesmo – jogo
seu jogo sujo
May jogando
~~Os médicos~~
Os judeus e os médicos
Ficarão com toda a culpa
mas é apenas May
jogando seu jogo sujo

~~Ele não derramará uma lágrima~~
Ele irá matar todas as putas
e não derramará nenhuma lágrima
~~Ele dará a eles uma pista~~
Eu darei a eles uma pista
mas nada muito claro
Eu vou matar todas as putas
e não derramarei uma lágrima.

May comes and goes
in the dark of the night
He kisses the whores
and gives them a fright

The Jews and the Doctors
will get all the blame
but its only May playing
his dirty game

I will give them a clue
but nothing too clear
I will kill all the whores
and not shed a tear

With a may on my finger
and a knife in my hand
This May spreads Mayhem
throughout this fair land.

May vem e vai
no escuro da noite
Ele beija as putas
e dá nelas um susto

Os judeus e os médicos
ficarão com toda a culpa
mas é apenas May jogando
seu jogo sujo

Eu darei a eles uma pista
mas nada muito claro
Eu vou matar todas as putas
e não derramarei uma lágrima

Com um anel em meu dedo
e uma faca em minha mão
Este May espalha o Terror
por todo este belo país.

They remind me of chickens with their heads cut off, running fools with no heads, ha ha. It is nice to laugh at bastards and fools and indeed they are fools. I need much more pleasure than I have had. Strange my hands feel older than they have ever done so.

I am fighting a battle within me. My desire for revenge is overwhelming. The whore has destroyed my life. I stop whenever possible to keep all sense of respectability. I worry so over Bobo and Gladys, no others matter. Tonight I will take more than ever. I miss the thrill of cutting them up. I do believe I have lost my mind. All the bitches will pay for the fun. Before I am finished all of England will know the name I have given myself. It is indeed a name to remember. It shall be, before long, on every persons lips within the land. Perhaps her gracious Majesty will become acquainted with it. I wonder if she will honour me with a knighthood ha ha.

  Abberline says, he was never amazed,
  I did my work with such honour
  For his decree

Eles me lembram galinhas com a cabeça cortada correndo tolas sem cabeça, ha ha. É bom rir dos bastardos e tolos, e realmente eles são tolos. Preciso de muito mais prazer do que já tive. Estranho, minhas mãos parecem mais frias do que jamais estiveram.

Estou travando uma guerra dentro de mim. Meu desejo por vingança é avassalador. A puta destruiu minha vida. Tento sempre que possível manter todos os sentimentos de respeitabilidade. Fico preocupado por Bobô e Gladys, nada mais importa. Hoje à noite vou tomar mais do que nunca. Sinto falta da emoção de cortá-las. Eu acredito que perdi a cabeça. Todas as cadelas vão pagar pela dor. Antes que eu pereça, toda a Inglaterra conhecerá o nome que dei a mim mesmo. É realmente um nome para se lembrar. Não vai demorar para que esteja nos lábios de cada pessoa no país. Talvez vossa majestade também se familiarize. Imagino se ela irá me honrar nomeando-me cavaleiro ha ha.

    Abberline diz, ele nunca ficou impressionado
    Fiz meu trabalho com tanta distinção.
    Por seu decreto

he had to agree,
I deserve at least an honour
so all for a whim,

I can now nine Sir Jim — I cannot think of another word to accompany Jim I like my words to rhyme damn it. It is late, mine is waiting, I will enjoy this evening. I will be gentle and not give anything away.

I miss Edwin, I have received but one letter from him since his arrival in the whores country. The bitch is using me more as each day passes. If I could I would have it over and done with. I visited my mother and fathers grave. I long to be reunited with them. I believe they know the torture the whore is putting me through. I enjoy the thrill of thinking of all I have done. But there has been, but once, regret for my deeds. I dispelled my remorse instantly. The whore still believes I have no knowledge of her whoring master. I have considered killing him, but if I was to do so, I would surely be caught. I have no desire for that, curse him and the whore their time will come

        ele teve que concordar,
        Eu mereço ao menos uma honraria
        então tudo por um capricho,
        Eu agora posso surgir como Sir Jim – não posso pensar em outra palavra para acompanhar Jim. Gosto que minhas palavras rimem, droga. Já está tarde, a minha está esperando, vou aproveitar esta noite. Serei gentil e não vou deixar que perceba nada.

Sinto falta de Edwin. Não recebi nem uma única carta desde que ele chegou no país das putas. A cadela está me irritando mais a cada dia que passa. Se pudesse, eu acabaria com tudo de uma vez. Visitei o túmulo de minha mãe e de meu pai. Quero me reunir com eles. Acredito que eles sabem da tortura que a puta está me fazendo passar. Gosto da emoção de pensar em tudo que fiz. Mas tive, apenas uma vez, arrependimento por minhas ações. Afastei meu remorso instantaneamente. A puta ainda acredita que eu não tenho nenhum conhecimento de seu cafetão. Já considerei matá-lo, mas, se eu fizesse isso, com certeza eles me pegariam. Não quero que isso aconteça, malditos sejam ele e a puta, sua hora chegará.

To my astonishment I cannot believe I have not been caught. My heart felt as if it had left my body. Within my fright I imagined my heart bounding along the street with I in desperation following it. I would have dearly loved to have cut the head of the damned horse off and stuff it as far as it would go down the whores throat. I had no time to rip the bitch wide, I curse my bad luck. I believe the thrill of being caught thrilled me more than cutting the whore herself. As I write I find it impossible to believe he did not see me, in my estimation I was less than a few feet from him. The fool panicked, it is what saved me. My satisfaction was far from complete, damn the bastard, I cursed him and cursed him, but I was clever, they could not out do me. No one ever will. Within the quarter of the hour I found another dirty bitch willing to sell her wares. The whore like all the rest was only too willing. The thrill she gave me was unlike the others, I cut deep deep deep. Her nose annoyed me so I cut it off, had a go at her eyes left my mark, could not get the bitches heart 16. I believe now it is impossible to do so. The whore never screamed. I took all I could away with me. I am saving it for a rainy day ha ha.

Para meu espanto, não posso acreditar que não fui capturado. Senti como se meu coração tivesse deixado meu corpo. Dentro do meu terror, imaginei meu coração pulando pela rua enquanto eu corria atrás dele desesperadamente. Eu teria gostado muito de cortar a cabeça do maldito cavalo e enfiá-la goela abaixo o mais fundo possível na puta. Não tive tempo de rasgar a cadela, amaldiçoo minha má sorte. Acredito que a emoção de ter sido pego me excitou mais do que cortar a puta em si. Enquanto escrevo, acho impossível acreditar que ele não tenha me visto, em minha estimativa eu estava a menos de alguns metros dele. O tolo entrou em pânico, foi o que me salvou. Minha satisfação estava longe de estar completa, maldito seja o bastardo, eu o xinguei e xinguei, mas fui esperto, eles não conseguiram me superar. Ninguém nunca vai. Quinze minutos depois eu encontrei outra cadela suja disposta a vender seus trabalhos. A puta, como todas as outras, estava muito disposta. A excitação que ela me deu foi diferente das outras, eu cortei fundo fundo fundo. Seu nariz me incomodava, então eu o cortei fora, mexi nos olhos, deixei minha marca, não consegui arrancar a cabeça da cadela. Acredito que agora é impossível fazer isso. A puta não gritou. Levei tudo que pude comigo. Estou guardando para um dia chuvoso ha ha.

Perhaps I will send Abberline and Warren a sample or two, it goes down well with an after dinner port. I wonder how long it will keep? Perhaps next time I will keep some of the red stuff and send it courtesy of yours truly. I wonder if they enjoyed my funny Jewish joke? Curse my bad luck had no time to write a funny little rhyme before my next will send Central another to remember me by. My God life is sweet. Will give them something to know it is me.

Red-head
horse,
caged
smelt breath

A rose snatched the red
I did cut the head
down it I cried, hence forth I did hide,
The horse went and shied

Talvez eu envie para Abberline e Warren uma amostra ou duas, cai bem com um vinho depois do jantar. Imagino quanto tempo irá durar? Talvez na próxima vez eu guarde um pouco da coisa vermelha e enviarei como cortesia. Imagino se eles gostaram da minha piadinha judaica. Maldita seja minha má sorte, não tive tempo para escrever um versinho engraçado. Antes do meu próximo mandarei à Central outro para lembrarem de mim. Meu Deus, a vida é doce. Darei algo para saberem que sou eu.

Vermelho – cabeça
cavalo,
gritou
senti hálito

~~Uma rosa combinou com o vermelho~~
~~Eu cortei sim a cabeça~~
~~droga, gritei, e então me escondi,~~
~~O cavalo veio e se assustou~~

With no one to watch the red
I tried to cut off the head.
Damn it, I cried,
The horse went and shied
But I could still smell her sweet scented breath

I

Sir Jim,
Tin match box empty
~~cigarette case~~
~~make haste~~
my ~~strong knife~~
~~the whores knife~~
first whore no good

One whore no good,
decided Sir Jim strike another.
I showed no fright and indeed no light,
damn it, the tin box was empty

II

Com uma rosa para combinar com o vermelho
Eu tentei cortar para fora a cabeça
Droga, gritei,
O cavalo veio e se assustou
Mas eu ainda podia sentir seu doce hálito perfumado

I

Sir Jim,
lata pequena vazia
~~cigarreira~~
~~rapidamente~~
~~minha brilhante faca~~
~~a faca da puta~~
primeira puta não deu certo

Uma puta não deu certo,
decidiu Sir Jim atacar outra.
Não mostrei medo e de fato nenhuma luz,
droga, a lata pequena estava vazia

II

tea and sugar
~~sugar, pay,~~ did say
me, plea, be
~~tea and sugar~~ paid my fee
Sweet sugar and ~~tea~~ could have paid my ~~small~~ —
fee he he
~~then~~ I did flee
Showed ~~my~~ glee
A kidneys for supper

Sweet sugar and tea,
could have paid my small fee.
But instead I did flee
and by way showed my glee.
By eating cold kidney for supper

<u>III</u>

bastard
Abberline
~~barnett~~
hides all
clue
clever
will tell you more

chá e açúcar
~~fora, pagar, disse~~
eu, apelo, ser
~~chá e açúcar pagaram minha taxa~~
Doce açúcar e chá, poderiam ter pago minha pequena taxa
taxa ha ha
~~então eu fugi sim~~
Mostrei minha satisfação
Um rim para o jantar

Doce açúcar e chá,
poderia ter pago minha pequena taxa.
Mas em vez disso eu fugi
e assim mostrei minha satisfação
Comendo rim frio no jantar

III

bastardo
Abberline
chapéu
esconde tudo
pista
esperto
irá contar mais

~~Mr Abberline is a funny little man~~

Oh Mr Abberline, he is a clever little man
he knows back all that he can.
~~But I know better~~
For do I know better, indeed I do
did I not leave him a very good clue
Nothing is mentioned, of this I know sure
ask clever Abberline, ~~he does know more~~

Oh Mr Abberline, he is a clever little man
he keeps back all that he can.
For do I not ~~know better~~, Indeed I do.
did I not leave him a very good clue.
Nothing is mentioned, of this I am sure;
ask clever Abberline, could tell you more

<u>IV</u>

Gin fizz trips over
beer
have it near
medium at near
C2,
Roots single

~~Sr. Abberline, ele é um homenzinho esperto~~

ele guarda tudo aquilo que pode.
~~Mas eu sou mais esperto~~
Pois sou mais esperto, com certeza eu sou
não deixei para ele uma pista muito boa
Nada foi mencionado, disso sei com certeza
pergunte ao esperto Abberline, ~~ele sabe sim mais~~

Oh sr. Abberline, ele é um homenzinho esperto
Ele guarda tudo aquilo que pode.
Pois não sou mais esperto?, com certeza sou
não deixei para ele uma pista muito boa?
Nada foi mencionado, disso tenho certeza,
pergunte ao esperto Abberline, ele poderia contar mais

IV

Sir Jim tropeçou
medo
ter por perto
libertar perto
caso
com pressa

He believes I will try over
but I have no fear
~~I want to redeem it here~~
For I could not possibly redeem it here.
If the certain first, I could send him poste toste
if he requests that be the case.

Am I not a clever fellow

That should give the fools a laugh, it has done so
for me, wonder ~~if they~~ have enjoyed ~~the~~ name I have
given? I said it would be on the lips of all, and indeed
it is. Believe I will send another. Include my funny
little rhyme. That will convince ~~them~~ that it is the
~~truth~~ I tell. Tonight I will celebrate by
wining and dining George. I am in a good mood,
believe I will allow ~~the~~ whore the pleasure
of her whore Mother, will remark an evening in the
city will do her good, will suggest a concert. I have
no doubt the carriage will take the bitch straight
to him. ~~I will go to~~ I will go to sleep
thinking about all they are doing. I cannot wait for
the ~~thrill~~.

Ele acredita que eu vou tropeçar
mas eu não tenho medo
~~Não posso libertar aqui~~
Pois eu não posso de jeito nenhum libertar aqui
desse fato concreto, eu poderia mandar para ele com urgência
se ele pedir que esse seja o caso.

Não sou um sujeito esperto?

Isso deve dar aos tolos umas risadas, foi o que aconteceu comigo, imagino se eles gostaram do nome que eu dei? Eu disse que estaria nos lábios de todos, e realmente está. Creio que mandarei outro. Incluirei meu versinho engraçado. Isso irá convencê-los de que estou falando a verdade. Hoje à noite irei celebrar bebendo e jantando com George. Estou de bom humor, acredito que permitirei à puta o prazer de seu cafetão, comentarei que uma noite na cidade a fará bem, irei sugerir um concerto. Não tenho dúvidas de que a carruagem a levará direto a ele. ~~Irei dormir~~ dormirei pensando em tudo que estão fazendo. Mal posso esperar pela emoção.

With a rose to match the red
I tried to cut off the head.
Damn it I cried,
the horse went and shied
henceforth I did hide,
but I could still smell
her sweet scented breath.

One whore no good, decided Sir Jim struck another.
I showed no fright, and indeed no light.
Damn it, the tin box was empty.

Sweet sugar and tea
could have paid my small fee
But instead I did flee and by way showed my glee
By eating cold kidney for supper.

Oh, Mr Abberline he is a clever little man,
he keeps back all that he can.
For do I not know better, Indeed I do,
did I not leave him a very good clue
Vottrey is mentioned of that I know sure,
ask clever Abberline, could tell you more.

Com uma rosa para combinar com o vermelho
Eu tentei cortar para fora a cabeça.
Droga, gritei,
o cavalo veio e se assustou
então eu me escondi,
mas eu ainda podia sentir
seu doce hálito perfumado.

Uma puta não deu certo, decidiu Sir Jim atacar outra.
Eu não mostrei medo, e de fato nenhuma luz.
Droga, a lata pequena estava vazia.

Doce açúcar e chá
poderia ter pago minha pequena taxa.
Mas em vez disso eu fugi e assim mostrei minha satisfação
comendo rim frio no jantar.

Oh Sr. Abberline, ele é um homenzinho esperto,
ele guarda tudo aquilo que pode.
Pois não sou mais esperto?, com certeza sou,
não deixei para ele uma pista muito boa?
Nada foi mencionado, disso sei com certeza,
pergunte ao esperto Abberline, ele poderia contar mais.

He believes I will trip over,
but I have no fear.
For I could not possibly
obtain it here.
Of this venture first I could send them post-late
If he requested that be the case.

It has been far too long since my last, I have been unwell. The whole of my body has pained. Hopper did not believe me. One day I will take revenge on him. The whore has informed the bumbling buffoon. I am in the habit of taking strong medicine. I was furious when the bitch told me. So furious I hit her. The whore begged me not to do so again. It was a pleasure, a great deal of pleasure. If it was not for my work, I would have cut the bitch up there and then. But I am clever. Although the gentleman has turned, I did not show my hand true. I apologised, a one off instance, I said, which I regretted and I assured the whore it would never happen again. The stupid bitch believed me.

Ele acredita que eu vou tropeçar,
mas eu não tenho medo.
Pois eu não posso de jeito nenhum
libertar aqui.
Desse fato concreto eu poderia mandar para eles com urgência
Se ele pedisse que esse fosse o caso.

Já faz tempo demais desde meu último. Não tenho me sentido bem. Meu corpo inteiro se tornou dolorido. Hopper não acreditou em mim. Algum dia eu me vingarei dele. A puta informou ao palhaço trapalhão que tenho o hábito de tomar remédios fortes. Fiquei furioso quando a cadela me contou. Tão furioso que bati nela. ha. A puta implorou para que não fizesse de novo. Foi um prazer, um grande prazer. Se não fosse por meu trabalho, eu teria cortado a cadela ali mesmo. Mas eu sou esperto. Embora o homem gentil tenha se transformado, não mostrei minha verdadeira mão. Eu pedi desculpas, um fato isolado, eu disse, que eu me arrependo, e assegurei à puta que nunca aconteceria novamente. A cadela estúpida acreditou.

I have received several letters from Michael. In all he enquires about my health and asked in one if my sleepwalking has resumed. Poor Michael he is so easily fooled. I have informed him it has not. My hands still remain cold. I shall be dining tonight. I hope Sidney are on the menu, he he. Will put me in the mood for another little escapade. Will visit the city of whores soon, very soon. I wonder if I could do three?

If it were not for Michael insisting that we take dinner I would have tried my hand that very night. I cursed my brother as I have never cursed him before. I cursed my own stupidity, had I not informed Michael that I no longer sleepwalked I was forced to stop myself from indulging in my pleasure by taking the largest dose I have ever done. The pain that night has burnt into my mind. I vaguely recall putting a handkerchief in my mouth to stop my cries. I believe I fainted several times. The pain was intolerable, as I think I shudder. No more.

I am convinced God placed me here to kill all whores, for he must have done so, am I still not here. Nothing will stop me now. The more I take the the stronger I become.

Recebi várias cartas de Michael. Em todas ele pergunta sobre minha saúde, e em uma delas pergunta se meu sonambulismo voltou. Pobre Michael, é tão fácil enganá-lo. Informei que não. Minhas mãos ainda estão frias. Irei jantar hoje à noite. Espero que rins estejam no cardápio, ha ha. Vai me colocar no clima para outra pequena escapada. Irei visitar a cidade das putas em breve, muito breve. Eu imagino se consigo fazer três?

Se não fosse por Michael insistir para que jantássemos eu teria tentado naquela mesma noite. Amaldiçoo meu irmão como nunca amaldiçoei antes. Amaldiçoo minha própria estupidez, se não tivesse informado a Michael que eu não tive mais ataques de sonambulismo não teria que impedir a mim mesmo de satisfazer meu desejo tomando a maior dose que já tomei. A dor naquela noite está impressa em minha mente. Eu vagamente me lembro de colocar um lenço em minha boca para impedir meus gritos. Acredito que vomitei várias vezes. A dor era intolerável, só de pensar eu tremo. Nunca mais.

Estou convencido de que Deus me colocou aqui para matar todas as putas, ele deve ter feito isso, não estou ainda aqui? Nada irá me parar agora. Quanto mais eu tomo, mais forte me torno.

Michael was under the impression that once I had finished my business I was to return to Liverpool that very day. And indeed I did one day later than that. I figured that for the fact will not come to his attention as he addresses all letters to me

I have read about my latest, my God the thoughts, the very best. I left nothing of the bitch, nothing. I placed it all over the room, time was on my hands, like the other whore I cut off the bitches nose, all of it this time. I left nothing of her face to remember her by. She reminded me of the whore. So young — unlike I — I thought it a joke when I cut her breasts off, kissed them for a while. The taste of blood was sweet, the pleasure was overwhelming, will have to do it again, it thrilled me so. Left them on the table with some of the other stuff. Thought they belonged there. They wanted a slaughterman so I stripped what I could, laughed while I was doing so. Like the other bitches she ripped like a ripe peach. One of these days I will take the head away with me. I will boil it and serve it up for my supper. The boy and burnt clothes puzzle them <u>he he</u>

Michael teve a impressão de que assim que terminasse meu trabalho eu voltaria para Liverpool no mesmo dia. E de fato eu fiz isso, um dia depois <u>ha ha.</u> Não tenho medo de nada, pois o fato não chegará ao seu conhecimento já que envia as cartas diretamente para mim.

Li sobre meu último, meu Deus os pensamentos são os melhores. Não deixei nada da cadela, nada. Coloquei por todo o quarto, eu tinha tempo, como a outra puta eu cortei o nariz da cadela, inteiro dessa vez. Não deixei nada de seu rosto para lembrança. Ela me lembrou da puta. Tão jovem, diferente de mim. Pensei numa piada quando cortei seus peitos para fora, beijei-os por um tempo. O sabor do sangue era doce, o prazer foi esmagador, terei que fazer de novo, excitou-me tanto. Deixei-os sobre a mesa com um pouco das outras coisas. Pensei que ali era seu lugar. Eles queriam um açougueiro então eu tirei o que consegui, fiquei rindo enquanto fazia. Assim como as outras cadelas, ela se abriu como um pêssego maduro. Num desses dias eu <u>vou</u> levar a cabeça comigo. Irei cozinhá-la e servi-la no jantar. A chave e as roupas queimadas os confundiram <u>ha ha</u>.

essay:	map
fire	initial
hat	
handkerchief	whore mother
whore	look to the whore
Mother	light
father	fire

~~with the hay I did flee~~
I had the hay,
and with it I did flee
~~the clothes I burnt~~
~~along with the hat~~
The hat I did burn
for light I did yearn
~~For the sake of the whore mother~~
And I thought of the whoring mother

I had the hay,
And with it I did flee.
The hat I did burn
for light I did yearn.
And I thought of the
whoring mother.

I

chave   cortar
fugi   inicial
chapéu
lenço   cafetão
capricho   olhe para a puta
mãe   luz
pai   fogo

~~Com a chave eu fugi sim~~
Eu tinha a chave,
E com ela eu fugi sim
~~as roupas que eu queimei~~
~~junto com o chapéu~~
O chapéu eu queimei
pois luz eu desejava.
~~Por causa da mãe puta~~
E eu pensei na mãe puta

Eu tinha a chave,
E com ela eu fugi sim
O chapéu eu queimei
pois luz eu desejava.
E eu pensei na
mãe puta

I

A handkerchief, red,
led to the bed
and I thought of the whoring with.

II

~~For Sir Jim with his whim~~

A whores whim,
caused Sir Jim
to cut deeper, deeper and deeper.
~~away with it I did go~~
~~back to the whoring mother~~
all did go.
As I did so
back to the whoring mother.

A whores whim,
caused Sir Jim
to cut deeper deeper and deeper
All did go,
As I did so
back to the whoring mother

III

Um lenço vermelho,
levou para a cama
e eu pensei na mãe puta

II

~~Pois Sir Jim com seu capricho~~

O capricho de uma puta,
Fez o Sir Jim
cortar mais fundo, fundo e fundo.
~~fugir dali eu consegui~~
~~de volta para a mãe puta~~
Tudo voltou
Assim como eu voltei
de volta para a mãe puta

O capricho de uma puta,
fez o Sir Jim
cortar mais fundo, fundo e fundo.
Tudo voltou
Assim como eu voltei
de volta para a mãe puta.

III

~~For virtual those~~
An initial here and a initial there
would tell of the whoring mother

—
—

I had a key,
and with it I did flee
The hat I did burn,
For light I did yearn.
And I ~~thought~~ of the whoring mother

A handkerchief red,
led to the bed
And I ~~thought~~ of ~~the~~ whoring mother.

A whores whim
caused Sir Jim,
to cut deeper, deeper and deeper
all did go,
As I did so,
back to ~~the~~ whoring mother

~~Sua inicial lá~~
Uma inicial aqui e uma inicial ali
indicaria a mãe puta

        Eu tinha uma chave,
        e com ela eu fugi.
        O chapéu eu queimei
        pois luz eu desejava.
        E eu pensei na mãe puta

        Um lenço vermelho,
        levou para a cama
        e eu pensei na mãe puta.

        O capricho de uma puta,
        fez o Sir Jim,
        cortar mais fundo, fundo e fundo
        Tudo voltou,
        Assim como eu voltei,
        de volta para a mãe puta.

An initial here and an initial there, will tell of the whole matter.

I left it there for the fools but they will never find it I was too clever. Left it in front for all eyes to see. Shall I write and tell them? That amuses me. I wonder if next time I can carve my funny little rhyme on the whores flesh? I believe I will give it a try. It amuses me if nothing else. life is sweet, very sweet. Regret I did not take any of it away with me it is supper time, I could do with a kidney or two ha ha.

I cannot live without my medicine. I am afraid to go to sleep for fear of my nightmares reoccuring. I see thousands of people chasing me, with Abberline in front dangling a rope. I will not be stopped of that fact I am certain. It has been far too long since my last, I still desire revenge on the whore and their whore masters; but less than the desire

> Uma inicial aqui e uma inicial ali
> indicará a mãe puta.

Deixei lá para que todos os tolos pudessem ver, mas eles nunca vão achar. Eu fui esperto demais. Deixe na <u>frente</u> de seus olhos para eles verem. Será que devo escrever para eles e contar? Isso me diverte. Será que na próxima vez eu consigo entalhar meu versinho engraçado na pele da puta? Creio que vou tentar. Diverte-me, de qualquer maneira. A vida é doce, muito doce. Arrependo-me de não ter levado nada comigo, é hora do jantar, eu poderia comer um rim ou dois <u>ha ha.</u>

Não consigo viver sem meu remédio. Tenho medo de dormir por causa dos meus pesadelos recorrentes. Vejo milhares de pessoas me perseguindo, com Abberline na frente balançando uma corda. Não serei superado, desse fato tenho certeza. Já faz muito tempo desde meu último, ainda desejo vingança contra a puta e o cafetão, mas desejo menos do que

to repeat my last performance. The thoughts still thrill me so. I am tired and I fear the city of whores has become too dangerous for I to return. Christmas is approaching — and Thomas has invited me to visit him. I know him well. I have decided to accept his offer, although I know the motive behind it will strictly be business. Thomas thinks of nothing else except money unlike me, ha ha.

My first was in Manchester so why not my next? If I was to do the same as the last, that would throw the fools into a panic, especially that fool Abberline. The children constantly ask what I shall be buying them for Christmas, they shy away when I tell them a shiny knife not unlike Jack the Rippers in order that I cut their tongues for peace and quiet. I do believe I am completely mad. I have never harmed the children in the years since they have been born. But now I take great delight in scaring them so. May God forgive me. I have lost my battle and shall go on until I am caught. Perhaps I should stop myself and save the hangman a job. At this moment I have no feeling in my body, none at all. I keep seeing

repetir meu último desempenho. Os pensamentos ainda me excitam. Estou cansado e estou com medo de que a cidade das putas tenha se tornado muito perigosa para eu retornar. O Natal está chegando e Thomas me convidou para visitá-lo. Eu o conheço bem. Decidi aceitar sua oferta, embora eu saiba que o motivo por trás disso seja estritamente negócios. Thomas não consegue pensar em nada mais além de dinheiro, diferente de mim, <u>ha ha.</u>

Meu primeiro foi em Manchester, então por que não meu próximo? Se eu fizesse o mesmo que no último, isso faria os tolos entrarem em pânico, especialmente aquele tolo do Abberline. As crianças me perguntam constantemente o que comprarei para elas no Natal elas se calam quando digo que será uma faca brilhante igual a do Jack, o Estripador, para que eu possa cortar suas línguas e ter paz e sossego. Acredito que estou completamente louco. Nunca machuquei as crianças desde que nasceram. Mas agora sinto grande prazer em assustá-las. Que Deus me perdoe. Perdi minha batalha e devo continuar até ser capturado. Talvez eu devesse acabar comigo mesmo e poupar o trabalho do carrasco. Nesse momento, não sinto nada em meu corpo, nada mesmo. Eu fico assegurando

myself I have done no wrong. It is the whore who has done so, not I. Will peace of mind ever come? I have visited Heffer too often this month; I will have to stop, for I fear he may begin to suspect. I talk to him like no other

———

~~See you shall,~~
Am I insane?
Come, gun
~~Sir, Jim with his foury one~~
~~will soon strike again~~

One whore in heaven,
two whores side by side,
three whores, ~~all~~ have died.
~~four~~

a mim mesmo de que não fiz nada de errado. Foi a puta que fez, não eu. Será que a paz interior algum dia virá? Fiz visitas demais a Hopper neste mês. Terei que parar, pois tenho medo que ele comece a suspeitar. Converso com ele como com mais ninguém.

~~Deveria o Sir Jim,~~
Estou louco?
Bengala, ganho
~~Sir Jim com sua elegante bengala~~
~~Irá logo atacar de novo~~

~~Uma puta no céu~~
~~duas putas lado a lado,~~
~~três putas todas morreram~~
~~quatro~~

Sir Jim he cuts them first
damn it

Abberline says he is now amazed,
Sir Jim has not struck another.
He waits patiently
~~~~ hastily

Christmas said the whores mole bonnett
damn the butchers damn Michael
Give Sir Jim his due
He detests all the Jews
For he has no favourite one
As he runs away to his den.

He likes to write with his pen

Give Sir Jim his due
He detests all the Jews
and makes way, it not in title

~~Sir Jim as corta primeiro~~
droga

~~Abberline diz que agora está impressionado,~~
~~Sir Jim não atacou outra~~
~~Ele espera pacientemente~~
~~Para ver às pressas~~

~~O Natal salva o chapéu de toupeira da puta~~
~~malditas putas maldito Michael~~
~~Dê ao Sir Jim o que lhe é devido~~
~~Ele detesta todos os judeus~~
~~Pois ele não tem homens favoritos~~
~~Quando corre para seu gabinete.~~

~~Ele gosta de escrever com sua caneta~~

~~Dê ao Sir Jim o que lhe é devido~~
~~Ele detesta todos os judeus~~
~~E realmente não estava no~~

I kissed them,
I kissed them
They tasted so sweet
I thought of leaving them by — the whores feet
but the table it was bear
so I went and left them there

damn it damn it damn it

so help me God my next will be for the world.
my head aches, but I will go on damn afraid
for bong so clever the art of verse is far from
simple. I curse him so. Abberline Abberline
I shall destroy that foul yet, So help me G—
Banish him from my thoughts, he will not
catch Sir Jim yet

Abberline Abberline Abberline Abberline
The devil take the bastard

I am cold curse the bastard Lousy — for making
me ill I keep seeing blood pouring from
the bitches. The nightmares are hideous
I cannot stop myself from wanting to eat more.
God help me, damn you Sir, no one will stop me
God be damned

~~Eu os beijei,~~
~~Eu os beijei~~
~~Tinham o sabor tão doce~~
~~Pensei em deixá-los aos pés da puta~~
~~mas a mesa estava próxima~~
~~então eu os deixei lá~~

droga droga droga

então Deus me ajude, meu próximo será muito pior, minha cabeça dói, mas eu continuarei, maldito Michael por ser tão esperto, a arte do verso está longe de ser simples. Eu o amaldiçoo. Abberline Abberline, ainda irei destruir esse tolo, Então que Deus me ajude. Tire ele dos meus pensamentos, ele não irá pegar o Sir Jim ainda

Abberline Abberline Abberline Abberline
O diabo que carregue o bastardo

Estou com frio maldito seja o bastardo do Lowry por me fazer correr. Eu fico vendo sangue jorrando das cadelas. Os pesadelos são horrendos. Não consigo parar de querer comer mais. Deus me ajude, maldito seja. Ninguém irá me impedir. Maldito seja Deus.

Think think think write tell all prove to them
you are who you say you are make them believe
it is the truth I tell. Burn him for executing
them, down how down him down him. I want
to boil boil boil. See if there eyes pop.
I need more thrills, cannot live without
my thrills. I will go on, I will go on nothing
will stop me nothing — let Sir Jim tell. Cut deep
deep deep.

~~Sir Jim will cut them all~~

Oh costly intercourse
of death

Banish the thoughts banish them banish them
he ha ha, look towards the sensible heather
chickens running around with
their heads cut off

ha ha ha ha ha ha ha ha ha

Am I not a clever fellow
out forced them all, they will never know

Pense pense pense escreva para contar a todos para provar a eles que você é quem você diz que é faça eles acreditarem que é a verdade que eu digo. Maldito seja por criá-las, maldito seja maldito seja maldito seja. Quero cozinhar cozinhar cozinhar. Ver se os olhos saem para fora. Preciso de mais emoções, não posso viver sem minhas emoções. Vou continuar, vou continuar, nada irá me impedir, nada. Corte Sir Jim corte. Corte fundo fundo fundo.

~~Sir Jim irá cortá-las todas~~
Oh coito custoso
da morte

Afaste os pensamentos, afaste-os, afaste-os ha ha ha,
olhe para o irmão sensato
                Galinhas correndo com suas cabeças cortadas

ha ha ha ha ha ha ha ha ha
Não sou um sujeito esperto?
fui mais esperto que todos, ele nunca saberão

Sir Jim will cut them all,
Sir Jim he does so ~~well tall~~

Sir Jim watches his well
he cuts them all.
with his knife in his bag

will have to take up lodgings on my return.
Middlesex Street that was a joke. The fools, several times,
they could have caught me if they had looked
good and proper. My God am I not clever? Indeed
I am. My head spins will save few hours to find
the ~~strength~~ for my journey home. The devil take
this city, it is ~~too~~ cold for me. Tomorrow I will ~~much~~
~~harry~~ suffer. The ~~thought~~ will ~~dwell~~ me on my
journey home. ⎯⎯⎯⎯⎯⎯

I cannot bring myself to look back, all I have written scares
me so. George ~~invited~~ me ~~today~~. I believe he knows
what I am going ~~through~~, although he says nothing,
I can see it in his eyes. ~~Poor~~ George, he is such
a good friend. Michael is well, he writes a many
time. In my heart I cannot blame him for doing
so. I regret I shall not see him this Christmas.

~~Sir Jim irá cortá-las todas~~
~~Sir Jim faz isso e anda de cabeça erguida~~

~~Sir Jim toma sua decisão~~
~~ele corta todas,~~
~~com sua faca na sacola~~

terei que alugar acomodações quando retornar. Middlesex Street isso foi uma piada. Várias vezes eles poderiam ter me pegado se tivessem procurado bem. Meu Deus, não sou esperto? Realmente sou. Minha cabeça gira terei que encontrar forças de alguma forma para minha jornada de volta para casa. O diabo carregue esta cidade, é muito fria para mim. Amanhã vou fazer Lowry sofrer. O pensamento irá me excitar em minha jornada para casa.

Não consigo olhar para trás, tudo que escrevi me assusta muito. George me visitou hoje. Creio que ele sabe o que estou passando, embora não diga nada. Posso ver em seus olhos. Pobre George, ele é um amigo tão bom. Michael está bem, ele escreveu uma canção alegre. Em meu coração, não posso culpá-lo por fazer isso. Me arrependo de não encontrá-lo neste Natal.

Encountered an old friend on the Exchange floor. I felt regret for was he not Jewish. I had forgotten how many Jewish friends I have. My revenge is on whom, not others. I do believe I am truly sorry — for the hate I have thrown amongst them. I believe that is the reason I am unable to write my funny little rhymes. I thank God I have had the courage to stop sending them. I am convinced they will be my undoing.

I am tired, very tired. I yearn for peace, but I know in my heart I will go on. I will be in Manchester within a few days. I believe I will feel a great deal better when I have repeated on my last performance. I wonder if I can improve on my fiendish deeds. Will wait and see, no doubt I will think of something. The day is drawing to a close, having won in fine spirits, I am pleased. I regret, as witty my Jewish friends I have shown my wrath. This coming Christmas I will make amends.

Encontrei um velho amigo na Bolsa. Senti arrependimento, pois não era ele judeu? Esqueci-me de quantos amigos judeus eu tenho. Minha vingança é contra putas, não judeus. Creio que sinto muito pelo terror que lancei entre eles. Acho que é por isso que não consigo mais escrever meus versinhos engraçados. Agradeço a Deus por ter tido coragem de parar de enviá-los. Estou convencido de que eles serão minha ruína.

Estou cansado, muito cansado. Desejo paz, mas sei em meu coração que irei continuar. Estarei em Manchester dentro de alguns dias. Creio que me sentirei muito melhor quando eu repetir meu último desempenho. Imagino se consigo melhorar minhas ações demoníacas. Irei esperar e ver, sem dúvida pensarei em algo. O dia está acabando, Lowry estava de bom humor. Estou contente. Eu me arrependo, assim como com meus amigos judeus, de ter mostrado minha ira. Neste Natal vou consertar algumas coisas.

The bitch, the whore is not satisfied with one whore master, she now has eyes on another. I could not act like my last, visions of her flooded back as I tried to put all thoughts of love. I left her for dead, that I know. It did not amuse me. There was I have showered my fury on the bitch. I struck and struck. I do not know how I stopped. I have left her penniless, I have no regrets. The whore will suffer unlike she has ever suffered. May God have mercy on her, for I shall not, so help me.

Thomas was in fine health. The children enjoyed Christmas. I did not. My mood is no longer black, although my head aches. I shall never become accustomed to the pain. I wander. I yearn for my favorite month, to see flowers in full bloom would please me so. Warmth is what I need, I shiver up. Curse this weather and the whoring letter. My heart has been soft. All whores will feel the edge of Sir Jim's shining knife. I regret I did not give myself that name, even it, I wrote it much more than the one I have given.

A cadela, a puta não está satisfeita com apenas um cafetão, ela agora tem os olhos em outro. Não consegui cortar como a minha última, imagens dela me inundaram enquanto eu golpeava. Tentei esmagar todos os pensamentos de amor. Deixei-a para morrer, disso eu sei. Isso não me alegrou. Houve excitação. Eu despejei minha fúria na cadela, eu bati e bati. Não sei como parei. Deixei-a acabada. Não me arrependo. A puta vai sofrer como nunca sofreu. Que Deus tenha piedade dela, pois eu não terei, então que Ele me ajude.

Thomas estava com a saúde ótima. As crianças gostaram do Natal. Eu não. Meu humor não está mais negro, embora minha cabeça doa. Nunca irei me acostumar com a dor. Maldito seja o inverno. Eu anseio por meu mês favorito, ver as flores completamente abertas iria me agradar muito. Calor é o que preciso, eu tremo tanto. Maldito seja esse tempo e a cadela puta. Meu coração amoleceu. Todas as putas sentirão o fio da faca brilhante de Sir Jim. Eu me arrependo de não ter dado a mim mesmo esse nome, que droga, eu prefiro muito mais do que esse que me deram.

Sir Jim with his shining knife,
cuts through the night,
and by God,
does he not show his might ha ha

———

It shall not be long before I strike again. I am taking more than ever. The bitch can take two, Sir Jim shall take four, a double double event to the If I was in the city of whores, I would do my fiendish deeds this very moment. By God I would.

I curse myself for the fool I have been, I shall have no more regrets, damn them all. Beware Mr. Abberline I will return with a vengeance. Once more I will be the talk of England. What pleasure my thoughts do give me. I wonder if the whore will take the bastard? The bitch is welcome to him. I shall think about them deeds, what pleasure. Tonight I shall reward myself, I will visit mine, but I will not be gentle. I will show my whore what I am capable of. Sir Jim needs to wet his appetite,

Sir Jim com sua faca brilhante,
corta através da noite,
e por Deus,
ele mostra seu poder <u>ha ha</u>

Não deve demorar muito antes de eu atacar novamente. Estou tomando mais do que nunca. A cadela pode ter dois, Sir Jim terá quatro, um duplo duplo evento ha ha. Se eu estivesse na cidade das putas eu faria minhas ações demoníacas neste momento. Por Deus, eu faria.

Eu amaldiçoo a mim mesmo por ser tolo, não devo ter mais arrependimentos, malditos sejam todos. Cuidado, sr. Abberline, eu vou retornar para me vingar. Uma vez mais serei o assunto da Inglaterra. Que prazeres meus pensamentos me dão. Será que a puta irá tomar o bastardo? A puta o recebe bem. Irei pensar sobre as ações deles, que prazeroso. Hoje à noite eu devo me presentear, irei visitar a minha, mas não serei gentil. Mostrarei para minha puta do que sou capaz. Sir Jim precisa abrir seu apetite,

all whore be damned. a friend has turned, no be it, Sir you will too once more. When I have finished my fiendish deeds, the devil himself will praise me But he will have a long wait before I shake hands with him. I have worries to do a great deal of works he the kidney for supper

I am tired of keeping up this pretence of respectability. I am finding it increasingly difficult to do. I believe I am a lucky fellow. Have I not found a new source for my medicine. I relish the thoughts that it will bring me I enjoy thinking of the whores waiting for my nice shining knife. Tonight I write to Michael. Inform him I shall be visiting the city of whores soon, very soon. I cannot wait. The whore may take as many whore masters as she wishes. I no longer worry. I have my thoughts and pleasure of deeds to come, and of what deeds I shall commit. Much, much finer than my last. Life is indeed sweet, very very sweet.

malditas sejam todas as putas. Apareceu um amigo, então que seja, Sir Jim irá aparecer mais uma vez. Quando eu terminar minhas ações demoníacas, o próprio diabo irá me congratular. Mas temos uma longa espera antes de eu apertar suas mãos. Tenho trabalhos a fazer, muitos trabalhos <u>ha ha</u>. rim para o jantar.

Estou cansado de manter as aparências. Estou achando cada vez mais difícil fazer isso. Creio que sou um sujeito sortudo. Não é que descobri uma nova fonte para meu remédio? Eu adoro os pensamentos que irá me trazer. Eu gosto de pensar nas putas esperando pela minha bela faca brilhante. Hoje à noite vou escrever para Michael. Informarei que vou visitar a cidade das putas em breve, muito breve. Mal posso esperar. A puta pode tomar quantos cafetões quiser. Eu não me preocupo mais. Tenho meus pensamentos e o prazer das ações que virão, e oh, as ações que farei. Muito, muito melhores que minha última. A vida é mesmo doce, muito muito doce.

Dear Mr Abberline,
I am a lucky man
Next time I will do all that ~~I can~~
~~can, for honor~~
~~out and think~~
with a little cut here,
and a little cut there
I will go laughing
away to my lair

Dear Mr Abberline,
I am a lucky man
Next time I will do
all that I can.
With a little cut here
and a little cut there
I will go laughing
away to my lair

Querido sr. Abberline
Sou um homem sortudo
Na próxima vez farei tudo que puder
~~bater, poder, droga~~
~~cortar e enfiar~~
com um pequeno corte aqui,
e um pequeno corte ali
voltarei rindo
para meu covil

Querido sr. Abberline,
Sou um homem sortudo
Na próxima vez farei
tudo que eu puder.
Com um pequeno corte aqui,
e um pequeno corte ali
Voltarei rindo
para meu covil

Damn it damn it damn it the bastard almost caught me, curse him to hell, I will cut him up next time, so help me. A few minutes and I would have done. bastard. I will seek him out, I'll teach him a lesson. No one will stop me. Curse his black soul. I curse myself for striking the man, I should have waited until it was thirty geint so help me if any time all next time and eat it. Will leave nothing, not even the head. I will boil it and eat it with freshly picked carrots. I shall think about Aberline as I am doing so, that will give me a laugh ha ha the whore will suffer tonight for the deed she has done.

    The bitch has written all,
    tonight she will fall.

So help me God I will cut the bitch up and serve her up to the children. How dare the whore write to Michael. The damn bitch had no right to inform him of my medicine If I have my funny little way the whore will be served up this very night. I stood my ground and

Maldito maldito maldito o bastardo quase me pegou, maldito seja no inferno. Eu vou cortá-lo na próxima vez, então me ajude. Mais alguns minutos e teria terminado, <u>bastardo</u>, vou atrás dele, ensinar uma lição. Ninguém irá me impedir. Maldita seja sua alma negra. Eu amaldiçoo a mim mesmo por atacar cedo demais, eu deveria ter esperado até tudo estar realmente calmo então me ajude. Vou levar tudo da próxima vez e <u>comer</u>. Não deixarei <u>nada,</u> nem mesmo a cabeça. Vou cozinhá-la e comê-la com cenouras recém-colhidas. Irei pensar em Abberline enquanto estiver fazendo isso, vai me fazer rir <u>ha ha</u> a puta vai sofrer hoje à noite pela coisa que fez.

A cadela escreveu tudo,
hoje à noite ela vai cair.

Então Deus me ajude, vou cortar a cadela e a servir para as crianças. Como a puta se atreve a escrever para Michael. A maldita cadela não tinha direito de informá-lo sobre meu remédio. Se eu fizer as coisas do meu jeito engraçado ela vai acabar sendo servida nesta mesma noite. Eu mantive a compostura e

informed Michael it was a damn lie.

The bitch visits the city of whores soon, I have decided I will wait until the time is ripe then I will strike with all my might. I shall buy the whore something for her visit. Will given the bitch the impression I consider it her duty to visit her aunt. She can nurse the sick bitch and see her whoring sister ha ha.

Ha, what a joke, let the bitch believe I have no knowledge of her whoring affairs. When she returns the whore will pay. I relish the thought of striking the bitch once more. Am I not a clever fellow I pride myself no one knows how clever I am. I do believe if George was to read this, he would say — I am the cleverest, it alive. I yearn to tell him how clever I have been, but I shall not, my campaign is far from over yet Sir Jim will give nothing away, ha ha. How can they stop me now this Sir Jim may live for ever. I feel strong, very strong, strong enough to strike in this damn old city, believe I well!

informei a Michael que era uma maldita mentira.

A cadela irá visitar a cidade das putas logo, eu decidi esperar até o tempo certo então vou atacar com toda minha força. Devo comprar para a puta algo para sua visita. Vou dar a impressão para a cadela de que considero seu dever visitar a tia. Ela pode cuidar da cadela doente e ver seu cafetão <u>ha ha</u>.

Ha, que piada, deixe a puta acreditar que não tenho conhecimento de seus assuntos de puta. Quando ela retornar, a puta vai pagar. Eu saboreio os pensamentos de bater na cadela mais uma vez. Não sou um sujeito esperto? Sinto orgulho de mim mesmo por ninguém mais saber como sou esperto. Creio que se George lesse isto, ele diria que sou o homem mais esperto que existe. Eu anseio por contar para ele como tenho sido esperto, mas não farei isso, minha campanha está longe de acabar. Sir Jim não dará nada de graça, nada. Como eles podem me parar agora, Sir Jim irá viver para sempre. Sinto-me forte, muito forte, forte o suficiente para atacar nesta maldita cidade fria, acredito que irei.

why not, nobody — does suspect the gentle
man born. Will see how I will feel on my
journey ahome, if the whim takes me then
so be it. Will have to be careful not to
get to much of the red stuff on me.
Perhaps I will just cut the one, fool the fools,
oh what a joke, more chickens running around without
their heads cut off. ha ha I feel clever.

Sir Jimmy

live

forever

he he he he ha

Por que não, ninguém suspeita do homem nascido gentil. Verei como, pensarei na jornada para casa, se o capricho tomar conta de mim, então que seja. Deverei ser cuidadoso para não deixar que muito da coisa vermelha espirre em mim. Talvez eu apenas corte uma vez, enganar os tolos, oh que piada, mais galinhas correndo com as cabeças cortadas, <u>ha ha</u> estou me sentindo esperto.

Sir J<u>imay</u>
vive
    para sempre
ha ha ha ha ha

This clever Sir Jim,
he loves his whims,
tonight he will call
and take away all. ha ha ha ha

Esse esperto Sir Jim,
ele adora seus caprichos
hoje à noite ele vai chamar
e levar todos embora. ha ha ha ha

Am I not a clever fellow, the bitch gave me the greatest pleasure of all. Did not the whore see her whore master in front of all. True the race was the ~~finest~~ "finest" I have seen, but to ~~think~~ of seeing the whore with ~~her~~ the father thrills me more is than knowing his Royal Highness was but a few feet away from yours truly ~~ha ha~~ what a ~~laugh~~ if the greedy bastard would have known he was less than a few feet away from the name all England was talking about he would have dead there and then. Regret I could not tell the foolish fool. To hell with sovereignty, to hell with all whores, to hell with the bitch who rules.

Victoria the bitch
~~Queen fool Sir Jack knows all~~
The queen she ~~knows all~~

Victoria, Victoria
The queen of them all
When it comes to Sir Jack
She knows nothing at all

I

~~She knows one day~~

Não sou um sujeito esperto? A cadela me deu o maior prazer de todos. Não é que a puta encontrou seu cafetão na frente de todos, é verdade a corrida foi a mais rápida que já vi, mas a emoção de ver a puta com o bastardo me excitou mais do que saber que Sua Alteza Real estava a poucos metros de distância deste que vos fala ha ha que piada, se o ganancioso bastardo soubesse que estava a menos de alguns metros do nome que toda a Inglaterra estava comentando ele teria morrido ali mesmo. Que pena que não pude contar para o tolo idiota. Para o inferno com a realeza, para o inferno com todas as putas, para o inferno com a cadela que reina.

~~Vitória a cadela~~
~~Rainha tola Sir Jack sabe tudo~~
~~A rainha sabe tudo~~

Vitória, Vitória
Rainha de todos eles
Em se tratando de Sir Jack
Ela não sabe de nada

I

~~Ela sabe que um dia~~

who knows,
perhaps one day,
I will give her a call

II

~~Shining knife~~
~~my life~~
~~honour my knife~~
Show her my knife
and she will honour me for life

III

~~Come ~~~~ for she will say~~
Arise Sir Jock she will say,
and now you can go,
as you may ha ha ha

ha ha ha ha

quem sabe,
talvez um dia
eu faça uma visita

II

~~Faca brilhante~~
~~minha vida~~
~~honra minha faca~~
Mostrar a ela minha faca
e ela irá me honrar por toda a vida

III

~~Aproxime-se Sir Jim, ela dirá~~
Ergue-te Sir Jack, ela dirá,
e agora você pode ir,
como quiser ha ha
ha ha ha ha

Victoria, Victoria —
the queen of them all.
When it comes to Sir Jack
she knows nothing at all.

Who knows,
Perhaps one day,
I will give her a call

Show her my knife
and she will honour me for life.

Arise Sir Jack she will say
and now you can go
as you may

Jim, Jack Jack Jim ha ha ha

Vitória, Vitória
rainha de todos eles
em se tratando de Sir Jack
ela não sabe de nada

quem sabe,
Talvez um dia
Eu faça uma visita

Mostrar a ela minha faca
e ela irá me honrar por toda a vida

Ergue-te Sir Jack, ela dirá,
e agora você pode ir,
como <u>quiser</u>

Jim, Jack Jack Jim ha ha ha

I was clever. George would be proud of me, told the bitch in my position I could not afford a scandal. I struck her several times an eye for an eye, he he too many interfering servants, damn the bitches. Hopper will soon feel the edge of my shinny knife, damn the meddling bufoon, damn all. Once more the bitch is in debt, my God I will cut her. Oh how I will cut her. I will visit the city of whores, I will pay her dues and I shall take mine, by God I will. I will rip rip rip. May seek the bastard out who stopped my funny little games and rip him to. I said he would pay I will make sure he damn will. I feel a numbness in my body, the colours will pay for that. I wonder if Edwin is well. I long for him to return. I have decided that next time I will take the whores eyes out and send them to that fool Abberline.

Bastard

Bastard

Fui esperto. George ficaria orgulhoso de mim, disse para a cadela que na minha posição não posso ter um escândalo. Bati nela várias vezes, olho por olho, ha ha, muitos criados interferindo, malditas cadelas. Hopper irá em breve sentir o fio da minha faca brilhante, maldito seja o palhaço intrometido, malditos sejam todos. Mais uma vez a cadela está com dívidas, meu Deus vou cortá-la. Oh, como irei cortá-la. Irei visitar a cidade das putas irei pagar suas dívidas e vou pegar o que é meu, por Deus, eu vou. Irei rasgar rasgar rasgar. Talvez eu busque o bastardo que parou meus joguinhos engraçados e corte ele também. Eu disse que ele ia pagar. Vou me certificar disso. Sinto um entorpecimento em meu corpo, as putas vão pagar por isso. Será que Edwin está bem? Anseio por seu retorno. Decidi que na próxima vez vou arrancar os olhos da puta e mandá-los para aquele tolo do Abberline.

        bastardo
                bastardo

take the eyes,
take the hand,
leave them all for dead

It does not amuse me. Curse that bastard
Abberline, come him to heel I will not
dangle from any rope of his. I have
thought often about the whore and her
whoring master. The thoughts still thrill me
Perhaps one day the bitch will allow me
to participate. Why not? All have
taken her. Have I no right to the whore.
I wish to do so

The bitch
ffhebitch

ffhebitch

arranque os olhos,
arranque a cabeça,
deixe tudo para os mortos

Isso não me diverte. Maldito seja o bastardo do Abberline, maldito seja no inferno, eu não vou ficar pendurado em nenhuma corda dele. Tenho pensado muito na puta e seu cafetão. Os pensamentos ainda me excitam. Talvez um dia a cadela permita que eu participe. Por que não? Todos a tomaram. Não tenho direito à puta? Eu desejo fazer isso.

A cadela
A cadela
A cadela

Fuller believes there is very little the matter with me. Strange, the thoughts he placed into my mind. I could not strike, I believe I am mad, completely mad. I try to fight my thoughts I walk the streets until dawn. I could not find it in my heart to strike, visions of my dear Bunny overwhelm me. I still love her, but how I hate her. She has destroyed all and yet my heart aches for her, oh how it aches. I do not know which pain is the worse, my body or my mind.

My God I am tired, I do not know if I can go on. Bunny and the children are all that matter. No regrets, no regrets. I shall not allow such thoughts to enter my head. Tonight I will take my shimmering knife and be rid of it. Throw it deep within the river I shall return to Battlecrease with the knowledge that I can no longer continue my campaign. 'Tis love that spurned me so, 'tis love that shall put an end to it.

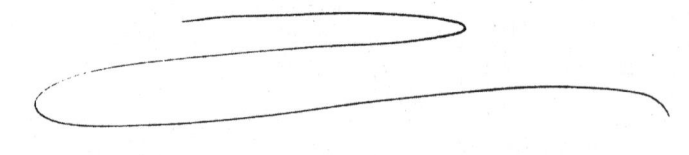

Fuller acredita que não há muitos problemas comigo. Estranho, os pensamentos que ele colocou em minha mente. Eu não consegui atacar, acredito que estou louco, completamente louco. Tento combater meus pensamentos, caminho pelas ruas até de madrugada. Não consegui encontrar em meu coração a coragem para atacar, visões da minha querida Coelhinha me sobrecarregam. Ainda a amo, mas como eu a odeio. Ela destruiu tudo, mas meu coração dói por ela, oh como dói. Não sei qual dor é pior, do meu corpo ou minha mente.

Meu Deus, estou cansado, não sei se consigo continuar. A Coelhinha e as crianças são tudo que importa. Sem arrependimentos, sem arrependimentos. Não devo permitir que tais pensamentos entrem em minha cabeça. Hoje à noite vou pegar minha faca brilhante e me livrar dela. Jogar fundo no rio. Devo retornar para a Battlecrease sabendo que não posso mais continuar minha campanha. Este amor que me desprezou, este amor que irá pôr fim a tudo.

I am afraid to look back on all I have written. Perhaps it would be wiser to destroy this, but in my heart I cannot bring myself to do so. I have tried once before, but like the coward I am, I could not. Perhaps in my tormented mind I wish for someone to read this and understand that the man I have become was not the man I was born.

My dear brother Edwin has returned. I wish I could tell him all. No more funny little rhymes. Tonight I write of love.

tis love that spurned me so,
tis love that does destroy
tis love that I yearn for
tis love that she spurned
tis love that will finish me
tis love that I regret.

May God help me. I pray each night he will take me, the disappointment when I wake is difficult to describe. I no longer take the dreadful stuff for fear I will harm my dear Bunny, worse still the children.

Estou com medo de olhar tudo que escrevi. Talvez fosse mais sensato destruir isto, mas em meu coração não consigo me obrigar a fazê-lo. Já tentei uma vez, mas, como o covarde que sou, não consegui. Talvez em minha mente atormentada eu deseje que alguém leia isto e entenda que o homem que me tornei não é o homem que um dia fui.

Meu querido irmão Edwin retornou. Gostaria de poder contar tudo para ele. Sem mais versinhos engraçados. Esta noite escrevo sobre amor.

> este amor que me desprezou,
> este amor que de fato destrói
> este amor que eu anseio
> este amor que ela rejeitou
> este amor que acabará comigo
> este amor que eu lamento

Que Deus me ajude. Rezo todas as noites para que ele me leve, a frustração quando acordo é difícil de descrever, eu não tomo mais a coisa temida por medo de machucar minha querida Coelhinha, ou pior, as crianças.

I do not have the courage to take my life. I pray each night I will find the strength to do so, but the courage alludes me. I pray constantly all will forgive. I deeply regret striking her, I have found it in my heart to forgive her for her lies.

I believe I will tell her all, ask her to forgive me as I have forgiven her. I pray to God she will understand what she has done to me. Tonight I will pray for the women I have slaughtered. May God forgive me for the deeds I committed on Kelly, no heart no heart

Não tenho coragem para tirar minha própria vida. Eu rezo todas as noites para encontrar a força para fazê-lo, mas a coragem me escapa. Rezo constantemente para que tudo seja perdoado. Eu me arrependo profundamente de ter batido nela, consegui perdoá-la do fundo do meu coração por seus amantes.

Creio que contarei tudo a ela, pedirei seu perdão assim como eu a perdoei. Rezo a Deus para que ela entenda o que fez comigo. Esta noite eu rezarei pelas mulheres que massacrei. Que Deus me perdoe pelos atos que cometi em Kelly, sem coração, sem coração.

The pain is unbearable. My dear Bunny knows all. I do not know if she has the strength to kill me, I pray to God she finds it. It would be simple, she knows of my medicine, and for an extra dose or two it would be all over. No one will know, I have seen to that. George knows of my habit and I trust soon it will come to the attention of Michael. In truth I believe he is aware of the fact. Michael will know how to act, he is the most sensible amongst us all. I do not believe I will see this June, my favourite of all months. Have begged Bunny to act soon, I curse myself for the coward I am. I have redrawn the balance of my previous will. Bunny and the children are well cared for and I trust Michael and Thomas will carry out my wishes.

Soon, I trust I shall be laid beside my dear mother and father. I shall seek their forgiveness when we are reunited. God I pray will allow me at least that privilege, although I know only too well I do not deserve it. My thoughts will remain in tact, for a reminder to all how love dear destroy — I place this now in a place were it shall be found. I pray whoever should read this will find it in their heart to forgive me. Remind all, whoever you may be, that I was once a gentle man. May the good Lord have mercy on my soul, and forgive me for all I have done.

I give my name that all know of me, so history do tell, what love can do to a gentle man born.

Yours truly,
Jack the Ripper
Dated this third day of May 1889.

A dor é insuportável. Minha querida Coelhinha sabe de tudo. Não sei se ela possui a força para me matar. Rezo a Deus para que ela encontre. Seria simples, ela sabe do meu remédio, e com uma ou duas doses extras tudo terminaria. Ninguém saberá que eu busquei isso. George sabe do meu hábito e confio que logo chegará ao conhecimento de Michael. Na verdade, creio que ele também está ciente do fato. Michael saberá como agir, ele é o mais sensato entre nós, não creio que vou durar até junho, meu mês favorito. Implorei à Coelhinha para agir logo. Amaldiçoo a mim mesmo por ser tão covarde. Eu refiz o equilíbrio de meu testamento anterior. A Coelhinha e as crianças ficarão bem e eu confio que Michael e Thomas irão seguir meus desejos.

Logo, penso que irei me juntar ao lado de minha querida mãe e pai. Irei buscar seu perdão quando nos reunirmos. Eu rezo para que Deus permita ao menos esse privilégio, embora eu saiba muito bem que não mereço. Meus pensamentos irão permanecer intactos, como lembrança para todos de que o amor de fato destrói. Coloco isto agora em um lugar onde possa ser encontrado. Rezo para que aquele que ler isto consiga me perdoar de coração. Lembrem-se todos, seja lá quem você for, que um dia eu fui um homem gentil. Que o bom Deus tenha piedade de minha alma, e me perdoe por tudo que fiz.

Eu ofereço meu nome para que todos o conheçam, e para que a história mostre o que o amor pode fazer com um homem nascido gentil.

        Sinceramente,
        Jack, o Estripador,

        Datado deste terceiro dia de maio de 1889

Os principais locais do diário

- Sunderland
- Durham
- Whitehaven
- Harrogate
- Southport
- PENÍNSULA DE WIRRAL
- Rochdale
- Liverpool
- Manchester
- Nestor
- Birmingham
- INGLATERRA
- PAÍS DE GALES
- Aylesbury
- Londres
- Ascot
- Goodwood
- Ryde
- ILHA DE WIGHT
- Truro

Escala
1:2.300.000

A Londres de James Maybrick

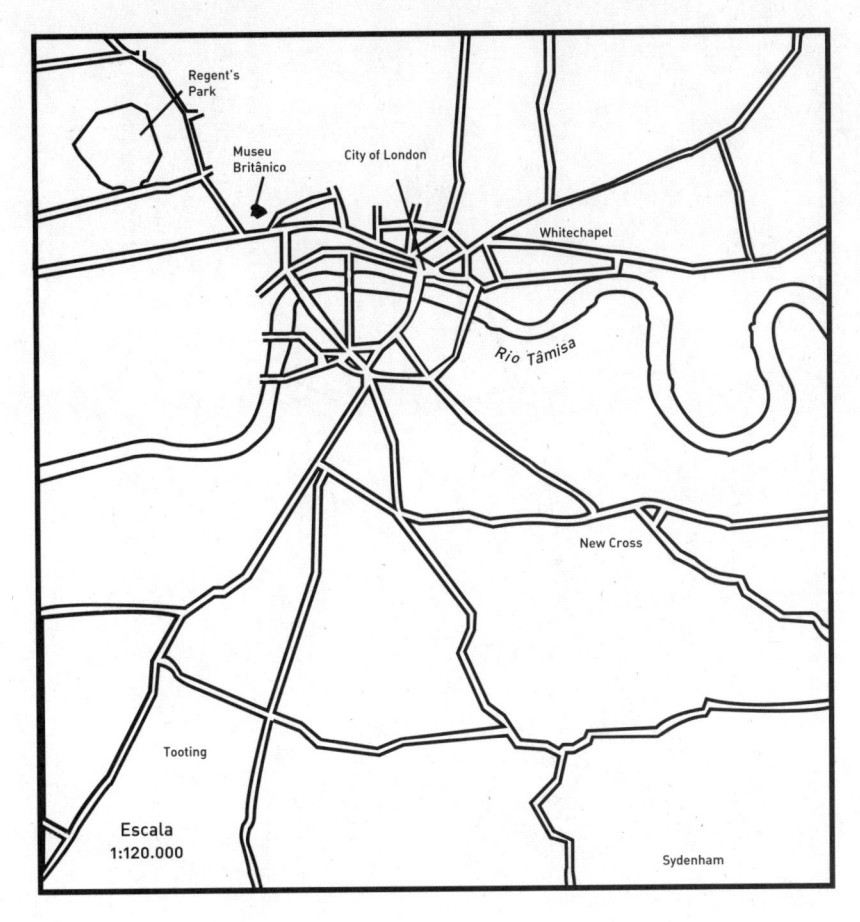

O irmão de James Maybrick, Michael, morou no Regent's Park. A amante de Maybrick, Sarah Robertson, morou em New Cross, Sydenham e Tooting, assim como em Whitechapel.

A LIVERPOOL DE JAMES MAYBRICK, 1888

AMPLIAÇÃO DO CENTRO DE
LIVERPOOL MOSTRANDO LOCAIS
ASSOCIADOS A JAMES MAYBRICK.

PRINCIPAIS LOCAIS

A – Igreja de St. Peter e Church Alley
B – The Exchange (The Flags)
C – Escritório de James Maybrick
D – Whitechapel
E – Cumberland Street (Correios)

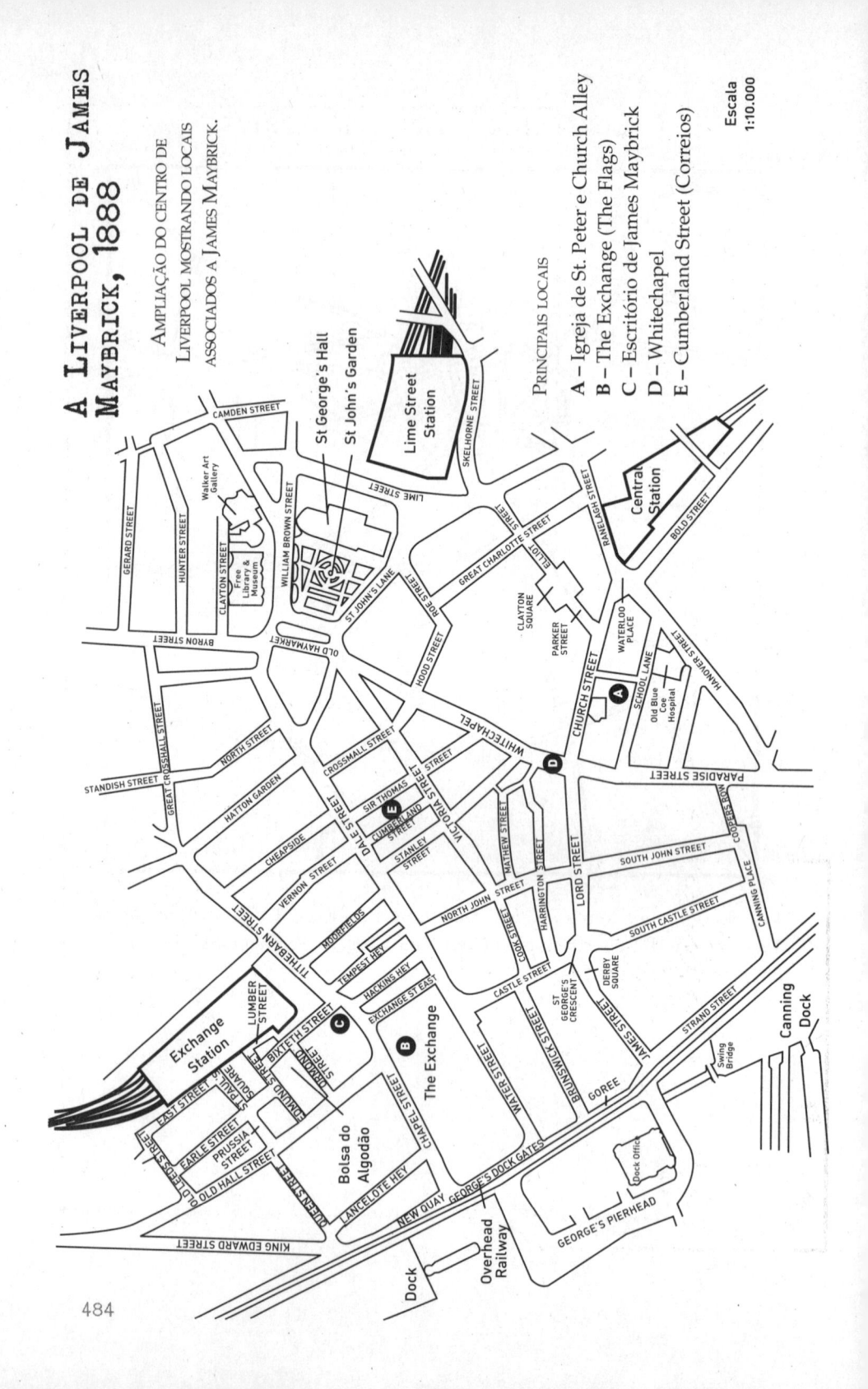

Escala
1:10.000

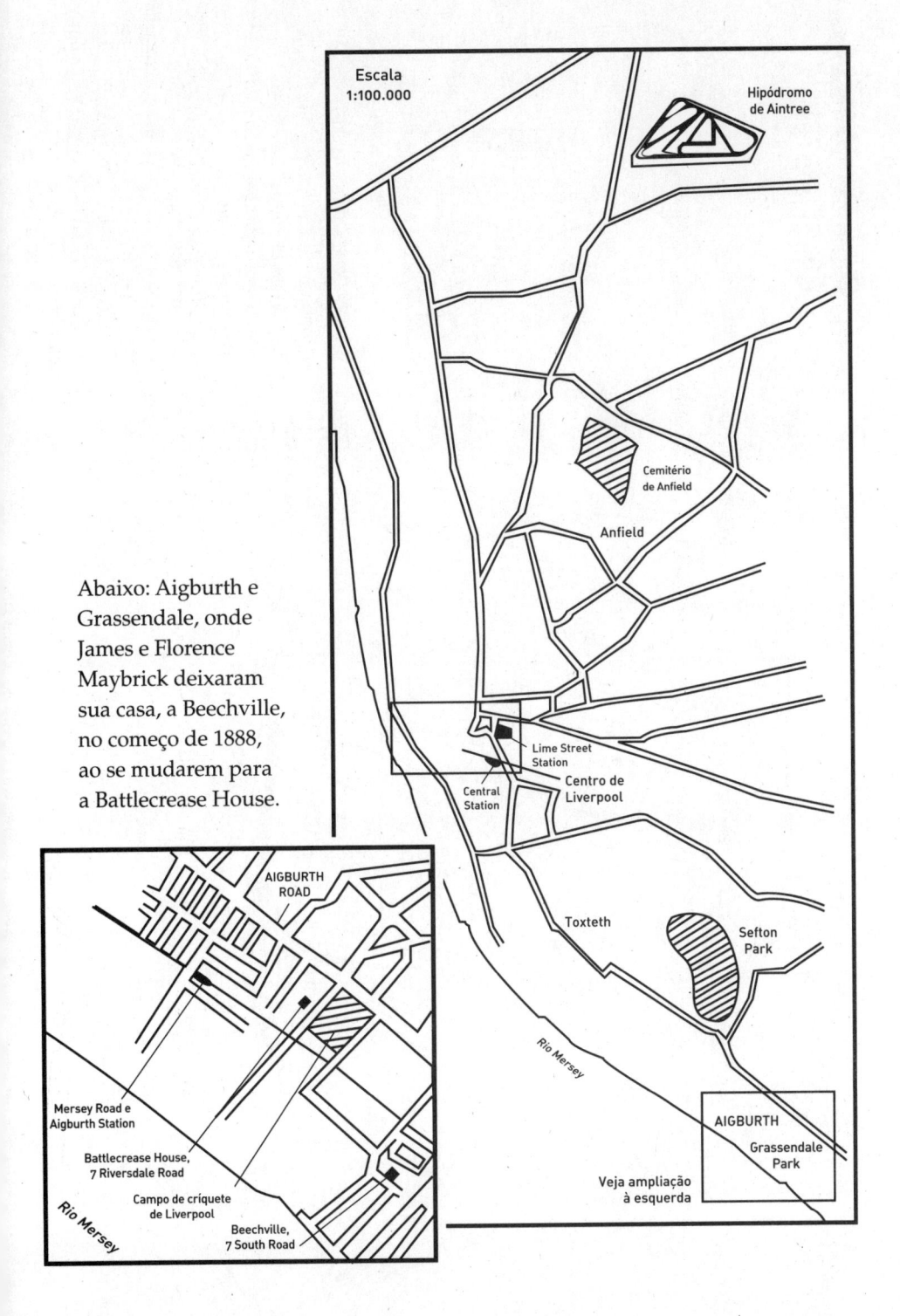

Abaixo: Aigburth e Grassendale, onde James e Florence Maybrick deixaram sua casa, a Beechville, no começo de 1888, ao se mudarem para a Battlecrease House.

OS ASSASSINATOS DE WHITECHAPEL

A – Pixação na Goulston Street
B – Middlesex Street, atual Petticoat Lane, onde James afirma ter alugado um quarto em 1888.
C – Mark Lane e...
D – ... Bromley Street, onde a amante de James Maybrick, Sara Roberston, morou em Whitechapel.
E – Cullum Street, onde o sócio de Maybrick, Gustavus A. Witt, possuía um escritório.

PRINCIPAIS LOCAIS E CENAS DOS ASSASSINATOS

1 – Mary Ann "Polly" Nichols
2 – Annie Chapman
3 – Elizabeth Stride
4 – Catharine Eddowes
5 – Mary Jane Kelly

Escala
1:12.500

AS CINCO VÍTIMAS DOS ASSASSINATOS DE WHITECHAPEL

Nome	Data do assassinato em 1888	Hora em que foi encontrada	Local	Mutilações
Mary Ann "Polly" Nichols	31 de agosto, sexta-feira	3h45	Buck's Row, atual Durward Street	Estripada
Annie Chapman	8 de setembro, sábado	6h	Hanbury Street, nº 29	Útero retirado
Elizabeth Stride	30 de setembro, domingo	1h	Berner Street, na Duffield's, atual Henriques Street	Sem mutilações
Catharine Eddowes	30 de setembro, domingo	1h45	Mitre Square	Útero e rim esquerdo retirados, corte em cada bochecha
Mary Jane Kelly	9 de novembro, sexta-feira	10h45	Miller's Court, nº 13, na Dorset Street	Mutilações extensas, retirada do coração

James Maybrick. Ele usava o característico bigode claro, descrito por uma testemunha que a polícia acreditava ter visto Jack, o Estripador.
Detalhe: Um retrato falado do *serial killer* feito pela polícia que possui uma forte semelhança com James Maybrick. Esse retrato foi publicado no dia 6 de outubro de 1888.

Florence Maybrick, fotografada em seu casamento.

Alfred Brierley, que se tornou amante de Florie. O comportamento dos dois provocou uma raiva assassina em James Maybrick.

A multidão que movimentava o comércio no começo da manhã na Middlesex Street, mais conhecida como Petticoat Lane. James Maybrick alugou um quarto nessa rua no outono de 1888.

Um relógio de ouro recentemente descoberto, datado de 1846 e fabricado por Henry Verity, de Lancaster. Riscado na tampa interna (à direita) é possível ver a assinatura J. Maybrick, as palavras "I am Jack" ("Eu sou Jack") e as iniciais das cinco vítimas de Whitechapel, MK, ES, CE, MN e AC.

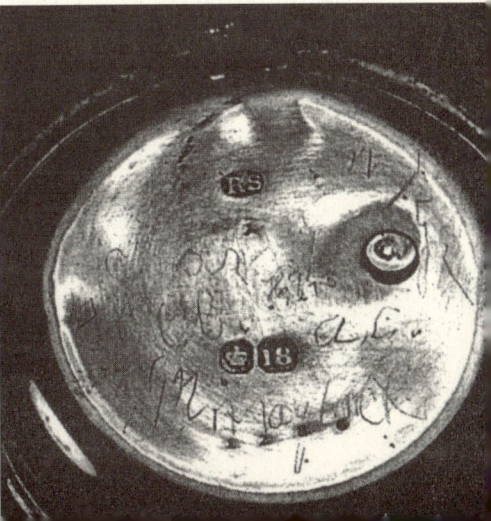

Uma ilustração feita em 1889 relata o julgamento de Florence Maybrick.

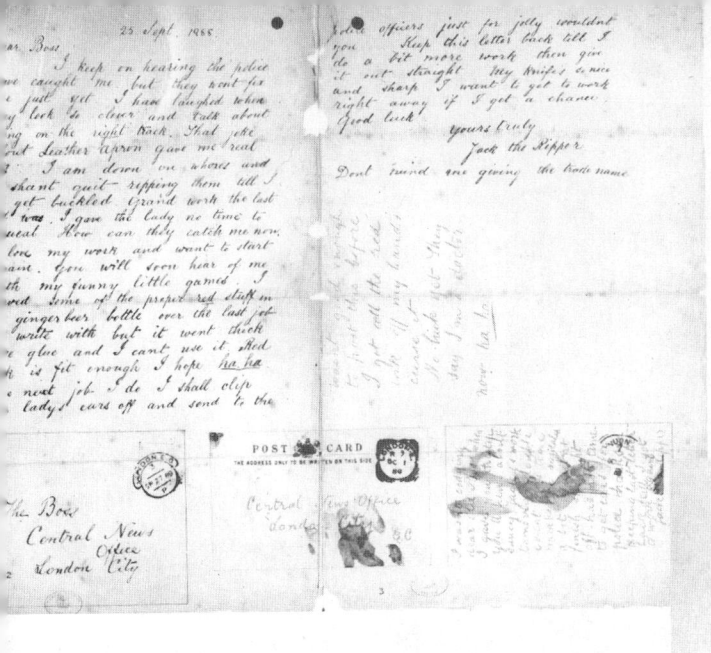

Fac-símile do cartaz produzido pela polícia mostrando a carta "Caro Chefe" de 25 de setembro de 1888. Foi provavelmente a primeira vez que o nome "Jack, o Estripador" foi mencionado.

Ilustração da época que mostra as marcas no rosto de Catharine Eddowes. Quando as duas letras V invertidas são colocadas juntas, elas formam um M.

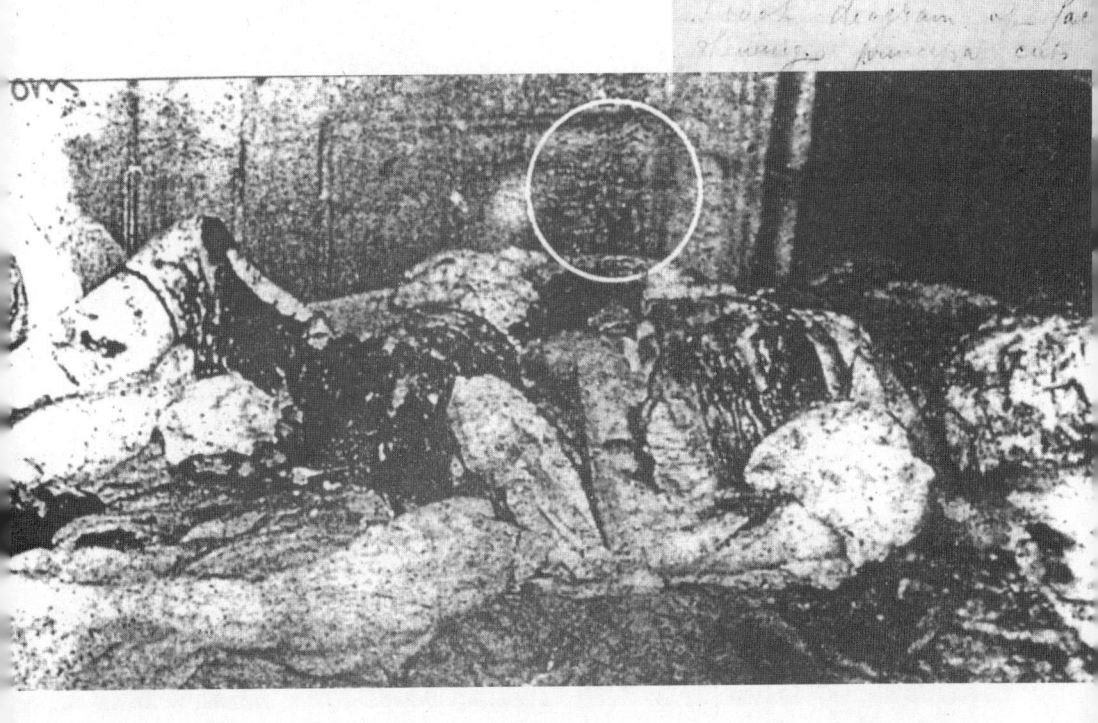

Os restos horrivelmente mutilados da última vítima de Jack, o Estripador, Mary Kelly. Riscado na parede atrás dela (no destaque) aparecem as letras FM, as iniciais de Florence Maybrick.

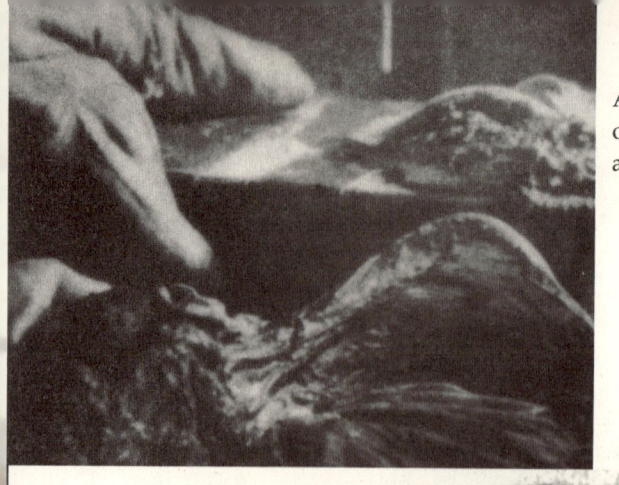

A mesa no quarto de Mary Kelly – onde estava a carne cortada de seu abdômen e de suas coxas.

James Maybrick na década de 1880. Testemunhas disseram ter visto Mary Kelly falando com um homem que usava uma pesada corrente de ouro.

FONTES E REFERÊNCIAS BIBLIOGRÁFICAS

Principais fontes

College of Heralds; Freemasons' Hall; Escritório de Registros Públicos de Kew; Escritório de Registros Públicos de Chancery Lane; Índice Genealógico Internacional; Escritório de Registros da Escócia; Diretoria da Prisão Walton, de Liverpool; Cartório da St. Catherine's House; Cartório Principal da Vara da Família de Somerset House; Escritório de Patentes; Companies House; Biblioteca Britânica; Biblioteca da National Newspaper, de Colindale; American State Archives, de Washington DC; Biblioteca Nacional de Paris; Biblioteca Victoria State, da Austrália; HM Land Registry; Museu Negro da New Scotland Yard; Polícia de Merseyside; Polícia de Lancashire; Ministério da Defesa; Universidade de Liverpool; Coleção Christie da Universidade de Wyoming; Hospital Universitário Royal Liverpool; Departamento de Histopatologia do Hospital Fazakerley; Comissão de Manuscritos Históricos; Arquivo dos Correios; Museu dos Correios; Sociedade de Carimbos Postais; Museu do Sapato; Museu Marítimo de Liverpool; Museu Whitworth, de Manchester; Associação do Algodão de Liverpool; Câmara de Comércio de Liverpool; Cemitério Coldestone Park; Cemitério Lewisham; Cemitério Southwark; Funerária Seddons; Canetas Parker; Departamento de Arquivos da John Lewis Partnerships; Boddingtons; Scottish College of Textiles; Biblioteca de Poesia; o historiador de papéis Peter Bower; o dr. Earl Morris, da Dow Chemicals Company; Stephen Ryder, editor do *Internet Ripper Casebook*.

Os departamentos de história de Liverpool, Lambeth, Lewisham, Tower Hamlets, Southwark e Edimburgo.

As bibliotecas: Guildhall, Tunbridge Wells, Morden, Carlshalton, Sutton, Sunderland, Camden, Westminster, Liverpool, Chester, Manchester, Rochdale, Colégio Real de Cirurgiões, Colégio Real de Psiquiatras, Sociedade Real de Medicina, Sociedade Britânica de Toxicologia, Instituto de Pesquisa Wellcome, Biblioteca de Ciência, Escritório de Patentes.

Escritórios de registros: West Sussex, Lancashire, Chester, Newport, Isle of Wight.

Cartórios: Liverpool, Caernarfon.

Jornais e periódicos

New Penny; *Touchstone*; *Punch*; *Review of Reviews*; *Liverpool Review*; *Pall Mall Gazette*; *Family Tree*; *Brooklyn Eagle*; *Pall Mall Budget*; *New York Herald*; *New York Times*; *New Milford Times*; *Bridgeport Sunday Post*; *Police Gazette*; *Daily Telegraph*; *Liverpool Daily Post*; *Liverpool Echo*; *Liverpool Mercury*; *Liverpool Courier*; *Liverpool Citizen*; *Porcupine*; *The Times*; *Star*; *Graphic*; *Manchester*

Guardian; Yorkshire Post; Independent; Evening News; Pictorial News; Southport Guardian; Whitehaven News; Liverpool Medico-Chirurgical Journal; New Scientist; Nature; Criminologist; True Detective; Murder Casebook; Ripperana; Ripperologist; Crime and Detection.

LIVROS E ARTIGOS

ACKROYD, Peter. *Dan Leno and the Limehouse Golen*. Sinclair Stevenson, 1994

ADAM, Hargrave Lee. *The Police Encyclopedia*. Waverley Book Co., 1920

ANDERSON, Sir Robert. "The Lighter Side of My Official Life". In: *Blackwoods Edinburgh Magazine*, 1910

APPS, Ernest A. *Printing Ink Technology*. Leonard Hill, 1959

BAKER, Kenneth. *The Faber Book of English History in Verse*, Faber and Faber

BEGG, Paul. *Jack the Ripper, The Uncensored Facts*. Robson Books Ltd, 1987

BEGG, Paul; FIDO, Martin e SKINER, Keith. *The Jack the Ripper A-Z*. Headline, 1996

CANTER, David. *Criminal Shadows*. Harper Collins, 1994

CHRISTIE, Trevor L. *Etched in Arsenic*. George C. Harrap, 1960

CRASHAW, Richard. *Steps to the Temple: Delights of the Muses*. Reimpressão, Cassell, 1881

CULLEN, Tom. *The Crimes and Times of Jack the Ripper*. Bodley Head, 1965

DENSMORE, Helen. *The Maybrick Case*. Swan Sorrenschein, 1892

DEW, Walter. *I Caught Crippen*. Blackie and Son Ltd, 1938

DORLAND, W. A. Newman; A. M.; M. D. e F. A. C. S. *American Illustrated Medical Dictionary* (22ª edição). W. B. Saunders Company, 1951

DUNKLING, Leslie. *The Guinness Book of Names*. Guinness, 1993

EGAN, Richard Whittington. *Casebook on Jack the Ripper*. 1976

EGAN, Richard Whittington. *Murder, Mayhem and Mystery in Liverpool*. Gallery Press, 1985

EVANS, Stewart e GAINEY, Paul. *Jack the Ripper, The First American Serial Killer*. 1996

FAIRCLOUGH, Melvyn. *The Ripper and the Royals* (2ª edição). Gerald Duckworth and Co. Ltd., 1992

FELDMAN, Paul H. *Jack the Ripper, The Final Chapter*. Virgin, 1997

FRIEDLAND, Martin L. *The Trials of Israel Lipski*. Macmillan, 1984

Gore's Directories of Liverpool Kelly's Directories Who was Who, A & C Black

GREEN, Richard Lancelyn. *The Uncollected Sherlock Holmes*. Penguin, 1983

GREGG, Wilfred e LANE, Brian. *The Encyclopedia of Serial Killers*. Headline, 1992

GRENN, Jonathon. *Dictionary of Jargon*. Routledge Keegan Paul, 1987

HARRIS, Melvin. *The Ripper File*. W. H. Allen, 1989

HARRIS, Melvin. *The True Face of Jack the Ripper*. Michael O'Mara, 1994

HARTMAN, Mary S. *Victorian Murderesses*. Robson, 1977

HOWELLS, Martin e SKINER, Keith. *The Ripper Legacy*. Warner Books, 1987

IRVING, Henry B. *The Trial of Mrs Maybrick*, ed. William Hodge. 1912

JENKINS, Herbert. *Enquire Within Upon Everything*. 1923

KENT, James Tyler. *Materia Medica of Homeopathic Remedies*. Homeopathic Book Service, 1989

KIRK, Raymond Eller e OTHMER, Donald Frederick. *Encyclopedia of Chemical Technology* (vol. 3). Wiley, 1984

KNIGHT, Stephen. *Jack the Ripper, The Final Solution.* Grafton, 1977

Law's Grocer's Manual. c1900

LEARMOUTH, A.T.A. & A. M. *Encyclopedia of Australia.* Warne, 1968

LEVY, Joseph H. *The Necessity for Criminal Appeal.* P.S. King and Son, 1899

LIEBOW, Ely. *Dr Joe Bell, Model for Sherlock Holmes.* Bowling Green University Popular Press, 1982

LLOYD, L. L. *The Chemistry of Dyestuffs.* Cambridge University Press, 1919

LOURIE, Richard. *Hunting the Devil.* Grafton. 1993

LOWNDES, Marie Belloc. *The Lodger.* OUP, 1913

MacDOUGALL, A. W. *Treatise on the Maybrick Case.* Bailliere, Tindall and Cox, 1891

MACNAGHTEN, Sir Melville. *Days of My Years.* Edward Arnold, 1914

MACNARAMA, R. e TIDY, C. N. *A Toxicological Study of the Maybrick Case.* Bailliere, Tindall and Cox, 1891

MATTERS, Leonard. *The Mystery of Jack the Ripper.* W. H. Allen, 1929

MAYBRICK, Florence Elizabeth. *My Fifteen Lost Years.* Funk and Wagnalls, 1909

MCCORMICK, Donald. *The Identity of Jack the Ripper.* Jarrold Books, 1959

MIALL, Anthont. *Just a Song at Twilight.* Michael Joseph, 1974

MIALL, Anthont. *The Parlour Song Book.* Michael Joseph, 1972

MORLAND, *This Friendless Lady.* Frederick Muller, 1957

NICKELL, Dr Joe. *Pen, Ink and Evidence.* 1995

ORCHARD, B. Guinnes. *Liverpool's Legion of Honour,* 1899

Oxford English Dictionary. Oxford University Press, 2009

PALEY, Bruce. *The Simple Truth.* Headline, 1995

READER, William J. *Victorian England.* Batsford, 1974

RICHARDSON, Ruth. *Death, Dissection and the Destitute.* Routledge, 1988

RICKS, Christopher. *The Sphere History of English Literature Volume 2.* Revisão, 1986

RUMBELOW, Donald. *The Complete Jack the Ripper.* Penguin, 1988

RYAN, Bernard e Sir HAVERS, Bernard. *The Poisoned Life of Mrs Maybrick.* Kimber, 1977

SMITH, Sir Henry. *From Constable to Commissioner.* Chatto and Windus, 1910

STEVENSON, Robert Louis. *Dr Jekyll and Mr Hyde.* McDonald, 1960

STEVENSON, Robert Louis. *The Suicide Club.* Blackie, 1961

SUGDEN, Philip. *The Complete History of Jack the Ripper.* Robinson, 1994

Webster's Dictionary. Federal Street Press, 2009

WILDING, John. *Jack the Ripper Revealed.* Constable Volcano, 1993

WILSON, Colin e ODELL, Robin. *Jack the Ripper: Summing Up and Verdict.* Corgi, 1987

WLNDHOLZ, M. *Merck Index* (9ª edição). Merck & Co., 1976

WOLFE, Camille. *Who was Jack the Ripper?* Grey House Books, 1995

ZIEMENSSEN, H. von. *Cyclopaedia of the Practice of Medicine.* William Wood and Co. New York, 1878

TIPOGRAFIA	PALATINO FAMILY FONT
PAPEL DE MIOLO	HOLMEN BOOK 55g/m²
IMPRESSÃO	IMPRENSA DA FÉ